개정판

The Phonology of English

영어음운론

| 양선기 지음 |

KM 경문사

머리말

이 책은 영어 관련 학과의 대학생이나 대학원생을 위한 영어 음운론(English Phonology)의 입문서로, 생성음운론의 기본 개념을 익히고 영어의 음운 현상에 대한 체계적 분석 능력을 기르는 데 도움을 주기 위한 것이다. 특히 영어 임용고사를 준비하는 영어교육과 학생이나 교육대학원생에게 도움이 될 수 있기를 기대한다.

이론을 소개하는 데 치우치거나 영어가 아닌 다른 언어의 자료들은 가급적 다루지 않고, 친숙한 느낌을 갖는 영어의 자료를 제시함으로써 학생들이 음성학과 음운론의 개념을 잘 이해하고 영어의 음운교체 현상을 일반성 있게 기술할 수 있는 능력을 기를 수 있도록 쉽게 기술하려고 하였다. 초판이 출판된 지 11년 만에 출간된 이 개정판은 초판에서 발견되는 오탈자와 오류를 바로잡는 데 그치지 않고, 일부 내용을 수정하였으며 간결성, 자연성, 유표성을 다룬 마지막 장의 내용을 완전히 삭제하였다. 특히 단어 강세에 관한 내용을 많이 수정하였고, 전체적인 균형에 맞지 않는 느낌을 주는 복합강세와 관련된 일부 자료를 삭제하였다.

1960년대 이후 음운론은 많은 이론적 발전을 거듭해왔지만, 생성음운론의 기본이 되는 *SPE*의 이론적 범위 내에서 이 책을 쓰려고 하였다. 다만 음장, 음절, 경계 등을 다루면서는 부득이하게 *SPE* 이후의 이론을 거론하였다. 이 책에서 다루는 자료는 대부분 현대영어와 관련된 것이지만, 영어 발달과정에서 나타난 주요 음변화 자료를 포함하고 있으며, 음운 규칙의 표기를 기술하면서는 다른 언어의 자료를 일부 언급하였다. 움라우트, 수평화, 개방음절 장음화, 대모음추이와 같은 통시적 음변화는 현대영어의 음운 특성과 음운 과정을 이해하는 데 큰 도움이 될 것이다.

영어 음성학에 대한 기초 지식이 없이는 영어 음운론을 제대로 이해하기 어렵기 때문에 먼저 1장에서 영어 음성학에 관한 기본적인 내용을 개괄하였으나, 조음에 관한 세밀한 설명이 다소 부족하고 조음 기관에 관한 그림을 수록하지 못한 점은 아쉬움으로 남는다. 이 책은 이미 음성학을 접한 학생을 대상으로 한 것이므로, 1장을 통해 영어 음성학에 관한 기본적인 내용을 다시 정리해볼 수 있기를 바란다.

이 책의 내용 중 다른 학자로부터 빌린 것은 가능한 한 전거를 밝히려고 했지만, 미처 밝히지 못한 부분에 대해서는 양해를 구한다. 또한 필자가 기술한 내용에 오류나 미흡한 점이 있을 수 있지만, 이 점에 대한 독자의 현명한 판단과 이해를 바란다.

음운론에 흥미와 관심을 갖도록 깊은 애정으로 이끌어주신 이용재 선생님, 영어학을 공부할 수 있는 여건과 환경을 마련해주신 고 조성식 선생님과 조운재 선생님, 한없이 깊은 애정으로 학자로서의 바른길이 무엇인지를 가르쳐주신 고 김권호 선생님께 이 자리를 빌려서 깊은 감사를 드리며, 정리된 원고를 모두 읽고 교정해준 전남대 오관영 선생에게도 감사의 뜻을 전한다. 끝으로 이 개정판의 출판을 맡아준 조경희 대표님과 성윤조 선생을 비롯한 경문사 여러분에게도 감사를 전한다. 사랑하는 부모님과 초정 선생을 비롯한 우리 가족에 이 책을 바친다.

2020년 여름
지은이

차례

1

음성학적 기초

English Phonology

English Phonology

음운론(phonology)의 기초가 되는 음성학(phonetics)은 세계의 모든 언어에 나타나는 언어적으로 의미가 있는 말소리(speech sound)를 연구하는 학문이라고 말할 수 있다. 음성학의 연구 대상은 삼라만상의 모든 소리가 아니고, 의사소통을 위해 인간의 발성 기관에 의해 만들어지는 소리 즉, 말소리(또는 언어음)이다. 발성 기관을 통해서 만들어지는 말소리 중에서도 언어적으로 의미가 없는 코고는 소리, 기침 소리, 재채기 소리, 코훌쩍이는 소리 등은 연구의 대상에서 제외된다. 음성학은 우리말이나 영어와 같은 특정 언어에만 국한된 말소리가 아닌 세계의 모든 언어에 나타나는 모든 언어음을 연구 대상으로 삼는다. 이는 변형생성문법이 추구하는 목적이 특정언어가 아닌 모든 자연 언어(natural language)의 보편성(universality)을 찾는데 있다는 점과 맥락을 같이 한다. 그러나 언어의 보편성을 찾기 위해서는 먼저 특정 언어에 대한 문법 지식이 전제되어야 하고, 또한 본서는 영어를 외국어로 학습하는 한국 학생들을 대상으로 영어음운론을 소개하는데 목적을 두고 있기 때문에, 모든 언어의 말소리를 연구대상으로 하는 일반음성학(general phonetics)이 아니라 영어에 국한된 말소리를 연구대상으로 하는 영어음성학(English phonetics)에 관한 내용만을 다루도록 하겠다.

음성학은 관심의 대상에 따라 **조음음성학**(articulatory phonetics), **음향음성학**(acoustic phonetics), **청음음성학**(auditory phonetics)의 세 분야로 분류 된다. 조음음성학은 화자의 발음 기관(organs of speech)에 의하여 말소리가 어떻게 만들어지는지를 연구하는 분야이고, 음향음성학은 화자의 입에서부터 청자의 귀에까지 음파(sound wave)의 형태로 전달되는 말소리의 물리적 특성을 연구하는 분야이다. 청음음성학은 청자의 귀에 전달된 말소리가 신경을 통하여 뇌에 전달되어 뇌에서 어떻게 인지되는지를 연구하는 분야이다. 조음음성학은 언어음의 생성(speech production)을, 음향음성학은 언어음의 전이(speech transmission)를, 청음음성학은 언어음의 인지(speech perception)를 각각 다룬다고 말할 수 있다. 이 세 분야 중에서 조음음성학은 가장 먼저 시작되었으며, 음성학 연구의 주류를 이루어 왔다. 이때문에 음성학은 단순히 조음음성학을 지칭하는 경우가 많다. 음향음성학은 1940년대 초 스펙트로그라프(spectrograph)의 발명 이후로 급속도로 발전하여 왔으며, 현재는 Praat와 같은 무료 소프트웨어의 보급으로 누구나 쉽게 접근할 수 있어 음성학의 주요 분야로 각광받고 있다. 반면 청음음성학은 인간의 인지체계에 대한 이해의 어려움으로 아직까지 많은 발전이 이루어지지 못하고 있는 실정이다. 본장에서는 음향음성학이나 청음음성학에 관하여는 다루지 않고, 영어음운론의 기초가 되는 영어의 조음음성학에 관한 내용만을 기술하겠다.

1.1에서는 말소리가 어떻게 만들어지고 주요 발음 기관에는 어떤 것들이 있는가를 말하고, 1.2와 1.3에서는 각각 영어의 자음(consonant)과 모음(vowel)을 기술할 것이며, 1.4에서는 영어의 이음(allophone) 규칙과 이차 조음(secondary articulation)에 관하여 다룰 것이다.

1.1 발음 기관

발음 기관(organs of speech)은 폐에서부터 입술이나 콧구멍까지의 말소리를 만들어 내는 기관을 말한다. 발음 기관은 기능상의 특성에 따라 **호흡 기관**(respiratory organs), **발성 기관**(phonatory organs), **조음 기관**(articulatory organs)의 셋으로 분류할 수 있다. 호흡 기관은 소리를 만드는 데 필요한 기류(氣流, airstream)를 제공하는 기관으로 폐(lung)가 중요하다. 발성 기관은 소리를 내는 기관으로 후두(larynx) 안에 있는 성대(vocal cords 또는 vocal folds)가 중요하다. 조음 기관은 성대에서 만들어진 소리를 여러 다양한 소리로 만드는 공명강(共鳴腔, resonating cavity)으로 인두(pharynx) 또는 인두강(咽頭腔, pharyngeal cavity), 구강(口腔, oral cavity), 비강(鼻腔, nasal cavity)이 여기에 속하며, 그중 구강이 가장 중요하다.

호흡 기관의 중요성은 말소리를 만드는 데 필요한 에너지인 기류를 만든다는 데 있다. 음을 만드는 데 사용되는 기류는 폐를 이용하는 폐기류(pulmonic airstream), 성문을 이용하는 성문기류(glottalic airstream), 그리고 혀를 이용하는 연구개 기류(velaric airstream)가 있다. 기류는 방향에 따라, 몸 밖으로 배출되는 배기류(egressive airstream)와 몸 안으로 흡입되는 흡기류(ingressive airstream)로 구분된다. 배기류에 의해 만들어지는 소리를 배기음(egressive sound), 흡기류에 의해 만들어지는 소리를 흡기음(ingressive sound)이라고 한다. 우리의 관심 대상이 되는 영어의 거의 모든 말소리는 폐에서부터 밖으로 나가는 배기류 즉, 폐 배기류(pulmonic egressive airstream)에 의해 만들어진다.[1] 이런 점에서 볼 때, 폐는 발성의 출발점이라고 말할

1) 영어에서 폐 배기류에 의해 만들어지는 소리가 아닌 것으로는, “tut-tut”, “tsk-tsk”로 나타내는 소리나 볼에 뽀뽀하는 것과 같은 소리 등의 흡착음(click)이 있다. 이 소리는 연구개 흡기류(velaric ingressive airstream)에 의해 만들어지는 소리이다.

수 있다.

폐에서 시작된 기류는 기관(氣管, trachea 또는 windpipe)을 거쳐 **발성 기관**인 후두 속의 성대를 통과하게 된다. 후두에서 입술 또는 코끝까지의 발음 기관을 통해 나오는 공기의 통로를 **성도**(聲道, vocal tract)라고 하며, 입으로 통하는 공기의 통로를 구성도(oral tract)라고 하고 코로 통하는 공기의 통로를 비성도(nasal tract)라고 한다. 성대는 열기도 하고 닫을 수도 있게 되어 있다. 성대가 열려 있을 때 성대 사이의 공간을 **성문**(glottis)이라고 한다. 화자는 성문을 여러 모양으로 바꿀 수 있다. 보통 숨을 쉬고 있을 때 성대는 넓게 열려 있어서 공기가 장애 없이 통과할 수 있다. 이처럼 성대가 양쪽으로 넓게 벌어져 있을 때의 성문 상태를 개방 성문(open glottis)이라고 한다. 기류가 개방 성문을 통과하게 되면 성대는 진동(vibration)하지 않으며, 이렇게 성대의 진동이 없이 만들어지는 소리를 **무성음**(voiceless sound)이라 한다. 두 번째 성문의 상태는 성대가 완전히 닫혀 있는 폐쇄 성문(closed glottis)이다. 폐쇄 성문의 상태에서는 공기가 성대 사이를 전혀 통과할 수 없게 되어, 폐에서 밀어 올린 공기의 압력이 높아지게 된다. 이 압축된 공기가 갑자기 성문을 개방하면 밖으로 터져 나오게 되는데, 이렇게 만들어지는 소리를 **성문 폐쇄음**(glottal stop)이라고 한다. 세 번째로, 성대가 완전히 닫혀 있는 것이 아니라 공기가 통과할 수 있도록 매우 가까이 있을 때의 성문의 상태를 협착성문(narrow glottis)이라 한다. 공기가 이 상태의 성대 사이를 통과하게 되면 성대가 진동하게 되며, 이처럼 성대가 진동하여 만들어지는 소리를 **유성음**(voiced sound)이라고 한다.

성대를 지나 만들어진 유성음 또는 무성음은 **조음 기관**을 거치면서 여러 다양한 소리로 변하게 된다. 성문을 통과한 공기는 후두를 빠져나가 후두개(epiglottis)를 지나 인두강으로 들어간다. 후두개는 발성에는 직접적으로 관여하지 않으며, 음식이 기도(respiratory tract)로 들어가지 않도록 하는 역할을 한다. **인두강**은 설근(舌根, root of the tongue)과 인두 벽(pharynx wall) 사이의 공간을 말한다. 인두강의 형상이 변함에 따라 모음의 음색이 달라질 수 있지만, 그 차이는 영어 음에서는 별로 중요한 역할을 하지 못한다.[2)]

2) 아프리카 가나(Ghana)에서 주로 사용되는 아칸어(Akan)에서는 인두강의 넓이에 의해 모음이 두 종류로 분류된다. 한 종류는 설근을 앞쪽으로 당기고 후두를 내림으로써 인두강을 넓게 하여 발음되는 [+ATR] 모음이고, 나머지 한 종류는 설근을 앞으로 당기지 않음으로써 인두강을 넓게 하지 않는 [−ATR] 모음이다. 영어는 고모음(high vowel)의 경우에만, 긴장모음(tense vowel)을 [+ATR] 모음, 이완모음(lax vowel)을 [−ATR] 모음이라고 말할 수 있다. “ATR”은 Advanced Tongue Root의 약어이다.

인두를 지나친 공기는 목젖(uvula)을 지나 연구개(軟口蓋, soft palate 또는 velum)에 이르게 된다. 여기서 공기는 연구개의 작용에 따라 구강이나 비강으로 나갈 수 있다. 연구개는 위로 올릴 수도 아래로 내릴 수도 있는데, 연구개를 위쪽으로 올리면 연구개 끝이 목 뒤쪽의 인두 벽에 닿아 공기가 비강으로 나가는 것을 막아준다. 이처럼 연구개가 막혀 공기가 코로 나갈 수 없게 되는 것을 연구개 폐쇄(velic closure)라고 한다. 연구개 폐쇄 상태에서는 공기가 비강으로 나갈 수 없고 구강으로 나오게 된다. 반면 연구개를 내리고 입의 어느 부분을 막게 되면 공기는 코로 나가게 된다. 우리가 보통 입을 막고 코로 숨을 쉴 때 연구개는 내려와 있는 상태이다. 기류가 구강을 통하여 나가면서 만들어지는 소리를 **구강음**(oral sound)이라고 하고, 구강이 폐쇄된 상태에서 비강을 통하여 나가면서 만들어지는 소리를 **비(강)음**(nasal sound)이라고 한다.

구강은 다른 기관에 비해 모양과 크기가 자유롭게 변하기 때문에 다양한 소리를 만든다는 점에서 조음 기관 가운데 가장 중요하다. 구강 윗부분의 조음 기관은 윗입술(upper lip), 윗니(upper teeth), **치경**(齒莖, alveolar ridge 또는 gum ridge), **경구개**(hard palate), **연구개**(soft palate), 목젖으로 나뉜다. 혀끝으로 입천장을 윗니 뒷부분부터 안쪽으로 훑어보면 치경, 경구개, 연구개의 위치를 알 수 있다. 윗니 안쪽 바로 뒤에 올통볼통한 작은 돌기가 나있는 부분이 치경이고, 올통볼통하지 않으나 딱딱한 부분이 경구개이며, 부드러운 부분이 연구개이다. 목젖은 연구개 끝에 붙어 있다.

구강의 아래쪽 조음 기관으로는 아랫입술(lower lip), 아랫니(lower teeth), 혀(tongue)가 있다. 혀는 조음 기관 중에 가장 자유롭게 움직일 수 있기 때문에 제일 중요한 조음 기관이라고 할 수 있다. 혀는 입천장의 어느 기관 아래에 있느냐에 따라 몇 개의 부분으로 나뉜다. 먼저 이에 닿는 혀의 맨 끝 부분을 **설첨**(舌尖, tip 또는 apex)이라고 한다. 입을 다문 채 혀가 안정된 상태에 있을 때, 치경의 아래쪽에 해당되는 혀의 부분을 **설단**(舌端, blade 또는 lamina), 경구개 아래쪽 부분을 **전설**(front), 연구개 아래쪽 부분을 **후설**(back) 또는 **설배**(dorsum)라고 한다. 전설과 후설의 중간 부분을 **중설**(center)이라고 한다. 전설, 중설 및 후설은 함께 혓몸(tongue body)을 이룬다. 설첨에 의해 만들어지는 소리를 **설첨음**(apical), 설단에 의해 만들어지는 소리를 **설단음**(laminal), 후설 또는 설배에 의해 만들어지는 소리를 **설배음**(dorsal)이라고 한다. 설첨이나 설단에 의해 만들어지는 소리 즉, 설첨음과 설단음을 합쳐 **설정음**(coronal)이라고 하며, 모든 언어에서 이 설정음이 가장 많다.

입술은 그 모양(lip shape)에 따라 평순(平脣, spread 또는 unrounded)이 되기도 하고 원순(圓脣, rounded)이 되기도 한다. 영어에서 전설 모음(front vowel)은 모두 평

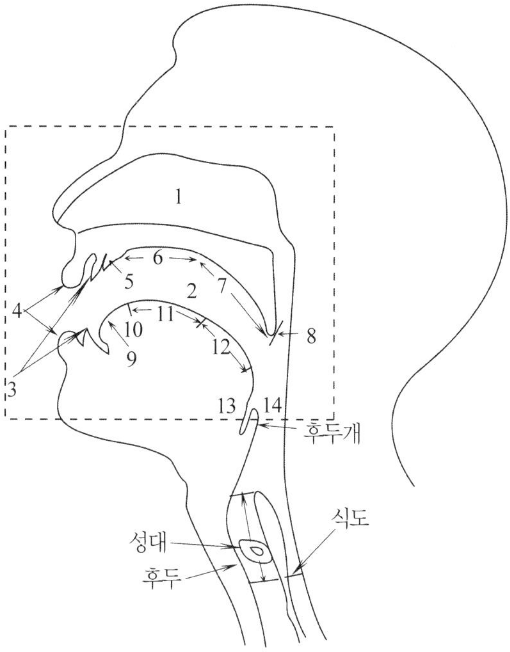

1. 비강	2. 구강	3. 이
4. 입술	5. 치경	6. 경구개
7. 연구개	8. 목젖	9. 설첨 또는 혀끝
10. 설단	11. 전설	12. 후설
13. 설근	14. 인두	

▶그림 1-1◀ 발음 기관

순으로 발음되고, 후설 모음(back vowel)은 평순 또는 원순으로 발음된다.

위에서 언급한 주요 발음 기관을 그림으로 나타내면 〈그림 1-1〉과 같다 (이용재 1996: 45).

지금까지 1.1에서 언급한 내용을 요약하면 다음과 같다. 발음 기관에는 호흡 기관, 발성 기관, 조음 기관이 있다. 폐에서 나오는 배기류는 영어의 거의 모든 말소리를 만드는 힘의 근원이 되며, 성대의 진동 여부에 의해 무성음과 유성음이 구분된다. 구강의 주요 조음 기관으로는 능동적 조음 기관인 아랫입술, 혀 및 연구개와 수동적 조음 기관인 윗입술, 윗니 및 입천장이 있다. 입천장은 치경, 경구개, 연구개로 분할되고, 혀는 설첨, 설단, 전설, 중설, 후설, 설근으로 나뉜다. 연구개의 작용에 따라 기류가 구강으로 혹은 비강으로 나가게 된다.

1.2 영어의 자음

자음은 주로 다음과 같은 세 가지 요소로 기술하는 것이 일반적이다: (1) 성대의 상태(state of the vocal cords) 즉, 유무성(voicing), (2) 조음 위치(place of articulation), (3) 조음 방법(manner of articulation). 이 세 요소로 자음을 어떻게 기술할 것인가를 구체적으로 살펴보기에 앞서, 먼저 자음(consonant)과 모음(vowel)을 어떤 기준으로 구분하는지를 언급할 필요가 있다.

1.2.1 분절음의 구분

발화(utterance)를 가장 작은 단위로 쪼개었을 때 나누어진 음을 **분절음**(segment)이라고 하고, 분절음은 보통 **자음**(consonant)과 **모음**(vowel)으로 구분한다. 예를 들어 cap이라는 단어가 몇 개의 말소리로 구성되어 있는지 묻는다면, 아마도 영어 모국어 화자는 세 개의 음(/k/, /æ/, /p/)으로 되어 있다고 말할 것이다. 이때 각각의 말소리를 분절음이라고 한다. 발화가 분절음 연쇄(sequence of segments)로 되어 있다는 것이 음운론의 기본적인 가정(assumption)이다.

일반적으로 분절음을 크게 자음과 모음의 두 가지로 구분한다.[3)] 이때 문제가 되는 것은 어떤 기준에 의해 분절음을 자음과 모음으로 분류할 것인가이다. 그 분류기준이 무엇인지를 정확히 정의내리기는 쉽지 않지만, 자음과 모음의 다음과 같은 세 가지 차이점에 의해 구분하는 것이 보통이다.

먼저, 조음상의 차이를 들 수 있다. 자음을 발음할 때는 폐에서부터 나오는 공기가 후두에서 입술까지의 성도를 지날 때 다소 **저해**(沮害, obstruction) 내지는 **협착**(狹窄, stricture 또는 constriction)을 수반하는 반면, 모음을 발음할 때는 성도를 지나는 기류가 상대적으로 저해를 받지 않는다. 이때 저해의 정도는 절대적인 것이 아니고 상대적이다. 좀 더 구체적으로 말하면, 자음은 모음 중 혀와 입천장 사이가 가장 좁은 [i]를 발음할 때보다 더 많은 기류의 저해를 수반하여 조음되는 소리이고, 모음은 상대적으로 이보다 더 적은 기류의 저해를 수반하여 발음되는 소리라고 말할 수 있다.

두 번째의 차이는 가청도(可聽度, audibility)에 있다. 모음은 자음에 비해 더 잘 들린다. 어떤 음을 발음할 때 조음 기관을 통과하는 기류의 저해가 적으면 적을수록 소

3) Pike(1943)는 분절음을 모음류(vocoid)와 자음류(contoid)로 분류한다.

리는 커지므로, 모음의 가청도가 자음의 가청도에 비해 높은 것은 당연하다.

끝으로 음절 내의 분포(distribution)에 있어서 차이가 있다. 대부분의 경우 모음은 음절의 핵음(peak 또는 nucleus)이 되지만, 자음은 음절의 주변음(margin) 즉, 두음(onset)이나 말음(coda)이 된다.[4)] 물론 모음뿐만 아니라 자음 중에서도 공명도(sonority)가 높은 비(자)음(nasal(consonant))이나 유음(liquid)이 음절 핵음이 되는 경우도 있다.

지금까지 소리의 생성과 인식 그리고 음절 내에서의 기능의 관점에서 자음과 모음이 어떤 차이를 보이는지를 살펴보았다.[5)] 이제 영어의 자음체계에 관하여 구체적으로 기술하겠다.

1.2.2 유무성

자음을 분류하는 첫 번째 기준이 되는 요소는 **유무성**(voicing)이다. 앞에서 언급했듯이, 성대가 가까이 있는 상태에서 기류가 좁은 성문 사이로 나오면서 성대를 진동하게 하여 나는 소리는 **유성음**이고, 성대가 떨어져 있는 상태에서 기류가 활짝 열린 성문 사이로 자유롭게 나오면서 성대의 진동 없이 나는 소리는 **무성음**이다. 영어의 자음 중 저해음(obstruent)만이 유무성의 구별이 있고, 나머지 공명 자음(sonorant consonant)은 모두 유성음이다.[6)] 물론 모음은 공명음(sonorant)에 속하므로 당연히 유성음이다.

한국어에서와는 달리 영어에서는 유무성의 구별이 매우 중요하다. 한국어에서는 어떤 자음을 무성으로 발음하든 유성으로 발음하든 의미차이를 초래하지 않지만, 영어에서는 유무성이 의미차이를 가져오는 중요한 요인이 된다. 예를 들어 한국어 "강"이라는 단어의 "ㄱ"을 무성으로 발음하든 유성으로 발음하든 그 의미에는 변화가 없지만, 영어에서는 cap의 /k/를 유성으로 발음하거나, gap의 /g/를 무성으로 발음하면 cap과 gap의 의미가 서로 바뀌는 결과를 가져오게 될 것이다. 이처럼 유무성이

---

4) 음절은 두음, 핵음, 말음으로 구성되어 있다. 자음을 "C"(consonant의 약자), 모음을 "V"(vowel의 약자)로 나타낼 때, C_1VC_2의 연쇄에서 C_1은 두음, V는 핵음, C_2는 말음이 된다. 영어의 음절구조에 관하여는 6장에서 자세히 기술한다.

5) 이 기준에 의해 모든 소리가 자음 아니면 모음으로 명확히 구분되는 것은 아니다. 예를 들어 소위 반모음(semivowel) 또는 전이음(glide)이라 불리는 /y/와 /w/는 자음에 속하는지 아니면 모음에 속하는지 말하기가 애매하다. 본서는 편의상 전이음을 자음에 포함시켜 다룬다.

6) 저해음과 공명음(sonorant 또는 resonant)에 관하여는 1.2.4에서 자세히 다룰 것이다. 저해음은 폐쇄음(stop), 마찰음(fricative), 폐찰음(affricate)을 말하고, 공명 자음은 비음, 유음, 전이음을 말한다.

한국어에서는 별로 중요하지 않은 데 반하여 영어에서는 매우 중요하다. 따라서 영어를 배우는 한국인은 유성음과 무성음을 정확히 구분하여 발음할 수 있어야 할 것이다. 영어를 가르치는 교사는 영어에서의 유무성의 중요성을 고려하여 학생들이 유성음과 무성음을 정확히 구분하여 발음하고 그 차이를 인식할 수 있도록 도와주어야 할 것이다.

어떤 음이 무성음인지 유성음인지를 알 수 있는 방법은 간단하다. 손끝을 결후(結喉, Adam's apple) 위에 대고 유성음과 무성음을 교대로 발음해보면 유성음의 경우 성대의 진동을 느낄 수 있다. 이보다 더 확실한 방법은 양손을 펴서 손바닥으로 귀를 가볍게 막고 무성음과 유성음을 교대로 발음해보면 성대의 진동 여부를 쉽게 알 수 있다. 예를 들어 무성음 /p/와 유성음 /b/를 교대로 발음하면서 위의 방법으로 유무성의 차이를 느껴보라. 이 두 자음은 폐쇄음으로 지속적으로 발음할 수 없으므로, 성대의 진동 여부를 쉽게 구분할 수 없을지도 모른다. 그렇다면 이번에는 지속적으로 발음할 수 있는 **지속음**(continuant)인 /s/와 /z/를 길게 [ssssszzzzzsssssszzzzz]처럼 교대로 발음하면서 위 방법을 사용하면 유성음과 무성음의 차이를 쉽게 알 수 있을 것이다.

영어의 저해음 중 무성음에는 /p, t, k, f, θ, s, ʃ, ʧ/가 있고 이와 짝을 이루는 유성음에는 /b, d, g, v, ð, z, ʒ, ʤ/가 있다. /h/는 무성음이며, 이 음에 대응하는 유성 자음은 없다. 이외의 모든 자음은 공명 자음으로, 여기에 속하는 비음 /m, n, ŋ/, 유음 /l, r/ 및 전이음 /y, w/는 유성음에 속한다.

1.2.3 조음 위치

자음을 분류하는 두 번째 기준이 되는 요소는 조음 위치이다. 폐에서 나오는 기류가 조음 기관을 거치면서 여러 다양한 소리가 만들어지는데, 이때 기류가 저해를 받는 조음 기관의 위치를 **조음 위치**라고 한다. 조음 위치를 언급할 때 흔히 움직이는 조음 기관과 움직이지 않는 조음 기관을 구분하여, 전자를 능동적 조음자(active articulator) 혹은 단순히 조음자(articulator), 후자를 수동적 조음자(passive articulator) 혹은 조음점(point of articulation)이라고 구별하여 지칭한다. 능동적 조음자로는 아랫입술, 혀, 연구개가 있고, 수동적 조음자로는 윗입술, 윗니, 치경, 경구개, 연구개가 있다.[7)]

자음의 조음 위치를 기술하는 방법에는 두 가지가 있다. 첫 번째 방법은 조음 위

7) 연구개를 수동적 조음자로만 볼 수 없는 이유는, 연구개를 위아래로 움직일 수 있기 때문이다. 연구개의 이런 작용에 의해 구강음과 비강음이 구별된다.

치를 능동적 조음자를 기준으로 대략적으로 구분하는 것이다. 이 방법에 따르면, 입술에 의해 만들어지는 소리를 **순음**(labial), 설첨 또는 설단에 의해 만들어지는 소리를 **설정음**(coronal), 그리고 후설 또는 설배에 의해 만들어지는 소리를 **설배음**(dorsal)이라고 한다. 설정음을 설첨에 의해 만들어지는 **설첨음**(apical)과 설단에 의해 만들어지는 **설단음**(laminal)으로 구분하기도 한다.

자음의 조음 위치를 기술하는 두 번째 방법은 조음 위치를 위 방법보다 좀 더 세분하는 것으로, 일반적으로 널리 사용되고 있는 방법이다. 이 방법에서는 능동적 조음자와 수동적 조음자를 같이 언급한다. 영어 자음의 조음 위치를 이 방식으로 분류하여 나타내면 다음과 같다.

(1) **양순음**(兩脣音, bilabial): 아랫입술과 윗입술에 의해 발음된다. /p, b, m, w/가 여기에 속한다.

(2) **순치음**(脣齒音, labio-dental): 아랫입술과 윗니에 의해 발음되며, /f, v/가 여기에 속한다.

(3) **치음**(齒音, dental): 설첨이나 설단과 위 앞니에 의해 발음되며, /θ, ð/가 여기에 속한다. 아랫니도 혀끝에 닿으므로 혀끝이 윗니와 아랫니 사이에 끼이는 모양이 되어 **치간음**(interdental)이라고 부르기도 한다.

(4) **치경음**(齒莖音, alveolar): 설첨 또는 설단과 치경에 의해 발음된다. 영어의 치경음에는 /t, d, s, z, n, l/이 있다. 치경음은 가장 보편적인 자음으로, 모든 언어에 존재하며 다른 자음에 비해 수가 가장 많다.

(5) **권설음**(捲舌音, retroflex): 미국영어 /r/을 가리키며, 혀끝을 구부려 치경 뒤쪽에 가까이 두고 발음한다. 이때 전설과 중설 부분이 낮아져 혀의 가운데가 움푹 들어가게 된다. 이 소리는 **반전음**(反轉音, retroflex)이라고도 불리며, 지역에 따라 다양하게 발음된다. 일반적으로 영국영어에서는 말음의 /r/이 발음되지 않으며, 동부 뉴잉글랜드, 뉴욕, 남부 해안지대 등 일부 지역을 제외한 대부분의 미국영어에서는 /r/이 발음된다.

(6) **경구개치경음**(硬口蓋齒莖音, palato-alveolar): 설단과 치경 뒷부분에 의해 발음되며, 이때 전설이 경구개에 가까이 있게 된다. /ʃ, ʒ, ʧ, ʤ/가 여기에 속한다.

(7) **경구개음**(硬口蓋音, palatal): 전설과 경구개에 의해 발음되며, you의 첫 소리인 /y/가 여기에 속한다.

(8) **연구개음**(軟口蓋音, velar): 후설과 연구개에 의해 발음되며, /k, g, ŋ, w/가 여기에 속한다. 영어에서 /ŋ/은 음절 두음에는 나타나지 않고 말음에만 나타날 수 있다는 분포상의 제약이 있다.

(9) **성문음**(聲門音, glottal): 성대가 가까이 접근하여 성문이 약간 열린 사이로 기류가 빠져나가면서 나는 소리로, /h/가 여기에 속한다. 흔히 /h/를 무성 성문 마찰음(voiceless glottal fricative)으로 기술하지만, 이 소리는 무성의 속성만 있을 뿐 조음 위치가 없다고 말할 수 있다. 이런 이유로 /h/를 후속하는 모음에 대응하는 무성음이라고 말하기도 한다.[8] 또한 /h/를 보통 성문 폐쇄음(glottal stop)이라 불리는 [ʔ]과 함께 후두 전이음(laryngeal glide)으로 보기도 한다. 영어에서 /h/는 음절의 두음 위치에만 나타나고 말음에는 나타나지 않는다는 분포상의 제약이 있다. 이런 점에서 /h/와 /ŋ/는 **상보적 분포**(complementary distribution)의 관계에 있다.[9] 성대는 조음 기관이 아니고 발성 기관이기 때문에 영어의 자음을 기술하기 위한 조음 위치에 포함시키지 않는 것이 일반적이다.

1.2.4 조음 방법

자음을 분류하는 세 번째 기준은 조음 방법이다. 폐에서 흘러나온 기류가 조음 기관에서 어떻게 저해가 일어나는지에 따라 소리가 다양하게 바뀌게 되는데, **조음 방법**이란 곧 저해가 일어나는 방법 내지는 정도를 나타낸다.

자음은 조음 방법에 따라 크게 **저해음**(obstruent)과 **공명음**(sonorant 또는 resonant)으로 구분된다.[10] 저해음은 조음 기관의 어느 부분이 완전히 막히거나 상당한 정도의 협착이 일어나 그 사이를 통과하는 기류가 차단되거나 마찰이 일어나면서 발음되는 소리를 말한다. 조음 기관이 완전히 폐쇄되어 완전한 저해(complete obstruction)가 수반되어 만들어지는 소리를 **폐쇄음**(stop 또는 plosive) 또는 **파열음**이라고 하고, 조음자와 조음점이 거의 맞닿을 정도로 매우 가까워 그 사이를 통과하는 기류가 마

---

8) In English, /h/ acts like a consonant, but from an articulatory point of view it is the voiceless counterpart of the surrounding sounds. It does not have a precise place of articulation, and its manner of articulation is similar to that of the vowels before and after it (Ladefoged 2006: 43).

9) 어떤 두 소리가 나타나는 환경이 상호 배타적(mutually exclusive)일 경우 즉, 어떤 소리 [A]가 나타나는 환경에는 다른 소리 [B]가 나타나지 못하고, [B]가 나타나는 환경에는 [A]가 나타나지 못하는 경우, 이 두 소리의 분포가 상보적이라고 하고, [A]와 [B]는 상보적 분포의 관계에 있다고 말한다.

10) 저해음을 순정 자음(true consonant)이라고도 한다.

찰을 일으켜 내는 소리를 **마찰음**(fricative)이라고 한다.[11] 폐쇄음과 마찰음의 특성을 동시에 가진 저해음을 **폐찰음**(affricate)이라고 한다. 이처럼 저해음은 폐쇄음, 마찰음, 폐찰음으로 구분된다. 바꾸어 말하면 폐쇄음, 마찰음, 폐찰음이 저해음이라는 자연부류(natural class)를 이룬다. 저해음만이 유성음과 무성음의 구분이 있고 공명음은 모두 유성음이다.

저해음을 발음할 때와는 대조적으로, 조음 기관을 통과하는 공기가 보다 자유롭게 흘러나오면서 성대의 진동을 수반하여 발음되는 소리를 공명음이라 한다. 따라서 모든 공명음은 유성음이다. 모음을 제외한 모든 공명음을 공명 자음이라고 하며, 공명 자음에는 비음(nasal), 유음(liquid), 전이음(glide)이 포함된다.[12] 공명음 중 비음을 제외한 유음과 전이음을 합하여 **접근음**(approximant)이라고 칭한다.

1.2.4.1 폐쇄음

폐쇄음(stop)은 크게 **비강 폐쇄음**(nasal stop)과 **구강 폐쇄음**(oral stop)의 두 유형으로 구분된다. 앞에서 언급했듯이 비강음과 구강음은 연구개의 작용에 의해 결정된다. 구강의 어느 부분이 막힌 상태에서 연구개를 내려 기류가 코를 통해 빠져나가도록 하면서 만들어지는 소리를 비강 폐쇄음이라고 하고, 반면에 기류가 비강으로 나가지 못하도록 연구개를 올린 상태에서 구강을 폐쇄시켰다가 개방시켜 기류가 구강을 통해 빠져나가도록 하면서 만들어지는 소리를 구강 폐쇄음이라고 한다. 일반적으로 비강 폐쇄음을 단순히 비강음 또는 **비음**(nasal)이라고 칭하고, 구강 폐쇄음을 단순히 **폐쇄음**이라고 칭한다. 영어의 비음에는 /m, n, ŋ/이 있으며, /m/을 양순 비음(bilabial nasal), /n/을 치경 비음(alveolar nasal), /ŋ/을 연구개 비음(velar nasal)이라고 한다. 영어의 폐쇄음에는 무성음 /p, t, k/와 유성음 /b, d, g/가 있으며, /p, b/를 양순 폐쇄음(bilabial stop), /t, d/를 치경 폐쇄음(alveolar stop), /k, g/를 연구개 폐쇄음(velar stop)이라고 한다.

폐쇄음은 나타나는 환경에 따라 다양한 소리로 발음된다. 이와 관련된 현상들을 살펴보기에 앞서 **음소**(phoneme)와 **이음**(異音, allophone)의 개념을 이해할 필요가 있다. 단어의 의미 차이를 가져오는 대립(contrast)의 관계에 있는 두 소리는 각각 서로 다른 음소에 속하고, 음소는 사선(diagonal bars 또는 slashes) "/ /" 속에 표기(transcription)한다. 음소의 변이형(variant)을 이음이라고 하고, 대괄호(square

11) fricative는 라틴어 fricare 'to rub'에서 유래된 용어이다.
12) 이후 자음을 언급하는 경우 '공명 자음'을 편의상 '공명음'이라고 지칭하겠다.

bracket) "[ ]" 속에 표기한다.[13] 예를 들어 pie [p^hay]와 buy [bay]의 의미 차이는 [p^h]와 [b]의 차이때문에 생기므로 대립되는 이 두 소리는 각각 서로 다른 음소 /p/와 /b/에 속한다. 이처럼 음소를 찾는 가장 손쉬운 방법은 **최소 대립쌍**(minimal pair)을 찾는 것이다. 최소 대립쌍이란 의미 차이를 가져오는 하나의 소리를 제외한 나머지 소리가 똑같은 한 쌍의 단어를 말한다. pie와 buy에서 [p^h]와 [b]는 동일한 환경(즉, [ay] 앞)에 나타나며, 이 두 소리를 서로 바꾸면 의미가 다르게 된다. 이때 이 두 단어를 최소 대립쌍이라 하고, 대립의 관계에 있는 [p^h]와 [b]는 서로 다른 음소 /p/와 /b/에 각각 속하게 되는 것이다.

음소는 나타나는 환경에 따라 여러 단음(phone)으로 실현(realization)된다. 이때 이 단음을 일컬어 **이음**이라 하며, 편의상 이음을 음소의 환경 변이형(contextual variant)이라고 정의할 수 있다. 예를 들어 음소 /p/가 pie에서는 한국어의 'ㅍ'와 유사한 **기음**(氣音, aspirated sound 또는 aspirate) [p^h]로,[14] spy에서는 한국어의 'ㅃ'과 유사한 **무기음**(無氣音, unaspirated sound) [p]로, nap에서는 **불파음**(unexploded/unreleased sound) [p˺]로 다르게 발음된다. 이처럼 음소가 환경에 따라 각기 다른 이음으로 발음되기 때문에, 영어를 발음할 때 이음을 정확히 발음하는 것이 중요하다. 예컨대 spy, sports, spring 등에서 /p/를 무기음 [p]가 아닌 기음 [p^h]로 발음한다면 영어 모국어 화자에게 어색하게 들리게 될 것이다. 폐쇄음을 자연스럽게 발음하기 위해서는 폐쇄음의 이음인 기음, 무기음, 불파음이 각각 어떤 환경에 나타나고 어떤 음성적 특징을 가지는지를 정확히 이해하는 것이 중요하다.

먼저, **기음**은 무성 폐쇄음 /p, t, k/가 어두(word-initial)나 강세 음절(stressed syllable)의 맨 앞에 있을 때 나타난다.[15] 예를 들어 potáto라는 단어에서 어두의 /p/와 강세 음절인 두 번째 음절의 /t/는 각각 기음 [p^h]와 [t^h]로 발음되지만, 마지막 음절의 /t/는 기음으로 발음되지 않는다. 이처럼 무성 폐쇄음이 기음으로 발음되는 현상을 **기음화**(aspiration)라고 하고, 기음화는 발음기호의 오른쪽 어깨 위에 [^{h}]라는 구별부호(diacritic 또는 diacritical mark)를 사용하여 나타낸다.[16] 기음을 발음할 때에는 성대가 많이 열리고, 폐쇄 해제(release) 단계에서 많은 양의 공기가 터져 나오게 된

13) 음소에 대해서는 3.1에서 자세히 논의하므로, 여기서는 편의상 간단히 정의하는 것으로 그치기로 한다.

14) 기음을 "기식음", "유기음", 또는 "대기음(帶氣音)"이라고 칭하기도 한다.

15) 무성 폐찰음 /ʧ/도 이 환경에서 기음화된다.

16) 구별부호는 이음의 발음을 나타내기 위해 사용하는 부호로, 음소를 표기할 때보다 발음을 더 자세하게 기호로 나타낼 필요가 있을 경우에 사용된다.

다. 그 결과 기음 뒤에 오는 모음의 유성이 바로 시작되지 못하고 잠시 지체된다. 기음화는 이처럼 폐쇄 해제 뒤 모음의 유성이 시작되기 직전에 잠깐 동안 나타나는 무성(voicelessness)의 기간이라고 정의할 수 있다.[17] 일반적으로 기음화의 정도는 성대의 열림 정도에 비례한다. 무성 폐쇄음을 발음할 때 성대가 많이 열릴수록 기음화가 강하게 일어난다. 또한 기음화의 정도는 언어마다 다를 수 있는데, 예를 들어 나바호어(Navajo)의 기음화는 영어나 한국어에 비해 매우 강하다. 기음화의 정도는 **성대진동개시시간**(voice onset time: VOT)에 의해 나타내는 것이 일반적이다. 성대진동개시시간(이후 VOT로 약칭함)이란 폐쇄음의 폐쇄 해제 순간부터 성대의 진동이 시작되는 순간까지의 시간 간격을 말하는 것으로,[18] 기음화가 강하게 일어날수록 VOT 값이 커지고 기음화가 약하게 일어날수록 VOT 값은 작아진다. 영어에서 기음화는 무성 폐쇄음의 발음에서만 나타나고, 유성 폐쇄음의 발음에서는 나타나지 않는다. 무성 폐쇄음과 유성 폐쇄음은 특히 어두 위치에 있을 때 기음화에 있어서 두드러진 차이를 보인다고 말할 수 있다. 예를 들어 pie−buy, tie−dye, coat−goat의 각 쌍의 단어에서 무성 폐쇄음과 유성 폐쇄음의 주요한 음성적 차이는 사실상 유무성보다는 기음화에 있다. 유성 폐쇄음은 문장의 맨 앞에서 혹은 무성음으로 끝나는 단어 뒤에서 폐쇄 기간 동안 단지 부분적으로만 유성으로 발음되며 오히려 무성음에 가깝다. 따라서 어두에 나타날 경우 무성 폐쇄음과 유성 폐쇄음은 유무성의 차이라기보다는 기음화의 차이에 의해 구별된다고 말할 수 있다.

다음으로, 무성 폐쇄음이 /s/ 뒤에 있을 때는 **무기음**으로 발음된다. 예를 들어 spy, sty, sky에서 무성 폐쇄음 /p, t, k/는 어두나 강세 음절의 맨 앞에 나타나지 않고 /s/ 뒤에 나타나므로, 기음으로 발음되지 않고 무기음인 [p, t, k]로 발음된다. 무기음은 VOT 값이 기음의 VOT 값에 비해 매우 작다.[19] 한국 학생들이 영어를 발음할 때 나타나는 가장 빈번한 오류는 무기음을 기음으로 발음하는 것이다.[20] 예를 들어 spy를 많은 한국 학생들이 [spay]로 발음하지 않고 [sip^{h}ai]로 발음하는 오류를 흔히 범한다.

17) Aspiration can be defined as a period of voicelessness after the stop articulation and before the start of the voicing for the vowel, as in English *pie* [p^{h}ay] (Ladefoged 2006: 56).

18) The time interval between the articulatory release of a stop consonant and voice onset, typically in a CV syllable context, is called voice onset time (VOT) (Fujimura and Erickson 1997: 76).

19) 영어 /p/의 VOT 값이 보통 어두 강세 음절에서는 50−60 msec.이고, 어두의 /s/ 뒤에서는 약 10ms로 어두 /b/의 VOT 값과 거의 같다.

20) 강석근, 이희천(2001)의 연구에 따르면, 피실험자(고등학생) 중 90% 이상이 /s/ 뒤에 나타나는 무성폐쇄음을 무기음이 아닌 기음으로 잘못 발음하는 오류를 범한다.

이 경우 /p/는 /s/ 뒤에 있으므로 기음 [p^h]가 아니고 무기음 [p]로 발음하여야 한다. 그러나 많은 한국 학생들이 기음 [p^h]로 발음하는 이유는 /s/와 /p/ 사이에 모음 '으'([ɨ])를 삽입하는 것과 무관하지 않다.[21] 모음이 삽입되면, /p/가 강세 음절의 맨 앞에 놓이게 됨으로써 기음 [p^h]로 발음되는 것이다. 무기음과 관련하여, /s/ 뒤에 나타나는 영어 폐쇄음의 분포에 관하여 언급할 필요가 있다. spy, sty, sky에서처럼 무성 폐쇄음 /p, t, k/는 /s/ 뒤에 자유롭게 나타날 수 있지만,[22] 유성 폐쇄음 /b, d, g/는 /s/ 뒤에 나타나지 못한다. 따라서 /s/ 뒤에 나타나는 무성 폐쇄음은 기음으로 발음되지 않고 무기음으로 발음된다는 점에서는 유성 폐쇄음과 유사하다고 말할 수 있다.

끝으로, 말음의 폐쇄음이 다른 (구강 또는 비강) 폐쇄음 앞에 있을 때는 **불파음**으로 발음된다. 폐쇄음은 폐쇄개시, 폐쇄, 파열(폐쇄 해제)의 세 단계를 거쳐 발음되는 것이 일반적이지만, 불파음은 폐쇄 해제의 마지막 단계가 없이 발음된다. 예를 들어 Take a cap now와 Take a cab now에서 어말의 /p/와 /b/는 비강 폐쇄음(nasal stop) 앞에 있으므로 각각 불파음 [p˺]와 [b˺]로 발음된다. 또한 the cat pushed에서 어말의 /t/는 뒤에 구강 폐쇄음(oral stop)이 있으므로 불파음 [t˺]로 발음된다. 위의 예들에서처럼 폐쇄음이 어말에 있는 경우에만 불파음으로 발음되는 것은 아니다. ac[k˺]t, ap[p˺]t, dubb[b˺]ed에서처럼 말음의 폐쇄음이 다른 폐쇄음 앞에 있을 때에도 불파음으로 발음된다. 따라서 불파음은 말음 위치의 폐쇄음이 또 다른 (구강 또는 비강) 폐쇄음 앞에 있을 때 나타난다고 말할 수 있다.

말음 폐쇄음과 관련하여 언급할 것은, 말음 폐쇄음 앞에 오는 모음의 음성적 차이이다. 예를 들어 cap–cab, mat–mad, back–bag의 각 쌍에서 /p/와 /b/, /t/와 /d/, /k/와 /g/의 음성적 차이는 유무성에 있다고 말하기 쉽다. 그러나 이 경우 소위 유성 폐쇄음이라고 불리는 자음은 사실상 유성음이 아니고 무성음에 가까운 것으로 알려져 있다. 이 쌍의 단어에서 어말 자음은 모두 불파음으로 발음되고 유성 폐쇄음이 무성음에 가깝게 발음되므로, 위 각 쌍의 단어들은 아무런 음성적 차이가 없을 것으로 여겨질 수 있지만, 사실상 폐쇄음 앞에 오는 모음의 음장(length) 내지 지속 시간(duration)에 있어서 차이가 난다. 일반적으로 영어의 모음은 무성 자음 앞에서보다

---

21) /s/와 /p/ 사이에 모음 [ɨ]가 삽입되는 이유는 영어의 음절구조와 한국어의 음절구조의 차이때문이다. 음절 두음에 영어에서는 세 개의 자음까지 허용되지만 한국어에서는 단 하나의 자음만이 허용된다. 한국 학생들은 영어의 두음 자음군(consonant cluster) /sp–/를 발음할 때 한국어의 음절구조에 맞도록 /s/와 /p/ 사이에 모음을 삽입하는 경향이 있다. 영어의 음절구조에 관하여는 6장에서 자세히 다룬다.

22) 영어에서 무성 폐쇄음 앞에 나타날 수 있는 자음은 사실상 /s/뿐이다.

유성 자음 앞에서 훨씬 더 길게 발음된다.[23] 대신 무성 자음은 유성 자음에 비해 그 앞의 모음이 짧아지는 것을 보상하기 위해 좀 더 길게 발음된다. 예컨대 mat와 mad에서 mad의 모음이 mat의 모음보다 더 길지만, 자음은 무성음 /t/가 유성음 /d/보다 더 길다. 이처럼 위 각 쌍의 단어는 음성적으로 볼 때 어말 폐쇄음의 유무성에 의해서가 아니고 그 앞에 있는 모음의 길이에 의해서 구별된다고 말할 수 있다.

폐쇄음은 위에서 언급된 대표적인 이음인 기음, 무기음, 불파음뿐만 아니라 환경에 따라 여러 다른 이음으로 발음된다. 특히 무성 치경 폐쇄음 /t/는 영어의 자음 중 가장 다양한 이음을 지닌다. /t/의 이음에 속하는 것으로는 기음 [t^h], 무기음 [t], 불파음 [t˺], 설탄음(flap 또는 tap) [ɾ], 유성음 [t̬], 성문 폐쇄음 [ʔ] 등이 있다.[24]

1.2.4.2 마찰음

조음자와 조음점이 거의 맞닿을 정도로 매우 가까워 그 사이를 통과하는 기류가 부분적으로 저해를 받아 마찰을 일으켜 내는 소리를 **마찰음**(fricative)이라고 한다. 영어의 마찰음에는 /f, v, θ, ð, s, z, ʃ, ʒ/가 있다. /f, θ, s, ʃ/는 무성음이고, /v, ð, z, ʒ/는 유성음이다. /f, v/는 순치음, /θ, ð/는 치음, /s, z/는 치경음, /ʃ, ʒ/는 경구개치경음이다. 마찰음은 또한 음의 고저 또는 **음도**(音度, pitch)[25]에 따라, 음도가 더 높은(higher-pitched) 음인 /s, z, ʃ, ʒ/를 **치찰음**(sibilant)[26]이라고 하고, 상대적으로 비교적 음도가 낮은 음인 /f, v, θ, ð/를 비치찰음(nonsibilant)이라고 한다.

마찰음은 여러 점에서 폐쇄음과 동일한 특성을 지닌다. 먼저, 마찰음은 폐쇄음과 마찬가지로 유성음과 무성음으로 구별된다. 두 번째로, 유성 마찰음 앞에 오는 모음

---

23) 영어에서 모음의 길이는 이처럼 환경에 의해 결정되는 이음적(allophonic) 특성이다.

24) 폐쇄음의 다른 이음들에 관하여는 1.4.1과 1.4.3을 참조하라.

25) 음도는 1초 동안에 일어나는 공기 압력의 변화 주기(cycle)의 수를 나타내는 소리의 음향적 특성인 진동수 즉, 주파수(frequency)에 비례한다. 모음의 경우 성대의 진동수가 많을수록 음도가 높아진다. 일반적으로 강세 음절의 모음이 비강세 음절의 모음보다, 자음이 모음보다, 무성음이 유성음보다, 여성의 소리가 남성의 소리보다 음도가 높다. 인간의 가청 주파수 범위는 20−20,000Hz이다. 음도를 음의 크기(loudness)와 혼동해서는 안 된다. 음의 크기는 공기 압력의 진폭(amplitude)에 비례하는 것으로, 진폭이 크면 클수록 소리가 크게 들린다. 모음이 자음보다 소리가 크고, 모음 중에서는 /ɑ/와 같은 저모음(low vowel)이 /i/와 같은 고모음보다 소리가 크다. 동일한 모음이라도 강세 음절의 모음이 비강세 음절의 모음보다 소리가 크다. 자음의 경우 공명음이 저해음보다 소리가 크다.

26) sibilant는 라틴어 sibilare 'to hiss, whistle'에서 유래된 용어이다. 영어의 규칙적 복수 접미사(plural suffix) /-ɪz/는 치찰음으로 끝나는 명사 뒤에 첨가된다. 이런 점에서 치찰음은 자연 부류를 이룬다.

이 무성 마찰음 앞에 오는 모음보다 더 길게 발음된다. leaf−leave, loath−loathe, bus−buzz의 쌍에서 모음의 길이를 비교해보면 전자보다 후자에서 더 길다. 영어의 모음 음장과 관련하여, 모음은 무성 자음 앞에서보다 유성 자음 앞에서 훨씬 더 길게 발음된다고 일반화하여 말할 수 있다. 세 번째로, 말음의 무성 마찰음이 유성 마찰음보다 더 길다. 위 쌍에서 모음은 후자에서 더 길지만 말음의 마찰음은 전자에서 더 길다. 자음의 길이에 관하여 좀 더 일반화하여 말하면, 말음의 무성 자음은 대응하는 말음의 유성 자음보다 더 길다. 네 번째로, prove, smooth, choose, rouge 등에서 어말 유성 마찰음은 뒤에 유성음이 오지 않으면 부분적으로만 유성음으로 발음된다. Try to prove it에서처럼 어말 유성 마찰음 뒤에 모음이 올 경우에 유성 마찰음은 완전한 유성음으로 발음된다. 그러나 Prove two times two is four나 try to improve에서처럼 어말의 [v]는 뒤에 무성 자음이나 휴지(pause)가 올 경우 유성음으로 발음되지 않고 무성음으로 발음된다. 이러한 특성들은 폐쇄음에서만 아니라 뒤에서 언급할 폐찰음에서도 나타난다. 조음상의 유사성과 이러한 특성들의 유사성 때문에 폐쇄음, 마찰음, 폐찰음을 통틀어 저해음이라고 한다.

위에서 언급한 8개의 마찰음 외에 /h/를 영어의 마찰음에 포함시키기도 한다. 이 경우 /h/를 무성 성문 마찰음으로 분류한다. 그러나 이 음은 다음과 같은 몇 가지 점에서 다른 마찰음과 차이를 보인다. 첫째, 다른 마찰음들은 유성과 무성의 짝이 있지만, /h/에 대응하는 유성 마찰음은 없다.[27] 둘째, /h/는 무성이라는 속성만 있을 뿐 조음 위치가 없다고 말할 수 있다. 흔히 /h/를 후속하는 음의 무성음이라고 정의한다.[28] 이런 이유로 /h/를 모음의 무성 이음이라고 말하기도 한다. 셋째, /h/는 음절 두음에만 올 수 있고 말음에는 올 수 없다는 분포상의 제약이 있다. 넷째, /h/는 불안정하여 비강세 음절의 모음 앞에서 흔히 **탈락**(deletion)한다. 예를 들어 /h/가 hístory, vehícular, prohíbit의 강세 음절에서는 탈락하지 않지만, históricaI, véhicle, prohibítion 등의 비강세 음절과 일반적으로 강세를 받지 않는 he, his, him, her, has, have, had 등 기능어(function word)에서는 흔히 탈락한다.

1.2.4.3 폐찰음

폐찰음(affricate)은 폐쇄음과 마찰음이 결합된 것이다. 영어의 폐찰음에는 /ʧ, ʤ/가

27) /h/가 ahead, behind에서처럼 모음과 모음 사이에서 유성음 [ɦ]로 발음되지만, 이 음은 /h/에 대응하는 음소가 아니고 이음이며, 성대가 약간 떨어져 있는 상태에서 약하게 진동하기 때문에 완전한 유성음으로 보기 어렵다. 이런 이유로 [ɦ]를 중얼거림(murmur) 소리라고 칭한다.

28) /h/ 뒤에 올 수 있는 소리는 모음이나 전이음뿐이다.

있다. /ʧ/는 [t]로 시작해서 [ʃ]로 끝나는 무성 경구개치경 폐찰음이고, /ʤ/는 [d]로 시작해서 [ʒ]로 끝나는 유성 경구개치경 폐찰음이다. 폐찰음은 음성적으로는 폐쇄음과 마찰음의 결합이지만, 음운적으로는 하나의 분절음으로 간주된다.[29] 이 두 폐찰음은 /s, z, ʃ, ʒ/와 함께 치찰음에 속한다. 폐찰음은 앞에 오는 모음의 길이와 자음의 길이에 있어서 폐쇄음 및 마찰음과 동일한 양상을 보인다. 즉, 모음은 무성 자음 앞에 올 때보다는 유성 자음 앞에 올 때 더 길게 발음되고, 모음 뒤 말음의 무성 자음이 유성 자음보다 길게 발음된다. 유무성의 구별이 있고, 이음에 있어서 동일한 양상을 보인다는 점 등에서 폐찰음은 폐쇄음 및 마찰음과 함께 저해음이라는 자연 부류를 이룬다.

1.2.4.4 비음

비음(nasal)은 유음 및 전이음과 함께 공명음에 속한다. 공명음은 저해음에 비해 폐로부터 나온 공기가 비교적 자유롭게 빠져나가며, 성대의 진동을 수반하는 유성음이다. 영어의 비음에는 /m, n, ŋ/이 있고 모두 유성음이다. 구강의 어느 한 부분이 폐쇄되고 연구개가 내려진 상태에서 폐로부터 나오는 공기가 비강을 통하여 나갈 때 비음이 만들어진다. /m/은 /p, b/와 같이 양순음이고, /n/은 /t, d/와 같이 치경음이며, /ŋ/은 /k, g/와 같이 연구개음이다.

/ŋ/은 다른 비음과 차이가 있다. 먼저, 분포상의 차이를 들 수 있다. /ŋ/은 두음에 나타날 수 없다. 영어에서 두음에는 이 자음을 제외한 모든 자음이 나타날 수 있다. 두 번째로, 이 자음은 다른 비음과 달리 bacon [beykŋ], I can[kŋ] go, Jack and Kate [ʤækŋkeyt]에서와 같은 빠른 발화의 경우를 제외하고 **성절 자음**(syllabic consonant)이 되지 못한다.[30] 이러한 이유 등으로 이 자음은 하나의 독립된 음소라기보다는 /ng/의 이음으로 간주되기도 한다.

---

29) 폐찰음이 하나의 분절음이라는 근거로, 두음의 자음군(consonant cluster) 분포와 **발화 실수**(slips of the tongue 또는 spoonerism)를 들 수 있다. 영어의 두음에 폐쇄음과 마찰음의 연쇄로 이루어진 자음군은 허용되지 않지만, 폐찰음 /ʧ/와 /ʤ/는 두음에 자유롭게 나타난다. 만일 폐찰음을 폐쇄음과 마찰음으로 된 두 개의 분절음으로 간주한다면, 왜 폐찰음을 제외한 /tf/, /dv/, /tθ/, /dð/ 등은 두음에 나타날 수 없는지를 설명하기 어려울 것이다. 또한 key chain [ʧi k̲eyn]과 같은 발화 실수에서 [ʧ]가 하나의 분절음과 서로 바뀌며, top notch가 [tɑʧ nɑp̲]로 잘못 발음될 수는 있지만 [ʧ]의 일부인 [ʃ]가 분리되어 *[tɑt̲ nɑpʃ]로 잘못 발음되는 경우가 없다는 사실은, 폐찰음이 하나의 분절음이라는 화자의 심리적 실재(psychological reality)를 나타낸다.

30) **성절음**(syllabic sound)이란 음절에서 핵음의 위치에 나타나는 음을 가리킨다. 일반적으로 모음이 성절음이 되며, 경우에 따라 공명도가 높은 자음인 유음이나 비음도 성절음이 될 수 있다.

폐쇄음 뒤에 조음 위치가 동일한(homorganic) 비음이 올 경우 **비강 파열**(nasal plosion)이 일어난다. 비강 파열이란, 폐쇄음의 폐쇄 단계 직후에 형성된 높은 압력의 공기가, 후속하는 비음의 발음을 위해 연구개를 내림으로써 비강으로 빠져나가는 현상을 말한다. 비강 파열은 hidden, sudden, sadden, bitten, cotton, eaten에서처럼 치경 폐쇄음 /d/나 /t/ 다음에 /n/이 올 경우에 일어나는 것이 일반적이다. 이 경우 치경 폐쇄음의 폐쇄 상태(즉, 설첨이나 설단이 치경을 막고 있는 상태)를 공기가 코로 빠져나갈 때까지 계속 유지하는 것이 중요하다. 만일 폐쇄음의 폐쇄가 비음을 발음하기 직전에 해제되면 폐쇄음과 비음 사이에 모음 [ə]가 삽입 되어 외국 어투로 여겨지므로, 예를 들어 hidden을 비강 파열 [hɪdn] 대신 모음 [ə]를 삽입하여 [hɪdən]으로 발음하지 않도록 유의해야 한다. 비강 파열은 비음이 어말에 있을 경우에만 일어나는 것이 아니고, 폐쇄음과 비음 사이에 sadness에서처럼 음절 경계(syllable boundary)가 있거나, red nose에서처럼 단어 경계(word boundary)가 있을 경우에도 일어난다. 비강 파열은 치경 폐쇄음 /t, d/ 뒤에 치경 비음 /n/이 있을 경우에 일어나는 것이 일반적이지만, topmost, ship money, submit, cabman에서처럼 양순 폐쇄음 다음에 양순 비음이 오거나 bacon [beɪkŋ]에서처럼 연구개 폐쇄음 다음에 연구개 비음이 올 경우에도 일어난다. 또한 빠른 회화체에서 open, seven을 [oʊpm], [sɛbm]으로 발음하면 비강 파열이 나타난다. 비강 파열을 나타내는 구별부호는 [ⁿ]이다. 예를 들어 폐쇄음 /d/의 비강 파열은 [dⁿ]로 표기한다.

1.2.4.5 유음

영어의 **유음**(liquid)에는 /l/과 /r/이 있다. /l/은 영어의 유일한 **설측음**(lateral)이다. 유성 치경 설측음 /l/은 혀끝을 치경에 대고 혀의 양쪽을 개방한 상태에서 공기가 개방된 혀의 양쪽으로 빠져나가면서 성대의 진동을 수반하여 만들어지는 소리이다. 설측음 /l/의 이음에는 **맑은 /l/**(clear /l/)과 **탁한 /l/**(dark /l/)의 두 개가 있다.[31] 이 두 이음은 조음에 있어서 상당한 차이를 보이므로 탁한 /l/의 발음에 특히 유의해야 한다. 위에서 설명한 설측음 조음 방법에 의해 만들어지는 소리가 바로 맑은 /l/이다. 탁한 /l/은 맑은 /l/을 발음할 때처럼 혀끝을 치경에 대지만, 혀의 중간 부분을 아래로 내리고 혀의 뒷부분을 연구개 쪽으로 상당히 올려 혀를 아치 모양으로 만들어서 내는 소

31) 일반적으로 'clear /l/'과 'dark /l/'을 각각 '밝은 /l/'과 '어두운 /l/'이라는 명칭으로 나타내지만, 본서에서는 '맑은 /l/'과 '탁한 /l/'이라는 용어를 사용하겠다. 탁한 /l/은 잠시 후에 언급할 연구개음화(velarization)를 수반하며, 구별부호 [~]를 사용하여 [ɫ]로 표기한다.

리이다. 한국 학생들이 탁한 /l/의 발음을 연습하는 데 있어서 이러한 설명은 큰 도움이 되지 않는 듯하다. 왜냐하면 후설은 둔감하여 그 움직임을 느끼기가 쉽지 않기 때문이다. [k]를 발음하기 위해 후설을 연구개에 대고 폐쇄시키는 경우에도 후설이 연구개에 닿은 느낌을 감지하지 데 어려움이 있는데, 하물며 탁한 /l/을 발음하기 위해 후설이 연구개 쪽으로 올라갔는지를 알기는 더욱 어려울 수밖에 없다. 탁한 /l/의 발음을 지도하는 데 있어서 유용한 한 가지 방법은, 후설을 연구개 쪽으로 상당히 올려서 발음하는 소리가 [u]이므로, 입술을 둥그렇게 하지 않고 [u]처럼 발음하는 것이다.[32] 이때 설첨을 치경에 대고 발음하는 것이 일반적이지만, 일부 화자들은 후설이 뒤쪽 위로 당겨지기 때문에 설첨을 치경에 대지 않고 발음하기도 한다.

맑은 /l/과 탁한 /l/의 분포는 상보적(complementary)이다. 맑은 /l/은 limb, climb, split 등에서처럼 음절의 두음에서 나타난다. 반면 탁한 /l/은 feel, milk에서처럼 음절의 말음이나 apple, table에서처럼 핵음의 위치에 나타난다. 음절구조에서 핵음과 말음이 운모(rhyme 또는 rime)를 형성하므로, /l/이 운모에 올 경우 탁한 /l/로 발음된다고 말할 수 있다. feel, apple에서처럼 운모의 탁한 /l/을 발음할 때, 혀의 뒷부분을 연구개 쪽으로 위로 올려서 발음하는 **이차 조음**(secondary articulation) 현상을 **연구개음화**(velarization)라고 한다.[33] 연구개음화를 나타내기 위해 사용되는 구별부호는 [~]이며, 예를 들어 feel은 [fiɫ]로 표기된다. 탁한 /l/은 [ɯ]의 음색이 가미된 연구개음화를 수반하기 때문에, /l/에 선행하는 전설 모음은 본래의 위치보다 후설 쪽에서 발음된다. 예를 들어 peel과 pal은 각각 [pɪɯɫ], [pæɯɫ]처럼 발음된다. 이런 이유로 ball과 bowl, hall과 hole의 발음상의 차이를 구별하기가 쉽지 않게 되는 것이다.

little, ladle, middle에서처럼 어말의 성절성(syllabic) 설측음 /l/ 바로 앞에 조음 위치가 동일한 폐쇄음 /t/나 /d/가 있을 경우, 폐쇄음의 폐쇄 기간 동안 생긴 높은 압력의 공기가 /l/을 발음하기 위해 혀의 양쪽을 개방하게 되면 혀의 양쪽으로 터져나가게 된다.[34] 이런 발음 현상을 **설측 파열**(lateral plosion)이라고 하고, 구별부호 [ˡ]을 사용하여 나타낸다. 폐쇄음 /d/의 설측 파열은 [dˡ]로 표기한다. 지금까지 유음 중 /l/

---

32) 평순으로 모음 [u]를 발음하는 소리는 [ɯ]라는 기호로 나타낸다.

33) 본래의 주가 되는 주 조음(primary articulation)에 추가로 부가되는 조음을 이차 조음이라고 한다. 탁한 /l/인 [ɫ]을 발음할 때, 혀끝을 치경에 대고 발음하는 주 조음에 후설을 연구개 쪽으로 올려서 발음하는 이차 조음인 연구개음화가 추가로 부가된다. 이차 조음에 관하여는 뒤 1.4.3에서 다시 언급한다.

34) 많은 미국인 화자들은 little, middle에서처럼 모음과 성절성 유음 사이에 있는 /t/와 /d/를 설탄음(flap 또는 tap) [ɾ]로 발음한다.

에 관하여 기술하였으므로 이제 /r/에 관하여 언급하겠다.

/r/은 혀끝을 구부려 치경 뒤쪽에 가까이 두고 발음한다. 이때 전설과 중설 부분이 낮아져 혀의 한가운데가 움푹 들어가게 되기 때문에 /r/을 권설음(retroflex)이라고 칭한다. 우리에게 생소하게 들리기 때문에, 영어를 배우는 많은 한국 학생들이 /r/ 발음에 대한 잘못된 인식을 가지고 있는 듯하다. /r/을 발음할 때, 구부려진 혀끝을 입천장 안쪽인 연구개나 경구개에 가까이 대는 것으로 생각하기 쉬우나, 혀끝을 치경 뒤쪽(경구개에 가까운 지점)에 가까이 대야 한다. 혀끝이 입천장에 닿아 기류가 차단되면 /l/과 유사한 발음이 되므로, 구부린 혀끝을 치경에 대지 않고 매우 가까이 두고 /r/을 발음해야 한다. raw–law, row–low, right–light, grass–glass, wrong–long과 같은 쌍의 발음연습을 통하여 /r/과 /l/의 발음 차이를 익힐 필요가 있다. 또한 /r/을 발음할 때 입술이 어느 정도 둥그렇게 된다. 일반적으로 영국영어와 동부 뉴잉글랜드, 뉴욕, 남부 해안지대 등 일부 지역의 미국영어에서는 말음의 /r/이 발음되지 않지만, 나머지 대부분 지역의 미국 영어에서는 /r/이 발음된다.

/r/의 조음 위치는 경구개치경음 /ʃ, ʒ/와 거의 같다. 권설음과 경구개치경음은 모두 치경 뒤쪽에서 발음되는 후치경음(post-alveolar)이라는 점에서는 동일하다. 그러나 권설음과 경구개치경음의 발음은 혀의 모양에 차이가 있다. 권설음을 발음할 때는 혀의 아래쪽 끝이 치경 뒤쪽에 가까이 있고 혀 중간 부분이 아래로 휘어져 있지만, 경구개치경음을 발음할 때는 혀의 위쪽 끝이 치경 뒤쪽에 가까이 있고 혀의 앞부분이 약간만 구부러진다. 또한 두 소리는 입천장에 가까이 있는 혀의 위치에 있어서 차이가 있다. 보통 설첨(tip of the tongue)에 의해 만들어지는 소리를 **설첨음**, 설단(blade of the tongue)에 의해 만들어지는 소리를 **설단음**이라고 칭하므로, 설첨에 의해 만들어지는 권설음은 설첨 후치경음(apical post-alveolar)인 반면,[35] 설단에 의해 만들어지는 경구개치경음은 설단 후치경음(laminal post-alveolar)이라는 점에서 차이가 있다.

1.2.4.6 전이음

영어의 **전이음**(glide)에는 /y/와 /w/가 있다.[36] /y/는 경구개 전이음이고 /w/는 연구

35) 일반적으로 미국인 화자는 위에서 언급한 방식에 의해 /r/을 발음하지만, 일부 미국인은 혀끝을 내리고 혀의 가운데 부분을 혹처럼 부풀려 경구개 뒷부분을 향하여 올리는 후경구개음(postpalatal)으로 /r/을 발음하기도 한다. /r/ 발음은 개인차를 보일 뿐만 아니라 인접한 모음에 따라서도 달라질 수 있다.

36) 학자에 따라 /r/을 전이음으로 분류하기도 한다.

개 전이음이다. 전이음 /w/는 조음 위치가 연구개이지만, 발음할 때 입술이 둥그렇게 되기 때문에 양순 연구개음(labial velar 또는 labiovelar)이라고도 한다. 전이음은 성격상 모호하여 모음에 속하는지 아니면 자음에 속하는지 분명히 말하기가 어렵다. 전이음이 조음의 입장에서 볼 때는 모음에 속한다고 볼 수 있지만, 기능면에서 보면 자음에 가깝다. 조음상의 관점에서 보면, /y/와 /w/는 각각 고모음 /i/와 /u/처럼 발음되므로 모음에 속한다고 볼 수 있을 것이다. 그러나 기능면에서 보면 전이음은 자음과 같은 양상을 보인다. 전이음은 모음과 달리 음절 핵음이 될 수 없고, a year, a woman에서 보듯이 전이음으로 시작하는 단어 앞에서 부정관사는 an이 아니고 a가 사용된다는 점에서 전이음은 자음에 가깝다고 볼 수 있을 것이다. 이렇듯 전이음은 완전한 모음도 완전한 자음도 아닌 애매한 속성 때문에 반모음(semivowel)이라고 불리기도 한다.[37] 결국 영어의 전이음 /y/와 /w/는 각각 영어의 고모음 /i/와 /u/의 비성절성(nonsyllabic) 형태라고 말할 수 있다. 전이음은 모음과 함께 **이중모음**(diphthong)이 된다. 이때 /yu/에서처럼 모음 앞에 오는 전이음을 **전전이음**(on-glide)이라고 하고, /ay, aw/에서처럼 모음 뒤에 오는 전이음을 **후전이음**(off-glide)이라고 한다.

다음은 지금까지 언급한 영어 자음 음소를 도표로 나타낸 **자음도**(consonant chart)이다.

▶표 1-1◀ 영어 자음도

조음 방법 manner \ 조음 위치 place		양순음 bilabial	순치음 labiodental	치음 dental	치경음 alveolar	권설음 retroflex	경구개 치경음 palato-alveolar	경구개음 palatal	연구개음 velar
저해음 obstruent	폐쇄음 stop	p b			t d				k g
	마찰음 fricative		f v	θ ð	s z		ʃ ʒ		
	폐찰음 affricate						ʧ ʤ		
공명음 sonorant	비음 nasal	m			n				(ŋ)
	유음 liquid				l	r			
	전이음 glide	(w)						y	w

37) 반자음(semiconsonant)이라는 용어는 성절 자음(syllabic consonant)을 지칭하기 위해 간혹 사용된다.

표 1-1에서 가로줄은 조음 위치를, 세로줄은 조음 방법을 각각 나타낸다. 성문음(glottal) /h/는 위 표에 표시하지 않았다. 왜냐하면 성문은 조음 기관이 아니고 발성 기관이며, 흔히 무성 성문 마찰음이라고 칭하는 /h/는 조음 위치가 없고 단순히 무성의 속성만 지니고 있기 때문이다. 권설음과 경구개치경음의 조음 위치는 거의 같지만 편의상 분리하였다. 저해음 칸에 있는 각 쌍의 자음 중 왼쪽 자음은 무성음이고 오른쪽 자음은 유성음이다. 공명음 칸에 있는 자음은 모두 유성음이다. 연구개 비음 [ŋ]를 ( ) 속에 넣은 이유는, 이 음이 음소의 자격이 있다고 보기 어렵기 때문이다. 보통 [ŋ]를 영어의 자음도에 독립된 음소로 표시하지만, 음운론에서는 일반적으로 /ng/의 이음으로 간주한다. 위 자음도는 영어의 자음을 유무성, 조음 위치, 조음 방법에 의해 위에서 기술한 내용을 간단히 표시한 것이므로 필히 기억해두어야 한다.

1.3 영어의 모음

모음은 자음에 비해 기류가 장애를 받지 않고 발음되고, 공명도가 높아 가청도가 높으며,[38] 음절의 핵음을 이루는 특성을 지닌다. 모음은 방언에 따라 자음에 비해 변이가 심하고 학자에 따라 기술하는 관점이 다르기 때문에, 모음을 기술하는 것은 자음을 기술하는 것에 비해 상당한 어려움이 따른다.

모음은 일반적으로 혀의 가장 높은 위치와 입술의 위치(lip position) 또는 모양(lip shape)에 따라 분류한다. 혀의 가장 높은 위치란 모음을 발음할 때 혀가 입천장 쪽에 가장 가까이 놓이는 부분의 위치(position of the highest point of the tongue)를 말한다. 혀의 위치는 다시 혀의 높이(height)와 전후(backness)로 분류된다. 결국 모음은 i)혀의 높이, ii)혀의 전후, iii)입술의 원순성(rounding) 정도의 세 가지 기준에 의해 분류된다고 말할 수 있다. 모음은 혀의 높이에 따라 **고모음**(high vowel), **중모음**(mid vowel), **저모음**(low vowel)으로, 혀의 전후 위치에 따라 **전설 모음**(front vowel), **중설 모음**(central vowel), **후설 모음**(back vowel)으로, 입술의 원순성 정도에 따라 **원순 모**

38) 공명도는 모음이 자음보다 높고, 모음 중에서는 입을 크게 벌린 모음이 입을 적게 벌린 모음보다 더 높으며, 자음 중에는 공명음이 저해음보다 높다. 공명도에 관하여는 6장에서 음절을 다루면서 다시 언급된다.

음(rounded vowel), **평순 모음**(unrounded vowel)으로 구분된다.

위에서 언급한 세 가지 모음 분류 기준 외에도, 발음 기관의 긴장도에 따라 영어의 모음을 **긴장모음**(tense vowel)과 **이완모음**(lax vowel)으로 분류한다. 긴장모음을 발음할 때는 이완모음을 발음할 때에 비해 발음 기관의 근육이 긴장된다. 이 분류는 단순히 근육의 긴장도에 의한 것이 아니다. 보다 중요한 점은 긴장모음과 이완모음이 음성적으로 그리고 분포상으로 차이를 보인다는 것이다. 긴장모음은 이완모음에 비해 더 길게, 그리고 더 위쪽에서 발음되며, 이중모음화(diphthongization)하는 경향이 있다. 또한 이완모음은 강세 개방음절(stressed open syllable)에는 나타날 수 없다는 분포상의 제약이 있다.[39] 영어의 이완모음에는 /ɪ, ɛ, æ, ʊ, ʌ, ə/가 있으며, 나머지 모음은 긴장모음에 속한다.

혀의 가장 높은 부분의 위치에 의해 모음을 분류하는 경우 사실상 몇 가지 문제가 따른다. 첫째, 소위 고모음이라는 /i/와 /u/는 혀 높이가 같지 않다. 둘째, 후설 모음의 혀 전후 위치가 모음에 따라 상당히 다르다. 셋째, 혀의 모양으로 생기는 발음의 차이를 반영하지 않는다. 넷째, 인두강의 넓이를 고려하지 않는다. 모음을 화자의 조음 관점에서 기술할 때 생기는 이러한 문제점 때문에 모음을 청자의 청음적 관점에서 기술하기도 한다. 예를 들어 /i/가 전설 고모음으로 기술되는 이유는 혀의 위치가 높고 앞쪽이라서가 아니고 청자의 귀에 고모음으로 그리고 전설 모음으로 들리기 때문이라는 것이다. 그러나 모음을 기술하는 객관적 기준이 모호하기 때문에 모음을 청음적 관점에서 기술하기에는 여전히 다소 무리가 따른다. 따라서 본서에서는 전통적인 방식에 따라 화자의 조음 관점에서 영어의 모음을 기술하기로 한다.

편의상 영어의 **모음도**(vowel chart)를 먼저 제시하면 〈그림 1-2〉와 같다. 모음도에서 사변형은 모음을 조음할 때 혀가 구강 내에서 움직일 수 있는 가능한 공간인 모음 공간을 나타내는 것으로 **모음 사각도**(vowel quadrilateral)라 칭한다. 모음 사각도에서 왼쪽에 있는 모음은 혀의 가장 높은 부분의 위치가 경구개 아래에 놓여 발음되는 전설 모음이고, 오른쪽에 있는 모음은 혀의 가장 높은 부분의 위치가 연구개 아래에 놓여 발음되는 후설 모음이다. /i, ɪ, e, ɛ, æ/가 전설 모음에 속하고, /u, ʊ, o, ɔ, ɑ/가 후설 모음에 속한다. 전설 모음과 후설 모음 중간에 있는 모음 /ə, ʌ, a/는 중설 모음에 속한다.[40] 또한 모음 사각도에서 위쪽에 있는 모음은 혀를 입천장에 가까이

39) 개방음절(open syllable)이란 모음으로 끝나는 음절을 말하고, 폐쇄음절(closed syllable)은 자음으로 끝나는 음절을 말한다. 다시 말해 말음이 없는 음절을 개방음절이라고 하고, 말음이 있는 음절을 폐쇄음절이라고 한다.

40) 음운론에서는 모음을 전설 모음과 후설 모음의 두 종류로만 구분하기 때문에, 음운론을 기술할 때에는 소위 중설모음을 후설 모음에 속하는 것으로 분류한다.

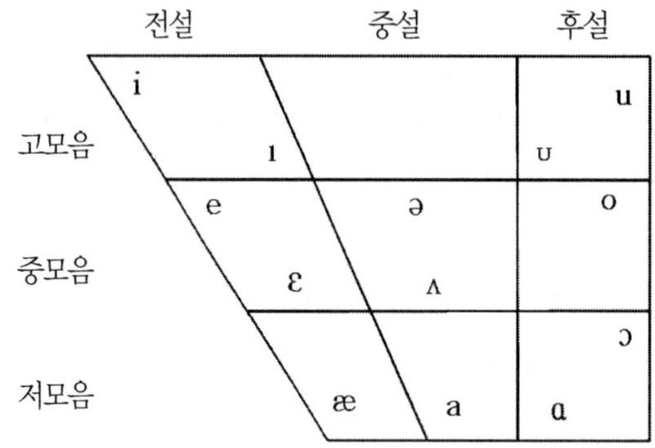

▸그림 1-2◂ 영어 모음도

대고 발음하는 고모음이고, 아래쪽에 있는 모음은 입을 크게 벌려 혀와 입천장이 비교적 많이 떨어져 있는 상태에서 발음되는 저모음이다. /i, ɪ, u, ʊ/는 고모음에 속하고, /æ, a, ɔ, ɑ/는 저모음에 속하며, 고모음과 저모음 사이에 있는 /e, ɛ, ə, ʌ, o/는 중모음에 속한다. 모음을 기술하는 데 있어 위에서 언급한 네 가지 요소 중 i)혀의 높이와 ii)혀의 전후가 가장 중요한 요소가 되며, 모음 사각도는 이 두 요소를 나타내고 있다. 영어의 전설 모음과 중설 모음은 평순 모음이고, /ɑ/를 제외한 후설 모음은 원순 모음이다. /a, o, e/는 단모음 표기에는 사용되지 않고 이중모음의 첫 요소를 표기할 때만 쓰인다.

모음을 표기하는데 있어 학자에 따라 상당한 차이를 보인다. 예를 들어 sheep과 ship의 두 전설 고모음을 다음과 같은 세 가지 방식으로 표기한다. 첫 번째 방식은 장음부(length mark) [ː]를 사용하여 /iː/와 /i/로 나타내는 것이다.[41] 이 표기 방식은 긴장모음과 이완모음의 차이를 음장의 차이로 나타내는 것으로, 적은 수의 부호를 사용하여 모음을 표기할 수 있다는 장점이 있으나, 긴장모음과 이완모음은 사실상 음량(quantity)이 아니라 음질(quality)에 있어서 차이가 있다는 사실을 나타내지 못한다는 단점이 있다. 두 번째 방식은 /iː/와 /ɪ/로 표기하는 것이다. 이 방식은 두 모음이 음질뿐만 아니라 음량에서 차이가 있음을 나타낸다는 점에서 선호될 수 있지만, 두 차이를 모두 나타내는 것은 잉여적(redundant)이라고 볼 수 있다. 세 번째 방식은 /i/와 /ɪ/로 표기하는 것으로 긴장모음과 이완모음의 차이를 음질의 차이로 나타내는 것이다. 긴장모음은 이완모음보다 길게 발음된다는 사실은 예측이 가능하므로 구태여

41) /iy/와 /i/로 나타내는 것도 이 방식과 비슷하다.

음량의 차이를 나타낼 필요가 없을 것이다. 대부분의 음성학자들이 이 방식을 선호하므로 본서에서도 이 표기방식에 따라 영어의 모음을 기술하기로 한다.

이제 편의상 전설 모음, 중설 모음, 후설 모음의 순서로 영어의 각 모음의 특성을 하나씩 살펴보자.

1.3.1 전설 모음

영어의 전설 모음에는 /i, ɪ, e, ɛ, æ/가 있다. 이중 /i, e/는 긴장모음에 속하고, /ɪ, ɛ, æ/는 이완모음에 속한다. 긴장모음은 길게 발음되고 이중모음화되는 경향이 있어, 학자에 따라 /i/를 /iy/ 또는 /iː/로, /e/를 /ey/, /ei/ 또는 /eɪ/로 표기하기도 한다.

/i/는 sheep, feel과 같은 단어에서 발음되는 전설 고모음이다. /i/는 모든 모음 가운데서 가장 높은 모음이다. /i/는 한국어의 [이]보다 혀를 좀 더 입천장으로 올리고 입술은 양쪽으로 더 당겨서 발음한다. 따라서 이 모음은 긴장모음이며 평순 모음이다.

/ɪ/는 ship, fill과 같은 단어에서 발음되는 전설 고모음으로, 이완모음이며 평순 모음이다. 한국 학생들은 /i/와 /ɪ/의 발음이 같고 단순히 음장 즉, 음의 장단(長短)에 있어서만 차이가 있는 것으로 인식하는 경향이 있는 듯하다. 이는 아마도 국내에서 출판된 영어 사전에서 이 두 모음을 [iː]와 [i]로 표기하기 때문에 이러한 영향을 받은 것으로 생각된다. 물론 긴장모음이 이완모음에 비해 길게 발음되는 것이 사실이지만, 영어에서 긴장모음과 이완모음의 중요한 차이는 음질의 차이라는 것을 기억해야 한다. 즉, /i/와 /ɪ/는 /e/와 /ɛ/가 서로 다른 것처럼 서로 다른 모음으로 인식하여야 한다. /ɪ/는 모음도에서 보듯이 혀의 높이가 /e/를 발음할 때의 혀의 높이와 거의 비슷하기 때문에, 거의 /e/를 발음할 때만큼 입을 벌리고 이완된 상태에서 짧게 발음한다. /ɪ/는 한국어의 [이]와 [에]의 중간쯤 되는 음인데 오히려 [에]쪽에 더 가깝다. 한국어 [이]는 /ɪ/에 비해 더 높고 긴장된 음이다.

/i/와 /ɪ/는 서로 다른 음소로, 음질에 차이가 있다는 것을 기억하고 다음 각 쌍의 단어들의 발음 연습을 통하여 그 차이를 비교해보라. 각 쌍에서 앞에 있는 단어는 긴장모음 /i/로, 뒤에 있는 단어는 이완모음 /ɪ/로 발음된다: eat–it, heat–hit, sheep–ship, heel–hill, seat–sit, cheeks–chicks, feel–fill, leave–live, meal–mill, lead–lid, week–wick.

/e/는 same, wait, they, play와 같은 단어에서 발음되는 전설 중모음으로, 긴장모음이며 평순 모음이다. 영어의 /e/는 [ey]로 이중모음화하는 경향이 있다. 이런 이유로 학자에 따라 이 음을 /ei, eɪ, ey/로 표기하기도 한다. /e/는 한국어의 [에]와 거의 비슷

하다.

/ɛ/는 pen, tell, test와 같은 단어에서 발음되는 전설 중모음으로, 이완모음이며 평순 모음이다. [e]의 발음에서 긴장을 풀고 입을 약간 더 벌려서 발음하면 [ɛ]가 된다. /ɛ/는 한국어의 [에]와 [애]의 사이에서 나는 소리인데 [애]에 더 가까운 소리이다.

다음 각 쌍의 단어들의 발음을 통하여 /e/와 /ɛ/의 차이를 익히도록 하라. 각 쌍에서 앞의 단어는 /e/로, 뒤의 단어는 /ɛ/로 발음된다: pain−pen, wait−wet, tail−tell, taste−test, paper−pepper, sail−sell, tale−tell, mate−met, waste−west.

/æ/는 pan, sad, mat와 같은 단어에서 발음되는 전설 저모음으로, 이완모음이며 평순 모음이다. /æ/는 /ɛ/보다 훨씬 아래턱이 내려가고 혀의 위치를 낮게 하여 발음한다. /æ/는 한국어의 [애]보다 입이 더 벌어지는 음으로, 영어의 모음 가운데 입이 가장 많이 벌어진다. 다음 각 쌍의 단어 발음을 통하여 /ɛ/와 /æ/의 발음 차이를 익히도록 하라. 각 쌍에서 앞의 단어는 /ɛ/로, 뒤의 단어는 /æ/로 발음된다: pen−pan, said−sad, met−mat, men−man, head−had, lend−land, X−axe, beg−bag, set−sat, bend−band, led−lad.

1.3.2 후설 모음

영어의 후설 모음에는 /u, ʊ, o, ɔ, ɑ/가 있다. /u, o/는 긴장모음으로, /i, e/와 마찬가지로 이중모음의 성격을 지닌다. 학자에 따라 /u/를 /uw, uː/로, /o/를 /ow, ou, oʊ/로 표기하기도 한다. /ʊ/는 이완모음이고, /ɔ, ɑ/는 논란의 여지가 있지만 긴장모음으로 보는 것이 보통이다.42) 후설모음은 /ɑ/를 제외한 나머지는 모두 원순 모음이다.

/u/는 boot, fool, pool과 같은 단어에 나타나는 후설 고모음이다. /u/는 입술을 둥글게 하여 약간 삐죽하게 내밀고 후설을 연구개 쪽으로 당겨 올리며 혀와 입술에 힘을 주어 발음한다. /u/는 한국어의 [우]보다 더 높은 위치에서 입술을 둥글게 하여 앞으로 내밀어서 발음해야 한다. /u/는 전설 모음 /i/에 해당하는 고모음이지만, 사실상 /u/를 발음할 때 혀의 높이는 /i/를 발음할 때 혀의 높이보다 조금 낮다.

/ʊ/는 foot, full, pull, good과 같은 단어에서 나타나는 후설 고모음이다. /ʊ/는 한국어의 [우]보다 혀의 위치가 조금 낮으므로 이보다 입을 조금 더 벌리고 입술과 혀를 이완시키고 짧게 발음한다. [우]는 /u/와 /ʊ/의 중간 위치에서 발음된다. /u/는 /ʊ/에 비

42) 학자에 따라 /ɑ/를 이완모음으로 보기도 하지만, 분포상으로 볼 때 긴장모음과 동일한 양상을 보인다. 이완모음은 강세 개방음절에는 나타나지 못하지만, /ɑ/는 pa, spa에서 보듯이 강세 개방음절에 나타난다.

해 길게 발음되지만, 이 두 모음 사이의 주요한 차이는 긴장−이완의 차이이다. /ʊ/와 /u/의 관계는 /ɪ/와 /i/의 관계와 같다. /u/는 /i/처럼 긴장모음인데 비해 /ʊ/는 /ɪ/처럼 이완모음이다. /ɪ/가 /i/보다 더 낮고 중설 쪽의 음인 것처럼, /ʊ/는 /u/보다 더 낮고 중설의 위치에서 발음되는 음이다.

긴장모음 /u/와 이완모음 /ʊ/의 중요한 차이는 음장에 있는 것이 아니고 음질에 있다는 점에 유의하여 다음 쌍들의 단어를 발음해보라. 각 쌍에서 앞에 있는 단어는 /u/로, 뒤에 있는 단어는 /ʊ/로 발음된다:[43] boot−foot, pool−pull, fool−full, Luke−look, cooed−could, shoed−should, wooed−would, who'd−hood.

/o/는 go, boat, hole과 같은 단어에 나타나는 후설 중모음이다. /e/가 보통 [ey]로 발음되듯이 /o/는 보통 [ow]로 발음된다. /o/는 한국어의 [오]보다 혀의 위치가 약간 더 높으며, 입술은 [오]보다 더 오므리고 입술과 혀의 근육을 긴장해서 내는 소리이다.

/ɔ/는 caught, bought, ball과 같은 단어에 나타나는 후설 저모음으로 원순 모음이다. 미국 영어에서의 /ɔ/는 방언에 따라 길이, 원순의 정도, 그리고 긴장도가 서로 다르다. /ɔ/는 /o/보다 훨씬 입을 더 벌리고 입술은 약간 오므리고 후설과 인두 부분에 약간 힘을 주어 입 안 깊은 곳으로부터 약간 긴장된 음으로 발음한다. /o/와 /ɔ/를 모두 한국어의 [오]로 발음하기 쉬우나, [오]는 /o/와 /ɔ/의 중간에서 나는 음이다. 따라서 /ɔ/는 [오]를 발음할 때보다 턱을 더 내려 입을 더 많이 벌리고 입 안 깊숙이에서 발음해야 한다.

/o/와 /ɔ/의 발음 차이를 익히기 위해 다음 쌍들의 단어를 발음해보라. 각 쌍에서 앞에 있는 단어는 /o/로, 뒤에 있는 단어는 /ɔ/로 발음된다: sew−saw, coat−caught, hole−hall, boat−bought, bowl−ball, low−law, cold−called, owe−awe, row−raw.

/ɑ/는 father와 bother의 첫 음절의 모음 또는 cot, rot, odd와 같은 단어의 모음에서 발음되는 후설 저모음으로 평순 모음이다. /ɑ/는 후설 모음 중에 가장 낮은 모음으로, 입을 크게 벌리고 입안 깊숙한 곳에서 발음되는 소리이다. /ɑ/를 한국어의 [아]로 발음하기 쉬우나, 영어의 /ɑ/는 [아]보다 입을 더 벌리고 훨씬 더 입안 깊은 곳에서 나는 소리이다.

일부 방언에서는 /ɑ/와 /ɔ/를 구별하지 않고 발음하기도 하나, 일반적으로 /ɑ/를 평순 모음으로 /ɔ/를 원순 모음으로 구별한다. 위에서 언급한 두 모음의 발음 방법에 유의하여 다음 단어를 발음해보라. 다음 각 쌍의 단어에서 앞의 단어는 /ɔ/로, 뒤에

43) /u/와 /ʊ/의 음질과 음량의 차이에도 불구하고, broom, groom, hoof, roof, room, root, soot 등의 단어에서는 [u] 또는 [ʊ]로 발음된다.

있는 단어는 /ɑ/로 발음된다: caught–cot, wrought–rot, awed–odd, caller–collar, awe–ah, naught–not, sought–sot, taught–tot, dawn–Don, sawed–sod, chalk–chock.

영국영어와 미국영어의 동부방언이나 남부방언에서는 /ɑ/와 /ɒ/를 구별하여 발음한다. 예를 들어 balm, calm, psalm과 같은 단어에서는 [ɑ]로, bomb, pod, lot와 같은 단어에서는 [ɒ]로 서로 다르게 발음한다. 이 두 소리의 차이는 [ɒ]가 [ɑ]보다 더 후설 쪽에서 발음되고 입술을 좀 더 둥그렇게 하여 발음한다는 데 있다. 또한 [ɑ]는 긴장모음인데 반하여, [ɒ]는 이완모음이라는 점도 다르다. 영국영어의 경우 [ɒ] 소리를 하나의 독립된 후설 모음의 음소 /ɒ/로 인정해야 할 것이다. 그러나 일반 미국영어에서는 [ɒ]가 음소 /ɑ/나 /ɔ/의 이음으로 발음되기 때문에 [ɒ]를 하나의 독립된 음소로 볼 필요가 없다. 미국에서도 방언에 따라 on, doll, golf, hot, cod와 같은 단어에서는 [ɑ], [ɒ], [ɔ]의 모음을 구분하지 않기도 한다. 따라서 이 세 모음의 발음에 대해 기술하기가 쉽지 않다.

1.3.3 중설 모음

영어의 중설 모음에는 /ə, ʌ, a/가 있다.[44] 중설 모음은 모두 평순 모음이다. 이 세 모음 중 /a/는 이중모음 [ay]나 [aw]의 앞부분 소리로만 쓰이기 때문에, 단모음(單母音, monophthong)으로서의 중설 모음은 /ə/와 /ʌ/이다. 이 두 모음은 모두 이완모음이다.

/ə/는 ago, above의 첫 음절, 혹은 sofa, opera의 마지막 음절에 나타나는 중설 중모음이다. /ə/는 모음 사각도의 한가운데에 위치한다. 이 모음은 혀가 높지도 낮지도, 앞도 뒤도 아닌 위치에서 아무 힘도 들이지 않고 자연스럽게 쉬고 있는 상태에서 내는 소리이다. 이런 이유로 /ə/를 **애매 모음**(obscure vowel), **중립 모음**(neutral vowel), 또는 **자연 모음**(natural vowel)이라고 부른다. 이 모음은 **슈와**(schwa [ʃwɑ])라는 명칭으로 불린다. 영어의 [ə]는 강세 음절에는 나타나지 못하고 항상 비강세 음절에서만 나타난다. 영어 모음의 발음과 관련된 가장 중요한 현상의 하나는, 대부분 비강세 음절의 모음이 [ə]로 약화되어 발음된다는 것이다. 이런 현상을 **모음약화**(vowel reduction)라고 하고, [ə]를 **약화 모음**(reduced vowel)이라고 부른다.[45] 다음 단어의

---

44) 영어의 중설 모음으로 몇 개의 음소를 인정해야 하는가는 어려운 문제이다. 학자에 따라 2개에서 6개까지 다양하다. 본서는 편의상 /ə, ʌ, a/를 중설 모음의 음소로 다루기로 한다.

45) 모음이 비강세 음절에서 항상 [ə]로 약화되는 것은 아니다. 예를 들어 ci[ay]tation,

밑줄 친 비강세 음절의 모음은 /ə/로 발음된다: bananas, tomatoes, a problem, a question, an onion, some chocolate, excellent, terrible, police, album, famous, analysis.

/ʌ/는 cup, but, love, blood에 나타나는 모음이다. /ʌ/를 발음할 때는 /ə/를 발음할 때보다 혀의 가장 높은 부분이 약간 내려간다. /ʌ/는 한국어의 [어]를 발음할 때보다 입을 좀 벌리고 발음하는 음이다. /ʌ/는 강세를 받는 음절에만 나타난다. 강세가 없으면 [ə]가 된다. 이러한 분포 때문에 일부 학자들은 [ʌ]와 [ə]를 하나의 음소 /ə/의 이음으로 보기도 한다.

/a/는 한국어의 [아]보다도 혀의 위치가 약간 낮고 앞쪽에 놓인 상태에서 발음된다. [a]는 이중모음 [ay]나 [aw]의 일부분으로 사용될 뿐 하나의 독립된 단모음으로는 사용되지 않는다.

중설 모음과 관련하여 언급하여야 할 것은 /ə/나 /ʌ/ 뒤에 말음의 자음 /r/이 올 때 나타나는 이음 [ɚ]와 [ɝ]이다. [ɚ]와 [ɝ]는 음절 말음의 위치에 오는 /r/을 발음하지 않는 영국영어나 미국영어의 동부방언과 남부방언의 일부에서는 나타나지 않고, 말음의 /r/을 발음하는 미국영어에서만 나타난다. center, father, brother, doctor, color의 마지막 음절에서처럼 /ə/ 뒤에 /r/이 올 때, 두 소리를 따로 발음하지 않고, [ə]를 **r-음색**(r-coloring)을 띠도록 [r]과 동시에 발음할 때 나는 소리를 [ɚ]로 나타낸다. 따라서 [ɚ]는 [ə]와 마찬가지로 비강세 음절에만 나타난다. [ɝ]는 fur, hurt, turn, verb, sir에서처럼 [ʌ]에 r-음색을 가미하여 발음하는 음을 나타낸다. [ɝ]는 [ɚ]와 대조적으로 항상 강세 음절에만 나타난다. [ɝ]와 [ɚ]는 상보적 분포를 이룬다고 말할 수 있다. 이처럼 모음이 r-음색을 띠는 것을 **r음화**(rhotacization)라고 하고, 이런 모음을 r음화된 모음(rhotacized vowel) 또는 권설 모음(retroflex vowel)이라고 한다. 끝으로 영국영어처럼 /r/을 발음하지 않는 지역에서는 [ɝ] 대신 /ɜ/를 사용한다. 따라서 /ɜ/는 미국영어에서는 거의 쓰이지 않는다. [ɜ, ɝ, ʌ]는 강세 음절에서만, [ə, ɚ]는 비강세 음절에서만 나타나는 상보적 분포를 보이기 때문에, 일부 음성학자들은 이 음들을 하나의 음소 /ə/의 이음으로 간주하기도 한다 (Trager and Smith 1951).

1.3.4 이중모음

영어의 이중모음(diphthong)에는 /ay, aw, ey, ow, oy, yu/가 있다. 이중모음이란

---

cau[ɔ]sality, cre[i]ation, cha[ey]otic, fa[æ]ntastic 등에서 보듯이, 비강세 음절에서 모음이 [ə]로 약화되지 않기도 한다.

한 음절 내에서 하나의 모음이 다른 모음으로 이동하는 소리를 말한다. 예를 들어 buy의 이중모음 [ay]는 두 개의 모음 [ɑ]와 [ɪ]가 결합된 것이 아니라 [a]의 조음 위치에서 시작하여 [ɪ]를 향해 미끄러지듯 발음하는 음이다. [ay]를 두 개의 모음 [a−ɪ]로 발음하면 두 개의 음절이 되어버리므로, [a]를 강하게 발음하고 대신 [ɪ]를 약하고 짧게 하여 [aɪ]를 하나의 음절로 발음해야 한다. 이때 [a]는 성절성(syllabic)이지만 [ɪ]는 비성절성(nonsyllabic)이다. 고모음이 비성절성이면 전이음이 되므로 [aɪ]를 음운론에서는 [ay]로 표시한다.

이중모음의 발음에서 주의해야 할 점은, 정확히 첫 번째 모음에서 시작하여 정확히 두 번째 모음으로 끝나는 것이 아니라는 것이다. [ay]는 단모음 [ɑ]에서 시작하는 것이 아니고 [ɑ]와 [æ]의 중간 지점인 [a]에서 시작해서 [ɪ] 방향으로 미끄러지듯 발음하되 [ɪ]까지 가지 않고 [ɛ] 부근에서 소리가 사라진다. 이때 첫소리를 강하게 발음하고 두 번째 소리는 약하고 짧게 발음해야 한다. [aw]는 [ay]처럼 시발점이 [a]이고, [w]는 [ʊ]까지 가지 않고 [o] 근처에서 끝난다. 이때에도 [a]는 강하고 분명하게 두드러진 소리로 발음하고 [w]는 짧고 약하게 발음해야 한다. /ey/와 /ow/는 단모음으로 발음되기도 하고 /ay, aw/와 달리 이동하는 거리가 짧기 때문에 완전한 이중모음으로 간주하지 않기도 한다. 따라서 음성적으로 항상 이중모음으로 발음되는 /ay/와 /aw/을 완전 이중모음(complete/full diphthong)으로, /ey/와 /ow/를 불완전 이중모음(incomplete/partial/half diphthong)으로 구분하기도 한다.

[yu]를 제외한 영어의 모든 이중모음은 성절음인 첫 소리를 명확하고 크게 두드러진 음으로 발음하고 비성절성인 두 번째 소리를 약하고 짧게 발음하는 조음상의 특성을 지닌다. [yu]는 다른 이중모음들과는 달리, 두 번째 소리가 첫소리보다 더 두드러지게 발음되며 성절음이 된다. 이중모음에서 짧고 약하게 발음되는 비성절성 음을 전이음이라고 하며, /ay/에서처럼 모음 뒤에 오는 전이음을 후전이음(off-glide), /yu/에서처럼 모음 앞에 오는 전이음을 전전이음(on-glide)이라고 칭한다. 모음의 공명도가 전이음의 공명도보다 높기 때문에 후전이음의 경우 공명도가 하강하게 되고, 전전이음의 경우 공명도가 상승하게 된다. 이런 이유로 후전이음을 지닌 /ay/와 같은 이중모음을 **하강이중모음**(falling diphthong)이라고 하고, 전전이음을 지닌 /yu/와 같은 이중모음을 **상승이중모음**(rising diphthong)이라고 한다. 또한 하강이중모음은 어떤 방향으로 전이가 이루어지는가에 따라, **전향이중모음**(fronting diphthong)과 **후향이중모음**(retracting diphthong)으로 분류할 수 있다. 전향이중모음은 [ɪ]의 방향으로 전이하는 /ay, ey, oy/를 말하고, 후향이중모음은 [ʊ]의 방향으로 전이하는 /aw, ow/를 말

한다. 말음의 /r/을 발음하지 않는 영국영어는 [ə]의 방향으로 전이하는 /ɪə, ɛə, ʊə, ɔə, ɑə/와 같은 **내향이중모음**(centering diphthong)을 인정한다.[46] 또한 layer[eɪɚ], lower[oʊɚ], fire[aɪɚ], power[aʊɚ], lawyer[ɔɪɚ]에서처럼 이중모음 뒤에 [ə]나 [ɚ]가 뒤따르는 경우를 **삼중모음**(triphthong)이라고 한다. 그러나 많은 사람들이 삼중모음을 '이중모음+[ɚ]/[ə]'로 즉, 두 개의 음절로 발음하는 경우가 많다.

한국 학생들이 영어 이중모음을 발음할 때 주의해야 할 점은 이중모음을 두 개의 음절로 발음해서는 안 된다는 것이다. 예컨대 I, my, ice, sight에서 발음되는 /ay/와 out, pound, mouse, bow에서 발음되는 /aw/를 각각 한국어 '아이'와 '아우'처럼 두 개의 모음으로 발음하지 않도록 주의해야 한다. 위에서 언급했듯이 /ay/의 경우 시발점이 /ɑ/와 /æ/의 중간 지점인 [a] 부근이고, [ɪ]까지 가지 못하고 대개 [ɛ]나 [e]에서 끝나므로, 한국어 '아이'와는 발음이 다르다. 영어 이중모음을 한국 학생들이 두 개의 모음으로 발음하는 경향은 두 언어의 이중모음 체계의 차이때문이기도 하다. 영어의 하강이중모음 /ay, aw, ey, ow, oy/는 한국어에서는 이중모음으로 허용되지 않기 때문에, 한국 학생들은 이러한 영어의 이중모음을 한국어의 모음체계에 적합하도록 두 개의 모음 즉, 두 개의 음절로 발음하는 경향이 나타나게 되는 것이다. 예컨대, 한국 학생들이 spy의 이중모음 /ay/를 두 개의 단모음 /ɑ/와 /i/로 잘못 발음하는 것은 한국어에서 허용되지 않는 이중모음 /ay/를 편의상 한국어의 모음체계에 맞게 수정하기 때문이다.

1.3.5 긴장모음과 이완모음

영어의 모음을 **긴장모음**(tense vowel)과 **이완모음**(lax vowel)으로 구분할 수 있다. 이 두 종류의 모음은 단순히 발음 기관 근육의 긴장도에만 차이가 있는 것이 아니고 다른 음성적 차이를 보인다. 그뿐 아니라 분포상으로도 차이를 보이고 음운론적으로 서로 다른 양상을 보인다. 영어의 이완모음에는 bid, bed, bad, good, bud에서 발음되는 /ɪ, ɛ, æ, ʊ, ʌ/가 있으며, 나머지 모음은 긴장모음에 속한다.[47]

먼저, 긴장모음과 이완모음 사이에는 조음상의 차이가 있다. 긴장모음은 이완모음에 비해 더 근육이 긴장되고, 더 길게 발음되며, 더 위쪽에서 발음된다. 음질에 있어

46) 학자에 따라 내향이중모음의 수를 3개에서 9개까지 서로 다르게 인정한다. 일반적으로 음운론에서는 내향이중모음을 '모음+r'로 기술하므로, 본서에서는 내향이중모음을 이중모음으로 보지 않겠다.

47) 강세 음절에 나타나지 않고 비강세 음절에만 나타나는 모음 /ə/도 이완모음에 속한다.

▶표 1-2◀ 강세 음절에서의 긴장모음과 이완모음의 분포

긴장모음	이완모음	폐쇄음절	개방음절
i		beat	bee
	ɪ	bit	
ey		bait	bay
	ɛ	bet	
	æ	bat	
ɑ		hot	pa
ɔ		bought	saw
ow		boat	low
	ʊ	good	
u		boot	boo
	ə/ʌ	but	
ay		bite	buy
aw		bout	bough
oy		void	boy
yu		cute	cue

서 서로 비슷한 긴장모음과 이완모음으로 된 다음 각 쌍의 발음을 비교해 보면 이러한 음성적 차이를 알 수 있다. beat의 /i/와 bit의 /ɪ/, bait의 /e/와 bet의 /ɛ/, fool의 /u/와 full의 /ʊ/를 비교해보면, 각 쌍에서 긴장모음 /i, e, u/는 훨씬 길게 발음되고, [iy], [ey], [uw]의 이중모음으로 발음되며, 중립 위치(neutral position)에서 더 멀리 벗어난 위치에서 발음된다는 것을 알 수 있을 것이다. 바꾸어 말하면, 이완모음은 대응하는 긴장모음에 비해 더 짧고, 더 낮으며, 더 중립 위치 쪽에서 발음된다. 나머지 이완모음 /æ/와 /ʌ/는 비슷한 음질을 지닌 대응하는 긴장모음이 없다.

두 번째로, 긴장모음과 이완모음은 분포상의 차이를 보인다. 이완모음은 강세 개방음절(stressed open syllable)에는 나타날 수 없다는 분포상의 제약이 있지만, 긴장모음은 이러한 제약을 받지 않고 음절의 모든 위치에 나타날 수 있다. 이러한 사실은 〈표 1-2〉를 보면 알 수 있다.

세 번째로, 긴장모음과 이완모음 사이에 음운 **교체**(alternation) 현상이 나타난다. 교체란 하나의 **형태소**(morpheme)가 둘 이상의 형태로 발음되는 현상을 말한다.[48] 예를 들어 영어의 규칙적인 복수 형태소는 치찰음을 제외한 무성음 뒤에서는 [s]로

유성음 뒤에서는 [z]로 발음되고, 치찰음 뒤에서는 [ɪz]로 발음된다. 이 경우 이 발음 형태는 서로 교체한다고 말하고 [s]~[z]~[ɪz]로 표시한다. 여기서 '~'는 교체를 나타내는 부호이다. 긴장모음과 이완모음의 교체를 보이는 예를 제시하면 다음과 같다.[49]

[ay]~[ɪ]: divine–divinity, derive–derivative, satire–satirical
[iy]~[ɛ]: serene–serenity, meter–metrical, repeat–repetitive
[ey]~[æ]: sane–sanity, profane–profanity, urbane–urbanity

이러한 차이로 인하여 영어의 모음을 긴장모음과 이완모음으로 구분하지만, 이 구분은 단순히 두 종류의 모음이 지니는 특성을 기술하기 위한 것만은 아니다. 긴장모음과 이완모음을 구분하게 되면, 모음의 높이를 보다 간단히 기술할 수 있게 된다. 예를 들어 beat, bit, bait, bet, bat에서 발음되는 전설 모음 /i, ɪ, e, ɛ, æ/는 높이가 서로 다르다. 영어의 전설 모음은 이처럼 음성적으로는 5단계 높이(high, mid-high, mid, mid-low, low)를 가지고 있지만, 이 모음을 다시 긴장모음과 이완모음으로 나누면 전설 모음의 높이를 3단계(high, mid, low)로 보다 간단히 기술할 수 있게 되는 것이다. 즉, /i, ɪ/를 고모음, /e, ɛ/를 중모음, /æ/를 저모음으로 구분하고, 다시 고모음과 중모음을 긴장모음과 이완모음으로 구분한다.

앞에서 언급했듯이 한국 학생들은 특히 고모음의 긴장모음과 이완모음의 차이 즉, 긴장모음 /i/와 이완모음 /ɪ/, 긴장모음 /u/와 이완모음 /ʊ/의 차이를 장단의 차이가 아닌 음질의 차이로 인식하는 것이 중요하다. 모음의 음장(length)이 한국어에서는 음소적(phonemic) 또는 변별적(distinctive)이지만, 영어에서는 이음적(allophonic) 또는 잉여적(redundant)이라는 데 차이가 있다. 예를 들어 한국어에서 '눈, 배, 밤' 등을 길게 발음하느냐 짧게 발음하느냐에 따라 의미가 달라지므로 음장은 음소적이다. 그러나 sheep의 긴장모음 /i/와 ship의 이완모음 /ɪ/는, /e/와 /ɛ/가 서로 다르듯이, 음질에 있어서 서로 다르다. 이런 이유로 긴장모음과 이완모음을 표기하는 음성 기호(phonetic symbol)도 서로 다른 것이다. 긴장모음과 이완모음의 음장 차이는 긴장모음이 이완모음보다 길게 발음되는 잉여적인 것이다. 다음 단어 쌍들의 발음을 통하여 고모음의 긴장모음과 이완모음의 차이를 익히도록 하라.

48) 형태소란 간단히 말하면 의미를 지닌 최소 단위(the smallest meaningful unit)라고 할 수 있다. 형태소에 관하여는 3.2.1에서 다룬다.
49) 아래 교체 현상에 대해서는 9.1에서 자세히 다룬다.

[i]−[ɪ]: eat−it, heat−hit, sheep−ship, heel−hill, seat−sit, cheeks−chicks, feel−fill, leave−live, meal−mill, lead−lid, week−wick, read−rid, leap−lip, beat−bit

[u]−[ʊ]: boot−foot, pool−pull, fool−full, Luke−look, cooed−could, shoed−should, wooed−would, who'd−hood

1.4 자음과 모음의 이음 규칙

하나의 동일한 음소가 환경에 따라 여러 다른 음으로 발음된다. 환경에 따라 달라지는 음소의 변이형을 이음이라고 한다. 위에서 영어 자음과 모음 음소에 관하여 언급하였으므로, 이제 이 음소들이 어떤 환경에서 어떤 이음으로 발음되는지를 좀 더 자세히 기술하기로 하겠다. 앞에서 이미 일부 중요한 이음 규칙(allophonic rule)에 관하여 언급하였지만 여기서 다시 정리하기로 한다. 또한 이차 조음(secondary articulation)도 여기서 다루기로 하겠다.

다음에 나타내는 이음 규칙들은 규범적(prescriptive)인 것이 아니고 기술적(descriptive)인 성격을 지닌다는 것을 말해둔다. 다시 말해 이 규칙들은 영어 화자들의 발음에서 나타나는 현상을 있는 그대로 기술하는 것이지, 반드시 이 규칙에 따라 발음해야 한다는 것을 의미하는 것이 아니다. 그러나 이 규칙에 따라 발음하는 것이 자연스러울 것이고, 그렇지 않으면 어색할 것이다.

1.4.1 자음의 이음 규칙

(1) 기음화(aspiration)

무성 폐쇄음 /p, t, k/가 어두와 강세 음절의 맨 앞에 있을 때, 폐쇄 해제 단계에서 많은 공기가 터져 나오는 기음화 현상이 일어난다. 기음화와 관련된 다음 자료를 보자. 기음화는 구별부호 [ʰ]를 사용하여 표기한다.

a. put [pʰʊt], take [tʰeyk], coke [kʰowk]
b. report [rɪpʰɔ́rt], retort [rɪtʰɔ́rt], record]$_V$ [rɪkʰɔ́rd]
c. tomorrow [tʰəmɔ́row], temperamental [tʰɛ̀mprəmɛ́ntl], to borrow [tʰəbɔ́row]
d. spy [spay]([*spʰay]), sty [stay]([*stʰay]), sky [skay]([*skʰay])

e. slípper[slípɚ], fítter [fítɚ], baker [béykɚ]
f. despair[dɪspέɚ], restore [rɪstɔ́r], discard [dɪskɑ́rd]

위에서 (a−c)는 기음화가 일어난 경우의 자료이고, (d−f)는 기음화가 일어나지 않은 자료이다. 기음화는 (a)와 (c)에서처럼 강세와 상관없이 어두에서, 그리고 (b)에서처럼 어중의 강세 음절 맨 앞에서 일어난다. 그러나 (d)와 (f)에서 보듯이 무성 폐쇄음 앞에 /s/가 오면 '어두나 강세 음절의 맨 앞'이라는 조건이 파괴되어 기음화가 일어나지 않는다. (e)는 어중의 비강세 음절에서는 기음화가 일어나지 않음을 보여준다.

(2) 불파음(unexploded/unreleased sound)

말음의 폐쇄음은 뒤에 폐쇄음이나 비음이 올 때 불파음으로 발음된다. 이와 관련된 예를 제시하면 다음과 같다.

a. ac[k̚]t, ap[p̚]t, dubb[b̚]ed
b. Take a cap[p̚] now, Take a cab[b̚] now

(3) 말음에 있을 때 무성 저해음 /p, t, k, f, θ, s, ʃ, ʧ/는 대응하는 유성 저해음 /b, d, g, v, ð, z, ʒ, ʤ/보다 길게 발음된다. 예를 들어 cap의 [p]는 cab의 [b]보다 길고, back의 [k]는 bag의 [g]보다 길다.

(4) 유성 저해음은 add two나 try to improve에 보듯이 무성음 앞에서 혹은 발화의 끝에서는 부분적으로만 유성음으로 즉, 무성음에 가깝게 발음된다. 그러나 Try to prove it에서 보듯이 유성음 사이에서는 완전한 유성음으로 발음된다.

(5) 음절초(syllable-initial) 저해음은 this day에서 보듯이 무성음 뒤에서는 무성음으로 발음된다. 그러나 a day에서처럼 앞에 유성음이 있을 경우, 즉 유성음 사이에서는 유성음으로 발음된다.

(6) 음절 말음의 자음이 두음의 자음보다 길게 발음된다. 예를 들어 don의 [n]이 nod의 [n]보다 길다.

(7) 접근음 무성음화(approximant devoicing)

접근음 /y, w, l, r/은 음절초 무성 폐쇄음 뒤에서 무성음화된다. 이를 접근음 무성음화라고 하고, 이와 관련된 자료를 보면 다음과 같다.

a. [y]: pure, tune, cue, cure, accuse, peculiar
b. [w]: twin, twice, twist, queen, quick, quit
c. [l]: please, play, plot, clean, click, clue
d. [r]: pray, price, try, trap, cream, crow

위 자료를 보면, 접근음 앞의 무성 폐쇄음은 모두 기음으로 발음된다는 것을 알 수 있다. 이미 앞에서 언급했듯이 기음은 폐쇄음의 폐쇄 해제 후 잠시 동안 나타나는 무성이다. 접근음 무성음화는 폐쇄음의 기음(즉, 무성)이 뒤에 오는 접근음에 실려 나타나는 현상이라고 말할 수 있다. 접근음 무성음화가 발생하는 환경을 좀 더 구체적으로 알아보기 위해 다음 자료를 보자.

e. fry, fresh, flew, few, thresh, thrust, slip, slow, swim, shrink, shrimp
f. strain, sprain, scream, destroy, display, disclose
g. rough rider, fish roe, night rate

(e)는 접근음 앞에 무성 폐쇄음뿐만 아니라 무성 마찰음이 오더라도 접근음 무성음화가 일어난다는 것을 보여준다. 따라서 접근음 무성음화는 접근음 앞에 무성음이 올 경우에 발생한다고 좀 더 일반화하여 말할 수 있다. (f)와 (g)는 접근음 무성음화가 발생하지 않는 경우의 예이다. (f)에서 보면, 접근음 앞에 무성 폐쇄음이 오더라도 접근음 무성음화가 일어나지 않는 이유는 무성 폐쇄음 앞에 /s/가 있기 때문이다. 무성 폐쇄음 앞에 /s/가 오게 되면 무성 폐쇄음은 음절의 맨 앞에 올 수 없게 된다. (f)를 근거로, 접근음이 무성음으로 발음되려면 그 앞에 오는 무성음이 음절초의 위치에 있어야 한다고 말할 수 있다. (g)는 무성음과 접근음이 동일 음절에 있지 않으면 즉, 무성음이 앞 음절의 말음 위치에 있고 접근음이 뒤에 오는 음절의 두음 위치에 있으면, 접근음 무성음화가 일어나지 않음을 보여 준다. night rate에서는 /t/와 /r/이 서로 다른 음절에 속하므로 접근음 무성음화가 발생하지 않지만, nitrate에서는 /t/와 /r/이 동일한 음절의 두음 자음군(consonant cluster)이므로 접근음 무성음화가 발생한다.[50] 이처럼 접근음 무성음화가 발생하려면 무성음과 접근음이 이음절(異音節, heterosyllabic)이 아닌 동음절(同音節, tautosyllabic)에 나타나야 한다. 무성음과 접근

50) 자음군이란 두 개 이상의 자음으로 이루어진 자음의 연쇄를 말한다.

음이 동음절에 나타나야 한다는 조건은 무성음이 음절초에 있어야 한다는 조건에 포함되는 개념이므로, 접근음 무성음화는 접근음이 음절초 무성음 뒤에 올 때 일어난다고 결론지을 수 있다.[51]

(8) 성문 폐쇄음(glottal stop)

성문 폐쇄음은 성문(glottis)을 완전히 폐쇄시켜 성문 아래에 공기 압력을 높였다가 성문을 개방함으로써 공기를 터져 나오게 하여 내는 소리이다. 성문 폐쇄음을 나타내는 음성 기호는 [ʔ]이다. 이 음은 영어에서는 음소가 아니고 주로 음소 /t/의 이음으로 나타난다. 성문 폐쇄음은 대부분의 미국인과 많은 영국 화자들이 beaten [biʔn̩], kitten [kɪʔn̩], fatten [fæʔn̩]에서처럼 성절 비음 [n̩] 앞에서 /t/의 이음으로 발음한다.[52] 또한 런던 사투리(London Cockney)에서는 butter, kitty, fatter [bʌ́ʔə, kíʔɪ, fǽʔə]에서 보듯이 /t/가 모음 사이에 있을 때 [ʔ]로 발음된다.[53] 이처럼 음소 /t/가 성문 폐쇄음 [ʔ]로 발음되는 현상을 **t-성문음화**(t-glottalization)라고 한다. 성문음은 /t/의 이음으로만 나타나는 것은 아니다. 성문음은 tip [tɪʔp], pit [pɪʔt], kick [kɪʔk], picture [pɪʔkʧər], stopped [stɑʔpt], nights [nayʔts], looks [lʊʔks]에서처럼 모음과 말음의 무성 폐쇄음 사이에 삽입되기도 한다. 이와 같이 성문음이 삽입되는 경우를 **성문음 보강**(glottal reinforcement) 또는 **성문음 삽입**(glottal epenthesis/insertion)이라고 한다.

(9) 성절 자음(syllabic consonant)

어말(word-final)의 유음과 비음은 다른 자음 뒤에서 성절음이 된다. 일반적으로 모음이 음절의 핵음(peak)이 되지만, 공명도가 높은 자음인 유음이나 비음도 핵음이 될 수 있다.[54] 이처럼 음절의 핵음이 되는 자음을 **성절 자음**이라고 한다. 성절성을 나타내는 구별부호는 [ˌ]이다. 공명 자음이 어떤 환경에서 핵음이 될 수 있는지를 알기 위해 다음 자료를 보자.

---

51) 비음도 smile, smoke, snow, snake에서처럼 무성 자음 뒤에서 무성음으로 발음된다. 비음 앞에 올 수 있는 두음의 자음은 /s/밖에 없기 때문에 두음의 /s/ 뒤에서 비음이 무성음화된다. 이 경우의 비음 무성음화와 접근음 무성음화를 합하여 **공명음 무성음화**(sonorant devoicing)라고 칭한다.

52) 여기서 '[n̩]'은 성절성(syllabic) [n]을 나타낸다.

53) 이 경우 모음 사이의 /t/가 미국 영어에서는 설탄음(tap 또는 flap) [ɾ]로 발음된다.

54) 음절에서 핵음이 공명도가 가장 높고, 핵음으로부터 멀어질수록 공명도가 낮아진다. 이를 **공명도배열원칙**(Sonority Sequencing Principle: SSP) 또는 **공명도배열일반화**(Sonority Sequencing Generalization: SSG)라고 한다.

a. [r̩]: sabre [seɪbr̩], razar [reɪzr̩]

b. [l̩]: paddle [pædl̩], whistle [hwɪsl̩]

c. [m̩]: chasm [kæzm̩], prism [prɪzm̩]

d. [n̩]: leaden [lɛdn̩], hidden [hɪdn̩]

위에서 보듯이, 유음이나 비음이 성절음이 되기 위해서는 두 가지 조건을 충족시켜야 한다. 첫째, 유음이나 비음이 어말 위치에 있어야 한다. 둘째, 유음이나 비음 앞에 모음이 아닌 자음이 와야 한다. 이 경우 유음이나 비음 앞에 오는 자음은 일반적으로 저해음이다. 그러나 비음과 달리 유음은 다음 예에서 보듯이, 앞에 오는 자음이 저해음이 아닌 경우에도 성절음이 될 수 있다.

e. [r̩]: hammer [hæmr̩], tailor [teɪlr̩]

f. [l̩]: kennel [kɛnl̩], channel [ʧænl̩]

다른 비음과 달리 [ŋ]는 일반적으로 성절 자음이 되지 못하지만, 격식을 차리지 않은 빠른 발화에서는 bacon [beɪkŋ̍], I can[kŋ̍] go, Jack and Kate [ʤæk ŋ̍ keɪt]에서처럼 성절음이 될 수 있다. 요컨대, 어말 공명 자음은 공명도가 더 낮은 자음 뒤에 올 때 성절음이 된다고 말할 수 있다.[55)]

(10) 설탄음화(flapping)

치경 폐쇄음 /t, d/와 치경 비음 /n/은 모음과 비강세 모음 사이에서 **설탄음**(tap 또는 flap)으로 발음된다.[56)] 설탄음이란 한국어 '사랑'의 'ㄹ'처럼 혀끝으로 치경을 빨리 한 번 쳐서 나는 소리로, [ɾ] 또는 [D]의 기호를 사용하여 나타낸다. 설탄음은 유성 치경음으로 주로 미국영어에서 발음된다. 설탄음화가 일어나는 경우의 예를 들면 다음과 같다.

---

55) 그러나 isn't [ɪzn̩t]나 hasn't [hæzn̩t]에서 보듯이, 공명 자음이 어말 위치에 있지 않고 어말의 저해음 앞에 있을 경우에도 성절음이 될 수 있다.

56) 일반적으로 '설탄음'을 'tap' 또는 'flap'이라는 용어를 같이 사용하여 나타내지만, 이 두 용어는 서로 다른 발음을 나타내기도 한다. 이 경우 'tap'은 혀끝이 위로 올라가 치경을 치고 아래로 내려오면서 내는 음이고, 'flap'은 /r/ 음을 발음할 때처럼 혀의 뒤쪽이 수축되면서 혀끝이 치경 뒤쪽을 치고 앞으로 이동하면서 내는 음으로 party, dirty, sorting에서처럼 /r/ 음색을 띠는 모음 뒤에 나타나는 전형적인 권설음 발음이다 (Ladefoged 2006: 171).

a. /t/: cíty, wríter, látter, divínity, cápital, capácity

b. /d/: body, rider, ladder

c. /n/: dinner, tanner, sinner

d. /nt/: plenty, winter, panting

위 자료에서 볼 때, 설탄음화를 겪는 음은 /t, d, n, nt/임을 알 수 있다. (d)의 경우, /nt/의 /t/가 탈락하기 때문에 결국 (c)와 마찬가지로 /n/의 발음만 남게 된다. 따라서 (c)와 (d)에서는 /n/과 /nt/가 설탄음화되면 [ɾ̃]으로 동일하게 발음된다. 그 결과 winter와 winner, panting과 panning의 발음이 같다. 여기서 [ɾ̃]는 비음화(nasalization)된 설탄음을 나타낸다. 비음화를 나타내는 구별부호는 [˜]이다.

이제 설탄음화가 발생하는 환경에 대하여 알아보자. hasty, captive와 같은 단어에서는 설탄음화가 일어나지 않기 때문에, 설탄음화가 모음과 비강세 모음 사이에서 일어난다는 점에 대해서는 누구도 부인하지 않는다. 그러나 앞에 있는 모음에 강세가 있어야 하는지에 관하여는 학자에 따라 견해가 다른 것 같다. 일부는 설탄음화가 강세 모음과 비강세 모음 사이에서 일어난다고 말한다. 그러나 (a)의 뒤 세 개의 예에서 보듯이 /t/ 앞에 있는 모음에 강세가 없더라도 설탄음화가 발생한다는 것을 알 수 있다. 물론 attack [ətʰǽk]에서 보듯이 뒤에 있는 모음에 강세가 있으면 당연히 설탄음화가 일어날 수 없다. atom [ǽɾəm]−atomic [ətʰɑ́mɪk]의 발음을 비교해보면 이 사실을 쉽게 알 수 있을 것이다. 따라서 설탄음화는 /t, d, n, nt/가 모음과 비강세 모음 사이에서 일어난다고 말할 수 있다.57) 설탄음화의 결과 방언에 따라 writer−rider, latter−ladder 쌍의 발음이 같아지게 된다.58)

(11) 치경음 /t, d, n, l/은 eighth[eɪt̪θ], width [wɪd̪θ], tenth[tɛn̪θ], wealth [wɛl̪θ]에서 보듯이 치음 앞에서 치음으로 동화(assimilation)된다. 이 동화 현상은 치경음이 뒤에 오는 치음과 중복되어 발음되는 동시조음(coarticulation)에 의해 발생한다. 이 현상은 단어 내에서만 발생하는 것이 아니고, at this [æt̪ ðɪs]에서처럼 단어 경계를 넘어서도 발생한다. 치경음이 치음으로 동화되어 발음되는 것을 나타내기 위해 치경

57) 그러나 party [parɾɪ], sorting [sɔrɾɪŋ]에서 보듯이, 앞의 모음 뒤에 /r/이 올 경우에도 설탄음화가 일어난다.

58) 이 쌍의 발음에서 차이를 보이는 방언의 경우, 그 차이는 설탄음 앞에 있는 모음의 길이에 있다. 다시 말해 /t/와 /d/가 모두 설탄음 [ɾ]로 발음되더라도, writer와 latter의 /t/ 앞에 있는 모음이 각각 rider와 ladder의 /d/ 앞에 있는 모음보다 짧게 발음되기도 한다.

음 밑에 구별부호 [̪]를 표시한다. 치경음이 치음 앞에서 치음으로 발음된다는 것을 알기 위해 ten[n]과 ten[n̪]th를 발음해보고, 각 /n/을 발음할 때 혀끝이 치경에만 닿는 [n]과 윗니에 닿는 [n̪]의 차이를 느껴보라.

(12) 치경 폐쇄음 /t, d/는 try, dry, tree, dree, trill, drill에서 보듯이 /r/ 앞에서 폐찰음 [ʧ, ʤ]처럼 후치경음(post-alveolar)으로 발음된다. 원래 /t, d/의 조음 위치는 치경 앞쪽이고 /r/의 조음 위치는 치경 뒤쪽이다. 그러나 /t, d/는 뒤에 /r/이 오게 되면 동화에 의해 후치경음으로 발음된다. 이때문에 치경음 /t/와 /d/는 각각 후치경음 [ʧ]와 [ʤ]처럼 발음되는 것이다.

(13) 치경 폐쇄음 /t, d/는 most people, best game, send papers, grand master에서처럼 자음과 자음 사이에서 탈락한다.[59] 이 현상은 주로 빠른 발화에서 나타난다. 이와 관련된 자료를 제시하면 다음과 같다.

a. t-탈락

first three [fərsθri]
last night [læsnayt]
the fact that [ðəfækðət]
aspects [æspɛks]

b. d-탈락

wild card [waylkɑrd]
sandwich [sænwɪʧ]
stand still [stænstɪl]
sandpaper [sænpeypər]

자음 사이에서 /t/나 /d/가 탈락함으로써 세 자음의 연쇄(CCC)가 두 자음의 연쇄(CC)로 된다. 이처럼 자음탈락은 복잡한 자음군을 좀 더 간결한 자음군으로 만드는 역할을 한다. 이와 같이 자음탈락에 의해 자음군이 더 간결해지는 현상을 **자음군단순화**(cluster simplification/reduction)라고 한다.

59) 그러나 뒤에 오는 자음이 /h/인 경우에는 wild horse [wayldhɔrs] (*[waylhɔrs]), guest house [gɛsthaws] (*[gɛshaws])에서 보듯이, /t, d/는 탈락하지 않는다. 또한 /t, d/가 planned trip [plændtrɪp], fixed game [fɪkstgeym]에서처럼 접미사(suffix)인 경우에는 탈락하지 않는 경향이 있다 (Yavaş 2016: 169).

(14) 겹자음단음화(degemination)

두 개의 동일한 자음이 big game, top post에서처럼 서로 인접해 있을 때 **단음화**(短音化, shortening)가 일어난다. 이는 두 개의 동일한 자음의 발음이 중복되어 동시에 조음되기 때문에 두 소리를 따로따로 발음할 때보다 짧게 발음되는 현상으로, 이를 일컬어 겹자음단음화라고 한다. 인접해 있는 동일한 두 자음의 연쇄를 **겹자음**(geminate)이라고 한다. 겹자음은 동일한 형태소 내에서는 나타나지 않는다는 분포상의 제약이 있다. 따라서 아래에서 보듯이 겹자음 사이에는 **형태소 경계**(morpheme boundary: +, #)[60] 또는 단어 경계(word boundary: ##)가 놓이게 된다.

a. sole#ly, ill#looking, un#known, lean#ness
b. il+legal, il+legible, ir+regular, ir+relevant
c. rat##tail, milk##can, house##sale, used[t]##to

겹자음은 보통 (a)에서처럼 파생어(derivative)를 만드는 과정이나 (b)에서처럼 동화에 의해서 생성되므로, 그 사이에 형태소 경계가 놓이게 된다. (b)에서 il−과 ir−은 부정 접두사 in−의 /n/이 후속하는 자음에 완전동화(complete assimilation)된 결과이다.

(15) 연구개 폐쇄음은 key [ki], kit [kɪt], kept [kɛpt], cap [kæp], geese [gis], give [gɪv], get [gɛt], gap [gæp]에서처럼 뒤에 전설 모음이 있을 때 더 앞쪽에서 발음된다. key [ki]와 coo [ku]를 발음하면서 [k]의 조음 위치를 비교해보면, [k]가 전설 모음 [i] 앞에 있을 때 후설 모음 [u] 앞에 있을 때보다 더 앞쪽에서 발음된다는 것을 알 수 있을 것이다. 이 현상은 연구개 폐쇄음이 뒤에 오는 모음과 동시조음이 일어나기 때문이다.

(16) 말음의 설측음 /l/은 연구개음화된다. 말음의 탁한 /l/은 feel, build, milk에서 보듯이 연구개음화되어 [ɫ]로 발음된다. 연구개음화는 /l/이 말음에 있을 때만이 아니라 apple, bottle에서와 같이 성절음이 되는 경우에도 발생한다. 따라서 운모의 /l/이 연구개음화된다고 일반화하여 말할 수 있다.

60) 두 종류의 형태소 경계 (+, #)에 관하여는 뒤 7.1.1에서 자세히 다룬다.

1.4.2 모음의 이음 규칙

(1) 모음은 개방음절에서 제일 길고, 유성 자음 앞에서 다음으로 길며, 무성 자음 앞에서 제일 짧다. 예를 들어 sea, seed, seat나 sigh, side, site와 같은 단어의 발음에서 모음 길이의 차이를 알 수 있다. 개방음절의 모음이 길어지는 **개방음절 장음화**(open syllable lengthening)는 영어뿐만 아니라 대부분의 강세 박자 언어(stress-timed language)에서 나타나는 일반적인 경향이다.[61] 또한 모음이 무성 자음 앞에서보다 대응하는 유성 자음 앞에서 더 길게 발음된다. card−cart에서처럼 모음과 자음 사이에 공명음이 오더라도 마찬가지이다. 다음 쌍들의 단어 중 뒤에 있는 단어의 모음이 앞에 있는 단어의 모음보다 길게 발음된다: cap−cab, rope−robe, write−ride, back−bag, clock−clog, bus−buzz, price−prize, leaf−leave, half−halve.

(2) 모음은 강세 음절에서 더 길게 발음된다. 동일한 모음과 자음으로 구성된 음절이더라도 강세에 따라 모음의 길이가 달라진다. 강세 음절이 비강세 음절보다 길게 발음되기 때문이다. 예를 들어 belów의 [ow]가 bíllow의 [ow]보다 길게 발음된다.

(3) 긴장모음은 이완모음보다 길게 발음된다. 다음 쌍들의 단어에서 앞에 있는 긴장모음이 뒤에 있는 대응하는 이완모음보다 더 길다.

[i]−[ɪ]: beat−bit, feel−fill, eat−it, sheep−ship, seat−sit, leave−live
[u]−[ʊ]: fool−full, pool−pull, Luke−look, cooed−could, shoed−should, boot−foot

(4) 단음절어(monosyllabic word)의 모음이 제일 길고, 2음절어(disyllabic word)의 모음이 다음으로 길며, 다음절어(polysyllabic word)의 모음이 제일 짧다. speed, speedy, speedily; seem, seeming, seemingly; worth, worthy, worthily 등에서 보면, 강세 음절의 모음은 단음절어에서 가장 길고, 여기에 비강세 음절이 추가될수록 모음의 길이는 점점 더 짧아진다. 이는 강세 사이의 시간 간격을 일정하게 유지하려는 강세 박자 언어의 일반적인 경향 때문에 나타나는 자연스런 현상이다.[62]

---

61) 개방음절 장음화는 역사적으로 중세영어(Middle English) 시기에 일어났다. 중세영어 개방음절 장음화(Middle English Open Syllable Lengthening)에 관하여는 9.1.3에서 자세히 다룬다.

62) 영어를 포함한 강세 박자 언어에는 강세가 일정한 시간 간격을 두고 반복되는 리듬 패턴이 있다. 이로 인해 강세 음절 사이의 시간 간격이 일정하게 되는 것이다. 이것을 **등시 간격성**(等時 間隔性, isochronism)이라고 한다.

(5) 비음화(nasalization)

모음은 말음의 비음 앞에서 비음화된다. 예를 들어 ban, can, man에서처럼 모음 뒤에 말음의 비음이 올 경우, 모음을 발음할 때 뒤에 오는 비음의 발음을 미리 예측하여 연구개가 아래로 내려와 공기가 코로 나가는 동시조음이 이루어짐으로써 모음이 비음화된다. 보통 ban에서처럼 모음 뒤에 있는 비음이 그 모음과 같은 음절에 속하는 말음이면 모음의 비음화가 일어나지만, ba.na.na에서처럼 비음이 두음이면 그 앞에 있는 모음은 비음화되지 않는다.[63] 비음화는 모음 위에 구별부호 [˜]를 사용하여 나타낸다. ban의 모음 [æ]는 비음화 되어 [bæ̃n]으로 발음되지만, banana의 첫 음절 모음 [ə]는 비음화되지 않으므로 [bənænə]로 발음된다.

(6) 약화 모음 [ə]는 무성 폐쇄음 뒤에서 무성음이 될 수도 있다. 예를 들어 potato, tomato, compare 등에서 밑줄 친 모음 [ə]는 무성 폐쇄음 [p, t, k] 뒤에서 무성음으로 발음될 수 있다. 이 경우의 무성음화는 음성적으로 무성의 특성을 지니는 기음이 약화모음 [ə]에 실리기 때문으로 해석된다.

(7) 음절 말음 [ɫ] 앞의 모음은 더 후설 쪽에서 발음된다. heed와 heel, paid와 pail, pad와 pal의 발음을 비교해보면, 각 쌍의 뒤에 있는 단어의 모음이 더 후설 쪽에서 발음된다는 것을 알 수 있다. 이는 연구개음화의 영향 때문이다. 예를 들어 feel [fiɯɫ]/ [fi^{ɯ}ɫ]에서 보듯이, [ɯ]의 음색이 가미되는 연구개음화된 [ɫ] 앞의 모음은 후설모음 [ɯ]와 동시조음이 이루어져 더 후설 쪽에서 발음되는 것이다.

1.4.3 이차 조음

대부분의 말소리를 조음하는 데 관여하는 조음 기관은 한 부분이다. 예를 들어 [p]를 발음하는 데 동원되는 조음 기관은 입술이다. 그러나 일부 분절음을 발음할 때에는 본래의 조음에 추가로 다른 음색이 부가되는 경우가 있다. 이때 본래의 조음을 **주조음**(主調音, primary articulation)이라고 하고, 추가로 부가되는 조음을 **이차 조음**(secondary articulation)이라고 한다. 예를 들어 kick과 quick의 두음 /k/ 발음을 비교해보면, kick에서는 그렇지 않지만 quick에서는 입술이 둥그렇게 된다는 것을 알 수 있다. 즉, 연구개음에 입술이 둥그렇게 되는 [w] 음색이 추가로 부가된다. 이때 연구

63) 미국영어의 일부 방언에서는 비음이 두음인 경우에도 그 앞의 모음이 비음화된다. 이 경우의 비음화에 관하여는 9.4에서 언급된다.

개음을 주 조음이라고 하고, [w] 음색이 추가로 부가되는 것을 이차 조음이라고 한다. 영어에서 중요한 이차 조음에는 **구개음화**(palatalization), **연구개음화**(velarization), **순음화**(labialization)가 있다.

(1) 구개음화

구개음화는 전설을 경구개 쪽으로 올려 [i] 또는 [y] 음색을 자음에 가미하는 이차 조음을 말한다.[64] 결국 구개음화는 전설 고모음의 음색이 추가로 부가되는 이차 조음을 의미한다. 예를 들어 coo [ku]의 [k]는 연구개에서 발음되지만, key [ki]의 [k]는 [i]의 영향으로 이보다 더 앞쪽인 경구개 쪽에서 발음된다. 구개음화는 자음 뒤에 전설 고모음 [i]나 이에 대응하는 전이음 [y]가 올 때 일어난다. 이차 조음으로서의 구개음화를 나타내기 위해 자음 우측 어깨에 [ʲ]를 첨가하는 구별부호를 사용한다. 따라서 key는 [kʲi]로 표기한다.

이차 조음으로서의 구개음화를 **음운 과정**(phonological process)으로서의 구개음화와 혼동해서는 안 된다. 영어에서 음운 과정으로서의 구개음화는 /t/, /d/, /s/, /z/가 각각 can't[ʧ] you, could[ʤ] you, offic[ʃ]ial, confus[ʒ]ion에서 보듯이 [ʧ], [ʤ], [ʃ], [ʒ]로 주 조음인 치경음이 완전히 다른 음인 경구개치경음으로 바뀌는 경우를 일컫는다.[65] 그러나 key의 /k/ 발음에서는 본래의 주 조음인 연구개음이 다른 음소인 경구개치경음으로 바뀌지는 않고, 단순히 모음 [i]나 치경음 [y]의 음색이 가미되는 것이다.

(2) 연구개음화

연구개음화는 후설을 연구개 쪽으로 올려서 발음하는 이차 조음이다. 이것은 입술을 둥그렇게 하지 않은 상태로 모음 [u]와 같은 혀의 위치를 부가시키는 것이라고 말할 수 있다. 이미 앞에서 언급했듯이, 연구개음화는 탁한 /l/(dark /l/)의 발음([ɫ])에서 나타난다. 영어의 /l/은 맑은 /l/(clear /l/)과 탁한 /l/로 구분되는데, 이 두 종류의 /l/ 음은 상보적 분포를 보인다. 맑은 /l/은 like, play, split에서처럼 음절의 두음에 나타나며, 탁한 /l/은 feel, milk에서처럼 말음이나 bottle, cradle에서처럼 핵음의 위치에 나타난다. 핵음과 말음은 운모를 구성하므로, 결국 탁한 /l/은 운모에 나타난다고 말할 수 있다.

---

64) 전설 고모음 [i]와 경구개음 [y]는 조음 위치가 동일하다.
65) 음운 과정으로서의 구개음화는 8.1.3에서 자세히 다룬다.

모음 사이의 /l/은 강세의 위치에 따라 다르게 실현되기 때문에 주목할 필요가 있다. 모음 사이의 /l/이 예를 들어, belów, eléct, colléct, delíght에서럼 뒤에 있는 모음에 강세가 있을 때에는 뒤에 있는 음절의 두음이 되기 때문에 맑은 /l/로 발음되지만, pólar, sílly, yéllow, cóllar에서처럼 앞에 있는 모음에 강세가 있을 때에는 앞에 있는 음절의 말음이 되기 때문에 연구개음화된 탁한 /l/인 [ɫ]로 실현된다.

맑은 /l/을 발음할 때는 그렇지 않지만, 탁한 /l/을 발음할 때는 후설이 연구개 쪽으로 상당히 올라가는 [ɯ] 음색이 가미된다. 이때문에 연구개음화된 /l/ 앞에 있는 전설모음은 후설 쪽에서 발음되게 되는 것이다. 연구개음화를 나타내는 구별부호는 [~]으로, milk는 [mɪɫk]로 표기된다.[66]

(3) 순음화

순음화는 자음을 발음할 때 입술을 둥그렇게 하는 것으로, [w] 음색이 가미되는 이차 조음을 말한다. 순음화는 원순모음 [u, ʊ, o, ɔ]나 전이음 [w]가 뒤에 오면 거의 모든 자음에 나타나는 현상이다. 순음화는 예를 들어 quick, law, gold, dwell, shoe, sweet의 첫 자음에, conquest, liquid의 두 번째 음절 첫 자음에 나타난다. 순음화는 자음의 오른쪽 어깨 위에 [ʷ]를 첨가하는 구별부호를 사용하여 나타내며, quick은 [kʷɪk]으로 표기된다. 또한 순음화는 뒤에 원순모음이나 [w]가 오지 않더라도 경구개치경음이나 권설음을 발음할 때도 나타난다. 예를 들어 shy나 right의 첫 자음을 발음할 때 입술이 다소 둥그렇게 된다는 것을 알 수 있다.

66) 연구개음화와 비슷한 이차 조음으로 **인두음화**(咽頭音化, pharyngealization)가 있다. 인두음화는 [ɑ] 음색이 가미되는 것으로, 설근을 당겨 인두를 좁히는 이차 조음을 말한다. 인두음화는 연구개음화와 거의 차이가 없으며, 어떤 언어도 이 둘을 구별하지는 않는다.

2

초분절음

2.1 강세
2.2 억양
2.3 음장

English Phonology

English Phonology

초분절음(suprasegmental)은 분절음보다 더 큰 음운 단위에 나타나는 음성 특징인 강세(stress), 음도(pitch), 음장(length) 등을 말한다.[1)] 초분절음은 의미 차이를 가져오므로 음소로 취급된다. 자음이나 모음을 분절음소(segmental phoneme)이라고 하는 데 비해 강세, 음도, 음장 등을 **초분절음소**(suprasegmental phoneme), **운율소**(prosodeme) 또는 **운율 요소**(prosodic element)라고 칭한다. 분절음인 자음과 모음이 모여서 음절을 이루고, 또 음절이 모여 단어를 이루며, 단어가 모여 보다 큰 단위인 구(phrase)를 형성하고 결국 발화(utterance)를 이루게 된다. 이처럼 분절음보다 더 큰 음운 단위인 음절, 단어, 구 등을 **운율 단위**(prosodic unit)라고 하며, 여기에 얹혀서 나타나는 음성적 특성인 강세, 음도, 음장을 일컬어 초분절음이라고 한다.

강세는 자음이나 모음에 나타나는 분절음 고유의 특성이 아니고 음절에 걸쳐 나타나는 특성이므로 초분절음이며, tórment(명사)와 tormént(동사)에서처럼 강세의 변화는 의미 차이를 가져오므로 음소로 여겨진다. 음도는 그 변화가 미치는 영역(domain)에 따라 성조(tone)와 억양(intonation)으로 구분된다. 성조란 한 단어의 의미에 영향을 미치는 음도의 변화를 말하고, 억양이란 대개 절(clause)의 의미에 영향을 미치는 음도의 변화형을 말한다. 예를 들어 중국어 단어 [ma]는 음도 변화에 따라 媽 'mother', 麻 'hemp', 馬 'horse', 罵 'scold'의 네 가지 다른 의미를 나타낸다. 이처럼 단어의 의미에 영향을 주는 음도의 변화를 성조라고 한다. 영어에서는 한 단어에 나타나는 음도변화인 성조보다는 억양구(intonational phrase)에 나타나는 음도의 변화인 억양이 중요하다.[2)] 가령 He's out이라는 문장은 음도의 변화형이 '231'이면 긍정문이 되고 '233'이면 의문문이 된다.[3)] 이와 같이 억양구에 나타나는 음도 변화형을 억양이라고 한다. 전통적으로 음장은 분절음의 특성으로 기술되어 왔다. 그러나 음운 이론의 발전과 더불어 음장을 자음이나 모음에 나타나는 분절음 고유의 특성이라기보다는 분절음과 음절의 중간 층위의 음운 단위인 모라(mora)에 의해 표시하게 되었

1) 강세, 음도, 음장 이외에 연접(juncture)도 초분절음에 속하는 것으로 볼 수 있다. 연접이란 말소리 사이의 이행(transition) 방식을 말한다. 연접은 nitrate에서처럼 단어 사이에 끊김(break)이 없음을 나타내는 폐쇄 연접(close juncture)과 night+rate에서처럼 단어 사이의 끊김이나 휴지(pause)를 나타내는 개방 연접(open juncture) 혹은 +연접(plus juncture)이 있다 (Wolfram and Johnson 1982: 36).

2) 음도의 변화형 즉, 억양이 얹혀 나타나는 단위를 **억양구**(intonational phrase)라고 한다. 억양구는 일반적으로 절이 되지만, 항상 절이라는 통사 단위(syntactic unit)와 일치하는 것은 아니다.

3) 여기서 숫자는 음도 수준(pitch level)을 나타내며, 저음(low pitch)은 '1'로, 보통의 평상음(normal pitch) 내지 중음(mid pitch)은 '2'로, 고음(high pitch)은 '3'으로 표시하는 것이 관례이다.

다. 즉, 음장을 분절음소가 아닌 초분절음소로 다루게 되었다. 음장이 고대영어(Old English)에서는 한국어에서처럼 음소적(phonemic)이었으나, 현대영어에서는 이음적(allophonic)이다.

언어 습득(language acquisition)에 있어서 분절음보다는 초분절음이 오히려 더 중요하고 먼저 배우는 것으로 알려져 있는 만큼, 영어를 외국어로 배우는 한국 학생들에게 영어의 강세와 억양에 대한 정확한 지식을 쌓는 것이 영어의 분절음에 대한 지식을 쌓는 것 이상으로 중요하다고 할 수 있다. 한국인이 영어 모국어 화자와 의사소통을 하는 데 있어, 분절음의 오류보다는 초분절음의 오류가 더 치명적일 수 있다. 분절음의 발음에 오류가 있더라도 문맥에 의해 화자가 전달하고자 하는 의미가 어느 정도 이해될 수 있지만, 초분절음을 잘못 발음하는 경우에는 의사소통이 어렵게 된다.

2.1 강세

강세는 어떤 음절의 발음을 다른 음절의 발음보다 상대적으로 두드러지게 만드는 장치라고 말할 수 있다. 이런 상대적인 두드러짐, 돋들림 또는 **탁립**(卓立, prominence)은 음도, 음의 크기(loudness), 음장 등의 변화에 의해서 나타난다. 탁립은 강조(accentuation)의 기능을 가지므로 흔히 악센트(accent)라고도 불리지만, 악센트는 강세 악센트(stress accent)와 음도 악센트(pitch accent)를 말하므로, 악센트라는 술어는 강세보다 더 폭넓은 술어라고 할 수 있다. 그러나 악센트라는 용어가 보통 강세의 의미로 사용되기도 한다.

강세 음절을 발음할 때는 흉곽(rib cage)의 근육을 수축시킴으로써 폐에서 더 많은 공기가 밖으로 빠져나간다. 폐에서 나가는 날숨의 양이 증가하면 그만큼 소리의 크기가 증가하게 되므로, 결국 강세 음절은 비강세 음절에 비해 소리가 더 커지게 된다. 또한 날숨의 양이 증가하면 성대의 진동수가 증가하게 되고 그에 따라 음도가 올라가게 된다. 끝으로 강세 음절이 지니는 또 하나의 음성적 특징은 강세 음절이 비강세 음절에 비해 더 길게 발음된다는 것이다. 요컨대, 강세 음절은 비강세 음절에 비해 소리가 더 크고(louder), 음도가 더 높으며(higher pitched), 더 길다(longer)는 음성적 특징을 지닌다. 이 요소들이 복합적으로 어우러져 탁립을 나타내는 것이다. 강세 음절에 비해 비강세 음절은 약하게 발음되므로, 비강세 음절에서는 모음이 슈와인 [ə]로 약화되는 모음약화(vowel reduction) 현상이 일어나게 된다.

영어의 강세 단계(degree of stress)는 학자에 따라 다소 다르지만 일반적으로 제1강세(primary stress, / ´ /), 제2강세(secondary stress, / ˆ /), 제3강세(tertiary stress, / ` /), 약강세(weak stress, / ˘ /)의 넷으로 나누고, 제1강세와 제2강세를 **대강세**(major stress), 제3강세와 약강세를 **소강세**(minor stress)라고 한다. 무강세(無强勢, absence of stress)를 나타내는 약강세 / ˘ /는 비강세(unstressed)라고도 하며, 특별한 경우가 아니면 보통 나타내지 않는다. 또한 제2강세는 구 강세(phrase stress)나 문장 강세(sentence stress)를 따질 때 사용되는 것이므로 단어 강세(word stress)를 표시할 때는 사용되지 않는다. 강세의 정도는 절대치가 아니고 상대적 탁립을 나타낸다는 점에 유의해야 한다.

2.1.1 강세의 기능

강세는 명사와 동사 또는 합성어(compound)와 구(phrase)를 구분하는 문법적 기능을 지니며, 문장의 어떤 단어를 특히 강조하기 위해, 또는 문장의 어떤 말을 다른 말과 대비시키기 위해 사용된다.

먼저, 강세의 통사적(syntactic) 기능을 살펴보자. 강세는 명사와 동사의 품사를 구분하는 역할을 한다. 아래 예에서 보듯이 동일한 형태의 단어가 강세의 위치에 따라 명사와 동사로 구분된다.[4] 일반적으로 명사는 앞쪽에 강세가 놓이고 동사는 뒤쪽에 강세가 놓인다.[5]

(1)

(명사)	(동사)
tórment(고통)	tormént(괴롭히다)
cónduct(행동)	condúct(행동하다)
décrease(감소)	decréase(감소하다)
éxport(수출(품))	expórt(수출하다)
ímport(수입(품))	impórt(수입하다)

4) 파생접사(derivational affix)가 첨가되지 않고 형태의 변화 없이 품사를 변화시키는 과정을 품사 전환(conversion), 영 도출(zero derivation) 또는 기능 전환(functional shift)이라고 한다.

5) 항상 품사에 따라 강세의 위치가 다른 것은 아니다. 예를 들어 명사, 동사에 관계없이 comment, contact, process는 첫음절에 강세가 있고, control, report, respect, dispute, debate, concern, rebuke, regret, return은 두 번째 음절에 강세가 있다.

ínsult(모욕)	insúlt(모욕하다)
óverflow(범람)	overflów(범람하다)
párvert(타락자)	pervért(곡해하다)
récord(기록)	recórd(기록하다)
rétail(소매)	retáil(소매하다)

다음으로, 강세는 합성어와 구를 구별해준다. 합성 명사(compound noun)와 명사구(noun phrase: NP)의 강세 차이를 보여주는 예를 제시하면 아래와 같다.

(2)

(합성 명사)	(명사구)
bláckboard(칠판)	black bóard(검은 판)
bláckbird(찌르레기)	black bírd(검은 새)
dárkroom(암실)	dark róom(어두운 방)
Énglish teacher(영어선생)	English téacher(영국인 선생)
gréenhouse(온실)	green hóuse(초록색 집)
hótbed(온상)	hot béd(뜨거운 침대)
líghthouse(등대)	light hóuse(밝은 집)
rédcap(짐꾼)[6]	red cáp(빨간 모자)

또한 강세는 아래 예에서 보듯이 합성 명사와 복합 동사(complex verb)를 구별해주는 역할을 한다.

(3)

(합성 명사)	(복합동사)
a píckup(습득물, 횡재)	to pick úp(줍다)
a púshup(팔굽혀펴기)	to push úp(밀어 올리다)
a lóokout(감시, 경계)	to look óut(내다보다)
a kíckoff(개시, 발단)	to kick óff(차내다)

6) blackboard나 darkroom처럼 핵어(head word)가 있는 합성어를 **내심적 합성어**(endocentric compound)라고 하고, redcap처럼 핵어가 없는 합성어를 **외심적 합성어**(exocentric compound)라고 한다. blackboard는 'a kind of board'이고 darkroom은 'a kind of room'이지만, redcap은 'a kind of cap'이 아니고 사람(porter)을 나타낸다.

a wálkout(항의 퇴장)	to walk óut(걸어 나가다)
a pút-on(꾸민 행동)	to put ón((옷을) 입다)
a púshover(약한 상대)	to push óver(넘어 뜨리다)
a stándby(대기 신호)	to stand bý(대기하다)
a drópout(탈락(자))	to drop óut(탈락하다)

두 번째로, 강세는 말하는 사람이 문장 안의 어떤 단어를 특별히 강조할 때 사용된다. 이런 강세를 **강조 강세**(emphatic stress)라고 한다. 다음 예를 보자

(4) a. Tóm writes Chinese.
    b. Tom writes Chinese.
    c. Tom writes Chinése.

(4a)는 '다른 사람이 아닌 바로 Tom이 중국어를 쓴다는 뜻으로 행위자(agent)를 강조하고, (4b)는 'Tom이 중국어를 말하는 것이 아니고 쓴다'는 뜻으로 행위나 동작을 강조하며, (4c)는 '한국어나 다른 언어가 아닌 바로 중국어를 쓴다'는 뜻으로 목적어를 강조한다. 이처럼 말하는 사람이 강조하고자 하는 주관에 따라 강세가 달라질 수 있고, 강세의 위치에 따라 의미가 달라진다.

세 번째로, 강세는 문장 내의 어떤 말을 다른 말과 대비시키기 위해서 사용된다. 이런 경우의 강세를 **대비 강세**(contrastive stress)라고 한다. 아래 예에서 보듯이, 대비되는 밑줄 친 단어는 두드러지게 발음된다.

(5) a. I want a réd pen, not a bláck one.
    b. A: John or Mary should go.
       B: I think John ánd Mary should go.
    c. Give it to hér, not to ús.

2.1.2 단어 강세

강세는 부여되는 단위에 따라 **단어 강세**(word stress), **구 강세**(phrase stress), **문장 강세**(sentence stress)로 구분할 수 있다. 단어 강세란 단어를 단독으로 발음할 때 단어에 부여되는 강세형(stress pattern)을 말하고, 구 강세는 구를 구성하는 단어에 부

여되는 강세형을 말하며, 문장 강세는 문장 속에서 단어에 부여되는 강세형을 말한다. 일반적으로 단어가 모여 구가 되고, 구가 모여 문장이 되므로, 문장은 항상 단어나 구보다 크다고 생각할 수 있지만, 반드시 그렇지는 않다. 예를 들어 yes는 Did you say yes?라는 문장에서는 단어가 되지만, Did you see him yesterday?에 대한 답변으로의 Yes는 문장이 되는 것이다.

영어의 강세는 과연 고정 강세(fixed stress)인가 아니면 가변 강세(free stress 또는 variable stress)인가?[7] 이 문제에 대한 명확한 답을 제시하는 데는 상당한 어려움이 따른다. 영어의 강세가 사전에 표시되어 있다는 사실은 영어 강세가 가변 강세임을 나타낸다. 사전은 원칙적으로 규칙에 의해 예측할 수 없는 정보나 규칙에 예외적인 것들을 수록하므로, 영어의 강세는 가변 강세라고 볼 수 있을 것이다. 그러나 Chomsky and Halle(1968)(이후 *SPE*로 칭함)에서 영어 강세에 대한 체계적 분석이 시도되었으며, 그들이 제시한 강세 규칙(stress rule)들은 복잡성으로 인하여 많은 논란을 불러일으켰다. *SPE* 이후 영어 강세에 대한 규칙이나 일반성을 찾으려는 많은 연구가 이루어져 왔으며, 그 결과 영어 강세는 예외가 있기는 하지만 상당한 일반성이 있음이 밝혀졌다. 여기서 소개할 영어 강세 규칙은 규칙이라고 부르기에는 예외가 많아서 사실상 강세에 대한 일반적 경향을 나타낸다는 것을 밝혀둔다.

영어에서 단어 강세부여에 작용하는 세 가지 요인은 통사 범주(syntactic category), 단어의 형태 구조(morphological structure) 그리고 음절 무게(syllable weight)이다. 단어의 강세 위치는 통사 범주 즉, 품사에 의해 달라진다. 위 (1)의 예들에서 보았듯이 동일한 단어가 명사인지 아니면 동사인지에 따라 강세의 위치가 달라진다. 또한 첨가되는 접사의 종류에 따라, órigin, oríginal, originálity에서처럼 강세가 이동하기도 하고, méan, méaning, méaningful, méaningfully에서처럼 강세의 위치가 변하지 않기도 한다. 그리고 강세의 위치는 음절 무게에 따라 즉, 중음절(heavy syllable)인지 아니면 경음절(light syllable)인지에 따라 달라진다. 일반적으로 강세는 중음절에 놓인다. 이것은 대부분의 언어에 적용되는 단어 강세의 중요한 원칙이다.

7) **고정 강세 체계**(fixed stress system)란 강세가 단어의 특정 음절에 부여되는 것을 말하며, 이 경우 강세의 위치는 규칙에 의해 나타낼 수 있으므로 예측 가능하다. 고정 강세 체계를 지니는 언어를 습득하는 어린이는 단어의 강세를 따로 기억할 필요가 없다. 이와 대조적으로 **가변 강세 체계**(free stress system)란 강세가 단어에 따라 다른 위치의 음절에 나타나는 것을 말하며, 이런 경우에는 강세의 위치를 규칙에 의해 설명할 수 없으므로 각 단어의 강세를 사전에 명시하여야 한다. 강세는 단어의 변별적인 한 부분이 되며, 이런 강세 체계를 가진 언어를 습득할 때는 단어의 일부로서 강세를 기억해야만 한다.

음절의 무게는 두음과는 상관이 없고 운모와 관련이 있다.[8] 다시 말해 두음의 자음(군)은 음절 무게에 아무런 영향을 미치지 못하고, 핵음과 말음이 음절의 무게를 결정한다. 경음절은 운모가 단모음(short vowel) 내지 이완모음만으로 이루어진 개방음절(open syllable)을 말하고, 중음절은 운모가 장모음이나 이중모음, 혹은 단모음과 자음(군)으로 이루어진 음절을 말한다. 이 두 유형의 음절을 기호를 사용하여 나타내면 다음과 같다.

(6) a. 경음절: C_0V
  b. 중음절: $C_0\bar{V}C_0$, C_0VGC_0, C_0VC_1

위에서 'C', 'V', 'G'는 각각 자음, 모음, 전이음을 나타낸다. C에 아래첨자 '$_0$'을 붙인 'C_0'는 0개 이상의 자음 즉, 'Ø, C, CC, CCC, CCCC . . .'를 나타내는 표기로 자음의 수와는 상관없음(irrespective of the number of consonants)을 의미한다. 또한 '$\bar{V}$'와 'VG'는 각각 장모음과 이중모음을 나타내고, 'C_1'은 하나 이상의 자음을 나타낸다. (6a)처럼 단모음이나 이완모음으로 끝나는 음절은 경음절이고, (6b)처럼 말음의 자음 존재 여부와 상관없이 장모음이나 이중모음을 지닌 음절, 그리고 단모음과 하나 이상의 말음 자음을 지닌 음절은 중음절이다.[9] 결국 경음절은 운모가 분지되지 않은(nonbranching) 운모를 지닌 음절은 말하고, 중음절은 분지된(branching) 운모를 지닌 음절을 말한다.

이제 **단어 강세**(word stress)를 알아보기 위해 동사, 명사, 형용사의 예들을 차례로 살펴보자. 먼저 *SPE* (69)에 제시된 동사의 예들을 제시하면 다음과 같다.

(7)

I	II	III
astónish	maintáin	collápse
édit	eráse	tormént
consíder	caróuse	exháust
imágine	appéar	eléct

8) 운모(rhyme)란 핵음(peak)과 말음(coda)이 결합되어 만들어진 음절의 구성성분(constituent)을 말한다. 바꾸어 말하면 운모는 핵음과 말음으로 구성된다.

9) 뒤 2.3에서 음장을 다루면서 다시 언급하겠지만, 음절 무게는 모라에 의해 나타내는 것이 보다 간결하다.

intérpret	cajóle	convínce
prómise	surmíse	adápt
embárrass	decíde	obsérve

위 (7)의 자료를 보면, 강세가 I열의 단어들에서는 끝에서 두 번째 음절 즉, **말미제2 음절**(penult)에 오는 반면, II열과 III열의 단어들에서는 마지막 음절 즉, **말미음절**(ult)에 온다는 것을 알 수 있다. 이 강세 체계를 음절 무게에 의해 어떻게 설명할 수 있는지를 알아보기 위해 마지막 음절의 운모 구조를 살펴보면, I열의 단어는 단모음과 하나의 자음(VC)로 끝나고, II열의 단어는 이중 모음이나 장모음/긴장 모음과 하나의 자음으로 끝나며, III열의 단어는 단모음과 두 개의 자음으로 끝난다는 사실을 알 수 있다.

여기서 우리는 딜레마에 빠지게 된다. 왜냐하면 강세는 중음절에 부여되고, I열의 단어들도 II, III열의 단어에서와 마찬가지로 말미음절이 중음절이므로, 위 모든 단어는 동일하게 말미음절에 강세가 놓여야 마땅하지만, 사실은 그렇지 않기 때문이다. 그러나 만일 어말의 마지막 자음 하나를 마치 보이지 않는 것처럼 무시한다면, 문제는 쉽게 해결된다. 이러한 가정을 **자음 운율외성**(consonant extrametricality)이라고 한다.[10] 이 가정을 받아들여, 어말의 마지막 자음을 '< >'로 묶어 편의상 (7)의 예들 중 일부만을 다시 나타내면 다음과 같다.

(8)	I	II	III
	astoni<sh>	maintai<n>	collap<se>
	edi<t>	era<se>	tormen<t>
	conside<r>	carou<se>	exhaus<t>

< > 속의 운율외적(extrametrical) 자음을 보이지 않는 것으로 무시하면, 마지막 음절이 I열은 단모음으로, II열은 이중 모음 또는 장모음/긴장 모음으로, III열은 단모음과 하나의 자음으로 각각 끝나게 된다. 즉, I열의 말미음절은 경음절이고, II열과 III열의

10) 운율외성의 개념은 Liberman and Prince(1977)의 **율격음운론**(Metrical Phonology)을 발전시킨 Hayes(1981, 1982)가 제안한 것이다. 율격음운론은 주로 강세와 리듬(rhythm)에 관한 현상을 강(S: stronger than)과 약(W: weaker than)의 이원적(binary) 구조에 의해 설명하는 이론이다.

말미음절은 중음절이 된다. 자음 운율외성이라는 개념을 도입하게 되면, 동사의 강세 규칙을 다음과 같이 말할 수 있다.[11)]

(9) 동사 강세 규칙
  a. 말미음절이 중음절이면, 그곳에 강세를 부여하고,
  b. 말미음절이 경음절이면, 말미제2음절에 강세를 부여하라.

다음으로 명사의 강세형을 알아보기 위해 *SPE* (71)에 제시된 다음 자료를 보자.

(10)

I	II	III
América	aróma	veránda
cínema	balaláika	agénda
aspáragus	hiátus	conséusus
metrópolis	horízon	synópsis
jávelin	thrombósis	amálgam
vénison	coróna	uténsil
ásterisk	aréna	asbéstos

위에 제시한 명사의 자료를 살펴보면, 강세가 I열의 경우에는 어말에서 세 번째 음절 즉, **말미제3음절**(antepenult)에 있고, II열과 III열의 경우에는 말미제2음절에 있으며, 말미음절에는 강세가 오지 않음을 알 수 있다. 말미제2음절의 음절 무게를 보면, I열은 이완모음 또는 단모음으로 끝나는 경음절이고, II열은 이중모음이나 긴장모음으로 끝나는 중음절이며, III열은 말음에 자음이 오는 중음절이다. 따라서 명사의 강세 규칙을 다음과 같이 나타낼 수 있다.

---

11) 자음 운율외성을 가정하지 않는 *SPE* (70)는 동사의 강세 규칙을 다음과 같이 나타낸다:
Assign main stress to
(i) the penultimate vowel if the last vowel in the string under consideration is non-tense and is followed by no more than a single consonant;
(ii) the last vowel in the string under consideration if this vowel is tense or if it is followed by more than one consonant.

(ii)에서 이중 모음을 언급하지 않은 이유는, 이중 모음이 기저 표시(underlying representation)에서는 긴장 모음이고 전이음 삽입규칙에 의해 이 긴장 모음이 이중 모음이 되기 때문이다. 여기에 관하여는 9.1에서 자세히 다룬다.

(11) 명사 강세 규칙

a. 말미제2음절이 중음절이면, 그곳에 강세를 부여하고,

b. 말미제2음절이 경음절이면, 말미제3음절에 강세를 부여하라.

명사의 강세를 동사의 강세와 비교해보면, 명사의 강세는 동사의 강세보다 앞쪽으로 한 음절씩 이동해갔음을 알 수 있다. 바로 이런 차이로 인하여, 앞에서 강세가 명사와 동사의 품사를 구분하는 역할을 한다는 점을 언급하면서 제시한 (1)의 2음절어의 경우, 강세가 명사는 앞쪽에 그리고 동사는 뒤쪽에 놓이는 것이다.

만일 명사의 마지막 음절을 보이지 않는 것으로 가정한다면, 명사의 강세는 동사의 강세와 같다고 볼 수 있다. 이러한 가정을 **명사 운율외성**(noun extrametricality)이라고 한다. 명사 운율외성을 받아들이면, (11)의 명사 강세 규칙을 따로 설정할 필요가 없이, 규칙 (9)에 의해 영어의 강세를 일반성 있게 설명할 수 있게 된다. 자음 운율외성과 명사 운율외성을 가정하면, 다음과 같은 영어 강세 규칙(English Stress Rule: 이후 ESR로 약칭함)을 설정할 수 있다. 이 규칙은 동사 강세 규칙 (9)와 동일하며, 편의상 다시 쓰면 (12)와 같다.

(12) 영어 강세 규칙 (ESR)

a. 말미음절이 중음절이면, 그곳에 강세를 부여하고,

b. 말미음절이 경음절이면, 말미제2음절에 강세를 부여하라.

세 번째로, 형용사의 강세형을 살펴보자. 형용사는 강세의 위치에 따라 동사와 같은 패턴을 보이는 것과 명사와 같은 패턴을 보이는 것으로 분류된다. 먼저 동사와 같은 강세형을 보이는 형용사의 예를 보자 (*SPE*: 80).

(13)

I	II	III
sólid	supréme	absúrd
hándsome	discréet	imménse
stúrdy	extréme	robúst
frántic	sincére	corrúpt
cómmon	secúre	ovért
wánton	obscúre	diréct
vúlgar	compléte	augúst

접사가 첨가되지 않은 (13)의 형용사는 동사와 똑같은 강세형을 갖는다. 자음 운율외성에 따라 어말의 자음 하나를 무시하고 말미음절의 구조를 살펴보면, I열은 단모음만을 지닌 경음절이고, II열은 긴장모음이나 이중모음을 지닌 중음절이며, III열은 말음에 자음을 지닌 중음절이다. 따라서 ESR (12)에 의해 I열은 말미2음절에, 그리고 II열과 III열은 말미음절에 각각 강세가 부여된다. 이처럼 접사가 붙지 않은 형용사는 동사와 동일한 강세 유형을 보인다.

그러나 접미사가 첨가된 형용사들은 명사와 같은 강세형을 보인다. *SPE* (81)에 제시된 예들 중 일부를 나타내면 다음과 같다.

(14)	I	II	III
	pérsonal	anecdótal	dialéctal
	máximal	adjectíval	incidéntal
	ephémeral	mediéval	univérsal
	magnánimous	desírous	moméntous
	precípitous	sonórous	treméndous
	rígorous	decórous	stupéndous
	vígilant	compláisant	repúgnant
	méndicant	defíant	relúctant
	signíficant	clairvóyant	obsérvant
	ínnocent	adjácent	depéndent
	díffident	antecédent	contíngent
	benévolent	inhérent	recúmbent

위 예들은 접미사 -al, -ous, -ant, -ent가 첨가되어 형성된 형용사들로, (10)에 제시된 명사와 동일한 강세형을 보인다. 명사의 마지막 음절과 마찬가지로, 마지막 음절인 접미사에는 강세가 놓이지 않는다. 명사의 마지막 음절을 운율외적으로 보듯이, 형용사 접미사를 운율외적인 것으로 보는 **형용사 운율외성**(adjective extrametricality)을 가정하면, 접미사가 첨가된 형용사의 강세를 ESR (12)에 의해 설명할 수 있게 된다. 말미제2음절을 살펴보면, 명사의 예 (10)에서와 마찬가지로, I열은 이완모음만을 지닌 경음절이고, II열은 긴장모음이나 이중모음을 지닌 중음절이며, III열은 말음에 자

음을 지닌 중음절이다. 따라서 ESR (12)에 의해 I열은 말미제3음절에, 그리고 II열과 III열은 말미제2음절에 각각 강세가 부여된다.

지금까지 언급한 영어의 단어 강세와 관련된 예와 규칙만을 보면 영어 단어 강세의 문제가 간단히 해결된 것처럼 보이지만 사실은 그렇지 못하다. 여기서는 주로 *SPE*에 제시된 대표적인 예만을 소개했을 뿐이지만, ESR 규칙을 위반하는 예들이 많아 영어의 단어 강세에 대한 설명은 그리 간단하지 않다.

영어 단어 강세는 단어의 형태 구조에 따라 달라질 수 있다. 어기(base)에 어떤 파생 접사(derivational affix)가 첨가되느냐에 따라 강세가 이동할 수도 있고 그렇지 않을 수도 있다. fámous–ínfamous, fínite–ínfinite에서 보듯이 /in-/은 강세에 영향을 주지만, 나머지 모든 접두사(prefix)는 강세에 영향을 미치지 않는다. 그러나 접미사는 강세의 위치를 이동시키는 강세 이동 접미사(stress-shifting suffix), 강세에 영향을 미치지 않는 강세 중립 접미사(stress-neutral suffix), 그리고 스스로 강세를 가지고 있는 강세 보유 접미사(stress-bearing suffix)의 세 종류로 분류할 수 있다.

먼저, 강세의 위치를 이동시키는 접미사를 살펴보자. 다음과 같은 파생 접미사가 첨가되면 강세의 위치가 대개의 경우 접미사 바로 앞 음절로 옮겨진다.

(15) 강세 이동 접미사

-al]$_{Adj}$:	áccident–accidéntal
-ial:	cómmerce–commércial
-ian:	líbrary–libráian
-iar:	fámily–famíliar
-ic:	acádemy–académic
-icide:	ínsect–insécticide
-ify:	pérson–persónify
-ion:	génerate–generátion
-ious:	lábor–labórious
-ity:	oríginal–originálity
-ous:	móment–moméntous
-ual:	cóntext–contéxtual
-y]$_N$:	hómonym–homónymy

강세를 이동시키는 접미사들은 라틴어에서 유래된 것들이며, 모음으로 시작한다는 형태상의 공통점이 있다. 물론 모음으로 시작하는 접미사라고 해서 모두 강세를 이동시키는 것은 아니다. 예를 들면, báby－bábyish, fundaméntal－fundaméntalism에서 보듯이, -ish, -ism과 같은 접미사는 강세 중립적이다. 동일한 형태의 파생 접미사가 서로 다른 품사의 단어를 형성하는 경우도 있기 때문에, 형태가 같다고 하여 동일한 접미사로 혼동하지 말아야 한다. 예를 들어 파생 접미사 $-al]_{Adj}$은 áccident－accidéntal, órigin－oríginal에서처럼 명사에 첨가되어 형용사를 만드는 경우에는 강세를 이동시키지만, $-al]_{N}$은 arríve－arríval, búry－búrial에서처럼 동사에 첨가되어 명사를 만드는 경우에는 강세를 이동시키지 않는다. 또한 접미사 -y도 마찬가지다. 명사를 파생하는 경우에는 hómonym－homónymy, phótograph－photógraphy에서처럼 강세의 위치가 변하지만, milky, cloudy와 같은 형용사를 파생하는 접미사는 강세 중립적이다.

다음으로, 어기의 강세 위치를 변화시키지 않는 강세 중립 접미사의 예를 제시하면 다음과 같다.

(16) 강세 중립 접미사

-able:	nótice－nóticeable
$-al]_{N}$:	survíve－survíval
-ant:	disinfést－disinféstant
-dom:	offícial－offícialdom
-er/-or:	concéptualize－concéptualizer, admínistrate－admínistrator
-ful:	méaning－méaningful
-hood:	cóusin－cóusinhood
-ish:	dével－dévelish
-ism:	excéptional－excéptionalism
-ist:	sentiméntal－sentiméntalist
-ive:	perséverate－perséverative
-ize:	indústrial－indústrialize
-less:	méaning－méaningless
-ment:	astónish－astónishment
-ness:	benévolent－benévolentness
-ship:	musícian－musícianship

-some:　frólic−frólicsome

-y]Adj:　dirt−dirty

이 접미사들은 고대영어에서 유래된 것들이다. 영어의 8개 굴절 접미사(inflectional suffix)는 이 파생 접미사와 마찬가지로 강세 중립적이다.

끝으로, 강세를 갖고 있는 접미사의 예를 들면 다음과 같다.

(17) 강세 보유 접미사

-áde:　lémon−lemonáde

-áire:　míllion−millionáire

-ée:　depórt−deportée, addréss−addressée

-éer:　éngine−enginéer, móuntain−mountainéer

-ése:　Chína−Chinése, Japán−Japanése

-ésque:　státue−statuésque, pícture−picturésque

-étte:　nóvel−novelétte, cígar−cigarétte

이 접미사들은 프랑스어에서 차용된 것으로, 이 접미사들이 첨가되면 강세는 어기에 놓이지 않고 접미사에 놓이게 된다. 단일 형태소의 단어가 이 접미사와 동일한 또는 유사한 형태를 지니는 경우에도 강세는 말미음절에 놓인다. 예를 들어, 어말에 접미사 -ade와 동일한 형태를 지니지만 단일 형태소 단어인 serenáde, cascáde, grenáde는 말미음절에 강세가 놓인다. 또한 접미사 -aire와 유사한 형태인 〈air〉를 어말에 지닌 단어 affáir, debonáir 역시 말미음절에 강세가 놓인다.[12)]

지금까지 영어 단어 강세에 관하여 언급한 내용을 요약하면 다음과 같다. 영어 단어 강세는 음절 무게, 품사, 단어의 형태 구조에 따라 달라진다. 음절 무게와 관련된 원칙은 '중음절은 강세를 받는다'는 것이다. 이 원칙에 의해 중음절이 경음절보다 강세 부여에 우선권을 갖게 되므로, 중음절에 우선적으로 강세가 부여된다. 영어의 강세 위치는 품사에 따라 다르다. 동사의 강세 중심이 말미음절에 있는 반면, 명사의 강세는 그 중심이 말미제2음절에 있다. Hammond(1999: 194)의 조사에 따르면, 명사의 경우 2음절어의 18.24%, 3음절어의 8.06%만이 어말에 강세가 온다. 운율외성 또한 품사에 따라 달라진다. 동사와 접미사가 붙지 않은 형용사는 어말의 자음이, 명사

12) 이와 관련된 추가적인 논의와 예에 관하여는 Liberman and Prince (1977: 305)를 참조하라.

는 말미음절이, 접미사가 붙은 형용사는 접미사가 운율외적이 된다. 운율외성이 품사에 따라 다르기는 하지만, 운율외성의 개념을 도입하면 동사, 형용사, 명사의 강세 모두를 (12)와 같은 하나의 영어 강세 규칙에 의해 설명할 수 있게 된다. 강세에 미치는 영향에 따라 파생 접미사를 강세 이동 접미사, 강세 중립 접미사, 그리고 강세 보유 접미사의 세 가지 유형으로 분류할 수 있다. 굴절 접미사는 강세에 영향을 미치지 않는 강세 중립 접미사이다.[13)]

영어 단어 강세가 매우 난해하고 복잡한 가장 커다란 이유는 차용어 때문이다. 영어의 단어 중 약 80%가 350여개의 언어에서 차용된 것이며, 그중 가장 많은 어휘가 라틴어에서 차용되었다. 라틴어 단어들은 1066년 노르만정복(Norman Conquest) 이후 프랑스어(French)를 통하여 또는 직접 영어에 유입되었으며, 특히 르네상스 시대에 많은 수의 라틴어가 영어에 차용되었다. 프랑스어는 노르만정복 이후 오랫동안 영국의 공용어로 사용되었다. 고대영어의 강세는 주로 어두 첫음절에 놓이는 반면, 프랑스어의 강세는 슈와로 끝나는 경우를 제외하고는 예외 없이 말미음절에 놓인다. 이 두 언어의 서로 다른 강세 특성을 지니고 있는 현대영어의 단어들이 복잡한 강세형을 나타내는 것은 당연한 것으로 보인다. 지금까지 2.1.2에서는 단어 강세를 언급하였으므로, 다음으로 영어의 구 강세와 합성어 강세를 살펴보자.

2.1.3 합성어 강세와 구 강세

영어의 단어를 따로 떼어서 별개로 발음할 때는 각각의 단어가 제1강세를 갖지만, 두 개 이상의 단어가 모여서 구(phrase)나 합성어(compound)가 될 때는 모든 단어가 각각 제1강세를 갖는 것은 아니다. 어떤 단어는 제1강세를 유지하지만 다른 단어는 제2강세 이하로 낮아지게 된다. 이는 합성어나 구에서는 제1강세가 하나만 허용되기 때문이다. 일반적으로 합성어에는 대강세가 하나만 가능하고, 구에는 둘 이상도 가능하다. 그러나 구에도 제1강세는 하나만이 존재한다. 예를 들어 black과 board는 각각 별개의 단어로 발음할 때는 bláck과 bóard로 발음되지만, 이 두 단어가 모여서 합성명사나 구가 될 때는 *[bláck bóard]에서처럼 제1강세가 둘 이상 나타날 수 없다. 강세란 상대적 탁립을 나타내는 것이므로 제1강세가 나란히 두 개가 있으면 안 되고, 둘 중 하나는 제1강세를 유지하지만 나머지 하나는 제2강세나 제3강세가 되어야 한

13) 어휘음운론(lexical phonology)은 강세 규칙의 적용 순서와 접사 배열순(affix ordering)을 근거로, 접사를 강세 이동 접사와 강세 중립 접사를 구분한다. 이 두 유형의 접사에 관하여는 뒤 7.1.1에서 언급한다.

다. bláck과 bóard가 모여서 '칠판'이라는 의미의 합성어가 되면 [bláck bòard]$_N$처럼 1−3(/ ´+` /)의 강세형이 되고, '검은 판'이라는 의미의 명사구가 되면 [blâck bóard]$_{NP}$처럼 2−1(/ ^+´ /)의 강세형이 된다. 그러나 셋 이상의 단어가 모여 만들어진 합성어나 구의 구조는 더욱 복잡해지며, 그 구조에 따라 강세형도 서로 다르게 나타난다. 여러 유형의 합성어와 구의 구체적인 예들과 그 강세형을 제시하기에 앞서, 구의 강세형을 결정하는 원칙과 합성어의 일반적인 강세형에 관하여 언급하겠다.

먼저 **구 강세**(phrase stress)에 적용되는 원칙에는 두 가지가 있다. 첫 번째 원칙은, **내용어**(content word)에는 대강세가 오고, **기능어**(function word)에는 소강세가 온다는 것이다. 내용어는 의미 내용(semantic content)을 지니는 명사(noun), 동사(verb), 형용사(adjective), 부사(adverb), 지시사(demonstrative), 감탄사(interjection), 의문사(interrogative)를 말하고, 기능어는 구나 문장에서 문법적 기능을 하는 전치사(preposition), 접속사(conjunction), 관사(article), 조동사(auxiliary), 인칭 대명사(personal pronoun), 관계사(relative) 등을 말한다.

구 강세의 두 번째 원칙은, 여러 개의 내용어가 있을 때 맨 끝의 내용어에 제1강세를 부여하고, 나머지 내용어의 강세는 제2강세 이하로 약화시킨다는 것이다. 구 강세의 이 두 원칙은 뒤에서 다루게 될 문장 강세에도 그대로 적용된다.

다음으로 **합성어 강세**(compound stress)에 관하여 말하면, 일반적으로 합성어의 기본 강세형은 1−3(/ ´+` /)이다. 즉, 합성어를 구성하는 앞 요소에 제1강세를 부여하고 뒤에 있는 요소에 제3강세를 부여한다. 합성어가 두 단어로 이루어졌을 때는 몇몇 예외를 제외하면 거의 대부분 합성어의 강세형이 1−3(/ ´+` /)으로 간단하지만, 셋 이상의 단어로 구성되었을 때는 합성어의 구조에 따라 다양한 강세형이 나타날 수 있다.

이제, 위에서 언급한 구 강세의 원칙과 합성어의 일반적 강세형을 실제 예들을 통하여 확인해보도록 하자. 먼저 두 개의 단어가 모여서 합성어나 구를 이루는 경우의 예들을 합성어의 품사를 중심으로 i) 합성 명사, ii) 합성 형용사, iii) 합성 동사의 순으로 제시하겠다.[14)]

먼저, **합성 명사**(compound noun)와 명사구(noun phrase)의 강세형을 살펴보자. 합

14) 합성어에는 이 밖에도 합성 대명사(myself, somebody, anyone 등), 합성 부사(abroad, maybe, nowadays, sometimes 등), 합성 접속사(however, until, although 등), 합성 전치사(towards, amidst, between, among 등) 등이 있지만, 이것들은 완전히 하나의 단어처럼 굳어져버려서 보통 합성어라기보다는 단어로 취급되므로, 여기에 관하여는 언급하지 않겠다.

성 명사는 주로 '명사+명사', '형용사+명사'로 이루어지며, '동사+전치사'(pushover), '명사+동사'(handshake), '동사+명사'(hangman), '명사+전치사'(looker-on), '부사+형용사'(eversharp), '형용사+형용사'(thoroughbred), '전치사+명사'(outlaw), '대명사+명사'(he-goat)에 의해 이루어지기도 한다. 합성 명사는 합성어 중에 가장 많은 비중을 차지하며, '명사+명사'로 이루어진 형태가 가장 많다. 편의상 '명사+명사'와 '형용사+명사'의 합성 명사의 예들을 동일한 형태의 명사구와 함께 제시하면 다음과 같다.

(18) **(합성 명사)** **(명사구)**

a. 명사+명사

tóy càr(장난감 운반하는 차)	tôy cár(장난감 차)
lády dòctor(부인과 의사)	lâdy dóctor(여자 의사)
Énglish tèacher(영어선생)	Ênglish téacher(영국인 선생)

b. 형용사+명사

bláckbòard(칠판)	blâck bóard(검은 판)
dárkròom(암실)	dârk róom(어두운 방)
rédcàp(짐꾼)	rêd cáp(빨간 모자)

(18)에서 왼쪽 열은 합성 명사이고 오른쪽 열은 명사구이다. 이 예들에서 알 수 있듯이, 합성 명사는 1−3(/ ´+` /)의 강세형을 지니는 반면, 구는 2−1(/ ˆ +´/)의 강세형을 지닌다.

그러나 모든 합성 명사가 예외 없이 1−3(/ ´+`/)의 강세형을 보이는 것은 아니다. 이 강세형의 예외에 속하는 예들은 아래에서 보듯이 그리 많지는 않다.

(19) a. 명사+전치사 (3−1(/ `+´/)형)

lòoker-ón(구경꾼)	gòings-ón(행실, 소행)
pàsser-bý(통행인)	hànger-ón(식객, 부하)

b. 명사+명사 (3−1(/ `+´/)형)

Kìng Álfred	Càptain Cóok
Mìster Smíth	Làdy Máry
Gòvernor Jónes	Pòpe Pául

Mìss Lée　　　　Pòet Kéats

c. 형용사+명사 (3－1(/ ˋ+ˊ/)형)

Nèw Yórk　　　　Nèw Éngland

Sàn(=Saint) Diégo　　　　Nèw Zéaland

Nòrth Carolína　　　　Nèw Hámpshire

d. 명사+형용사 (2－1(/ ˆ+ˊ/)형)

Chîna Próper(중국본토)　　　　Gôd Almíghty(전능의 신)

Âsia Mínor(소아시아),　　　　sûm tótal(합계)

pôet láureate(계관시인)　　　　côurt mártial(군법회의)

(19a)에서처럼 동사에 접미사가 첨가되어 파생된 명사와 전치사로 이루어진 합성 명사, (19b)에서처럼 칭호를 나타내는 명사와 고유 명사로 이루어진 합성 명사, 그리고 (19c)에서처럼 '형용사+명사'의 고유명사는 3－1(/ ˋ+ˊ/)의 강세형을 지닌다. (19d)처럼 '명사+형용사'로 이루어진 합성 명사는 구 강세형과 동일한 2－1(/ ˆ+ˊ/)의 강세형을 보인다.

두 번째로, **합성 형용사**(compound adjective)는 주로 '명사+형용사', '형용사/부사+형용사', '명사+분사'로 이루어진다. 합성 명사의 경우 (19)에 제시한 소수의 예들을 제외하고 거의 대부분이 합성어의 기본 강세형인 1－3(/ ˊ+ˋ/)형을 보이지만, 합성 형용사는 이 강세형뿐만 아니라 1－1(/ ˊ+ˊ /) 강세형을 보이는 예들이 제법 있다.[15] 먼저 합성어의 기본 강세형인 1－3(/ ˊ+ˋ/)형을 보이는 합성 형용사의 예들을 제시하면 다음과 같다.

(20) 1－3(/ ˊ+ˋ/) 강세형

a. 명사+형용사

áirsìck(비행기 멀미가 난)　　　　fóolpròof(바보라도 다룰 수 있는)

fírepròof(내화성의)　　　　cólor-blìnd(색맹의)

hómesìck(향수병에 걸린)　　　　lífelòng(일생의)

b. 형용사/부사+형용사

déaf-mùte(농아의)　　　　évergrèen(상록의)

bítterswèet(달콤 씁쓸한)　　　　phonétic-syntàctic(음성 통사적)

bád-tèmpered(심술궂은)　　　　polítical-sòcial(정치 사회적)

15) 또한 간혹 èverlásting에서처럼 3－1(/ ˋ+ˊ/) 강세형을 보이는 예도 있다.

c. 명사+분사

lífe-gìving(활력을 주는)	récord-brèaking(기록 돌파의)
spéllbòund(주문에 걸린)	héartbròken(비탄에 잠긴)
hándmàde(수제의)	machínemàde(기계로 만든)

다음으로 1−1(/ ´+´ /) 강세형을 보이는 합성 형용사의 예를 제시하면 다음과 같다.

(21) 1−1(/ ´+´ /) 강세형

a. 명사+형용사

dúty-frée(면세의)	táx-frée(비과세의)
snów-whíte(눈처럼 흰)	wórldwíde(세계적인)
cláss-cónscious(계급의식이 강한)	crýstal-cléar(아주 명료한)

b. 형용사+형용사

wórldly-wíse(처세술이 능한)	rédhót(작열의)
góod-nátured(착한)	óld-fáshioned(구식의)

c. 형용사/부사+분사

fár-réaching(멀리까지 미치는)	hígh-sóunding(어마어마한)
wéll-méaning(선의의)	góod-lóoking(잘생긴)
wéll-advísed(분별 있는)	wíde-spréad(널리 보급된)

(20a, b)와 (21a, b)에서 보듯이, '명사+형용사' 또는 '형용사/부사+형용사'로 이루어진 합성 형용사는 일반적인 합성어의 강세형인 1−3(/ ´+`/)형 뿐만 아니라 균등 강세(level stress 또는 even stress)인 1−1(/ ´+´ /) 강세형을 보인다. 그러나 (20c)에서처럼 '명사+분사'로 이루어진 합성 형용사는 거의 대부분 1−3(/ ´+`/) 강세형을 보이지만, (21c)에서처럼 '형용사/부사+분사'로 이루어진 합성 형용사는 거의 대부분 1−1(/ ´+´ /) 강세형을 보인다는 점에서 차이를 보인다.

세 번째로, **합성 동사**(compound verb)는 주로 '명사+동사'와 '전치사+동사'로 이루어지며, 전자는 1−3(/ ´+`/)의 강세형을 보이는 반면 후자는 3−1(/ `+´/)의 강세형을 보인다. 합성 동사와 관련된 예들을 제시하면 다음 (22)와 같다.

(22) a. 명사+동사 (1−3(/ ´+`/) 형)

bráinwàsh(세뇌하다)	hóusekèep(살림을 꾸려나가다)
líp-rèad(독순술로 이해하다)	áir-condìtion(냉난방 장치를 하다)
hénpèck(남편을 깔고 뭉개다)	báckbìte(뒤에서 험담하다)
báby-sìt(아이를 보다)	bóttle-fèed(우유로 키우다)
whíplàsh(채찍질하다)	týpewrìte(타이프로 치다)

b. 전치사+동사 (3−1(/ `+´/) 형)

òutnúmber(...보다 수가 많다)	òutlást(...보다 오래 견디다)
òvercóme(극복하다)	òverbúy(필요 이상으로 많이 사다)
ùndermíne(...의 밑을 파다)	ùnderbúy(제값보다 싸게 사다)
ùpdáte(경신하다)	ùphéave(상승시키다)
wìthstánd(저항하다)	wìthhóld(억누르다)

합성어의 첫 번째 요소에 제1강세가 오는 것이 일반적이지만, 합성 동사에서 첫 요소가 전치사일 경우에는 전치사에 제1강세가 놓이지 않기 때문에 '전치사 + 동사'로 이루어진 (22b)는 합성어의 일반적인 강세형을 위반하는 대표적인 예외로 볼 수 있다.

지금까지 두 개의 단어가 모여 합성어나 구를 이루는 경우의 강세형에 관하여 살펴보았다. 구 강세는 두 가지 원칙 즉, 내용어에는 대강세가 오고 기능어에는 소강세가 오며, 맨 끝의 내용어에 제1강세를 부여하고 나머지 내용어의 강세는 2강세 이하로 약화시킨다는 원칙에 거의 예외 없이 적용된다. 그러나 합성어의 경우 일반적으로는 1−3(/ ´+`/) 형의 기본 강세형을 갖지만, 3−1(/ `+´/) 강세형이나 1−1(/ ´+´ /) 강세형을 지니는 예들도 있다는 것을 알 수 있다.

다음으로, 셋 이상의 단어가 모여 합성어나 구를 이루는 경우에 나타나는 강세형에 관하여 살펴보도록 하자. 두 개의 단어가 합쳐질 때와는 달리 셋 이상의 단어가 합쳐질 경우 그 구조는 복잡해지며, 이 경우에 나타나는 강세형은 통사 구조에 따라 서로 다르다. 예를 들어 세 단어로 이루어진 black bird's nest라는 명사구는 다음과 같은 서로 다른 세 가지 구조를 가지며, 그 구조에 따라 각각 2−1−3, 2−3−1, 3−2−1의 강세형을 가진다.

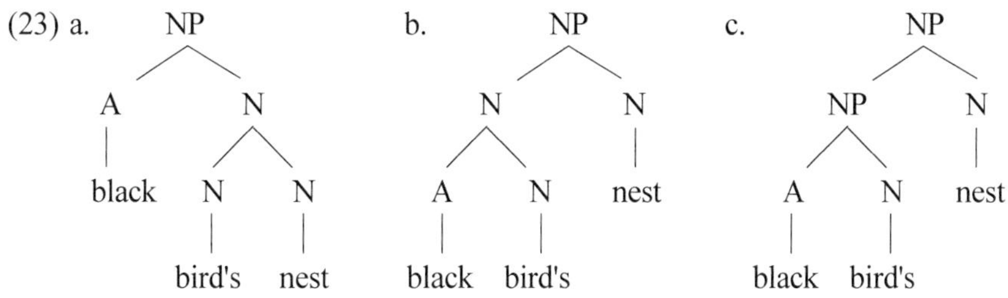

'검은 새둥지'(bird's nest which is black)를 의미하는 (23a)에서는 bird's nest가 합성 명사이고, '찌르레기의 둥지'(the nest of a blackbird)를 의미하는 (23b)에서는 black bird가 합성 명사이며, '검은 새의 둥지'(the nest of a bird which is black)를 의미하는 (23c)에서는 black bird가 명사구이다. 이와 같은 통사 구조의 차이에 따라 black bird's nest의 강세형은 (23a)에서는 2−1−3, (23b)에서는 2−3−1, (23c)에서는 3−2−1이 된다. 구구조표지(句構造標識, phrase−marker)로 나타낸 (23a-c)의 통사 구조를 강세와 함께 대괄호(bracket)를 사용하여 나타내면 각각 다음과 같다.

(24) a. 2 1 3
[black [bird's nest]$_{N}$]$_{NP}$ (검은 새둥지)

b. 2 3 1
[[black bird's]$_{N}$ nest]$_{NP}$ (찌르레기의 둥지)

c. 3 2 1
[[black bird's]$_{NP}$ nest]$_{NP}$ (검은 새의 둥지)

이처럼 셋 이상의 단어가 합쳐진 경우의 강세형은 통사 구조에 따라 달라지는데, 문제는 구조의 차이에 따른 강세형의 차이를 어떻게 설명할 것인가이다. 이 문제를 해결하기 위해서 *SPE* (20)는 다음과 같은 **변형 순환**(transformational cycle)이라고 불리는 가설을 제시한다.[16)]

16) (a) The rules of the phonological component are linearly ordered in a sequence $R_1, \ldots, R_n$.
(b) Each rule applies to a maximal string containing no internal brackets.
(c) After applying the rule R_n, we proceed to the rule R_1.
(d) Unless an application of R_n intervenes, the rule R_j cannot be applied after the rule $R_i (j < i)$ has applied.
(e) R_n is the rule: erase innermost brackets (*SPE* 20).

(25) a. 음운부의 규칙들은 $R_1, \ldots, R_n$의 연쇄로 순서가 선형적으로 정해져 있다.

b. 각 규칙은 그 안에 대괄호를 갖지 않은 최대의 연쇄에 적용된다.

c. R_n을 적용한 다음에는 R_1으로 넘어간다.

d. R_n이 사이에 들어있지 않는 한, 규칙 R_i가 적용되고 난 다음에 규칙 R_j ($j < i$)가 적용될 수 없다.

e. R_n은 '제일 안쪽의 대괄호를 삭제하라'는 규칙이다.

이 변형 순환은 통사 변형 규칙 적용의 **순환 원칙**(cyclic principle)과 유사한 것으로, 강세 규칙이 어떻게 적용되어야 하는지를 말해준다. (25)를 다시 설명하면, 음운부의 규칙은 1번에서 n번까지 순서가 정해져 있고($R_1, R_2, R_3, \ldots, R_{n-2}, R_{n-1}, R_n$), 이 규칙들은 가장 안쪽의 대괄호(즉, 구구조표지에서 가장 낮은 교점(node))부터 점점 더 바깥쪽의 대괄호에 차례로 적용되며, 모든 규칙이 한 번 적용되는 각 순환의 마지막에 **대괄호 삭제**(bracket erasure)가 이루어진다는 것이다. 하나의 대괄호 ([ ]) 내에서 규칙이 R_1부터 R_n까지 차례로 한 번 적용시키는 것을 한 사이클 또는 **순환**(cycle)이라고 한다. 하나의 대괄호 내에서는 즉, 한 번의 순환에서는 동일한 규칙이 한 번만 적용될 수 있다. 순환 적용(cyclic application)이란, 순환이 가장 안쪽에 있는 대괄호에서 시작하여 점차로 바깥쪽에 있는 대괄호로 차례로 이루어지며 가장 바깥쪽의 괄호가 지워질 때까지 계속되는 것을 말한다. 이 말은 구구조표지에서 가장 낮은 구성성분으로부터 가장 높은 구성성분까지 규칙을 순환적으로 적용시키라는 의미이다. 이 순환 원칙에 따라 적용되는 규칙을 **순환 규칙**(cyclic rule)이라고 하며, 영어의 강세 규칙은 순환 규칙에 속한다.[17)]

영어의 합성어와 구의 강세를 설명하기 위해서는 (12)에 제시한 **단어 강세 규칙**(ESR)과 더불어 다음과 같은 두 개의 순환 규칙 즉, **합성어 강세 규칙**(Compound Stress Rule: CSR)과 **중핵 강세 규칙**(Nuclear Stress Rule: NSR)이 필요하다.[18)]

---

17) 순환 규칙과 대조되는 **비순환 규칙**(noncyclic rule)은 단어 경계(word boundary) 내에서 적용되는 규칙을 말한다.

18) 합성어 강세 규칙을 *SPE*에서는 합성어 규칙(compound rule)이라고 칭한다. *SPE*에서는 NSR과 CSR을 각각 다음 (a)와 (b)처럼 나타낸다. 이 두 규칙을 축약(collapse)하면 (c)와 같다.

a. Nuclear Stress Rule:

$$V \rightarrow [1\ \text{stress}]\ /\ [\#\#\ X \begin{bmatrix} \underline{\qquad} \\ 1\ \text{stress} \end{bmatrix} Y\ \#\#]$$

where Y contains no vowel with the feature [1 stress] (*SPE* 90)

b. Compound Rule:

(26) a. 합성어 강세 규칙(CSR)

합성어에서 가장 왼쪽의 제1강세는 그대로 유지하고 나머지 강세는 약화시켜라.

b. 중핵 강세 규칙(NSR)[19]

구에서 가장 오른쪽의 제1강세는 그대로 유지하고 나머지 강세는 약화시켜라.

앞에서 살펴본 것처럼 두 개의 단어로 이루어진 합성어와 구의 기본 강세형이 각각 1−3(/ ´+`/)형과 2−1(/ ^+´/)형인 이유는 바로 규칙 (26)과 관련이 있다. 즉, 제1강세가 합성어에서는 (26a)에 의해 왼쪽 요소에 나타나고, 구에서는 (26b)에 의해 오른쪽 요소에 나타나는 것이다.

이제 (26)의 두 규칙을 (25)의 순환 원칙에 따라 적용시킴으로써, 세 개 이상의 단어로 이루어진 구와 합성어의 강세를 어떻게 설명할 수 있는지를 보기 위해, 아래와 같이 세 개의 서로 다른 통사 구조를 지니는 'black board eraser'를 예로 들어 보자.

(27) a. $[[\text{black}]_{A}\ [[\text{board}]_{N}\ [\text{eraser}]_{N}]_{N}]_{NP}$

b. $[[[\text{black}]_{A}\ [\text{board}]_{N}]_{N}\ [\text{eraser}]_{N}]_{N}$

c. $[[[\text{black}]_{A}\ [\text{board}]_{N}]_{NP}\ [\text{eraser}]_{N}]_{N}$

(27a)는 '판자를 지우는 까만 지우개'(board eraser that is black)를 의미하고, (27b)는 '칠판지우개'(eraser for a blackboard)를 의미하며, (27c)는 '까만 판자를 지우는 지우개'(eraser of a black board)를 의미한다. (27a)는 명사구이고 내부에 black board라는 합성 명사를 지닌다. (27b)와 (27c)는 합성 명사이고, 전자는 내부에 black board라는 합성 명사를 지니는 반면, 후자는 내부에 black board라는 명사구를 지닌다. 이러한 통사 구조의 차이에 따른 강세형의 차이를, (26)의 두 규칙을 순환 적용시킴으로써 어떻게 설명할 수 있는지를 보이면 다음과 같다.[20]

$$V \rightarrow [1\ \text{stress}]\ /\ [\#\#\ X \begin{bmatrix} \overline{\qquad\qquad} \\ 1\ \text{stress} \end{bmatrix} Y\ \#\#\ Z\ \#\#]_{NAV} \qquad (SPE\ 92)$$

c.

$$V \rightarrow [1\ \text{stress}]\ /\ [\#\#\ X \begin{bmatrix} \overline{\qquad\qquad} \\ 1\ \text{stress} \end{bmatrix} Y \langle\#\#\ Z\rangle\ \#\#]_{\langle NAV\rangle}$$

where Y contains no vowel with the feature [1 stress] (*SPE* 92)

19) 이 규칙을 **구 강세 규칙**(Phrase Stress Rule: PSR)이라고도 한다.

(28) a. [[black]$_{A}$ [[board]$_{N}$ [eraser]$_{N}$]$_{N}$]$_{NP}$

1	1	1	ESR
	1	2	CSR
2	1	3	NSR

b. [[[black]$_{A}$ [board]$_{N}$]$_{N}$ [eraser]$_{N}$]$_{N}$

1	1	1	ESR
1	2		CSR
1	3	2	CSR

c. [[[black]$_{A}$ [board]$_{N}$]$_{NP}$ [eraser]$_{N}$]$_{N}$

1	1	1	ESR
2	1		NSR
3	1	2	CSR

위 (28)의 도출(derivation) 과정을 설명하면 다음과 같다. (28)에서 괄호를 포함하지 않은 가장 안쪽 괄호에 있는 요소는 모두 **어휘 범주**(lexical category)에 속하는 [black]$_{A}$, [board]$_{N}$, [eraser]$_{N}$이다. 이 순환에서 세 개의 규칙 ESR, CSR, NSR 중 어휘 강세 규칙(lexical stress rule: LSR)인 ESR만이 적용될 수 있다. ESR이 적용된 직후, 이 규칙이 적용된 영역인 단어의 괄호가 **대괄호 삭제**(bracket erasure)에 의해 삭제되면, (28a-c)는 각각 다음과 같이 된다.

(29) a. 1 1 1
[black [board eraser]$_{N}$]$_{NP}$

b. 1 1 1
[[black board]$_{N}$ eraser]$_{N}$

c. 1 1 1
[[black board]$_{NP}$ eraser]$_{N}$

이제 (29)에서 괄호를 포함하지 않은 가장 안쪽 괄호에 있는 요소는 각각 [board eraser]$_{N}$, [black board]$_{N}$, [black board]$_{NP}$이며, 이 순환에서 (29a)와 (29b)에는 CSR만이 적용될 수 있고 (29c)에는 NSR만이 적용될 수 있다. (29a)와 (29b)에 CSR이 적

20) (28)에서 밑줄은 규칙이 적용되는 영역(domain)을 나타낸다.

용되면, [board eraser]$_N$와 [black board]$_N$에서 가장 왼쪽에 있는 board와 black의 제1강세는 그대로 유지되고 eraser와 board의 제1강세는 제2강세로 약화된다. (29c)에 NSR이 적용되면 [black board]$_{NP}$에서 가장 오른쪽에 있는 board의 제1강세는 그대로 유지되고 black의 제1강세는 약화되어 제2강세가 된다. 괄호가 삭제되고 이 순환이 끝나면 (29)는 각각 다음과 같이 된다.

(30) a. 1 1 2
[black board eraser]$_{NP}$

b. 1 2 1
[black board eraser]$_N$

c. 2 1 1
[black board eraser]$_N$

이제 (30)에는 가장 바깥쪽에 있는 대괄호 하나만 남게 되었다. (30a)에는 NSR만이 적용될 수 있고, 반면 (30b, c)에는 CSR만이 적용될 수 있다. (30a)의 [black board eraser]$_{NP}$에 NSR이 적용되면, 가장 오른쪽에 있는 board의 제1강세는 그대로 유지되고, 나머지를 약화시키면 black의 제1강세는 제2강세가 되며, eraser의 제2강세는 제3강세가 된다. 또한 (30b)와 (30c)의 [black board eraser]$_N$에 CSR이 적용되면, (30b)의 가장 왼쪽에 있는 black의 제1강세는 그대로 유지되고 나머지가 약화되면 1−2−1은 1−3−2가 되며, (30c)의 가장 왼쪽에 있는 board의 제1강세는 그대로 유지되고 나머지가 약화되면 2−1−1은 3−1−2가 된다. 괄호가 삭제되고 마지막 순환을 마치면 (30)은 각각 다음과 같이 된다.

(31) a. 2 1 3
black board eraser

b. 1 3 2
black board eraser

c. 3 1 2
black board eraser

지금까지, 세 개의 강세 규칙 ESR, CSR, NSR을 순환적으로 적용시킴으로써, 세 개의 단어로 이루어진 구와 합성어의 강세를 어떻게 설명할 수 있는지를 살펴보았다. 이 과정에서 순환 규칙에 대한 다음과 같은 세 가지 특성을 알 수 있다: i) 통사범주에 따라 적용되는 규칙이 다르고, ii) 동일한 규칙이 두 번 이상 적용될 수 있으며, iii) 구성성분의 통사 구조에 의해 적용 방식이 결정된다. 첫 번째 특성은, ESR과 CSR이 어휘 범주(lexical category)에 적용되는 반면, NSR은 구 범주(phrasal category)에 적용된다는 것을 말한다.[21] 두 번째 특성은, 동일한 규칙이 도출 과정에서 두 번 이상 적용될 수 있음을 말한다. 이 특성은 (28b)에서 CSR이 두 번 적용된 것을 보면 알 수 있다. 세 번째 특성은, 순환 규칙이 가장 작은 통사 단위부터 차례로 점점 큰 단위로 적용되어 나간다는 것을 의미한다. 여기서 가장 작은 통사 단위란 구구조표지로 나타낸 통사 구조에서 가장 하위의 구성성분을 말한다.

위에서는 black, board, eraser의 세 단어로 이루어진 구와 합성어의 예를 들어, 각각의 강세형이 통사 구조에 따라 어떻게 다르게 나타나는지를 설명하였으므로, 이제 세 개의 단어로 이루어진 구와 합성어의 다른 예들을 살펴볼 필요가 있다. 세 개의 단어 A, B, C가 모여 이룰 수 있는 논리적으로 가능한 구조는 여러 가지가 있겠지만, 실제로 영어에 많이 나타나는 구조는 다음과 같다.

(32) a. $[[AB]_{N}\ C]_{N}$: 1−3−2(/ ´+`+^/)형
b. $[[A]_{V}\ [BC]_{N}]_{VP}$: 2−1−3(/ ^+´+`/)형
c. $[[AB]_{AP}\ [C]_{N}]_{NP}$: 3−2−1(/ `+^+´/)형
d. $[[A]_{A}\ [B]_{A}\ [C]_{N}]_{NP}$: 2−2−1(/^+^+´/)형
e. $[[A]_{A}\ [BC]_{N}]_{NP}$: 2−1−3(/ ^+´+`/)형
f. $[[A]_{N}\ [BC]_{N}]_{NP}$: 2−1−3(/ ^+´+`/)형

(32a)는 위 (28b)와, (32b)는 위 (28a)와 각각 동일한 강세형을 보인다. (32b)는 VP이고 (32e)는 NP이지만 이 둘은 동일한 강세형을 보인다. 또한 (32e)와 (32f)는 동일한 강세형을 보이는 것으로, A가 (32e)에서는 형용사인 반면 (32f)에서는 명사라는 점만 다르다. 구조에 따라 다른 강세형을 보인다는 것을 나타내기 위해, 동일한 세 단어의 연쇄가 서로 대립되는 네 가지 경우((32a)와 (32b), (32c)와 (32d), (32a)와 (32e), (32a)와 (32f))의 예를 제시하면 다음과 같다.

21) 통사 범주(syntactic category)는 크게 어휘 범주와 구 범주로 분류된다. 어휘 범주란 N(Noun), V(Verb), A(Adjective), P(Preposition) 등을 말하며, 구 범주란 NP(noun phrase), VP(verb phrase), AP(adjectival Phrase), PP(Prepositional Phrase) 등을 말한다.

(33) a. $[[AB]_N\ C]_N$: 1−3−2형	$[[A]_V\ [BC]_N]_{VP}$: 2−1−3형
wátchdòg exhîbits	wâtch dóg exhìbits
(감시견 전시회)	(개 전시회를 관람하다)
wáter lìly pônds	wâter líly pònds
(수련 연못)	(백합 연못에 물을 대다)
dróp còoky jârs	drôp cóoky jàrs
(드롭쿠키 단지)	(쿠키 단지를 떨어뜨리다)
b. $[[AB]_{AP}\ [C]_N]_{NP}$: 3−2−1형	$[[A]_A\ [B]_A\ [C]_N]_{NP}$: 2−2−1형
prètty pînk dréss	prêtty pînk dréss
(매우 분홍빛 나는 옷)	(예쁘고 분홍빛 나는 옷)
àwful ôld mén	âwful ôld mén
(매우 늙은 사람들)	(무섭고 늙은 사람들)
mòre bêautiful gírls	môre bêautiful gírls
(더 예쁜 소녀들)	(더 많은 예쁜 소녀들)
c. $[[AB]_N\ C]_N$: 1−3−2형	$[[A]_A\ [BC]_N]_{NP}$: 2−1−3형
góldfish bôwl	gôld físhbòwl
(금붕어용 어항)	(금빛 어항)
líghthòuse kêeper	lîght hóusekèeper
(등대지기)	(체중이 가벼운 주부)
blúebìrd nêst	blûe bírd-nèst
(파랑새 둥지)	(푸른 새 둥지)
d. $[[AB]_N\ C]_N$: 1−3−2형	$[[A]_N\ [BC]_N]_{NP}$: 2−1−3형
góldfish bôwl	gôld físhbòwl
(금붕어 어항)	(금으로 된 어항)
créam chèese câke	crêam chéesecàke
(크림치즈로 만든 케이크)	(크림으로 만든 치즈 케이크)
kítchen-tòwel râck	kîtchen tówel-ràck
(부엌용수건 걸이)	(부엌에 있는 수건걸이)
chémistry-resèarch lâboratory	chêmistry reséarch-làboratory
(화학연구를 위한 실험실)	(화학을 위한 연구소)

(33c)와 (33d)는 거의 유사한 예들로 강세형이 동일하다. 이는 통사 범주만 다를 뿐 구조가 동일하기 때문이다. 예를 들면 gold fishbowl의 경우 fishbowl은 합성명사로 동일하지만 단지 gold가 (33c)에서는 형용사이고 (33d)에서는 명사라는 차이가 있을 뿐, 이 둘은 통사 구조가 동일하며 이런 이유로 강세형도 동일하다.

이제, 4개의 단어로 이루어진 구와 합성어의 강세를 살펴보자. 아래 (34a)는 '지우개가 녹색인 칠판지우개'를 의미하고, (34b)는 '녹색 칠판의 지우개'를 의미하며, 이 둘의 강세형은 통사 구조의 차이에 의해 달라진다.

(34) a. [[green]$_A$ [[[black]$_A$ [board]$_N$]$_N$ [eraser]$_N$]$_N$]$_{NP}$

green	black	board	eraser	
1	1	1	1	ESR
	1	2		CSR
	1	3	2	CSR
2	1	4	3	NSR

b. [[[green]$_A$ [[black]$_A$ [board]$_N$]$_N$]$_{NP}$ [eraser]$_N$]$_N$

green	black	board	eraser	
1	1	1	1	ESR
	1	2		CSR
2	1	3		NSR
3	1	4	2	CSR

(34)의 도출과정은 (28)의 도출과정과 동일하다. 첫 번째 순환에서, 괄호를 포함하지 않은 가장 안쪽의 [green]$_A$ [black]$_A$ [board]$_N$ [eraser]$_N$에 ESR이 적용되고 괄호가 삭제되면, (34a)와 (34b)는 각각 다음 (35a)와 (35b)가 된다.

(35) a. 1 1 1 1
[green [[black board]$_N$ eraser]$_N$]$_{NP}$

b. 1 1 1 1
[[green [black board]$_N$]$_{NP}$ eraser]$_N$

(35)에서 괄호를 포함하지 않은 가장 안쪽의 [black board]$_N$에는 CSR만 적용될 수 있으므로, 여기에 이 규칙이 적용되고 괄호가 삭제되면 다음과 같은 구조를 얻게 된다.

(36) a. 1 1 2 1
[green [black board eraser]$_N$]$_{NP}$

b. 1 1 2 1
[[green black board]$_{NP}$ eraser]$_{N}$

첫 번째와 두 번째 순환에서는, (34a)와 (34b)의 규칙 적용 영역이 동일하므로 동일한 규칙이 적용되게 되고, 그 결과 얻어진 (36)은 동일한 강세형(1−1−2−1)을 지닌다. 그러나 세 번째 순환에서는, 적용 영역이 (36a)에서는 [black board eraser]$_{N}$이지만, (36b)에서는 [green black board]$_{NP}$로 서로 다르다. 여기에 각각 CSR과 NSR이 적용되고 괄호가 삭제되면 (37a)와 (37b)가 된다.

(37) a. 1 1 3 2
[green black board eraser]$_{NP}$

b. 2 1 3 1
[green black board eraser]$_{N}$

마지막 순환으로, (37a)에는 NSR을 (37b)에는 CSR을 각각 적용시키고 괄호가 삭제되면 다음과 같은 도출 결과를 얻게 된다.

(38) a. 2 1 4 3
green black board eraser

b. 3 1 4 2
green black board eraser

(34a)와 (34b)에 각각 CSR이 두 번씩 적용되었지만, 전자에서는 두 번째와 세 번째 순환에 적용되고 후자에서는 두 번째와 네 번째 순환에 적용되었다.

위에서 설명한 도출과정에 의해 4개 이상의 단어로 이루어진 다른 합성어나 구의 강세형도 쉽게 설명할 수 있을 것으로 기대된다. 예를 들어 '미국 역사를 가르치는 스페인 선생'을 의미하는 [[Spanish]$_{A}$ [[[American]$_{A}$ [history]$_{N}$]$_{NP}$ [teacher]$_{N}$]$_{N}$]$_{NP}$의 강세형은 위와 같은 과정을 거치면 2−4−1−3이라는 것을 알 수 있을 것이다.

2.1.4 문장 강세

문장 강세(sentence stress)란 문장 속에서 단어에 부여되는 강세를 말한다. 단어 강세와 구 강세가 비교적 고정되어 있는 데 반하여, 문장 강세는 상당히 주관적이고 상대적이다. 그러나 문장은 단어와 구가 모여서 이루어진 단위이므로, 문장 강세는 단어 강세와 구 강세에 기반을 두고 있다. **문장 강세**는, 대체로 앞에서 언급한 구 강세의 일반적인 원칙을 따르며, 다음과 같다: i) 내용어에는 대강세가 오고, 기능어에는 소강세가 오며, ii) 문장 안에 여러 내용어가 왔을 때는 맨 뒤의 내용어에만 제1강세가 오고 나머지 내용어에는 제2강세가 온다.

그러나 문장 강세의 이 일반 원칙이 지켜지지 않고, 내용어에 대강세가 오지 않거나, 또는 기능어에 대강세가 오는 경우가 있다. 문장 강세의 일반 원칙을 위반하는 경우는 많이 있지만, 특히 다음의 세 가지 경우에 그렇다. 첫 번째 경우는 문장 내에 어떤 단어의 의미를 특별히 강조하기 위해 **강조 강세**(emphatic stress)가 사용될 때이고, 두 번째 경우는 어떤 단어를 다른 단어와 서로 대비하기 위해 **대비 강세**(contrastive stress)가 사용될 때이며, 세 번째 경우는 리듬을 맞추기 위해 **리듬 강세**(rhythmic stress)가 사용될 때이다.

문장 강세를 구체적으로 살펴보기에 앞서, 기능어에 강세가 놓일 때와 놓이지 않을 때 나타나는 두 가지 발음 형태에 관하여 먼저 언급할 필요가 있다. 일반적으로 전치사, 접속사, 관사, 조동사, 인칭 대명사, 관계사 등의 기능어에는 강세가 놓이지 않는다. 그러나 기능어라도 강조 강세, 대비 강세, 리듬 강세가 사용될 때, 또는 문장의 맨 끝에 있을 때는 제1강세를 받을 수 있다. 기능어가 강세를 받지 못할 때의 일반적인 발음 형태를 **약형**(weak form)이라고 하고, 강세를 받는 발음 형태를 **강형**(strong form)이라고 한다. 다음 표는 자주 사용되는 기능어의 강형과 약형의 목록이다.

▸표 2-1◂ 기능어의 강형과 약형

단어	강형	약형	예
a	ey	ə	in *a* car
am	æm	əm, m	Why *am* I here?
an	æn	ən, n̩	Eat *an* apple.
and	ænd	ənd, ən, n̩	you *and* me
are	ɑr	ɚ	They *are* ready.
as	æz	əz	*as* good as
at	æt	ət	*at* home
be	bi	bɪ	It couldn't *be* done.
but	bʌt	bət	young *but* wise
can	kæn	kən, kŋ̍	I *can* go.

could	kʊd	kəd	I *could* do it.
do	du	dʊ, də	Why *do* they like it?
does	dʌz	dəz	When *does* it come?
for	fɔr	fər, fɚ	Thanks *for* asking.
from	frɑm	frəm	I am home *from* work.
had	hæd	həd, əd	They *had* gone home.
has	hæz	həz, əz, z, s	It *has* gone.
have	hæv	həv, əv, v	We *have* seen it.
he	hi	hɪ, i, ɪ	Will *he* come?
her	hɝ	hɚ, ɚ	Take *her* out.
him	hɪm	ɪm	Give it to *him.*
his	hɪz	ɪz	*his* name
me	mi	mɪ	He tried to see *me.*
must	mʌst	məst, məs	I *must* sell.
of	ɑv	əv, ə	three *of* us
or	ɔr	ɚ	one *or* two
shall	ʃæl	ʃəl, ʃl̩	We *shall* need to hurry.
she	ʃi	ʃɪ	Who is *she*?
should	ʃud	ʃəd, ʃə, ʃt	I *should* forget it.
some	sʌm	səm	Have *some* more tea.
than	ðæn	ðən, n̩	It's less *than* an inch.
that	ðæt	ðət	those *that* went
the	ði	ðə/ðɪ	on *the*[ðə] right, on *the*[ðɪ] edge
them	ðæm	ðəm, əm	leave *them* here
to	tu	tʊ, tə	*to* Mexico
us	ʌs	əs	Write *us* a letter.
was	wɑz	wəz	It *was* late.
we	wi	wɪ	How can *we* do it?
were	wɝ	wɚ	They *were* late.
will	wɪl	wəl, əl, l	I *will* do it.
would	wʊd	wəd, əd, d	It *would* do
your	yur	yər, yə	in this *your* car?
you	yu	yʊ, yə	What are *you* doing?

기능어는 약형으로 발음되는 것이 보통이다. 약형의 발음에 나타나는 음운 현상은 크게 세 가지로 정리해볼 수 있다. 첫 번째로, 약형의 발음에서 나타나는 가장 두드러진 현상은 모음약화(vowel reduction)이다. 모음약화란 비강세 음절의 모음이 슈와(schwa) [ə]로 약화되는 현상으로, 위 표에서 보듯이 약형의 모음이 거의 모두 [ə]로 발음된다. 또한 be, do, he, she 등의 일부 예에서 강형의 긴장 모음이 약형에서는 이완 모음으로 발음된다.[22] 긴장 모음이 이완 모음으로 발음되는 현상도 넓은 의미에서 모음약화로 볼 수 있을 것이다. 약형의 발음에 나타나는 두 번째 현상은 분절음의 탈락(deletion)이다. 먼저 자음이 탈락하는 경우를 보면, 주로 탈락하는 자음은 he, has, his에서 보듯이 /h/이지만, them에서처럼 두음이나 and, must에서처럼 말음의 다른 자음이 탈락하기도 한다. 모음의 경우, [ə]로 약화된 모음이 should, can 등에서처럼 아예 탈락해버리기도 한다. 세 번째로, 약형에서는 **축약**(contraction) 현상이 나타난다. I'm, I'd, he's, we'll 등에서처럼 흔히 be동사나 조동사가 축약되어 전접어(enclitic)가 되며, 이때 분절음의 발음이 탈락하게 된다. 기능어에 나타나는 분절음의 탈락 현상과 축약 현상은 **등시 간격성**(isochronism)의 원칙을 지키려는 노력의 일환으로 나타나는 현상으로 해석할 수 있다.

등시 간격성이란 강세와 강세 사이의 시간 간격이 일정한 것을 말한다. **강세 박자 언어**(stress-timed language)인 영어에서는 강세가 일정한 시간적 간격을 두고 반복되어 나타난다.[23] 이 리듬의 등시 간격성은 문장의 강세 음절 사이에 나타나는 비강세 음절의 수와 상관없이 유지되므로, 강세 음절 사이에 있는 비강세 음절의 수가 많으면 많을수록 이 비강세 음절을 발음하는 시간은 더 짧아질 수밖에 없게 된다. 이런 이유로 강세를 받지 않는 기능어의 약형 발음에 약화, 탈락, 축약 등의 현상이 나타나게 되는 것이며, 이런 현상은 영어 문장 강세의 리듬을 유지하기 위한 자연스런 현상이다.[24]

---

22) be, do, he, she 등의 강형 발음에서 이완 모음이 나타날 수 없는 이유는, 이완 모음은 강세를 받는 개방음절에 나타날 수 없다는 제약 때문이다.

23) 강세와 강세 사이의 시간 간격을 일정하게 유지하는 언어를 강세 박자 언어라고 하는 데 반하여, 음절과 음절 사이의 시간 간격을 일정하게 유지하는 언어를 **음절 박자 언어**(syllable-timed language)라고 한다. 영어는 강세 박자 언어이지만, 한국어는 음절 박자 언어이다. 이러한 차이로 인하여, 한국 학생들은 짧고 약하게 발음될 뿐만 아니라 분절음이 탈락되거나 축약이 일어나는 비강세 음절의 발음을 인식하는 데 어려움을 겪게 되는 것이다.

24) 바로 이러한 등시 간격성 때문에 한 단어 내에서도 단음절어의 모음이 다음절어의 모음에 비해 길게 발음되는 것이다. 예들 들어 speed, speedy, speedily에서 강세 음절의 모음 [i]의 길이 차이를 비교해보라.

기능어의 발음에 관하여 언급하였으므로, 이제 문장 강세의 일반 원칙과 이 원칙을 위반하는 경우를 구체적으로 살펴보자. 먼저 위에서 언급한 문장 강세의 일반 원칙을 편의상 다시 쓰면 다음과 같다.

(39) a. 내용어에는 대강세(제1강세나 제2강세)가 오고, 기능어에는 소강세(제3강세나 약강세)가 온다.

b. 한 문장 내에 여러 내용어가 있을 때, 오른쪽 끝의 내용어에만 제1강세가 오고 나머지 내용어에는 제2강세가 온다.

이 문장 강세가 어떻게 적용되는지를 알아보기 위해 다음 문장을 보자. 이후 필요한 경우를 제외하고 편의상 대강세만을 표시할 것이며, 음절 위에 표시된 '1'은 제1강세를, '2'는 제2강세를 각각 나타낸다.

(40) a. 2 2 2 1
I am going to London this morning.

b. 2 1
What are you going to do?

c. 2 1 3
Have you ever seen a [horse fly]$_N$? (너는 말파리를 본적이 있느냐?)

d. 2 2 1
Have you ever seen a horse fly? (너는 말이 날아가는 것을 본적이 있느냐?)

e. 2 1
Where did he go?

f. 2 3 1
I don't know where he went?

(40a)에서 맨 오른쪽 끝의 내용어인 morning에만 제1강세오고, 나머지 내용어에는 제2강세가 온다. (40b)에서 going에 대강세가 놓이지 않은 이유는, going이 조동사처럼 사용되기 때문이다. going이 (40a)에서는 일반 동사이지만 (40b)에서는 조동사 역할을 하므로, going to가 (40a)에서는 축약될 수 없지만 (40b)에서는 gonna로 축약이 가능하다. (40c)와 (40d)의 강세형 차이를 비교해보면, 합성어 강세가 문장 강세에도 그대로 유지되고 있음을 알 수 있다. (40c)에서 맨 오른쪽 끝의 내용어인 fly에 제1강세가 오지 않은 이유는, [horse fly]$_N$가 복합 명사로 하나의 단어처럼 취급되어야 하고 그 경우 제1강세가 horse에 놓이기 때문이다. (40e)의 where는 의문사이므로 대강

세를 받지만, (40f)의 where는 접속사이므로 소강세를 받는다.

문장 강세의 원칙이 어떻게 적용되는지를 언급하였으므로, 이제 문장 강세의 원칙이 지켜지지 않는 강조 강세, 대비 강세, 리듬 강세를 차례로 살펴보자. **강조 강세**란 말하는 사람의 의도에 따라 문장의 어떤 단어를 특별히 강조하기 위해 제1강세를 부여하는 것을 말한다. 이 경우 내용어와 기능어의 구별 없이 어떤 단어에든 제1강세를 부여할 수 있다. 어떤 단어에 강조 강세가 부여되면, 문장 내에는 제1강세가 하나밖에 올 수 없기 때문에 다른 단어의 강세는 상대적으로 약화되어, 결국 문장 강세에 의해 부여되는 일반 강세형과 차이를 보이게 된다. 먼저 내용어에 강조 강세가 오는 경우의 예를 들면 다음과 같다.

(41) a. 2 2 2 2 1
Jane told Richard all the *secrets*. (보통의 일반 강세)

b. 1 2 2 2 2
Jane told Richard all the secrets.
(Mary나 Laura가 아니라 Jane이 말했다.)

c. 2 1 2 2 2
Jane *told* Richard all the secrets.
(넌지시 힌트를 주거나 편지를 써서가 아니고 말로 했다.)

d. 2 2 1 2 2
Jane told *Richard* all the secrets.
(John이나 Jack이 아닌 Richard에게 말했다.)

e. 2 2 2 1 2
Jane told Richard *all* the secrets.
(단지 몇 개의 비밀이 아니고 비밀 모두를 말했다.)

(41a)는 문장 강세의 원칙에 따른 것이다. (41b–e)는 화자의 의도에 따라 강조하고자 하는 단어에 강조 강세가 부여되고 의미가 어떻게 달라지는지를 보여준다. 강조 강세는 내용어뿐만 아니라 다음과 같이 기능어에도 부여될 수 있다.

(42) a. 1
He is my teacher. (보통의 일반 강세)

b. 1 2
He is my teacher. (다른 사람이 아니고 바로 그 분이 내 선생님이다.)

c. 1 2
He *is* my teacher. (분명히 말하지만 그 분은 내 선생님이다.)

d. 1 2
He is *my* teacher. (다른 사람의 선생님이 아니고 바로 나의 선생님이다.)

(42)에서 보듯이, 강조 강세에 의해 기능어인 he, is, my에 제1강세가 부여되는 것을 알 수 있다. (42c)에서처럼 be동사에 강조 강세가 놓이거나, 혹은 아래 (43b)에서처럼 조동사에 강조 강세가 부여되면 화자의 주장이나 고집을 나타낸다.

(43) a. 1
He will come. (보통의 경우)

b. 1
He *will* come. (그는 꼭 올 것이다.)

위에서 제시한 예들은 화자의 의도에 따라 다분히 주관적으로 강조 강세가 부여된다는 것을 보여준다. 그러나 다음과 같은 경우에는 강조 강세가 부여되는 위치가 거의 고정적이다. 그 첫 번째 경우로, 강조를 위해 사용되는 조동사 do에 강조 강세가 놓인다.

(44) a. 1 2
Do shut up!

b. 1 2
They *did* go.

두 번째로, 강조 용법의 재귀대명사(reflexive pronoun)는 강조 강세를 받는다.

(45) a. 2 1 2 2
The doctor him*self* said so.

b. 2 2 1
Did you see the manager him*self*?

세 번째로, 분열문(cleft-sentence)의 초점 위치(focus position)에 있는 단어는 강조 강세를 받는다.

(46) a. 1 2
It's *me* that she loves.

b. 1 2
It's *she* who loves me.

네 번째로, 질문에 대한 답변에서 물음의 초점이 되는 단어는 강조 강세를 받는다.

(47) a. 1 2 2 2
I took the new car. (Who took the new car?)

b. 1 2 2
I *took* the new car. (Did you take the new car, or leave it?)

c. 2 1 2
I took the *new* car. (Did you take the new car, or the old one?)

d. 2 2 1
I took the new *car*. (What did you take?)

다음으로, **대비 강세**에 관하여 살펴보자. 대비 강세란 말 그대로 어떤 말을 다른 말과 대비시키기 위해 대비되는 말에 대강세를 부여하는 것을 말한다. 대비 강세도 강조 강세와 마찬가지로 내용어와 기능어 모두에 부여될 수 있다.

(48) a. 2 1 2 1 2
It's not *on* the box. It's *in* the box.

b. 2 1 1 1 2
Is the bird on the tree? No, | it's *under* the tree.

c. 2 2 2 1 2
These girls are smarter than *those* girls.

d. 2 1 2 1
Talk to *her*, not to *me*.

강조하거나 대비할 경우 외에도 기능어에 제1강세가 부여되는 또 다른 경우는, 조동사나 be동사가 문장의 맨 끝에 올 때이다. 이와 관련된 예를 제시하면 다음과 같다.

(49) a. 2 1 1
Can you speak English? Yes, I *can*.

b. 2 1 1
Did you see the doctor? No, I *didn't*.

c. 2 1
She is younger than I *am*.

d. 2 2 1 1
Is Mary interested in linguistics? Yes, she *is*.

이처럼 문장의 마지막에 오는 조동사나 be동사는 대동사구(代動詞句, Pro−VP)의 역할을 하며, 동사구의 의미를 포함하고 있기 때문에 대강세를 받는다. 또한, 문장의 맨 끝에 오지 않더라도 부가의문문(tag question)의 조동사나 be동사 역시 대강세를 받는다.

(50) a. 1 1
You don't like it, *do* you?

b. 1 1
You are hungry, *aren't* you?

끝으로, **리듬 강세**란 강약의 리듬을 맞추기 위해 대강세가 연속해 왔을 때 그중 하나를 소강세로 바꾸는 강세를 말한다. 대강세가 나란히 오는 경우를 **강세 충돌**(stress clash)이라고 하며, 이를 피하기 위해 강세 이동(stress shift)이나 강세 탈락(stress dropping)이 일어난다. 강세 박자 언어인 영어에서는 대강세가 나란히 놓이는 강세 충돌 현상을 회피하는 경향이 있다. 강세 충돌 회피(clash avoidance)가 일어나는 일반적인 경우는 '제2강세+제1강세'의 연쇄에서 앞에 있는 제2강세가 왼쪽으로 이동하는 것이다.[25] 대강세가 나란히 놓일 때 강세 이동이 일어나는 리듬 강세의 예를 들면 다음과 같다.

(51) a. 2 1
He plays the clarinet.

b. 2 1 2 1 2 1
He had a *cla*rinet solo. (*clari<u>net</u> <u>so</u>lo → *cla*rinet solo)

c. 2 1
She is only fourteen.

d. 2 1 2 1 2 1
There are *four*teen men. (*four<u>teen</u> <u>men</u> → *four*teen men)

e. 2 1 2 1
*after<u>noon</u> <u>cla</u>sses → *af*ternoon classes

25) '제1강세+제2강세'의 연쇄에서 뒤에 있는 제2강세가 우측으로 이동하는 경우는 흔치 않다.

f. 2 1 2 1
*the Chi<u>nese</u> <u>lan</u>guage → the *Chi*nese language

위에서 밑줄은 강세 충돌이 일어나는 부분을 나타내고, 이탤릭은 강세 충돌을 피하기 위해 제2강세가 왼쪽으로 이동한 음절을 나타낸다. 위에서 보듯이 제2강세가 제1강세 바로 앞에 나란히 놓여 있을 때 왼쪽으로 이동한다.26)

다음으로 강세 충돌을 피하기 위해 강세가 탈락하는 경우도 있는데, 보통 이 현상은 아래에서 보듯이, 도치(inversion)에 의해 강조 강세를 받는 부사(구) 뒤에 오는 동사에서 일어난다. 이 경우 동사의 강세가 (51)에서처럼 이동하지 않고 약강세로 변한다.

(52) a. 2 1
Away *flew* the bird.

b. 2 1
Down *fell* the man.

c. 2 1
Here *comes* the bus.

지금까지 문장 강세의 일반 원칙과 이 원칙이 어떻게 적용되는지를 말하고, 이 원칙을 위반하는 강조 강세, 대비 강세, 리듬 강세에 관하여 살펴보았다. 마지막으로 '동사+전치사+명사'의 연쇄가 통사 구조에 따라 문장에서 어떤 강세형을 보이고, 강세의 차이에 따라 의미가 어떻게 달라지는지를 알아보기 위해, 다음 예를 제시하면서 영어의 문장 강세에 관한 설명을 마치기로 하겠다.

(53) a. He [decîded ôn]$_{V}$ the tráin. (그는 그 기차를 타기로 작정했다.)
b. He decîded [òn the tráin]$_{PP}$. (그는 기차 위에서 결정했다.)
c. The wînd [blêw ûp]$_{V}$ the stréet. (바람이 길가의 집들을 모두 파괴해버렸다.)
d. The wînd blêw [ùp the stréet]$_{PP}$. (바람이 거리를 따라 불어 올라갔다.)

(53)의 decided on과 blew up을 따로 발음하면, 복합 동사(complex verb)는 decîded ón, blêw úp으로 2−1의 강세형을 갖고, '동사+전치사'는 decíded òn, bléw ùp으로

26) 이처럼 '약강'이 '강약'으로 바뀐다고 하여 이 현상을 **약강격 반전**(iambic reversal)이라고 한다. 약강의 리듬을 **약강격**(iamb)이라고 하며, 반대로 강약의 리듬을 **강약격**(trochee)이라고 한다. 현대영어의 리듬은 강약격이다.

1−3의 강세형을 갖는다. 그러나 하나의 억양구 내에는 제1강세가 마지막 끝에 하나만 오기 때문에, 문장 강세의 영향을 받아 decided on은 (53a)와 (53b)에서 각각 decîded ôn(2−2)과 decîded òn(2−3)이 된다. 마찬가지로 blew up이 (53c)와 (53d)에서 각각 blêw ûp(2−2)과 blêw ùp(2−3)이 된다.

2.2 억양

억양(intonation)은 하나의 억양구 내에 나타나는 음도의 변화형(pattern of pitch changes)이라고 정의할 수 있다. 음도는 소리의 주파수에 정비례하는데, 주파수가 높으면 높을수록 음도도 높아진다. 영어의 음도는 저음(low pitch), 평상음/중음(normal/mid pitch), 고음(high pitch)의 3단계로 구분하는 것이 보통이다. 여기에 격한 감정을 나타낼 때 사용되는 초고음(extra-high pitch)까지 합하면 음도는 4단계가 된다. 음도는 일반적으로 숫자를 사용하여 저음을 /1/로, 평상음을 /2/로, 고음을 /3/으로, 초고음을 /4/로 각각 나타낸다. 숫자가 높을수록 높은 음도를 나타낸다. 이렇게 나타낸 음도의 단계는 고정된 주파수 값을 나타내는 절대적인 것이 아니고 상대적이다. 음도는 화자의 감정, 기분, 관점, 성별, 연령 등에 따라 상당한 차이를 보이기 때문이다.

음도의 변화형이 나타나는 음운 단위를 **억양구**(intonational phrase)라고 한다. 하나의 억양구 내에서 대강세를 받는 모든 강세음절은 어느 정도 음도의 변화를 보이는데, 그중 가장 두드러진 음도의 변화를 보이는 음절을 **성조 음절**(tonic syllable)이라고 한다. 일반적으로 고음(/3/)의 음도를 지니는 성조 음절은 화자가 가장 중요하다고 여기는 음절 즉, 억양구 내에서 제1강세를 받는 음절이 된다.

억양 즉, 음도의 변화를 선으로 나타낸 것을 **억양 곡선**(intonation contour)이라고 한다. 억양 곡선의 수와 종류는 화자의 태도나 기분에 따라 그리고 방언에 따라 다양하게 나타나기 때문에, 영어의 억양 곡선을 기술하는 데는 상당한 어려움이 따른다. 이런 이유로 본서는 미국영어에 나타나는 몇 가지 억양의 유형 즉, **억양형**(intonation pattern)을 차례로 기술하도록 하겠다.

억양형은 음도의 변화형과 **말미연접**(terminal juncture)으로 나타낸다. 말미연접은 각 억양구의 끝에 오는 것으로, 여기에는 음도가 내려가는 **하강말미연접**(falling terminal juncture, /↘/), 올라가는 **상승말미연접**(rising terminal juncture, /↗/), 그대로 유지되는 **지속말미연접**(sustained terminal juncture, /→/)의 세 가지가 있다.[27] 영어에 나타나는 가장 보편적인 억양형은 /231↘/형, /233↗/형, /232→/형 세 가지이다. 일반적으로 저음(/1/) 뒤에는 하강말미연접(/↘/)이 오고, 고음(/3/) 뒤에는 상승말미연접(/↗/)이 오며, 평상음(/2/) 뒤에는 지속말미연접(/→/)이 온다.[28] 문장의 끝에는 문장의 구조에 따라 하강말미연접이나 상승말미연접이 나타날 수 있지만, 지속말미연접은 나타날 수 없다. 왜냐하면 지속말미연접은 문장이 끝나지 않았음을 나타내기 때문이다.

억양구는 /2/로 시작하는 것이 일반적이지만, '고집'이나 '강한 고집'을 나타내기 위해 각각 /3/이나 /4/로 시작하거나, 두드러진 '대조'를 나타내기 위해 간혹 /1/로 시작하는 경우도 있다. 일반적으로 억양구는 평상음 /2/에서 출발하여 제1강세가 놓인 음절에서 고음 /3/으로 올라간다. 그 이후의 음도 변화는 문장의 유형에 따라 달라진다. 예컨대 서술문(declarative sentence)이면 /1/로 떨어지고, 가부의문문(可否疑問文, yes-no question)이면 /3/으로 지속된다. 억양형은 문장 강세보다 더 주관적이고 화자의 감정, 기분, 관점에 따라 달라질 수 있으며, 이에 대한 학자들의 분석 또한 다양하다. 그러나 억양형은 문장 강세와 밀접히 관련되어 있으며, 통사 구조나 발화 속도에 따라 달라질 수 있다. 영어의 경우 일반적으로 음도의 가장 두드러진 주요 변화가 나타나는 성조 음절은 문장의 제1강세를 받는 음절과 동일하다. 위 세 개의 보편적 억양형이 어떤 경우에 나타나는지를 예문을 통해 구체적으로 살펴보기 전에, 억양 표시에 관하여 잠시 언급하겠다.

보통 억양을 아래에서처럼 직선을 사용하여 표시한다.

(54) He is a good teacher.↘

위에서 음도의 변화를 직선으로 나타내고 있지만, 실제로는 음도가 일직선으로 유지되지 않으며, 억양구 내의 음도 변화가 명확히 2-3-1로 나타나는 것도 아니다. 좀

---

27) Trager and Smith(1951)는 하강말미연접을 /#/로, 상승말미연접을 /‖/로, 지속말미연접을 / | /로 나타내지만, 본서는 시각적인 효과를 위하여 편의상 화살표를 사용한다.

28) 그러나 항상 그런 것은 아니다. '친근감', '대비', '양보', '격려' 등을 나타내기 위한 /231↗/형, 상대방을 안심시키기 위해 사용되는 /322↗/형, 또는 '놀람', '흥분' 등의 감정을 나타내는 /241↗/ 등에서는 저음이나 평상음 다음에 상승말미연접이 온다.

더 적확한 억양 표시를 위해서는 직선보다는 곡선을 사용해야 하겠지만, 편의상 억양을 (54)처럼 직선을 사용하거나 아니면 직선과 곡선을 함께 사용하여 표시하는 것이 일반적이다. 그러나 본서에서는 영어의 억양 표시를 순전히 표기상의 편리성 때문에 아래와 같이 숫자를 사용하여 나타내겠다.

(55) ^{2}He is a good ^{3}tea^{1}cher.↘

각 숫자의 위치는 음도가 변하기 시작하는 곳을 나타내고, 숫자가 표시되지 않은 곳의 음도는 그 앞의 숫자가 표시하는 음도로 계속 발음한다는 것을 의미한다. 위 (55)는 문두의 He를 평상음인 /2/로 시작하여 good까지 계속 유지한 다음, teacher의 첫 음절과 두 번째 음절의 음도를 각각 /3/과 /1/로 급격히 변화시켜 발음한다는 것을 나타낸다. 여기서 가장 두드러진 음도의 변화를 일으키는 teacher의 첫 번째 음절이 성조 음절이다.

이제 영어의 보편적 억양형 /231↘/, /233↗/, /232→/를 차례로 살펴보자. 먼저, /231↘/형은 영어에서 가장 보편적인 억양형으로, 서술문(declarative sentence), 감탄문(exclamatory sentence), wh-의문문(wh-question), 명령문(imperative sentence) 등에 나타난다. /231↘/은 평상음(/2/)에서 시작하여 제1강세가 있는 음절에서 고음(/3/)으로 올라갔다가 다시 저음(/1/)로 급격히 내려와 문장 끝까지 저음(/1/)으로 지속되다가 하강말미연접으로 끝나는 억양형이다. 이 억양형이 나타나는 문장을 제시하면 아래와 같다.

(56) a. 서술문

^{2}That's a ^{3}cat^{1}.↘

^{2}Good ^{3}morning^{1}.↘

b. 감탄문

^{2}How ^{3}cold ^{1}it is.↘

^{2}What a ^{3}beau^{1}tiful day!↘

c. Wh-의문문

^{2}Where are you ^{3}go^{1}ing?↘

^{2}What's on the ^{3}table^{1}?↘

d. 명령문

^{2}Sit ^{3}down^{1}.↘

^{2}Speak more ^{3}clear^{1}ly.↘

Wh－의문문에서 '친근감'을 나타내기 위해 아래와 같이 /231↗/이나 /233↗/의 억양형이 사용되는 수도 있다.

(57) ^{2}What's your ^{3}name^{1}?↗

^{2}What's your ^{3}name^{3}?↗

다음으로, /233↗/형은 처음에 평상음(/2/)으로 시작하여 제1강세가 있는 음절에서 고음(/3/)으로 올라가 그대로 계속되다가 끝에 가서 상승말미연접으로 끝나는 억양형으로, 다음과 같은 여러 경우에 사용된다.

(58) a. 가부의문문(yes－no question)

^{2}Do you speak ^{3}English^{3}?↗

^{2}Are you ^{3}sure^{3}?↗

b. 메아리 의문문(echo question)[29)]

^{2}What's his ^{3}name^{3}?↗

^{2}Which car did I ^{3}buy^{3}?↗

c. 선택의문문(alternative question)

^{2}Would you like ^{3}coffee^{3},↗ ^{2}or ^{3}tea^{1}?↘

^{2}Which do you like ^{3}bet^{1}ter,↘ ^{2}co^{3}ffee^{3}↗ ^{2}or ^{3}tea^{1}?↘

d. 같은 종류의 말을 열거할 때

^{2}One^{3},↗ ^{2}two^{3},↗ ^{2}three^{3},↗ ^{3}four^{1}.↘

^{2}He speaks ^{3}English^{3},↗ ^{2}Italian^{3},↗ ^{2}and ^{3}French^{1}.↘

e. 사람을 부르는 말

^{2}Mr. Smith^{3},↗ ^{2}this is Mr. ^{3}Brown^{1}.↘

^{2}Thank you for your ^{3}help^{1},↘ ^{2}Mr. Smith^{3}.↗

---

29) 메아리 의문문이란 상대방이 한 말을 알아듣지 못했거나 그 말이 너무나 뜻밖인 경우 되물어서 그 내용을 확인하는 형식의 의문문을 말한다.

f. 문장 전체를 수식하는 부사구나 부사절

^{2}Ordi^{3}narily^{3},↗ ^{2}he goes to bed ^{3}early^{1}.↘

^{2}When I come ^{3}back^{3},↗ ^{2}I'll give you a ^{3}present.^{1}↘

g. 동격어의 앞 뒤

^{2}John^{3},↗ ^{2}the ^{3}salesperson^{3},↗ ^{2}didn't ^{3}come^{1}.↘

가부의문문에서는 (58a)에서처럼 일반적으로 /233↗/형이 사용되지만, 상대방에게 반드시 대답을 요구하지 않는 가부의문문의 경우에는 아래 (59a)에서처럼 /231↘/의 억양형이 사용되기도 하며, 반대로 서술문이라도 아래 (59b)에서처럼 /233↗/의 억양형이 사용되면 가부의문문이 된다.

(59) a. ^{2}Is ^{3}that ^{1}so?↘

^{2}Do you ^{3}think ^{1}so?↘

b. ^{2}That's a ^{3}cat^{3}.↗

^{2}You're ^{3}sure^{3}?↗

(58b)에서 보듯이, 메아리 의문문은 wh－의문문이라도 상승조로 발음한다. 메아리 의문문은 앞에 Did you say...?가 생략되었다고 볼 수 있으므로 가부의문문과 같은 억양형이 사용된다.

(58c)에서 보듯이, 선택의문문의 경우 or 앞에서 음도가 상승한다. 그러나 which가 사용된 억양구는 wh－의문문과 동일한 /231↘/의 억양형을 보인다. 선택의문문은 억양이 아래처럼 변하면 가부의문문처럼 되며 의미도 다르게 된다.

(60) ^{2}Would you like ^{3}coffee or tea^{3}?↗

(60)은 선택의문문의 형태를 취하고 있지만, 실제로는 'Would you like something to drink?'의 의미를 나타내며 가부의문문과 같다. 이 경우 or 앞에 휴지가 없이 발음되며, 끝에 상승말미연접이 온다. (60)은 가부의문문처럼 'Yes, please'와 같은 답변을 기대하는 의문문이다.

(58f, g)는 특히 청자의 '호기심'을 유발할 경우에 사용되며, 대개의 경우 아래에서 언급할 /232→/의 억양형으로 발음된다.

부가의문문(tag question)은 아래에서 보듯이, /(2)31↘/과 /233↗/의 두 가지 억양형으로 발음된다.

(61) a. ^{2}You are ^{3}tired^{1},→ ^{3}aren't ^{1}you^{1}?↘
　　b. ^{2}You are ^{3}tired^{1},→ ^{2}aren't ^{3}you^{3}?↗

형식은 의문문이지만 잘 알고 있는 사실에 대하여 상대방의 대답을 기대하지 않는 (61a)와 같은 부가의문문에서는 /(2)31↘ /의 억양형이 사용된다. 반면 가부의문문처럼 상대방의 대답을 기대하고 묻는 (61b)와 같은 부가의문문에서는 /233↗/의 억양형이 사용된다. 다시 말해 /(2)31↘ /의 억양형을 지닌 부가의문문은 사실을 기술하는 서술문에 가까운 것으로 단지 긍정의 대답만을 기대하지만, /233↗/의 억양형을 지닌 부가의문문은 가부의문문처럼 상대방에게 가부를 묻는 의문문이다.

세 번째로, /232→/형은 평상음(/2/)으로 시작하여 문장의 제1강세가 있는 음절에서 고음(/3/)으로 올라간 후 다시 평상음으로 지속되는 억양형으로, 아래 예에서 보듯이 둘 이상의 억양구로 이루어진 문장 내에 사용되며, 문장이 아직 끝나지 않았음을 나타낸다. 따라서 지속말미연접으로 끝맺는 이 억양형은 문장의 끝에는 나타나지 않는다.

(62) a. ^{2}I was so ^{3}tired^{2},→ ^{2}and went to bed ^{3}ear^{1}ly.↘
　　　^{2}Study ^{3}hard^{2},→ ^{2}or you'll ^{3}fail ^{2}in the exami^{3}na^{1}tion.↘
　　b. ^{2}It will be ready in a ^{3}mo^{2}ment,→ ^{2}if you'll ^{3}wait^{1}.↘
　　　^{2}I'm ^{3}late^{2},→ ^{2}because the train arrived very ^{3}late^{1}.↘
　　c. ^{2}When I come ^{3}back^{2},→ ^{2}I'll give you a ^{3}present^{1}.↘
　　　^{2}Seeing the po^{3}lice^{2}man,→ ^{2}the thief ran out of the ^{3}win^{1}dow.↘
　　d. ^{2}Ordi^{3}na^{2}rily,→ ^{2}he goes to bed ^{3}early^{1}.↘
　　　^{2}After the ^{3}game^{2},→ ^{2}we have some ^{3}tea^{1}.↘

(62)를 보면, /232→/ 억양형은 일반적으로 쉼표(comma) 앞에 오는 절이나 부사구에 사용된다는 것을 알 수 있다.

끝으로, /241↘/형은 평상음(/2/)으로 시작하여 제1강세가 있는 음절에서 초고음(/4/)으로 올라간 후 저음(/1/)으로 급격히 낮아지는 억양형으로, 다음 예에서 보듯이 '놀람', '의심', '흥분' 등의 고조된 감정을 나타낼 때 사용된다.

(63) ^{2}That's ^{4}ter^{1}rible.↘
^{2}It's unbe^{4}lie^{1}vable.↘
^{2}What are you ^{4}do^{1}ing?↘

지금까지 영어의 가장 보편적인 세 개의 억양형인 /231↘/, /233↗/, /232→/과 /241↘/이 사용되는 예문을 살펴보았다. 이 예문을 통하여 알 수 있는 사실은, 억양은 문장 강세와 밀접한 관계가 있으며 문장의 유형에 따라 억양형이 달라진다는 것이다.

이제 억양이 강조 강세, 대비 강세, 문장의 통사 구조, 발화 속도에 따라 어떻게 달라지는지를 살펴보자. 억양이 문장 강세와 밀접히 관련되어 있기 때문에, 일반 문장 강세와 마찬가지로 강조 강세나 대비 강세의 경우에도 제1강세를 받는 음절이 가장 두드러진 음도 변화를 보이는 성조 음절이 된다는 것을 아래 예문을 통하여 쉽게 알 수 있을 것이다. 아래 (64)에서 밑줄 친 부분이 제1강세를 받는 음절이다.

(64) a. 강조 강세
^{2}He is a good ^{3}teacher^{1}.↘ (보통의 일반 강세)
^{2}He is a ^{3}good ^{2}teacher^{1}.↘ (그는 정말로 좋은 선생님이다.)
^{2}He ^{3}is ^{2}a good teacher^{1}.↘ (분명히 말하는데 그는 좋은 선생님이다.)
^{3}He ^{2}is a good teacher^{1}.↘ (바로 그 분이 좋은 선생님이다.)
b. 대비 강세
^{2}It isn't a very ^{3}big ^{2}house^{2},→ ^{2}but it's a ^{3}nice ^{2}house^{1}.↘
^{2}This is ^{3}John's ^{2}house^{2},→ ^{2}and that's ^{3}Ma^{1}ry's.↘

보통 일반 강세의 경우 억양구의 마지막 내용어에 제1강세가 오지만, 강조 강세나 대비 강세의 경우에는 강조 또는 대비하는 단어에 제1강세가 온다. (64)에서 보듯이, 문장에서 제1강세가 어디에 놓이든 제1강세를 받는 음절이 고음(/3/)으로 발음된다는 것을 알 수 있다. 따라서 억양구에서 성조 음절은 제1강세를 받는 음절이 된다고 말할 수 있다.

강세가 통사 구조에 따라 달라지듯이, 억양 또한 문장의 구조적 차이에 따라 달라진다. 바꾸어 말하면 억양의 차이는 아래에서 보듯이 통사 구조의 차이와 그에 따른 의미의 차이를 나타낸다.

(65) a. ^{2}That's a ^{3}black^{1}board.↘ (칠판)

^{2}That's a black ^{3}board^1.↘ (검은 판)

b. ^{2}Mary is a ^{3}la^{1}dy doctor.↘ (부인과 의사)

^{2}Mary is a lady ^{3}doc^{1}tor.↘ (여의사)

c. ^{2}Were you in the ^{3}smoking room?↗ (흡연실)

^{2}Were you in the smoking ^{3}room?↗ (연기 나는 방)

d. ^{2}I've never seen a ^{3}horse^{1}fly.↘ (말파리)

^{2}I've never seen a horse ^{3}fly^1.↘ (말이 날다)

억양은 또한 발화 속도에 따라 달라질 수 있다. 아래에서 보듯이 동일한 하나의 문장이 발화 속도에 따라 억양형이 나타나는 억양구의 수가 달라진다.

(66) a. ^{2}The boys in Korea are am^{3}bi^{1}tious.↘ (정상 속도)

b. ^{2}The boys in Ko^{3}rea^2→ ^{2}are am^{3}bi^{1}tious.↘ (보통 천천히)

c. ^{2}The ^{3}boys^2→ ^{2}in Ko^{3}rea^2→ ^{2}are am^{3}bi^{1}tious.↘ (아주 천천히)

지금까지 문장의 억양에 영향을 미치는 요인으로 문장 강세, 통사 구조, 발화 속도에 관하여 언급하였다. 마지막으로, 억양의 차이가 의미의 차이를 초래할 수 있음을 보이기 위해, yes가 억양에 따라 아래와 같이 여러 의미를 지닐 수 있음을 보임으로써, 영어의 억양에 대한 기술을 마치겠다. 여기서는 한 단어가 억양구가 되므로 억양을 숫자로 나타내기가 어려워 편의상 Ladefoged(1982: 103)를 그대로 인용한다.

(67)

╲ Yes	falling	= "The answer is yes."
╱ Yes	high rising	= "Did you say 'yes'?"
‿ Yes	low rising	= "Please go on. I'm listening."
∼ Yes	falling−rising	= "I'm doubtful."
⌒ Yes	rising−falling	= "I'm certain."

2.3 음장

앞에서 음장이 현대영어에서는 환경에 의해 예측 가능하므로 음소적(phonemic) 내지는 변별적(distinctive)이 아니고 이음적(allophonic) 내지는 잉여적(redundant)이라고 하였다. 예를 들어 세 개의 단어 sea, seed, seat의 모음을 비교할 때, 모음의 길이는 sea에서 제일 길고 다음으로 seed에서 길며 seat에서 제일 짧다. 현대 영어에서 이러한 음장의 차이는 모음의 경우 개방음절에서 제일 길고, 유성 자음 앞에서 다음으로 길며, 무성 자음 앞에서 제일 짧다는 규칙에 의해 예측이 가능하다. 따라서 현대영어에서는 음장이 음소적이 아니고 이음적이다. 현대 영어에서는 한국어에서와 달리 음장의 차이가 의미의 차이를 초래하지 않는다. 예를 들어 한국어에서는 '눈', '배', '밤' 등의 단어를 길게 발음할 때와 짧게 발음할 때 의미가 달라지지만, 현대 영어에서는 장모음과 단모음의 차이에 의해 의미가 다른 즉, 서로 대립되는 단어를 찾을 수 없다. 음장이 한국어에서는 의미 차이를 유발하는 음소적이지만, 현대 영어에서는 이음적이다.

음장이 초분절음에 속한다는 점을 이해하기 위해 고대영어의 음장에 관하여 살펴보자. 현대 영어에서와 달리 고대영어에서는 음장이 음소적 즉, 변별적이어서 다음과 같은 최소 대립쌍(minimal pair)을 찾아볼 수 있다.

(68) OE gōd 'good' OE god 'god'
OE swān 'swineherd; herdsman' OE swan 'swan'

최소 대립쌍 gōd의 장모음 [o:]와 god의 단모음 [o]는 동일한 환경 즉, /g/와 /d/ 사이에 나타나며 이 두 모음을 서로 바꾸면 의미가 달라지기 때문에 각각 서로 다른 음소 /ō/와 /o/에 속한다. 고대영어의 장모음과 단모음의 이러한 음소적 차이는 현대영어에까지 그대로 유지되고 있지 않지만 현재 그 흔적이 그대로 남아 있다. 고대영어의 장모음 /ō/는 **대모음추이**(Great Vowel Shift)의 영향으로 현대 영어에서 [u]나 [ʊ]가 되어,[30] OE gōd는 현대영어에서 good[gʊd]으로 남게 되었다. 고대영어의 단모음 [o]는 대모음추이의 영향을 받지 않고 [ɑ]로 **평순음화**(derounding)되어, OE god는 현

30) 대모음추이에 관하여는 9.1.2에서 자세히 다룬다.

대 영어에서 god[gɑd]로 남게 되었다. 고대영어의 음장의 차이가 현대 영어에서는 음질의 차이로 남아 있다. 역사적으로 볼 때, 현대 영어의 대부분의 이중 모음은 대모음추이가 발생하기 이전에는 장모음(긴장 모음)이었다.

전통적 생성음운론(Generative Phonology)에서는 장모음과 단모음의 차이 즉, 모음의 장단 내지 음장의 차이를 [±long]이라는 **변별적 자질**(distinctive feature)을 사용하여 분절음이 가지는 속성의 차이로 나타냈다.[31] 즉, 장모음은 [+long]의 속성을 지닌 모음이고, 단모음은 [−long]의 속성을 지닌 모음이라고 기술하였다. 다시 말해, 음장을 분절음보다 더 큰 음운 단위에 나타나는 음성적 특징이 아니고, 분절음에 나타나는 특성으로 파악하였다. 그러나 음운 이론의 발전과 더불어 음장을 분절음이 지니는 분절음 고유의 속성으로 나타내지 않고, 모라라는 운율 단위를 사용하여 나타내게 되었다. 즉, 음장을 분절음소가 아닌 초분절음소로 다루게 되었다.

모라(mora)는 분절음과 음절의 중간층의 가장 작은 운율 단위로, 시간 단위(timing unit)이다. 각각의 모라는 거의 동일한 시간의 길이를 나타낸다. 모든 언어에서 음절의 핵음은 모라를 형성하지만, 두음은 모라가 되지 못한다. 언어에 따라 말음은 모라를 형성하기도 하고 그렇지 않기도 한다. 장모음과 단모음이 대립되는 경우, 장모음은 두 개의 모라를 지니지만 단모음은 하나의 모라를 지닌다. 언어에 따라 이중 모음은 두 개의 모라가 되기도 하고 하나의 모라가 되기도 한다. 영어의 경우 이중 모음은 두 개의 모라를 형성한다. 모라를 사용하여 OE gōd 'good'와 OE god 'god'의 음장의 차이를 나타내면 다음과 같다. 아래에서 'σ'과 'μ'는 각각 음절과 모라를 나타낸다.[32]

(69) a. OE gōd 'good' b. OE god 'god'

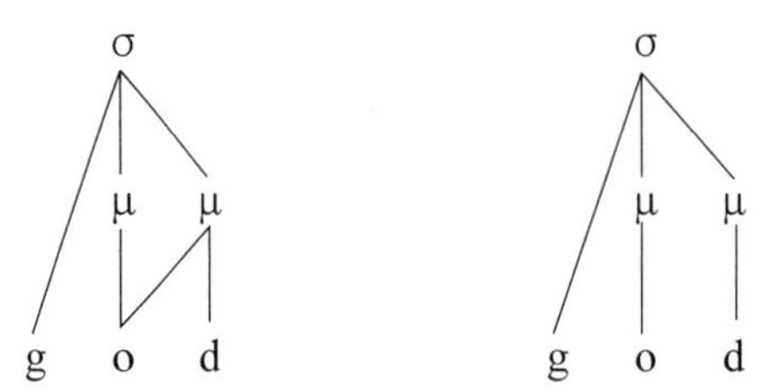

(69)의 구조는 분절음을 나타내는 분절음층(segment tier 또는 melody tier), 모라를

31) 생성음운론의 변별적 자질에 관하여는 4장에서 자세히 다룬다.
32) 모라구조의 표시 방법에는 여러 가지가 있지만, 편의상 Hayes(1989)의 방식에 따르기로 한다.

나타내는 모라층(mora tier), 음절을 나타내는 음절층(syllable tier)의 세 층으로 구성되어 있으며, 각 층의 요소는 연결선(association line)에 의해 연결되어 있다. (69)에서 두음 [g]는 모라를 형성하지 못하므로 모라(μ)에 연결되지 못하고 음절(σ)에 연결된다. 장모음 /ō/는 (69a)에서처럼 두 개의 모라와 연결되어 있어서 길게 발음되며, 단모음 /o/는 (69b)에서처럼 하나의 모라와 연결되어 있기 때문에 상대적으로 짧게 발음된다. 장모음 /ō/와 단모음 /o/가 분절음층에서는 [o]로 동일하게 표시되지만, 이 분절음이 두 개의 모라와 연결되어 있으면 장모음 /ō/가 되고 하나의 모라와 연결되어 있으면 단모음 /o/가 된다. 고대영어에서는 말음도 모라를 형성하므로 말음 [d]가 모라와 연결되어 있다. 여기서 중요한 것은, 음장이 분절음의 속성이 아니라 분절음보다 더 상위의 음운 단위인 모라에 의해 표시되므로 즉, 장모음은 두 개의 모라와 연결되는 반면 단모음은 하나의 모라와 연결되는 것으로 나타내므로, 음장은 분절음소가 아니라 초분절음소에 속한다는 점이다.

모라는 음장을 나타낼 뿐만 아니라 **음절 무게**를 나타내는 단위로도 사용된다. 중음절과 경음절은 강세와 관련하여 서로 다른 양상을 보이므로, 영어의 단어 강세를 언급하면서 이 두 종류의 음절을 구분할 필요가 있음을 말하였다. 즉, 강세는 경음절보다는 중음절에 우선적으로 부여되는 것이 일반적이다. 앞 (6)에서 제시했던 경음절과 중음절을 편의상 다시 쓰면 다음과 같다.

(70) a. 경음절: C_0V
b. 중음절: $C_0\bar{V}C_0$, C_0VGC_0, C_0VC_1

모라를 사용하면 그렇지 않을 때보다 음절 무게를 보다 간결하게 나타낼 수 있다. 아래에서 보듯이, **경음절**은 하나의 모라를 지닌 음절이고, **중음절**은 두 개의 모라를 지닌 음절이다.

(71) a. 경음절 b. 중음절

(70)과 (71)을 비교해보면, 모라를 사용하여 음절 무게를 나타낸 (71)이 (70)보다 더 간결하다는 것을 알 수 있을 것이다.

비록 현대 영어에서 장모음과 단모음의 대립이 표면상에 나타나지는 않지만, 이중 모음과 단모음은 대립되며 강세를 부여하는 데 있어서 서로 다른 양상을 보인다. 그 이유는 이중 모음이 두 개의 모라를 지니는 반면, 단모음은 하나의 모라를 지니기 때문이다. 이중 모음과 단모음의 이러한 차이를 보기 위해, 위에서 단어 강세를 논의하면서 언급한 (7)의 astóni<sh>와 maintái<n>, 그리고 (10)의 Améri<ca> aró<ma>의 강세 위치를 비교해보자. < > 속의 운율외적 요소를 제외하면 마지막 음절이 모두 개방음절이지만, 강세가 maintái<n>과 aró<ma>에서는 말미음절에 놓이고, astóni<sh>와 Améri<ca>에서는 말미제2음절에 놓인다. 그 이유는 바로 이중 모음으로 끝나는 maintái[ey]<n>과 aró[ow]<ma>의 음절이 두 개의 모라를 지니는 중음절이고, 단모음으로 끝나는 astóni<sh>와 Améri<ca>의 말미음절이 하나의 모라를 지니는 경음절이기 때문이다.

지금까지 고대영어의 예를 들어 모음의 음장이 모라에 의해 표시되며, 현대 영어 강세의 예를 들어 모라가 음절 무게를 나타내는 단위로 사용된다는 점을 언급하였다. 음장은 모음의 길이뿐만 아니라 자음의 길이도 아우르는 개념이므로, 자음의 길이에 관하여 잠시 언급할 필요가 있다. 동일한 두 개의 자음이 인접해 있는 연쇄를 **겹자음**(geminate)이라고 한다. 일반적으로 겹자음은 단일 자음보다 길게 발음되지만, 현대 영어 자음에서는 모음에서와 마찬가지로 음장의 대립이 사라졌다.[33] 그러나 고대영어에서는 자음의 음장도 음소적이었다. 예를 들어 OE sunne 'sun'의 겹자음 /n/은 길게 발음되고, OE sunu 'son'의 단일 자음 /n/은 보다 짧게 발음되었다. 겹자음과 단일 자음의 차이를 보기 위해 OE sunne와 OE sunu를 모라를 사용하여 나타내면 다음과 같다.

(72) a. OE sunne 'sun' b. OE sunu 'son'

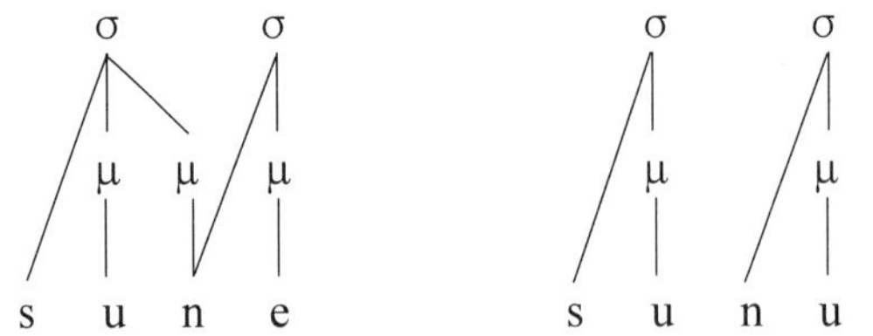

(72a)에서 겹자음 /n/은 모라와 음절에 동시에 연결되어 있지만, (72b)에서 단일 자음

33) 1.4.1의 겹자음단음화(degemination) 참조.

/n/은 모라를 지니지 않기 때문에 음절(σ)에만 연결되어 있다. 이처럼 자음의 음장도 분절음의 속성이 아니라 모라라는 운율 단위에 의해 나타낸다. (72a)의 분절음층에서 겹자음을 두 개의 분절음 /nn/으로 표시하지 않고 하나의 분절음 /n/으로만 표시한 이유는, 만일 /nn/으로 표시한다면 다음과 같은 문제가 발생하기 때문이다. 먼저, 겹자음 사이에 다른 분절음이 삽입되는 경우가 없다는 사실을 설명할 수 없다는 문제가 발생한다. 만일 겹자음을 두 개의 분절음으로 표시한다면 그 사이에 왜 다른 분절음이 삽입될 수 없는지를 설명하기 어렵지만, 겹자음을 하나의 분절음으로 표시하면 그 분절음 속으로 다른 분절음이 들어갈 수 없기 때문에 겹자음 사이에 분절음이 삽입될 수 없게 되는 것이다. 또한 겹자음의 절반이 다른 분절음으로 변하는 경우가 없다는 사실을 설명할 수 없다는 문제도 발생한다. 만일 겹자음을 두 개의 동일한 분절음의 연쇄로 나타내면, 그중 하나의 자음(즉, 겹자음의 절반)이 다른 분절음으로 변하지 못할 이유가 없지만, 겹자음을 하나의 분절음으로 나타낸다면 하나의 분절음을 반으로 쪼갤 수 없는 노릇이기 때문에 겹자음의 절반이 다른 분절음으로 변할 수 없는 것은 당연하다.

지금까지 2.3에서는 음장 및 모라에 관하여 말하였지만, 중요한 것은 음장이 강세나 억양과 마찬가지로 초분절음소에 속한다는 점이다.

3

음소론과 형태음소론

3.1 음소론
3.2 형태음소론

English Phonology

English Phonology

이미 1장에서 폐쇄음을 언급하면서 음소(phoneme)와 이음(allophone)의 개념을 간단히 소개하였으나, 본 장에서는 구조주의 언어학(Structural Linguistics)의 주요 관심사였던 음소 발견 절차(discovery procedures)를 소개하고 음소론(phonemics)의 문제점을 간단히 살펴보겠다.

음소는 1900년 이전에 이미 정의된 바 있으나, 1930년대에서 1950년대까지의 구조주의 언어학은 음소를 식별하는 원칙과 절차를 개발하는 데 많은 관심을 기울였다. 그 후 형태음소론(morphophonemics)에서는 음소 발견 절차상에 발견되는 문제점과 음소 중복(overlapping)의 문제를 해결하고, 좀 더 깊은 층위(level)에서의 일반성을 포착하기 위해, 음소보다 더 추상적인 형태음소 층위(morphophonemic level)를 설정하였다. 그러나 1950년대 후반부터 음소에 대한 전통적 개념은 신랄한 비판의 대상이 되었다. 1960년대 생성음운론은 문법 기술에 도움이 되지 않을 뿐 아니라 오히려 거추장스럽다는 이유로 전통적 음소를 부정하게 되었다. 음소와 이음은 중요한 개념으로 인식되어 왔으며, 형태음소론은 생성음운론의 토대를 마련하였으므로, 음소론과 형태음소론에 관하여 살펴볼 필요가 있다. 본 장에서는 먼저 3.1에서 음소론의 주된 관심사였던 음소의 발견 수순을 소개하고, 음소론의 문제점을 짚어본 후, 3.2에서는 형태음소론과 그 후의 발전에 관하여 기술하겠다.

3.1 음소론

음소와 이음의 개념을 이해하기 위해서는, 임의의 두 소리가 대립(contrast)의 관계에 있는지 아니면 환경에 따른 변이형(variants)인지를 구분하는 것이 중요하다. 예를 들어 pie의 첫 자음 [p^h]와 buy의 첫 자음 [b]의 차이는 pie의 첫 자음 [p^h]와 spy의 두 번째 자음 [p]의 차이와는 다르다. [p^h]와 [b]는 서로 치환하였을 때 단어의 의미 차이를 초래하지만, [p^h]와 [p]는 서로 치환하였을 때 부자연스럽게 들리기는 하지만 단어의 의미 차이를 불러일으키지는 않는다. 이 경우 의미 차이를 불러일으키는 두 소리 [p^h]와 [b]는 대립의 관계에 있다고 한다. 반면 의미 차이를 초래하지 않는 [p^h]와 [p]를 /p/의 환경에 따른 변이형이라고 한다. 즉, [p^h]는 어두에서, [p]는 /s/ 뒤에서 각각 /p/의 변이형으로 나타난다. 전통적으로 [p^h]와 [b]처럼 어떤 두 소리가 의미 차이를 초래하는 대립의 관계에 있을 때, 이 두 소리를 서로 다른 음소 /p/와 /b/에 속한다고 말하고,[1)] 음소를 사선(diagonal bars 또는 slanting lines: / /) 속에 넣어서 표기(transcription)한다. 이때 두 음소는 서로 변별적(distinctive) 또는 대립적(contrastive) 관계에 있다고 말한다. 반면 [pʰ]와 [p]처럼 환경에 따라 다르게 발음되는 동일한 하나의 음소에 속하는 변이형을 **이음**이라고 말하고, 대괄호(bracket, [ ]) 속에 넣어서 표기한다.[2)] 음소 /p/가 pie에서처럼 어두 위치나 appéar에서처럼 강세음절의 맨 앞에 있을 때는 기음 [pʰ]로 실현되지만, spy에서처럼 /s/ 뒤에 있을 때는 무기음 [p]로 실현된다. 이처럼 환경에 따라 서로 다르게 발음되는 소리들은 동일한 하나의 음소에 속하는 변이형 즉, 이음이다. 따라서 음소는 환경에 따라 다르게 나타나는 여러 이음들을 대표하는 추상적인 소리라고 말할 수 있다. 반면 이음은 환경에 따라 하나의 음소가 다르게 실현되는 소리이므로, 음소에 비해 좀 더 구체적이라고 말할 수 있다.

3.1.1 음소 발견 절차

구조주의 언어학자들의 주요 관심사는 어떤 소리들이 동일한 하나의 음소에 속하는지 아니면 서로 다른 음소에 속하는지를 식별하는 것이었다. 이들은 음소의 식별을 위한 여러 방법론 또는 발견 절차를 제안하였는데, 그중에서 유용하다고 여겨지는 네 가지 원칙은 대립(contrast), 상보적 분포(complementary distribution), 음성적 유사성(phonetic similarity), 자유 변이(free variation)이다. 이 원칙을 차례로 소개하면 다음과 같다.

3.1.1.1 대립

음소를 식별하는 첫 번째 원칙은 **대립**이다. 어떤 두 소리가 대립적인 기능을 갖는다면, 그 소리는 서로 다른 음소에 속한다. 대립의 여부를 식별하는 가장 손쉬운 방

---

1) 음소를 Jones(1931: 74)는 "a family of sounds in a given language, consisting of an important sound of the language together with other related sounds, which take its place in particular sound sequences."라고 정의하고, Gleason(1955: 261)은 "a class of sounds which: (1) are phonetically similar and (2) show certain characteristic patterns of distribution in the language or dialect under consideration."이라고 정의한다.

2) 음소의 차이를 나타내는 표기를 간이 표기(broad transcription) 또는 음소 표기(phonemic transcription)라고 하고, 여러 가지 구별부호(diacritic 또는 diacritical mark)를 사용하여 이음의 차이를 나타내는 표기를 정밀 표기(narrow transcription) 또는 음성 표기(phonetic transcription)라고 한다.

법은 최소 대립을 보이는 한 쌍의 단어를 찾는 것이다. 가령 cap[kʰæp˺]과 gap[gæp˺] 처럼 단지 각각 하나의 소리를 제외하고 나머지는 똑 같은 한 쌍의 단어를 **최소 대립쌍**(minimal pair)이라고 한다. 편의상 단음절로 된 최소 대립쌍의 예를 제시하면 다음과 같다.

(1) a. pat－bat, ten－den, cap－gap, pen－ten, tick－kick
b. pin－pen, sink－sank, bit－beat, full－fool, law－low
c. cap－cab, mat－mad, back－bag, cap－cat, kit－kick

(1a)는 어두의 자음이, (1b)는 모음이, (1c)는 어말의 자음이 각각 대립을 보이는 최소 대립쌍이다. 어떤 두 소리가 동일한 환경에 나타날 때, 그 두 소리는 중복적 분포(overlapping distribution)를 보인다고 한다. (1)의 최소 대립쌍에서 대립의 관계에 있는 두 소리는 모두 중복적 분포를 보이는 것이다. 어떤 두 소리의 분포가 중복적인지를 알기 위해서는 관련된 최소 대립쌍 하나를 찾기만 하면 충분하다.

최소 대립쌍에서 동일한 환경에 나타나는, 즉 중복적 분포를 보이는 두 소리는 서로 치환했을 때 의미의 차이를 일으키는 대립의 관계에 있으므로 서로 다른 음소에 속한다.[3] 위에서 언급한 최소 대립쌍 cap과 gap의 두 소리 [kʰ]와 [g]는, [æp˺] 앞이라는 동일한 환경에 나타나는 중복적 분포를 보이고, 서로 바꾸었을 때 의미 차이를 일으키므로 서로 대립된다. 대립되는 이 두 소리는 각각 서로 다른 음소 /k/와 /g/에 속한다. 요컨대, 어떤 두 소리가 중복적 분포를 보이고 서로 대립된다면 서로 다른 음소에 속한다고 말할 수 있다.

최소 대립쌍 cap과 gap에서 대립을 보이는 두 소리 [kʰ]와 [g]가 각각 속하는 서로 다른 두 음소 /k/와 /g/의 차이는 유무성(voicing)에 있다. 이처럼 대립을 보이는 음성적 특성을 **변별적 자질**(distinctive feature)이라고 한다. 영어에서 유무성은 변별적이지만, pie의 [pʰ]와 spy의 [p]는 서로 치환하더라도 의미 차이를 초래하지 않으므로 기음화(aspiration)는 변별적이 아니고 예측 가능한 **잉여적 자질**(redundant feature)이다. 이처럼 영어에서 유무성은 변별적이고 기음화는 잉여적인 것과는 대조적으로, 한국어에서는 유무성이 잉여적이고 기음화는 변별적이다. 한국어의 양순 폐쇄음 /ㅂ,

3) If two sounds occur in the same phonetic environment, and if the substitution of one sound for the other results in a difference in meaning, then these sounds are assigned to *different* phonemes.

ㅃ, ㅍ/은 무성으로 발음하든 유성으로 발음하든 의미 차이가 일어나지 않지만, 최소 대립쌍 '불'과 '풀', '뿔'과 '풀'에서 보듯이 무기음인 연음(lenis) 'ㅂ'(/p/)과 경음(fortis) 'ㅃ'(/p'/)을 기음(aspirate 또는 aspirated sound)인 'ㅍ'(/p^h/)으로 치환하면 의미가 달라진다. 따라서 한국어에서는 영어에서와 달리 유무성은 잉여적이지만 기음화는 변별적이라고 말할 수 있다. 이런 이유 때문에 영어를 배우는 한국 학생들은, 한국어에서는 잉여적이지만 영어에서 변별적인 유무성을 정확히 발음하는 것이 중요하다.

모든 소리가 대립이라는 개념에 의해 어떤 음소에 속하는지를 정확히 식별할 수 있다면, 다른 음소 발견 절차가 필요 없겠지만, 유감스럽게도 그렇지 못하다. 두 개의 소리가 정확히 동일한 환경에 나타나는 최소 대립쌍을 어휘목록(lexicon)에서 찾을 수 없는 이유는 어휘목록에 공백(gap)이 존재하기 때문이다. 영어의 경우, /ʒ/가 다른 음과 최소 대립을 이루는 단어들을 찾기 어려우며, /ʒ/와 /ʤ/가 대립을 보이는 최소 대립쌍을 찾을 수 없다. 최소 대립쌍을 찾을 수 없을 경우, vision[víʒən], mission [míʃən]과 같은 근사 최소 대립쌍(near minimal pair)를 찾아볼 수 있다. 이 한 쌍의 단어는 어두의 첫 자음 [v]와 [m]을 제외한다면 나머지는 최소 대립쌍과 같다. 이 근사 최소 대립쌍을 근거로 [ʒ]와 [ʃ]를 서로 다른 음소에 속한다고 말할 수 있다. 음소 식별을 위한 다음 절차는 상보적 분포이다.

3.1.1.2 상보적 분포

최소 대립쌍을 찾을 수 없는 경우, 음소 식별을 위해 사용하는 두 번째 원칙은 상보적 분포이다. 최소 대립쌍을 찾을 수 없는 이유가 어휘목록의 **우연한 공백**(accidental gap) 때문일 수도 있지만,[4] 어떤 두 소리는 우연 때문이 아니고 구조적 이유 때문에

4) 예를 들어 blick과 같은 문법적인(grammatical)허용 가능한 어휘항목(lexical item)이 체계적(systematic) 이유 때문이 아니고 말 그대로 우연히 어휘목록(즉, 사전)에 수록되지 않은 경우를 가리켜 '우연한 공백'이라고 하며, 이런 어휘항목은 미래에 어휘목록에 수록될 가능성이 있다. 이와 대조적으로 *bnick과 같은 비문법적인(ungrammatical) 어휘항목이 어휘목록에 수록될 수 없는 경우를 가리켜 **체계적 공백**(systematic gap)이라고 한다. *bnick은 '영어에서는 자음군 /bn−/으로 시작하는 어떤 어휘항목(또는 형태소(morpheme))도 허용하지 않는다'는 체계적 이유 때문에 비문법적이며, 결국 어휘목록에 수록될 수 없게 된다. 물론 어떤 어휘항목이 비문법적이라고 해서 반드시 어휘목록에 수록될 수 없는 것만은 아니다. 일반적으로 비문법적인 어휘항목이 어휘목록에 수록될 수 있는 경우는 차용된 어휘에 국한된다. 예컨대 차용어 sphinx나 sphere에서처럼 자음군 /sf−/로 시작되는 어휘항목은 영어에서 허용되지 않지만 영어의 어휘목록에 존재한다. 공백에 관하여는 5.4에서 다시 다룬다.

동일한 환경에 나타나지 못하는 경우도 있다. 예를 들어 기음 [p^h]와 무기음 [p]는 결코 동일한 환경에 나타나지 않기 때문에, 이 두 소리만 서로 다르고 나머지 환경은 동일한 한 쌍의 단어를 찾을 수는 없다. 이처럼 어떤 소리들이 상호 배타적인(mutually exclusive)인 환경에 나타나는 분포를 일컬어 **상보적 분포**(complementary distribution)라고 한다. 만일 어떤 두 소리가 상호 배타적인 환경에 나타난다면 즉, 상보적 분포를 이루면, 이 두 소리는 동일한 하나의 음소에 속하는 이음일 가능성이 높다.

어떤 두 소리 [A]와 [B]가 나타날 수 있는 논리적으로 가능한 분포는 다음과 같은 네 가지 경우가 있을 수 있다. 여기서 밑줄 (____)은 이 두 소리가 나타나는 환경을 나타낸다.

(2) a. 동시적 분포(coincident distribution)
    [A] _______
    [B] _______
  b. 상보적 분포(complementary distribution)
    [A] _______
    [B]   _______
  c. 포괄적 분포(incorporating distribution)
    [A] ________   _____
    [B] _____   또는   ________
  d. 중복적 분포(overlapping distribution)
    [A] _______
    [B]   _______

(2a)는 두 소리의 분포가 정확히 동일한 경우이다. (2b)는 두 소리가 나타나는 환경의 집합이 서로소(disjoint)여서, [A]가 나타나는 환경에는 [B]가 나타나지 않으며, 역으로 [B]가 나타나는 환경에는 [A]가 나타나지 않는 경우이다. (2c)는 두 소리가 나타날 수 있는 환경의 집합이 서로 적정 포괄(proper inclusion)의 관계에 있어서, 하나의 소리가 나타나는 환경이 다른 소리가 나타나는 환경에 포함되는 경우이다. (2d)는 두 소리가 나타나는 환경이 부분적으로만 중복되며, 두 소리 중 어느 하나만 나타나는 환경이 반드시 존재하는 경우이다. 모든 언어에서 어떤 두 소리가 보이는 분포는 중복적 분포와 상보적 분포의 두 가지뿐이며, 동시적 분포나 포괄적 분포를 보이

는 경우는 없다. 예를 들어 음성적으로 매우 유사한 두 소리인 [l]과 [r]는 (2a)와 같은 동시적 분포를 보일 것으로 생각한다면 그것은 잘못이다. 왜냐하면 두음의 /t/ 뒤에 [r]은 나타날 수 있지만 [l]은 나타나지 못하므로 이 두 소리가 나타나는 환경이 모두 같은 것은 아니다.

이해를 돕기 위해 위 네 가지 경우의 분포를 집합을 사용하여 나타내면 다음과 같다.

(3)

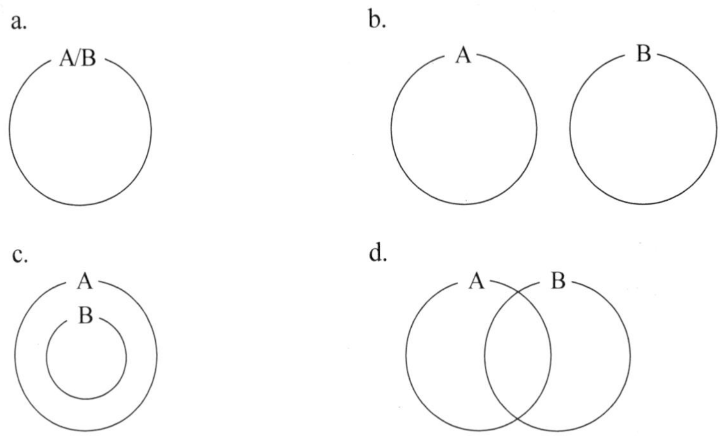

동일한 하나의 음소에 속하는 이음들은 (2b) 또는 (3b)처럼 상보적 분포를 보이는 것이 일반적이다. 예를 들어 영어의 음소 /p/에 속하는 이음인 기음 [pʰ], 무기음 [p], 불파음 [p˺]의 분포를 나타내면 다음과 같다. 아래에서 밑줄은 이음이 나타나는 환경을 나타내고, "##, σ́, V́"는 각각 단어 경계, 강세 음절, 강세 모음을 나타낸다.

(4)

환경 / 이음	##____	σ́[____	s____	V́____V	____stop
[pʰ]	pie print	appear depart			
[p]			spy sports	open operate	
[p˺]					apt pop corn

위 표에서 보듯이, [pʰ]는 어두에 또는 강세 음절의 맨 앞에 나타나고, [p]는 [s] 뒤에 또는 강세 모음과 비강세 모음 사이에 나타나며, [p˺]는 폐쇄음 앞에 나타나므로, 동

일한 음소 /p/에 속하는 이 세 이음의 분포는 상보적이다. 이처럼 상보적 분포는 이음의 특징이다. 동일한 음소에 속하는 이음들은 상보적 분포를 보인다고 말할 수 있지만, 역으로 상보적 분포를 보이는 소리들은 동일한 음소에 속한다고 말할 수 없다. 예를 들어 영어의 [h]와 [ŋ]는 상보적 분포를 보이지만 음성적으로 매우 다르며 하나의 동일한 음소에 속하지 않는다는 것은 명백한 사실이다. 이 문제를 해결하기 위해서는 음소 식별을 위한 또 다른 장치가 필요하다.

3.1.1.3 음성적 유사성

음소 식별을 위한 세 번째 원칙은 동일한 음소에 속하는 이음들은 음성적으로 유사해야 된다는 것이다.[5] 위에서 보았듯이, 상보적 분포는 음소 식별에 매우 중요한 단서를 제공해주는 것이 사실이지만, 상보적 분포를 이루는 소리들이 동일한 음소에 속하지 않는 경우가 있다. 잘 알려진 이러한 경우의 예가 바로 영어의 [h]와 [ŋ]의 분포이다. [h]는 hand, heart, ahead [ə$hɛd], perhaps [pər$hæps]에서처럼 두음 위치에만 나타나는 반면, [ŋ]은 sing [sɪŋ], singer [sɪŋ$ər], long [lɔŋ] longer [lɔŋ$gər], sink [sɪŋk]에서처럼 말음의 위치에만 나타난다.[6] 이처럼 상호 배타적인 환경에 나타난다고 해서 이 두 소리를 동일한 음소에 속하는 이음이라고 말할 수 없다. 왜냐하면 이 두 소리는 음성적으로 볼 때 거의 공통점이 없기 때문이다. 상보적 분포를 이루는 두 소리 [pʰ]와 [p]는 기음의 유무에만 차이가 있을 뿐 무성 양순 폐쇄음이라는 공통점을 지니지만, [h]와 [ŋ]는 유무성, 조음 위치, 조음 방법에서 서로 다르다. [h]가 무성 구강 성문 마찰음인 반면, [ŋ]는 유성 비강 연구개 폐쇄음이다. 상보적 분포를 이루지만 동일한 음소에 속하지 않는 이런 경우의 문제를 해결하기 위해서는 음성적 유사성이라는 음소 식별 원칙에 의지해야 한다. 이 원칙에 따르면, 동일한 음소에 속하는 이음들은 음성적으로 유사해야 한다는 것이다.

음성적 유사성이라는 개념은 사실상 복잡한 문제를 내포한다. 두 소리가 한 음소에 속할 수 있기 위해서는 과연 어느 정도 음성적으로 유사해야 하는가의 기준이 객관적이지 못하고 다분히 경험적이며 언어에 따라 다를 수 있다는 것이다. 그 기준이 언어에 따라 다를 수 있는 예로, 두 소리 [pʰ]와 [p]를 들 수 있다. 영어에서 이 두 소리는 음성적으로 매우 유사하지만, 한국인들은 이 두 소리를 '풀'([pʰul])과

5) Hockett(1942: 103)는 음성적 유사성에 관하여 "if *a* and *b* are members of one phoneme, they share one or more features"라고 말한다.

6) 여기서 '$'은 음절 경계를 나타낸다.

'불'([pul])에서처럼 의미 차이를 유발하는 서로 다른 소리로 인식할 것이다.

음소 식별을 위한 음성적 유사성이라는 기준이 내포하고 있는 보다 근본적인 문제는, 어떤 소리가 같은 음소에 속하는 이음보다는 다른 음소에 속하는 이음과 음성적으로 더 유사할 경우에 발생한다. 예를 들어 음소 /A/에 속하는 이음에 $[a_1]$과 $[a_2]$가 있고, 음소 /B/에 속하는 이음에 $[b_1]$과 $[b_2]$가 있다고 가정할 때, $[a_1]$이 같은 음소에 속하는 이음인 $[a_2]$보다는 다른 음소에 속하는 이음인 $[b_1]$이나 $[b_2]$에 음성적으로 더 유사할 때 문제가 되는 것이다. 음소 설정에 있어서 음성적 유사성의 기준이 가지는 이러한 문제를 보여주는 흔히 인용되는 예는 Gwari어에서 찾아볼 수 있다. 이 언어에서 음소 /l/은 /i, e, y/ 앞에서 유성 경구개 폐쇄음 [ɟ]로 실현된다. 따라서 /li/ 'to eat'는 [ɟi]로 발음된다. 반면 음소 /g/는 /i, e/ 앞에서 [ʤ]로 실현된다. 편의를 위해 음소 /l/과 /g/에 속하는 이음을 나타내면 다음과 같다.

(5) a. /l/ → . . . [ɟ]   b. /g/ → [g] [ʤ]

음성적 유사성으로 볼 때, 서로 다른 음소에 속하는 [ɟ]와 [g]의 사이가 동일한 음소에 속하는 [g]와 [ʤ]의 사이보다 더 가깝다. [ɟ]와 [g]는 모두 유성 폐쇄음으로 [voiced], [stop], [obstruent]라는 공통점을 지니고 있지만, [g]와 [ʤ]는 [voiced], [obstruent]라는 공통점을 지니기 때문이다. 다시 말해 음성적으로 더 유사한 두 소리 [ɟ]와 [g]는 서로 다른 음소에 속해 있는 반면, 덜 유사한 두 소리 [g]와 [ʤ]는 동일한 음소에 속해 있다는 문제가 발생한다. 요컨대 Gwari어의 예는 음성적 유사성이 음소 설정에 있어 매우 중요한 역할을 하지만, 완전한 기준이 되지 못한다는 것을 보여준다.

3.1.1.4 자유 변이

음소 분석에 있어서 또 하나의 중요한 개념은 **자유 변이**(free variation)이다. 자유 변이란 동일한 환경의 두 소리를 서로 치환하였을 때 의미 차이를 초래하지 않는 현상을 말하고, 그 소리를 **자유 변이형**(free variant)이라고 한다. 예를 들어 map에서 어말 폐쇄음 /p/를 무기음 [p]로 발음할 수도 있고 불파음 [p˺]로 발음할 수도 있다. 이때 동일한 환경 즉, [mæ] 뒤 어말에 나타나는 중복적 분포를 보이는 두 소리 [p]와 [p˺]는 서로 바꾸어도 의미 차이를 초래하지 않으므로 자유 변이형이다. 동일한 음소에 속하는 이음들은 대부분 (4)에서 보듯이 상보적 분포를 보이지만, 이처럼 동일한 환경에 나타나기도 한다. 상보적 분포를 보이는 이음들을 **환경 변이형**(contextual variant) 또는 **위치 변이형**(positional variant)이라고 하고, 중복적 분포를 보이는 이음들을 자유 변이형이라고 한다. 만일 두 소리가 동일한 환경에 나타나는 중복적 분포를 보이고, 서로 치환하였을 때 의미 차이가 생기기 않으면, 이 두 소리는 동일한 하나의 음소에 속하는 이음이지만, 의미 차이가 생기면 서로 다른 음소에 속한다. 대립은 음소의 특성만을 나타내며, 대개의 경우 상보적 분포, 음성적 유사성, 자유 변이는 이음의 특성을 나타낸다.

그러나 이음들만이 자유 변이를 보이는 것은 아니고, 음소들 사이에서 자유 변이가 나타날 경우도 있다. 예를 들어, economics의 첫 음을 [i]나 [ɛ]로, either와 neither의 첫 모음을 [i]나 [ay]로, roof의 모음을 긴장모음 [u]나 이완모음 [ʊ]로 각각 발음하여도 의미는 변하지 않으므로, 중복적 분포를 보이는 [ɪ]와 [ɛ], [i]와 [ay], [u]와 [ʊ] 사이에 자유 변이가 나타난다. 이들 각 쌍의 소리는 최소 대립쌍 bit−bet, beat−bite, fool−full에서 보듯이 서로 다른 음소에 속하는 것은 분명한다. 동일한 음소에 속하는 이음들 사이에서 나타나는 자유 변이를 **이음 자유 변이**(allophonic free variation), 음소들 사이에서 나타나는 자유 변이를 **음소 자유 변이**(phonemic free variation)라고 각각 구분하여 부른다.

지금까지 음소식별과 관련하여 언급한 내용을 분포를 중심으로 요약하면 다음과 같다. 어떤 두 소리는 동일한 환경에 나타나거나 서로 배타적인 환경에 나타날 수 있다. 즉 그 분포가 중복적이거나 상보적일 수 있다. 만일 중복적 분포를 보이는 두 소리가 대립되면 이 두 소리는 서로 다른 음소에 속하는 이음들이고, 대립의 관계에 있지 않으면 자유 변이를 보인다고 말할 수 있다. 자유 변이 현상은 이음들 사이에서 나타나기도 하고 음소들 사이에서 나타나기도 한다. 만일 어떤 두 소리가 상보적 분포를 보이고 음성적으로 유사하면 서로 다른 음소에 속하고, 상보적 분포를 보이더라도 음성적으로 유사하지 않으면 서로 다른 음소에 속한다.

3.1.2 음소론의 문제점

구조주의 음소론은 단음(phone)을 어떤 음소에 속하는 것으로 분류할 것인가를 결정하는 음소 발견 절차에 주된 관심을 두었지만, 사실상 음소를 엄격하고 명확한 기준에 의해 정의하기란 쉽지 않다. Halle(1959), Chomsky(1957, 1964) 등은 구조주의 음소론이 내포하고 있는 문제점들을 지적하고, 음소는 필요하지 않을 뿐 아니라 문법을 더 복잡하게 만드는 것이므로, 음소 층위(phonemic level)를 부정할 것을 주장한다. 이후 생성음운론은 음소 층위가 음성 층위(phonetic level)에 너무 가까워 음운 현상을 체계적으로 적절히 기술하기에 충분히 추상적이지 못하다는 이유로 음소 층위를 부정하고, 보다 추상적인 체계적 음소 층위(systematic phonemic level)를 설정한다.

음소론이 지닌 가장 커다란 문제점의 하나는, 하나의 단음이 두 개 이상의 음소에 속하는 음소 **중복**(overlapping) 또는 교차(intersection)이다. 음소 분석에서 전제하고 있는 조건의 하나인 **쌍방향 유일성 조건**(biuniqueness condition)에 따르면,[7] 하나의 단음은 단지 하나의 음소에 속하는 이음이어야 한다.[8] 그러나 중복은 이 조건을 위반하는 심각한 문제를 야기한다. 음소의 중복은 **부분 중복**(partial overlapping)과 **완전 중복**(complete overlapping)으로 구분할 수 있다. 어떤 소리 [x]가 어떤 환경에서는 음소 /A/에 속하고 다른 환경에서는 음소 /B/에 속하는 경우를 부분 중복이라고 하고, 동일한 환경에서 음소 /A/와 음소 /B/에 속하는 경우를 완전 중복이라고 한다.[9]

잘 알려진 부분 중복의 예로, 덴마크어(Danish)어서 [d]가 음절말(syllable-final) 위치에서 음소 /t/의 이음으로 실현되고, 음절초(syllable-initial) 위치에서는 음소 /d/의 이음으로 실현되는 경우이다. 바꾸어 말하면, 음소 /t/가 음절초에서는 [tag] 'roof'에서처럼 [t]로, 음절말에서는 [had] 'hat'에서처럼 [d]로 실현되며, 음소 /d/는 음절초에서는 [dag] 'day'에서처럼 [d]로, 음절말에서는 [hað] 'hate'에서처럼 [ð]로 실현된다. 이 경우의 부분 중복을 다음과 같이 나타낼 수 있다.

---

7) Chomsky(1964)는 구조주의 음소론이 충족시켜야 할 조건으로 선형성(linearity), 불가변성(invariance), 쌍방향 유일성(biuniqueness), 국부적 결정성(local determinancy)의 네 가지를 말하고, 음소론이 이 조건에 얽매이게 됨으로써 발생하는 문제점을 지적하고 있으나, 본서에서는 대표적으로 쌍방향 유일성의 문제만을 언급하겠다.

8) The biuniqueness condition requires that each sequence of phones be represented by a unique sequence of phonemes, and vice versa: i.e., it should be possible to infer which phone corresponds to a given phoneme, and which phoneme corresponds to a given phone (Fischer−Jørgensen 1975: 282).

9) The *intersection* or *overlapping* of phonemes will be called *partial* if a given sound **x** occurring under one set of phonetic conditions is assigned to phoneme A, while the same **x** under a different set of conditions is assigned to phoneme B; it will be called *complete* if successive occurrences of **x** under the same conditions are assigned sometimes to A, sometimes to B (Bloch 1941: 66−67).

(6)

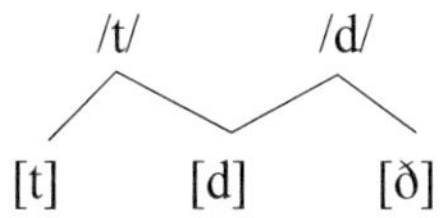

위 (6)에서 이음 [d]가 두 개의 음소 /t/와 /d/에 속하므로 중복이며, /t/에 속하는 환경(음절말에서)과 /d/에 속하는 환경(음절초에서)이 다르므로 부분 중복이다. 이처럼 하나의 단음이 두 개의 음소에 속해 있으면 쌍방향 유일성 조건을 위반하게 된다.

Bloch (1941)가 지적하는 완전 중복의 예로는 영어의 /t/와 /d/를 들 수 있다. 영어에서 이 두 음소는 betting−bedding, writer−rider, wetting−wedding, rating−raiding에서처럼 모음과 비강세 모음 사이에서 설탄음 [ɾ]로 실현된다. 하나의 소리 [ɾ]가 동일한 환경인 모음과 비강세 모음 사이에서 두 개의 음소 /t/와 /d/에 속하므로 완전 중복이다. [ɾ]가 두 개의 음소 /t/와 /d/에 속한다는 것을 나타내면 다음과 같다.

(7)

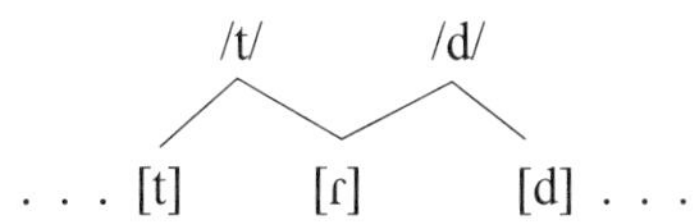

부분 중복의 경우와 달리 [ɾ]가 /t/와 /d/에 속하는 환경이 동일하다. 이와 같은 동일한 환경에서 하나의 소리가 두 개의 음소에 속하는 완전 중복의 경우를 **중화**(neutralization)라고 한다. 중화란 대립이 사라지는 것을 의미한다. 모음과 비강세 모음 사이에서 음소 /t/와 /d/는 대립이 사라지고 중화된다. 자주 인용되는 중화의 예로 독일어의 음절말 무성음화를 들 수 있다. 독일어에서 /t/와 /d/는 Tier [ti:r] 'animal'와 dir [di:r] 'to you'에서처럼 어두에서 그리고 leiten [laɪtən] 'to lead'와 leiden [laɪdən] 'to suffer'에서처럼 모음 사이에서는 대립되지만, Rat [ra:t] 'advice'와 Rad [ra:t] 'wheel'에서처럼 음절말에서는 무성음 /t/와 유성음 /d/의 대립이 중화된다. 하나의 단음 [t]가 음절말이라는 동일한 환경에서 음소 /t/에 속하기도 하고 음소 /d/에 속하기도 하므로 이 경우는 완전 중복이다.

이러한 중화의 문제를 해결하기 위해 프라하학파(Prague School) 학자들은 **원음소**(archiphoneme)라는 개념을 도입하였다. 위 독일어의 예에서 음절말 폐쇄음 /t/는 /d/와 대립되지 않기 때문에, 이 환경에 나타나는 [t]는 /t/나 /d/ 중 어느 하나의 음소에만 속하는 것이 아니고 이 두 음소 모두에 속함으로써 쌍방향 유일성 조건을 위반하게 된다. 그러나 이 두 음소가 가진 모든 공통된 속성을 지닌 음소 /T/를 설정하고,

음절말 [t]가 이 음소에만 속한다고 가정한다면, 쌍방향 유일성 조건을 위반하지 않게 된다. 이처럼 중화의 문제를 해결하기 위해 설정된 /T/와 같은 임의적인 음소를 원음소라고 한다. 이 경우 /T/는 [voice]를 제외한 /t/와 /d/의 공통된 모든 속성을 지니는 원음소이다. 원음소의 설정은 중화의 문제를 해결하기 위한 것이긴 하나, 다분히 인위적이고 임의적으로 보인다. 1930년대와 1940년대 미국의 구조주의 언어학에서도 음소의 중복을 포함한 음소론의 문제들에 대한 다양한 해결책이 제시되었으나, 모두가 나름대로 큰 결점이 있는 것으로 밝혀졌다.

3.2 형태음소론

음소 발견 절차의 문제와 중복의 문제 등을 피하기 위해 음소 층위보다 더 추상적인 형태음소 층위(morphophonemic level)를 설정하고, 형태소(morpheme)를 표시하는 형태음소(morphophoneme)가 이형태(allomorph)를 표시하는 음소로 변해가는 과정, 또는 이형태 사이에 나타나는 교체(alternation)를 설명하는 구조주의 언어학의 이론을 **형태음소론**(morphophonemics) 또는 형태음운론(morphophonology)이라고 한다.[10] 형태음소론은 생성음운론의 토대를 마련해주었다는 점에서 의의가 있다고 말할 수 있다. 형태음소론의 기본 원리는 모든 각각의 형태소가 기본형(base form)을 지니며, 이 기본형에 형태음소 규칙(morphophonemic rule)을 적용시켜 이형태를 얻을 수 있다는 것이다. 3.2에서는 형태소 및 형태음소와 관련된 기본 개념을 설명하고 형태음소론으로부터 생성음운론으로의 발전 과정을 소개하겠다.

3.2.1 형태소와 형태음소

형태음소 및 형태음소 층위의 개념을 이해하기 위해 먼저 형태소, 이형태, 교체의 개념을 이해할 필요가 있다. **형태소**(morpheme)는 간단히 말하면 의미의 최소 단위(the smallest unit of meaning)이다. 예를 들어 meaningfully라는 단어는 mean, −ing, −ful, −ly라는 네 개의 형태소로 구성되어 있다. 이때 mean을 두 개의 형태소 me와 an이 결합된 것으로 분석할 수는 없다. 그렇게 되면 mean이 가지고 있는 본래의 독자적

10) 형태음소론은 형태론(morphology)과 음소론이 결합된 것이라고 말할 수 있다.

의미가 상실되고 다른 의미가 되어버리기 때문이다.

형태소는 종류에 따라 여러 방식으로 구분할 수 있다. 첫 번째 방식은 형태소를 **어근**(root)과 **접사**(affix)로 구분하는 것이다. 어근은 단어의 가장 중심이 되는 형태소로 접사를 모두 떼어내고 난 나머지 요소를 말하며, meaningfully에서 어근은 mean이 된다. 접사는 다시 접두사(prefix), 접요사(infix), 접미사(suffix)로 구분할 수 있다. 예를 들어 independently 에서 in−은 접두사이고, depend는 어근이며, −ent와 −ly는 접미사이다. 영어에는 접요사라고 지칭할 만한 형태소는 없다.[11] 그러나 일부는 lickety*fucking*split, im*fucking*possible, propa*fucking*ganda, al*bloody*mighty, handi*bloody*cap, kanga*bloody*roo 등에서처럼 단어 사이에 삽입된 fucking이나 bloody 같은 것을 접요사로 간주하기도 한다.[12] **어기**(base)는 접사가 첨가되는 부분을 말하며, 엄밀히 말해 어근과 구분된다. 예를 들어 접미사 −ly의 어기는 meaningful이고, −ful의 어기는 meaning이며, −ing의 어기는 mean이 된다. 그러나 meaningfully, meaningful, meaning 모두에서 어근은 mean이 된다.

두 번째로, 형태소를 **자립 형태소**(free morpheme)와 **의존 형태소**(bound morpheme)로 구분할 수 있다. 자립 형태소란 문장 속에서 혼자서 온전한 단어로 사용될 수 있는 형태소를 말하며, 의존 형태소는 문장 속에서 홀로 나타나지 못하고 반드시 다른 형태소에 덧붙어서 단어를 형성하는 형태소를 말한다. 하나의 형태소로 이루어진 모든 단어는 자립 형태소에 속하며, 모든 접사는 의존 형태소에 속한다. 예컨대 meaningfully와 independently에서 mean과 depend만이 자립 형태소이고 나머지는 의존 형태소이다. 대부분의 어기는 자립 형태소이지만, consent, dissent, assent의 어기 sent와 같은 일부 어기는 의존 형태소이다.

세 번째로, 형태소를 **어휘 형태소**(lexical morpheme)와 **문법 형태소**(grammatical morpheme)로 구분할 수 있다. 일반적으로 어휘 형태소는 동사, 명사, 형용사, 부사 등의 내용어를 가리키고, 문법 형태소는 문장 내에서 문법 관계를 나타내는 관사, 전치사, 접속사 등의 기능어를 가리킨다. 학자에 따라 접사를 모두 문법 형태소로 간주하기도 하고, 파생 접사(derivational affix)는 어휘 형태소로, 굴절 접사(inflectional affix)는 문법 형태소로 구분하기도 한다. 어휘 형태소와 문법 형태소의 구분은 사실

---

11) 접요사의 개념을 이해하기 위해 필리핀에서 사용되는 언어의 하나인 Bontoc의 예를 들면, fikas 'strong'에 접요사 um이 삽입되면 <u>fum</u>ikas 'he is becoming strong'가 되며, 마찬가지로 fusul 'enemy'에 접요사 um이 삽입되면 <u>fum</u>usul 'he is becoming an enemy'이 된다.

12) 이처럼 fucking, bloody, blooming, goddamn 등이 단어 중간에 삽입되는 것을 비속어 삽입(expletive infixing)이라고 하며, 비속어가 삽입되는 위치는 강세 음절 앞이다.

상 쉽지 않다.

네 번째로, 접사를 **굴절 접사**와 **파생 접사**로 구분할 수 있다. 굴절 접사란 단어에 어휘적 의미를 더하지 않고 단지 시제(tense), 상(aspect), 수(number), 성(gender), 격(case) 등의 문법적 기능을 나타내는 접사를 말하며, 영어의 경우 접두사는 존재하지 않고 단어의 끝에 붙는 접미사만 있다. 현대 영어의 굴절 접미사는 명사에 붙어 복수를 나타내는 −s, 소유격을 나타내는 −'s, 동사에 붙어 3인칭 단수 현재를 나타내는 −s, 과거시제를 나타내는 −ed, 현재분사를 나타내는 −ing, 과거분사를 나타내는 −en, 형용사와 부사에 붙어 비교급을 나타내는 −er, 최상급을 나타내는 −est를 포함한 총 8개뿐이다.[13] 나머지 모든 접사는 파생 접사이다. 굴절 접사가 붙기 이전의 형태를 일컬어 **어간**(stem)이라고 한다.[14] 예를 들어 drivers에서 −er는 파생 접사이고, −s는 굴절 접사이며, 이 굴절 접사가 붙기 이전의 형태인 driver는 어간이다.

굴절 접사와 파생 접사는 여러 가지 점에서 차이가 나지만, 편의상 중요한 세 가지 차이만을 열거하면 다음과 같다. 첫째, 굴절 접사는 cat−cat*s*, love−lov*ing*−lov*ed*, cold−cold*er*−cold*est*에서 보듯이 품사(parts of speech, word classes 또는 lexical categories)를 바꾸지 않지만, 파생 접사는 courage(N)−*en*courage(V), act(N)−act*ive*(A)− activ*ate*(V)에서 보듯이 품사를 바꿀 수 있다. 물론 파생 접사가 kind−*un*kind, violin−violin*ist*, gang−gang*ster*에서처럼 품사를 바꾸지 않는 경우도 있다.

둘째, 굴절 접사는 단어의 맨 끝에 한 번만 붙을 수 있는 반면, 파생 접사는 여러 개가 겹쳐서 붙을 수 있다. 다시 말해 모든 파생 접사가 다 첨가된 뒤에서야 마지막으로 굴절 접사가 첨가될 수 있다. 예를 들어 industry에 두 개의 파생 접미사 −al과 −ize가 겹쳐서 붙고 난 다음에, 과거를 나타내는 굴절 접미사 −ed가 붙어 industrialized가 된다. 이처럼 파생 접사는 어근 가까이에 여러 개가 첨가될 수 있는 반면, 굴절 접사는 단어 끝에 한 번만 첨가되어 단어를 마감하며, 접사 첨가의 순서에 있어서 파생 접사가 모두 다 붙은 다음에야 비로소 굴절 접사가 붙을 수 있다.

---

13) 역사적으로 볼 때, 고대영어는 매우 복잡한 굴절 체계를 가지고 있었지만, 고대영어 말기부터 굴절 어미의 모든 모음이 [ə]로 **수평화**(leveling)되었고 결국 거의 대부분의 굴절 어미가 소실되게 되었다. 단어의 문법 관계를 굴절에 의해 나타내는 고대영어와 같은 언어를 **종합어**(synthetic language)라고 하고, 반면 굴절이 나타내던 문법 관계를 전치사나 조동사를 사용하거나 어순(word order)에 의지하여 나타내는 현대영어와 같은 언어를 **분석어**(analytic language)라고 한다.

14) 흔히 어간, 어기, 어근을 같은 의미로 사용하지만, 엄밀한 의미에서 이 셋은 다른 개념이므로 이것들을 혼용하는 것은 바람직하지 않다.

셋째, 굴절 접사의 첨가는 생산적(productive)이지만 파생 접사의 첨가는 다분히 임의적이다. 굴절 접사는 주어진 품사의 모든 어간과 결합한다. 예를 들어 3인칭 단수 현재를 나타내는 접미사 –s는 be동사와 조동사 등을 제외한 모든 동사의 어간에 붙을 수 있다. 반면 파생 접사는 어기와의 결합이 임의적이다. 예를 들어 abil*ity,* fail*ure,* rotat*ion,* adorn*ment,* happi*ness*, arriv*al*, wis*dom*, wid*th*, complain*t*, discover*y*, shrink*age*, abund*ance* 등에서처럼 명사를 만들 때 매우 다양한 파생 접사가 첨가되므로, 어떤 어기에 어떤 파생 접사를 첨가해야 하는지가 매우 임의적이다.

지금까지 형태소를 정의하고, 형태소의 종류에는 어떤 것들이 있으며, 굴절 접사와 파생 접사의 차이에 관하여 언급하였다. 이제 형태음소에 관하여 살펴보자. 하나의 음소가 환경에 따라 다른 변이형 즉, 여러 이음으로 실현되듯이, 하나의 형태소는 환경에 따라 다른 변이형으로 나타날 수 있다. 이러한 경우, 환경에 따른 형태소의 변이형을 **이형태**(allomorph)라고 한다.[15] 예를 들어, wife /wayf/가 복수가 되면 wives /wayv–z/가 되는데, /wayf/와 /wayv/는 같은 의미를 지닌 하나의 형태소이지만 단수일 경우와 복수일 경우 서로 다른 형태로 나타난다. 이처럼 환경에 따라 다른 형태로 나타나는 형태소의 변이형을 이형태라고 한다. 하나의 형태소가 둘 이상의 서로 다른 이형태로 나타나는 현상을 **교체**(alternation)라고 하고, 이형태들이 서로 교체한다고 한다. 또한 교체하는 각각의 이형태를 **교체형**(alternant)이라고 한다. 교체는 'in alternation with'를 의미하는 기호 '~'를 사용하여 표시한다. 모든 형태소는 각각 기본형을 지닌다는 형태음소론의 기본 가정에 따라 형태소 wife의 기본형을 나타내면 {wayF}가 된다. 이와 같이 형태소의 기본형을 표시하는 단위를 일컬어 **형태음소**(morphophoneme)라고 한다.[16] 일반적으로 형태소는 형태음소를 사용하여 중괄호(brace) '{ }' 속에 넣어서 표시하고,[17] 이형태는 음소를 사용하여 사선 '/ /'속에 넣어 표시한다. {wayF}에서 형태음소 {F}는 음소 /f/와 /v/를 포함하는 음소의 집합이라고 할 수 있다.[18] 형태음소는 교체를 보이는 형태소를 표시할 경우에 이와 같이

15) **형태**(morph)란 형태소를 나타내는 실제의 모양을 가리키는 말로, 형태소와 형태의 관계는 음소와 단음의 관계와 같다고 말할 수 있다.

16) 형태음소를 원음소와 혼동해서는 안 된다. 형태음소는 여러 음소들을 대표할 수 있는 음소보다 더 추상적인 단위인 데 반해, 원음소는 음소 층위의 요소이기 때문이다.

17) 학자에 따라 //wayF//처럼 형태소를 이중 사선에 넣어 표시하기도 한다.

18) Harris(1951: 225)는 형태음소에 관하여 다음과 같이 말한다: Each morphophonemic symbol represents a class of phonemes and is defined by a list of member phonemes each of which occurs in a particular environment.

대문자를 사용하여 나타내는 반면, chief−chiefs(*chieves)에서처럼 교체를 보이지 않는 형태소를 표시할 경우에는 {ʧif}와 같이 소문자를 써서 나타낸다. 따라서 knife와 thief는 각각 {nayF}와 {θiF}로 표시되는 반면, reef와 cough는 각각 {rif}와 {kɔf}로 표시된다.

위에서는 음소 /f/와 /v/ 사이의 교체와 관련된 어간 형태소의 예를 언급하였다. 이제 영어의 복수를 나타내는 접미사 형태소의 이형태를 잠시 살펴보자. 영어의 규칙적인 복수 접미사 형태소 {Z, plural}는, 선행하는 음에 따라 /ɪz/, /z/, /s/의 세 가지 이형태로 실현된다. 즉, /ɪz/는 치찰음 /s, z, ʃ, ʒ, ʧ, ʤ/로 끝나는 명사 뒤에, /z/는 치찰음을 제외한 유성음으로 끝나는 명사 뒤에, /s/는 무성 치찰음을 제외한 무성음으로 끝나는 명사 뒤에 각각 나타난다. 여기서 우리가 알 수 있는 사실은 이형태들이 동일한 환경에는 결코 나타나지 않고, 상호 배타적인 환경에 나타난다는 것이다. 마치 음소의 이음들이 대개 상보적 분포를 이루는 것과 마찬가지로, 형태소의 이형태들도 상보적 분포를 이룬다. 복수 형태소 {Z, plural}은 세 개의 이형태 /ɪz/, /z/, /s/를 지니고, 이 이형태들이 서로 교체한다는 것을 다음과 같이 나타낼 수 있다.

(8) {Z, plural}=/ɪz/~/z/~/s/

지금까지 3.2.1에서 언급한 내용을 요약하면 다음과 같다. 형태소는 의미의 최소 단위이며, 어근, 어기, 어간, 접사, 자립 형태소, 의존 형태소, 어휘 형태소, 문법 형태소, 굴절 접사, 파생 접사 등의 다양한 종류로 구분할 수 있다. 굴절 접사와 파생 접사는 품사의 변화, 접사 첨가의 순서와 위치, 생산성에서 차이를 보인다. 형태소의 변이형을 이형태라고 하고, 하나의 형태소가 환경에 따라 여러 이형태로 실현될 경우 이형태들은 서로 교체한다고 한다. 교체하는 이형태들의 환경은 상보적이다. 형태소는 { } 속에 넣어서 형태음소로 표시하고, 이형태는 / / 속에 넣어서 음소로 표시한다.

3.2.2 형태음소 층위

영어의 형태소 wife를 형태음소로 나타내면 {wayF}가 되고, 이형태를 음소로 나타내면 /wayf/, /wayv/가 되며, 음성 실현을 이음으로 나타내면 [wayf], [wa:yv]가 된다.[19] 형태음소, 음소, 이음의 관계를 나타내면 다음과 같다. 다음 (9)에서 보듯이, 형태소를 형태음소로 표시하는 층위를 **형태음소 층위**(morphophonemic level)라고 하고,

이형태를 음소로 표시하는 층위를 **음소 층위**(phonemic level)라고 하며, 이음을 음성적으로 표시하는 층위를 **음성 층위**(phonetic level)라고 한다.

(9) {wayF} :형태음소 층위

/wayf/ /wayv/ :음소 층위

[wayf] [wa:yv] :음성 층위

형태음소론은 이처럼 음소보다 더 추상적인 형태음소 층위를 설정한다. 형태음소론은 형태음소 층위를 설정함으로써, 음소보다 더 깊은 층위에 나타나는 규칙성을 설명할 수 있다는 장점을 지닌다.

형태음소 층위와 음소 층위의 관계를 나타내는 규칙을 **형태음소 규칙**(morphophonemic rule)이라고 하고, 음소 층위와 음성 층위의 관계를 나타내는 규칙을 **음소 규칙**(phonemic rule) 또는 **이음 규칙**(allophonic rule)이라고 한다. 형태음소 {F}가 복수 접미사 앞에서는 음소 /v/로 다른 환경에서는 /f/로 실현된다는 것을 기술하는 규칙이 형태음소 규칙에 해당된다. 모음이 유성 자음 앞에서 길어진다는 것을 기술하는 규칙은 음소 규칙 또는 이음 규칙에 해당된다. 이 두 규칙은 크게 두 가지 점에서 차이를 보인다. 첫 번째로, 형태음소 규칙은 예외가 있을 수 있지만 이음 규칙은 예외가 없다는 점이다. 두 번째로, 두 규칙은 적용되는 환경에 있어서 차이를 보인다. 형태음소 규칙의 환경은 형태적(morphological) 또는 문법적(grammatical) 정보가 요구될 수 있지만, 이음 규칙의 환경은 음성적 또는 음운적 정보만이 요구된다. 형태음소 {F}를 음소 /v/로 바꾸는 형태음소 규칙이 적용되는 환경은 "복수"라고 하는 형태적 또는 문법적(grammatical) 정보를 필요로 한다. 왜냐하면 이 규칙은 모든 −s 앞에서 적용되는 것이 아니고 복수의 −s 앞에서만 적용되기 때문이다. 예를 들어 my wife's hat, the knife's edge에서처럼 명사에 소유격 접미사 −'s가 첨가되거나 동사 leaf (through), bluff, engulf 등의 동사에 3인칭 단수 현재 접미사 −s가 첨가될 경우에는 /f/와 /v/의 교체가 나타나지 않는다. 음소론에서는 /f/와 /v/ 사이의 교체를 설명할 수 없지만, 형태음소 층위를 설정함으로써 형태음소론에서는 복수 앞에서 나타나는 /f/와 /v/의 분포의 규칙성을 설명할 수 있다.

---

19) 여기서 [wa:yv]에서 콜론(:)은 그 앞에 있는 모음이 장음임을 나타낸다. 앞으로 장모음을 표시하기 위해 장음부호(macron) '¯' 대신 ':'를 사용하기로 한다.

또한 형태음소 층위를 설정함으로써 이형태 사이에 밀접한 관계가 있음을 나타낼 수 있다. 위 (9)는 이형태 /wayf/와 /wayv/가 형태소 {wayF}와 관련되어 있음을 보여준다. 형태음소 층위를 설정하지 않으면, /wayf/와 /wayv/는 이처럼 밀접한 관계가 있지만 half /hæf/와 have /hæv/ 사이에는 이러한 관계가 없다는 사실을 설명할 방법이 없다.

복수 어미가 첨가될 경우 /f/와 /v/의 교체를 보이지 않는 chief−chiefs, reef−reefs, cough−coughs, rough−roughs 등과 같은 어간 형태소의 마지막 형태음소는 대문자를 사용하지 않고 {f}처럼 소문자를 나타낸다. 이 형태음소 {f}는 그대로 음소 /f/로 실현된다. 마찬가지로 cave, cove, glove, dove 등의 마지막 형태음소는 {v}로 표시되며, 이것은 음소 /v/로 실현된다. 형태음소 {F}는 /f/와 /v/를 지니지만, {f}와 {v}는 각각 /f/와 /v/만을 지닌다는 사실을 도식화하여 나타내면 다음과 같다.

(10) {f} {F} {v}

/f/ /v/

[f] [v]

음소론에서는 음소와 이음의 관계 즉, 이음들의 분포에 주된 관심을 기울인 반면, 형태음소론에서는 보다 추상적인 형태음소와 음소의 관계 즉, 이형태의 분포에 주된 관심을 기울였다.

3.2.3 체계적 음소

형태음소론은 아래 (11)과 같이 복수 형태소를 세 개의 이형태와 연결함으로써, 규칙적 복수 어미의 분포를 나타낸다. 즉, /ɪz/는 /s, z, ʃ, ʒ, ʧ, ʤ/로 끝나는 명사 뒤에, /z/는 /z, ʒ, ʤ/를 제외한 유성음으로 끝나는 명사 뒤에, /s/는 /s, ʃ, ʧ/를 제외한 무성음으로 끝나는 명사 뒤에 각각 나타난다는 것을 나타낸다.

(11) {Z, plural} :형태음소 층위 (형태소의 형태음소 표시)

/ɪz/ /z/ /s/ :음소 층위 (이형태의 음소 표시)

[ɪz] [z] [s] :음성 층위 (이음의 음성 표시)

깊은 층위의 규칙성을 기술하기 위해 형태음소 층위를 설정한 형태음소론은 결국 생성음운론의 토대가 되었지만, 위에서처럼 음소 층위를 여전히 유지하고 있었다. 그 후 음소 층위는 생성음운론에서 비판의 대상이 되어 왔다. Chomsky(1957)가 음소론에 대한 신랄한 비판을 한 데 이어, Halle(1959)는 음소와 음소 층위를 부정해야 한다고 주장한다. Halle(1959)는 러시아어의 예를 들어, 음소 층위는 문법 기술에 도움이 되지 않을 뿐만 아니라 규칙성과 일반성의 포착을 불가능하게 하여 결국 문법에 부담을 주기 때문에 문법 기술에서 빼버려야 한다고 주장한다.[20] 또한 Chomsky(1964)와 Postal(1968) 역시 이 견해를 지지하였다. 이후 생성음운론은 음소를 자립 음소(autonomous phoneme) 또는 분류 음소(taxonomic phoneme)로, 형태음소를 **체계적 음소**(systematic phoneme)로 구분하여 칭하였으며, 음소라는 단위와 음소 층위의 존재를 부정하였다.[21] 또한 음성 층위를 체계적 음성 층위(systematic phonetic level)라고 하였다. 생성음운론의 입장에서 (11)을 다시 나타내면 아래와 같다.

(12) /z/ :체계적 음소 표시

[ɪz] [z] [s] :체계적 음성 표시

생성음운론의 기본 가정(basic assumption)은 형태음소론과 마찬가지로 각 형태소가 하나의 기본형을 지닌다는 것이다. 그러나 이 기본형을 표시하는 데 있어 형태음소론과 생성음운론은 차이를 보인다. 생성음운론에서는 이 기본형을 나타내는 단위를 형태음소가 아니라 체계적 음소 또는 **음운 분절음**(phonological segment)이라고 한다. 따라서 복수 형태소를 (11)에서는 {Z}로, (12)에서는 /z/로 표시하였다. 생성음운론에서 형태소의 기본형을 보통 **기저형**(underlying form)이라고도 하며, 기저형을 체계적 음소로 표시하는 것을 체계적 음소 표시, **기저표시**(underlying representation: UR) 또는 **음운 표시**(phonological representation)라고 한다. 또한 형태소의 실제 발음

20) Halle(1959)가 제시한 러시아어의 유성음화(voicing)와 관련된 자료와 분석은 편의상 생략하기로 한다.

21) 전통적 음소를 자립 음소라고 칭하는 이유는 음소론이 통사론, 의미론, 형태론과는 전연 별개의 독립적인 문법의 일부이므로, 음소 분석에 통사적, 형태적 문법 정보를 허용하지 않기 때문이다. 또한 전통적 음소를 분류 음소라고 하는 이유는 음소론이 규칙에 의해 표현하는 음운적 일반성을 무시하고 단지 소리를 분류하는 데만 관심을 두었기 때문이다.

형태를 **도출형**(derived form) 또는 **표면형**(surface form)이라고 하며, 이 도출형 또는 표면형을 **음성 분절음**(phonetic segment)에 의해 표시한 것을 **체계적 음성 표시**(systematic phonetic representation), **도출 표시**(derived representation) 또는 **표면 음성 표시**(surface phonetic representation)라고 한다. 기저 표시와 음성 표시의 관계는 규칙에 의해 나타낸다. 다시 말해 규칙은 기저 표시를 음성 표시로 바꾸는 역할을 한다.

형태음소론과 생성음운론의 가장 중요한 차이는, 형태음소론은 (11)에서 보듯이 음소 층위를 유지하지만, 생성음운론은 (12)에서 보듯이 체계적 음소 표시와 체계적 음성 표시 중간에 (자립/분류) 음소 (층위)를 인정하지 않는다는 것이다. 두 번째 차이는 형태소의 기본형 표시에 있다. 교체를 보이는 형태소의 기본형이 형태음소론에서는 (11)에서 보듯이 이형태들 중 하나가 아닌 다른 형태이지만, 생성음운론에서는 (12)에서 보듯이 대개의 경우 이형태 중 하나가 된다. 세 번째로, 형태음소론은 이형태들의 분포를 기술하는 데 그치지만, 생성음운론은 규칙에 의해 이형태들의 분포를 지배하는 일반성을 포착하는 데 중점을 둔다.

4 변별적 자질

English Phonology

English Phonology

구조주의는 음소를 음운 분석의 가장 작은 단위로 보았지만, 생성음운론은 분절음을 **변별적 자질**(distinctive features)의 집합체(bundle)로 보고 변별적 자질을 음운 분석의 최소 단위로 삼는다.[1] 어떤 실체(entity)를 기술할 때 그것이 지니는 속성(property)들을 나열하는 방식을 사용하는 것과 마찬가지로, 어떤 분절음을 기술하기 위해 그 분절음이 지니는 속성들을 나열할 수 있을 것이다. 이때 분절음이 지니는 속성들을 자질(feature)이라고 한다. 예를 들어 /p/를 '무성 양순 폐쇄음'이라고 말할 때, '무성(voiceless)', '양순(bilabial)', '폐쇄음(stop)'이 분절음 /p/의 속성이며 자질인 것이다.[2]

자질은 분절음의 속성을 나타낸다는 점에서 기술적(descriptive)이기도 하지만, 하나의 분절음을 다른 분절음과 구분할 수 있도록 한다는 점에서 접미사적(contrastive)이기도 하다. 예를 들어 pin의 /p/와 bin의 /b/의 차이를 음소론에서는 단순히 음소 /p/와 /b/의 대립으로 보겠지만, 생성음운론에서는 유무성(voicing) 자질의 대립에 의해 기술한다. 다시 말해 음소라는 단위가 아니라 자질이라는 단위를 사용하여 대립을 나타낸다. 이처럼 대립적으로 사용되는 경우의 자질을 특히 변별적 자질이라고 한다.[3] 어떤 자질이 변별적인가는 언어에 따라 다르다. 예를 들어 유무성 자질은 영어에서 변별적이지만 한국어에서는 변별적이 아니고, 무성 폐쇄음의 기음화(aspiration)는 한국어에서는 변별적이지만 영어에서는 변별적이 아니다.

일반적으로 변별적 자질은 대괄호 '[ ]' 속에 넣어 [αF]의 형식(format)으로 표기한다. 여기서 'α'는 '+'와 '−'의 **자질가**(feature value)를 나타내는 **변항**(variable)이고, 'F'는 **자질 명**(feature name)을 나타낸다. 대부분의 경우 자질가는 **이원적**(binary)이어서 '+'와 '−'의 두 개가 있으며, '+'는 자질의 특성이 존재한다는 것을 나타내고 '−'는 자질의 특성이 존재하지 않는다는 것을 나타낸다. 예를 들어 [voice]의 속성을 가지고 있는 유성음은 [+voice]로 나타내고, [voice]의 속성이 없는 무성음은 [−voice]로 나타낸다. 어떤 자질에 대해 '+' 혹은 '−'의 자질가를 나타내는 것을 **자질 명시**(feature specification)라고 한다. 자질가가 언제나 '+' 혹은 '−'의 이원적인 것은 아니다. 기음화나 비음화(nasalization) 같은 음성적 특성의 정도(degree) 또는 강세의 정도를 나타낼 경우에는 1, 2, 3, 4, . . .와 같은 다원적(*n*−ary) 자질가를 사용하기도 한다.

---

1) We take 'distinctive features' to be the minimal elements of which phonetic, lexical, and phonological transcriptions are composed, by combination and concatenation (*SPE* 64).
2) 뒤에서 자세히 다루겠지만, '양순음'과 '폐쇄음'이라는 속성은 다른 명칭의 자질을 사용하여 나타낸다.
3) '변별적 자질'과 대조를 이루는 것으로 '잉여적 자질(redundant feature)'이 있다. 여기에 관하여는 5장에서 자세히 다룬다.

변별적 자질을 설정하는 데 있어 고려해야 할 원칙은 이원성(binarity) 이외에도 경제성(economy)과 언어 보편성(linguistic universality)이 있다. 자질가가 이원적이기 때문에, 두 개 부류의 소리를 기술하는 데는 단지 하나의 자질만이 필요하며, 세 개 혹은 네 개 부류의 소리를 기술하기 위해서는 아래에서 보듯이 적어도 2개의 자질이 필요하다.[4)]

(1)

	A	B	C	D
F	+	+	−	−
G	+	−	+	−

위에서 보듯이 네 개 부류(A, B, C, D)의 음들을 기술하기 위해서는 적어도 두 개의 자질(F, G)이 필요하다. 네 개의 소리 부류를 기술하기 위해 셋 또는 그 이상의 자질을 사용할 수도 있지만, 두 개의 자질을 사용하는 편이 더 경제적일 것이다. 따라서 최소한의 자질 집합을 사용하여 최대한의 분절음 대립을 설명한다는 경제성의 원칙을 따라야 한다. 또한 자질은 어느 특정 언어가 아니고 세계의 모든 자연 언어(natural language)에 나타나는 음운 대립을 기술하기에 적합한 언어 보편적인 것이어야 한다. 자질이 언어 보편적이기 위해서는 자질이 임의적으로 설정되어서는 안 되고 타당한 음성적 근거를 바탕으로 설정되어야 한다.

음운 분석의 최소 기술 단위로 분절음을 사용하는 것보다 변별적 자질을 사용하면 어떤 장점이 있는지를 보기 위해, 영어의 규칙적인 복수 어미의 분포에 관하여 살펴보자. 복수 어미는 명사의 마지막 분절음에 따라 cats[s], kids[z], buses[ɪz]에 보듯이 세 가지 형태로 나타난다. 분절음을 사용할 경우 이 교체 현상을 다음과 같이 기술해야 할 것이다: 복수 어미는 명사의 마지막 분절음이 /s, z, ʃ, ʒ, ʧ, ʤ/일 때는 [ɪz], /p, t, k, f, θ/일 때는 [s], 그리고 /b, d, g, v, ð, m, n, ŋ, r, l, y, w/ 또는 모음일 때는 [z]로 각각 나타난다. 그러나 변별적 자질을 사용하면, [ɪz]는 치찰음(sibilant) 뒤에서, [s]는 무성음([−voice]) 뒤에서, 그리고 [z]는 유성음([+voice]) 뒤에서 나타난다고 간단히 말할 수 있다.[5)] 복수 형태소의 분포를 결정하는 것은 사실상 이 세 부류의 분절음

4) 만일 자질이 n개 있다면 논리적으로 볼 때 2^n개의 부류를 기술할 수 있다.
5) 물론 [s]와 [z]는 각각 치찰음을 제외한 무성음과 유성음 뒤에 나타난다고 말해야 좀 더 정확한 표현이 되겠지만, 사실상 '치찰음을 제외한'이라는 조건은 규칙의 적용 순서에 의해 조작이 가능하므로 구태여 언급하지 않아도 된다.

들이 각각 지니는 공통된 속성 즉, 자질이다.[6] 이처럼 자질을 사용할 경우 규칙적인 명사 복수 어미의 세 가지 형태가 나타나는 환경을 보다 간결하게 기술할 수 있을 뿐만 아니라 더 나아가, 왜 이러한 분포를 보이는지를 설명할 수 있다. 즉, 영어에서는 '치찰음+치찰음'의 연쇄가 허용되지 않기 때문에, 치찰음으로 끝나는 명사 뒤에 치찰음인 복수 어미가 붙을 때 생기게 되는 이 연쇄를 피하기 위해 그 사이에 모음이 삽입되는 것이고, 복수 어미의 유무성이 명사의 마지막 분절음의 유무성과 일치하는 것은 발음의 용이성(ease of articulation)을 위한 자연스런 동화 현상인 것이다. 또한 자질을 사용하면 '치찰음의 연쇄'([+sibilant][+sibilant])[7]와 '유무성의 일치'([αvoice][αvoice])의 개념을 명시적으로 간결하게 나타낼 수 있지만, 자질을 사용하지 않고 분절음을 사용하여 이 개념을 나타낸다면 복잡해질 것이다. 변별적 자질을 사용해야 하는 근본적이고 중요한 또 다른 이유는, 변별적 자질을 사용하면 문법의 평가 척도(evaluation measure)의 기준을 객관적으로 형식화할 수 있기 때문이다.

지금까지 변별적 자질의 개념을 소개하고, 변별적 자질을 설정할 때 지켜야 하는 세 가지 원칙과 변별적 자질의 타당성에 관하여 간단히 언급하였다. 이제 4.1에서는 표준 생성음운론을 대표하는 *SPE*의 자질 이론을 소개하고, 4.2에서는 문법의 평가 척도에 관하여 살펴보겠다.

4.1 *SPE*의 자질 이론

변별적 자질에는 주요 부류 자질(major class features), 조음 방법 자질(manner features), 조음 위치 자질(place of articulation features), 혓몸 자질(tongue body features), 부차적 자질(subsidiary features)이 있다. 주요 부류 자질은 모든 음들을 저해음(obstruent), 공명 자음(sonorant consonant), 전이음(glide), 모음 등으로 하위 구분하는 자질들을 말한다.

6) 좀 더 일반적으로 말하면, 교체를 설명하는 규칙은 상호 관련이 없는 분절음들의 임의적 집합체에 적용되는 것이 아니고 음성적으로 상호 관련된 분절음들의 부류 즉, 자연 부류(natural class)에 적용된다.

7) 사실상 [sibilant]라는 자질은 거의 사용되고 있지 않지만, 편의상 이 자질을 사용한다. 일반적으로 치찰음(sibilant)은 [+coronal, +strident]라는 자질에 의해 나타낸다.

4.1.1 주요 부류 자질

주요 부류 자질에는 **[syllabic]**(성절성: [syll]), **[consonantal]**(자음성: [cons]), **[sonorant]** (공명성: [son])가 있다. 이 세 개의 자질에 의해 분절음들을 저해음, 공명 자음(유음(liquid)과 비음(nasal)), 성절성(syllabic) 공명 자음, 후두 전이음(laryngeal glide), (구강) 전이음, 모음의 6개 주요 부류로 구분한다. 6개 부류의 음들을 구분하기 위해서는 최소 3개의 자질이 필요하기 때문에, 주요 부류 자질에 3개가 있는 것이다.

음절의 핵음(peak)을 이루는 분절음은 [+syll]이고, 그렇지 않은 것들은 [−syll]이다.[8] 전형적으로 모음들은 [+syll]이고 모음이 아닌 것들 즉, 자음과 전이음은 [−syll]이다. 전이음 /y, w/는 각각 고모음 /i, u/와 [syll]의 자질에 있어서만 차이가 있다. 자음 중에서도 공명음인 유음(liquid)과 비음(nasal)은 riddle [rɪdl̩], button [bʌʔn̩]에서처럼 음절 핵음을 이룰 때가 있다. 이 경우에 이 음들은 [+syll]로 명시된다. 일반적으로 편의상 [+syll]을 'V'로, [−syll]을 'C'로 표기한다.

구강 중앙선을 따라 저해(obstruction)가 일어나 발음되는 자음성(consonantal) 음들은 [+cons]이고, 그렇지 않은 비자음성(non−consonantal) 음들은 [−cons]이다. 영어에서 저해음과 공명 자음이 [+cons]이고, 모음과 전이음 /y, w/는 [−cons]의 자질을 갖는다.

---

8) *SPE*는 초기에 Jakobson, Fant and Halle(1952), Jakobson and Halle(1956)의 자질 이론을 바탕으로, **[vocalic]**(모음성: [voc])이라는 자질을 사용하다가, 후에 이 자질을 [syllabic]으로 대치하였다. Jakobson and Halle(1956)는 주요 부류 자질로 [vocalic]과 [consonantal]을 사용하여 음들을 다음과 같이 네 가지 주요 부류로 구분한다.

	true consonant	vowel	liquid	glide
vocalic	−	+	+	−
consonantal	+	−	+	−

위에서 순정자음(true consonant)은 저해음과 비음의 부류를 통칭하는 말이다 (보통은 저해음만을 가리켜 순정자음이라고 한다). 이러한 분석의 문제점은 순정자음, 유음, 전이음으로 이루어진 비모음(nonvowel)이라는 자연 부류를 간단히 나타낼 방법이 없다는 것이다. 모음은 [+vocalic, −consonantal]이라는 자질복합체로 나타낼 수 있지만, 비모음을 나타내기 위해서는 {[−vocalic], [+consonantal]}처럼 '[+cons] 또는 [−voc]이다'는 이접(disjunction)의 개념을 사용해야 하는 문제가 발생한다. 일반적으로 모음은 음절 핵음을 이루고 비모음은 핵음이 아닌 주변음(margin)을 이루는 것으로 볼 때, 비모음이 공통 자질을 가져야 한다는 것은 자명하다. 이런 문제를 해결하기 위해 *SPE*는 [vocalic]을 [syllabic]으로 대치한다. Milner(1967)는 프랑스어의 연독(liaison)과 삭제(elision) 현상을 적절히 설명하기 위해 [voc]을 [syll]로 대치할 것을 제안하였고, *SPE*는 이 제안을 따른 것이다.

구강 내에서 극도의 협착(constriction) 없이 발음되는 음들은 [+son]이고, 폐쇄음이나 마찰음(fricative)과 같이 급격한 구강 협착을 수반하는 음들은 [−son]이다. [+son] 자질을 지니는 모음, 전이음, 유음, 비음을 발음할 때는 성도(vocal tract) 안팎의 압력이 대개 동일하지만, [−son] 자질을 갖는 저해음을 발음할 때는 구강 성도 내의 압력이 높아진다. 또한 공명음을 발음할 때 공기가 비교적 자유롭게 흘러나오면서 성대의 진동이 수반되지만, 저해음을 발음할 때는 그렇지 못하다.[9)]

주요 부류 자질 [syll], [cons], [son]에 의해 영어의 음들을 다음과 같이 6개의 주요 부류로 구분할 수 있다.[10)]

(2)

	저해음	공명 자음 (유음,비음)	성절성 공명 자음	후두 전이음 (h, ʔ)[11)]	구강 전이음 (y, w)	모음
syll	−	−	+	−	−	+
cons	+	+	+	−	−	−
son	−	+	+	−	+	+

위에서 보듯이, 모음과 성절성 공명 자음만이 음절 핵음이 될 수 있기 때문에

9) Sonorants are sounds produced with a vocal tract cavity configuration in which spontaneous voicing is possible; obstruents are produced with a cavity configuration that makes spontaneous voicing impossible. . . . Hence sounds formed with more radical constrictions than the glides, . . . are sonorant (*SPE* 302).

10) 3개의 자질을 사용하면 논리적으로 8개 부류를 구분할 수 있지만 영어에서는 (2)에 제시한 6개 부류의 음들만이 허용된다. 영어에서 논리적으로 가능한 나머지 2개의 부류는 체계적 공백이다. 왜냐하면 [+syll, −cons, −son]와 [+syll, +cons, −son]은 영어에서 허용되지 않기 때문이다. [+syll, −cons, −son]의 자질로 이루어진 음은 자연 언어에 존재할 수 없다. 왜냐하면 어떤 음이 자음이 아니면서 저해음일 수는 없기 때문이다. 마찬 가지로 [+syll, +cons, −son]의 자질 결합은 영어에서 저해음이 음절의 핵음이 될 수 없기 때문에 허용되지 않는다. 이처럼 어떤 자질 결합이 가능한 분절음(possible segment)이 될 수 있는지에 관하여는 5장에서 잉여성(redundancy)을 다루면서 자세히 기술하겠다.

11) 후두 전이음인 /h/와 [ʔ]의 자질에 관하여는 학자에 따라 견해가 다르다. *SPE*(303, 354)는 후두 전이음과 구강 전이음(oral glide)을 구분하지 않고 모두 [−syll, −cons, +son]로 동일하게 기술한다. Schane(1973: 27)과 Jensen(1993: 30) 등은 후두 전이음을 [−syll, −cons, −son]로, 구강 전이음을 [−syll, −cons, +son]로 각각 기술하여, 전자와 후자를 [son] 자질에 의해 구분한다. 또한 Wolfram & Johnson(1982: 74)은 후두 전이음을 [+cons]로 구강 전이음을 [−cons]로 구분하여 나타낸다. 본서에서는 Wolfram & Johnson(1982)과 달리, 구강 내에서의 협착이 없는 모든 음들은 [−cons]라는 견해에 따라 후두 전이음을 [−syll, −cons, −son]로 기술한다.

[+syll]이고, 나머지는 [−syll]이다. 저해음과 공명 자음은 [+cons]이지만 전이음과 모음은 [−cons]이며,[12] 저해음과 후두 전이음만이 [−son]이고 나머지는 [+son]이다.[13]

주요 부류 자질은 분절음 부류 사이의 관계를 잘 보여준다. 어떤 두 부류는 더 많은 자질을 공유할수록 더 밀접히 관련되어 있다. 하나의 자질에서만 차이를 보이는 부류들은 둘 또는 그 이상의 자질에서 차이를 보이는 부류들보다 더 밀접한 관계가 있는 것이다. 위 표는 분절음 부류 사이의 이러한 관계를 잘 나타내고 있다. 저해음과 모음은 세 개의 주요 부류 자질 모두에서 차이를 보이므로 최대로 대립(maximally opposed)된다. 후두 전이음과 구강 전이음은 [sonorant]의 자질가에서만 차이를 보이므로 유사하며, 전이음이라는 자연 부류를 이룬다. 전이음 중 후두 전이음에 비해 구강 전이음이 모음에 더 가깝다. 후두 전이음은 모음과 [syllabic]과 [sonorant]에서 차이를 보이지만, 구강 전이음은 모음과 [syllabic]에서만 차이를 보이기 때문이다. 이런 이유로 구강 전이음을 비성절성 고모음(nonsyllabic version of high vowel)이라고 말할 수 있다. 반면에 후두 전이음은 구강 전이음에 비해 저해음과 더 밀접한 관계가 있다. 후두 전이음은 저해음과 [consonantal]에서만 차이가 있지만,[14] 구강 전이음은 저해음과 두 개의 자질에서 차이를 보인다. 이 점은 후두 전이음 /h/와 [ʔ]가 저해음과 유사한 기능을 한다는 사실을 나타낸다. 공명 자음인 유음과 비음은 성절성 공명 자음에 비해 저해음에 더 가까운 반면, 성절성 공명 자음은 공명 자음에 비해 모음에 더 가깝다. 구강 전이음과 모음의 관계는, [syllabic]에서만 차이를 보인다는 점에서, 공명 자음과 성절성 공명 자음의 관계와 같다.

4.1.2 조음 방법 자질

조음 방법 자질은 주요 부류 자질에 의해 분류된 부류 중 주로 [+cons]인 자음 즉, 저해음과 공명 자음을 다시 세분하기 위해 필요한 자질이다. 첫 번째 주요 부류인 저

---

12) 후두 전이음 /h/와 [ʔ]는 기류의 저해가 성문(glottis)에서 일어나고 구강에서는 일어나지 않는다는 점을 생각하면, 후두 전이음이 [−cons]라는 것을 이해할 수 있을 것이다.

13) 세 개의 주요 부류 자질에 의해 영어의 분절음이 어떻게 분류되는지에 대한 이해를 돕기 위해 다음과 같이 생각해볼 수 있다. 먼저 [syll] 자질에 의해 모음([+syll])과 모음이 아닌 음들([−syll])로 구분하고, [−syll] 분절음을 [cons]에 의해 자음([+cons])과 전이음([−cons])으로 나눈 다음, [+cons] 분절음을 [son]에 의해 저해음([−son])과 공명 자음([+son])으로 구분한다. 이렇게 되면, 음들을 크게 저해음, 공명 자음, 전이음, 모음의 4가지로 구분할 수 있다. 편의상, 성절성 공명음은 음절의 핵음을 이루는 경우를 제외하면 공명 자음과 동일한 부류에 속하고, 후두 전이음은 저해음과 동일한 부류에 속한다고 볼 수 있다.

14) 후두 전이음이 저해음과 마찬가지로 [−syll], [−son]라는 점으로 볼 때, 후두 전이음을 성문 저해음(glottal obstruent)으로 부를 수도 있다.

해음은 폐쇄음, 마찰음, 폐찰음으로 나눌 수 있고, 마찰음은 다시 조찰음(strident)과 비조찰음(nonstrident)로 구분할 수 있다. 두 번째 주요 부류인 공명 자음은 유음과 비음으로 나눌 수 있고, 유음은 다시 설측음(lateral) /l/과 비설측음(nonlateral) /r/로 구분할 수 있다. 이러한 분류를 위해 조음 방법 자질인 **[continuant]**(지속성: [cont]), **[delayed release]**(지연 해제: [del rel]), **[strident]**(조찰성(粗擦性): [strid]), **[nasal]**(비음성), **[lateral]**(설측성)이 필요하다.[15)]

먼저 저해음을 폐쇄음, 마찰음, 폐찰음의 3개 부류로 다시 분류하기 위해서는 적어도 2개의 자질이 필요하며, 여기에 필요한 자질이 바로 [cont]와 [del rel]이다. 공기가 구강 성도를 통하여 지속적으로 빠져나가면서 발음되는 지속음(continuant)이 [+cont]이고, 이와 반대로 공기가 구강 성도의 어느 곳에서 막혀 폐쇄가 수반되는 비지속음(noncontinuant)은 [−cont]이다. 저해음 중 마찰음만이 [+cont]이고, 폐쇄음과 폐찰음은 [−cont]이다.[16)] 모음은 당연히 [+cont]이겠지만, 이 자질은 모음과 무관하기 때문에 모음을 기술할 경우에는 이 자질을 명시하지 않는 것이 일반적이다. 모음을 제외한 공명음 중 유음 /l/과 /r/, 구강 전이음 /y/와 /w/는 [+cont]인 반면, 비음은 [−cont]이다. 설측음 /l/을 발음할 때, 구강의 중심이 막히지만 공기가 혀의 양쪽으로 지속적으로 빠져 나오므로, 설측음은 [+cont]이다. 반면 비음을 발음할 때, 공기가 방해를 받지 않고 코로 빠져나가지만 구강의 어느 한 부분에서 완전한 폐쇄가 일어나므로, 비음은 [−cont]이다.[17)] 후두 전이음 중, /h/는 [+cont]인 반면,[18)] 성문 폐쇄음인 [ʔ]는 명칭에서도 알 수 있듯이 [−cont]이다.

저해음을 [cont]에 의해 [+cont]인 마찰음과, [−cont]의 자질을 갖는 비지속음(폐쇄음과 폐찰음)의 두 부류로 나누었으므로, 이제 폐쇄음과 폐찰음을 분류할 필요가 있으며, 이때 필요한 자질이 [del rel]이다. 해제(release)는 폐쇄(closure)를 전제로 하기 때문에, [del rel]이라는 자질은 단지 성도를 폐쇄시켜서 발음하는 폐쇄음 및 폐찰음과 관련이 있고, 다른 음들과는 무관하다. 구강의 폐쇄를 해제하는 데에는 기본적으로 두 가지 방법이 있다. 첫 번째 방법은 해제가 순간적으로 일어나는 순간 해제(instantaneous

---

15) [tense](긴장성)도 조음 방식 자질에 속하지만, 이 자질은 영어에서는 주로 모음에 사용되므로 혓몸 자질을 다루면서 같이 언급하도록 하겠다.

16) 무성 폐쇄음과 무성 폐찰음이 기음화될 수 있다는 점에서 폐쇄음과 폐찰음이 자연 부류를 이룬다고 말할 수 있다. 이 자연 부류는 [−cont, −son]라는 자질 명시에 의해 나타낼 수 있다.

17) [continuant]의 자질을 어떻게 정의하느냐에 따라 유음과 비음이 [+cont]인지 [−cont]인지가 결정될 수 있다. 이런 점에서 볼 때, 공명 자음에 대한 [cont] 자질의 명시는 논란의 대상이 될 수 있다.

18) 마찰음과 마찬가지로 /h/가 [−son], [+cont]의 자질을 지니므로, 일부 학자는 /h/를 '후두 전이음' 대신 '성문 마찰음(glottal fricative)'이라고 부른다.

release)이고 두 번째 방법은 해제가 지체되는 지연 해제(delayed release)이다. [p]와 같은 폐쇄음을 발음할 때는 해제가 순간적으로 일어나는 반면, [ʧ]와 같은 폐찰음을 발음할 때는 해제가 지체된다. 따라서 폐쇄음은 [−del rel]이고, 폐찰음은 [+del rel]이다.[19]

저해음이 두 개의 자질 [cont]와 [del rel]에 의해 폐쇄음, 마찰음, 폐찰음으로 어떻게 분류되는지를 표로 나타내면 다음과 같다.

(3)

	폐쇄음	마찰음	폐찰음
continuant	−	+	−
delayed release	−		+

위에서 보듯이, 저해음 중 마찰음만이 [+cont]이고, 폐찰음만이 [+del rel]이다. 마찰음에 대하여 [del rel]의 자질을 명시하지 않은 것은, 이 자질이 마찰음과는 무관하기 때문이다. 이처럼 어떤 분절음에 대하여 무관한 자질은 명시하지 않는다.

지속음인 마찰음은 다시 [strident]에 의해 두 가지 부류로 분류된다. 비교적 심한 정도의 소음을 동반하는 마찰음은 [+strid]이고, 그렇지 않은 마찰음은 [−strid]이다.[20] 영어에서는 마찰음 중 치찰음 /s, z, ʃ, ʒ/와 순치음 /f, v/가 [+strid]의 자질을 가지고, 치음 /θ, ð/는 [−strid]의 자질을 가진다. 마찰음이 아닌 자음 중 폐찰음은 치찰음에 속하므로 당연히 [+strid]이고, 나머지 자음들은 [−strid]이다. 마찰음은 다음과 같이 [strid]에 의해 조찰음 /f, v, s, z, ʃ, ʒ/와 비조찰음 /θ, ð/로 구분된다.

(4)

	f	v	θ	ð	s	z	ʃ	ʒ
strident	+	+	−	−	+	+	+	+

위 표에서 보듯이 마찰음 중 /θ, ð/만이 [−strid]이고 나머지는 모두 [+strid]이다.

주요 부류 자질에 의해 분류된 두 번째 부류는 공명 자음이다. 공명 자음을 유음과 비음의 두 부류로 구분하기 위해서 필요한 자질은 [nasal]이다. 연구개를 내려 공

19) Wolfram & Johnson(1982: 66)은 폐쇄음을 제외한 모든 자음과 전이음을 [+del rel]로 표시하지만, 해제는 폐쇄를 전제로 하므로 [del rel]은 단지 폐쇄음 및 폐찰음과 관련이 있을 뿐 다른 음들과는 무관하다는 점에서 볼 때, 이 자질에 대한 이들의 분석은 논란의 여지가 있어 보인다.

20) [strident] 자질은 조음적 특성보다는 음향적 특성에 기반을 두고 있다는 점에서, 이 자질의 타당성에 관한 논란의 여지가 있다.

기가 비강을 통해 빠져나가게 함으로써 만들어지는 소리는 [+nasal]이고, 그렇지 않은 모든 소리는 [−nasal]이다. 영어 자음 중 비강 폐쇄음인 /m, n, ŋ/만이 [+nasal]이고, 유음을 포함한 모든 자음과 전이음은 [−nasal]이다. 또한 구강 모음은 [−nasal]이지만, 비음화된 모음은 [+nasal]의 자질을 갖게 된다.

유음은 다시 설측음 /l/과 비설측음 /r/로 구분되므로, 이 두 자음의 대립을 나타내기 위해 필요한 자질이 [lateral]이다. 혀의 중앙을 막고 양쪽 가장자리를 낮춤으로써 공기가 구강의 측면으로 빠져나가도록 발음하는 /l/만이 [+lateral]이고, /r/을 포함한 모든 자음은 [−lateral]이다.

지금까지 언급한 주요 부류 자질과 조음 방법 자질에 대한 이해를 돕기 위해, 분절음들이 자질에 의해 어떻게 분류되는지를 그림으로 나타내면 〈그림 4−1〉과 같다.

분절음은 먼저 [syll]에 의해 [+syll]인 모음과 [−syll]인 비성절성 분절음(자음과 전이음)으로 나뉘고, [−syll]은 [cons]에 의해 [+cons]인 자음과 [−cons]인 전이음으로 나뉜다. 자음은 다시 [son]에 의해 [−son]인 저해음과 [+son]인 공명 자음으로 구분된다. 저해음은 [cont]에 의해 [−cont]인 비지속음과 [+cont]인 마찰음으로 구분되고, 다시 비지속음은 [del rel]에 의해 [−del rel]인 폐쇄음과 [+del rel]인 폐찰음으로, 마찰음은 [strid]에 의해 [+strid]인 조찰음과 [−strid]인 비조찰음으로 각각 나뉜

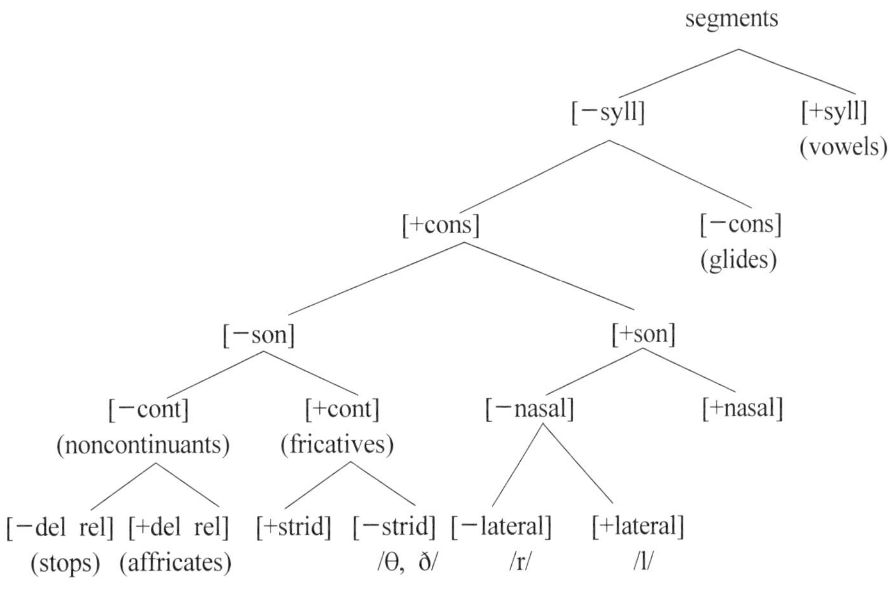

▶그림 4−1◀ 주요 부류 자질과 조음 방법 자질에 의한 분절음의 분류

다. 공명 자음은 [nasal]에 의해 [−nasal]인 유음과 [+nasal]인 비음으로 구분되고, 유음은 다시 [lateral]에 의해 [−lateral]인 /r/과 [+lateral]인 설측음 /l/로 나뉜다. 〈그림 4−1〉에서 종결 교점(terminal node)의 분절음은 그 교점을 지배하는 모든 자질들을 지니는 것으로 해석되어야 한다. 예를 들어 폐쇄음은 [−del rel]뿐 아니라 이 자질을 지배하는 [−cont], [−son], [+cons], [−syll]의 자질을 갖는다. 바꾸어 말하면, 폐쇄음은 [−syll, +cons, −son, −cont, −del rel]로 구성된 자질 집합체로 해석되어야 한다.

4.1.3 조음 위치 자질

조음 위치 자질에 관하여 언급하기에 앞서 1장에서 제시한 영어의 자음도(consonant chart)를 다시 쓰면 다음과 같다.

(5)

<table>
<tr><th colspan="2">조음 위치 / 조음 방법</th><th>양순음
bilabial</th><th>순치음
labiodental</th><th>치음
dental</th><th>치경음
alveolar</th><th>권설음
retroflex</th><th>경구개
치경음
palato-
alveolar</th><th>경구개음
palatal</th><th>연구개음
velar</th></tr>
<tr><td rowspan="3">저해음</td><td>폐쇄음
stop</td><td>p b</td><td></td><td></td><td>t d</td><td></td><td></td><td></td><td>k g</td></tr>
<tr><td>마찰음
fricative</td><td></td><td>f v</td><td>θ ð</td><td>s z</td><td></td><td>ʃ ʒ</td><td></td><td></td></tr>
<tr><td>폐찰음
affricate</td><td></td><td></td><td></td><td></td><td></td><td>ʧ ʤ</td><td></td><td></td></tr>
<tr><td rowspan="3">공명음</td><td>비음
nasal</td><td>m</td><td></td><td></td><td>n</td><td></td><td></td><td></td><td>(ŋ)</td></tr>
<tr><td>유음
liquid</td><td></td><td></td><td></td><td>l</td><td>r</td><td></td><td></td><td></td></tr>
<tr><td>전이음
glide</td><td>(w)</td><td></td><td></td><td></td><td></td><td></td><td>y</td><td>w</td></tr>
</table>

음성학에서는 위 (5)에서처럼 조음 위치를 8개로 구분하지만, 음운론에서는 두 개의 조음 위치를 하나씩 묶어 순음(labial), 치음(dental), 경구개치경음(palato-alveolar), 후치경음(post-alveolar)의 4개로 구분한다. 즉, 양순음(bilabial)과 순치음(labiodental)을 합쳐 순음, 치음(dental)과 치경음(alveolar)을 합쳐 치음, 권설음(retroflex)과 경구개치경음(palato-alveolar)을 합쳐 경구개치경음, 경구개음(palatal)과 연구개음(velar)을 합쳐 후치경음(post-alveolar)이라고 각각 부른다.[21)]

조음 위치 자질은 자음의 조음 위치를 나타내는 자질을 말한다. *SPE*는 **[anterior]**(전방성: [ant])와 **[coronal]**(설정성: [cor])이라는 두 개의 자질에 의해 네 개의 조음 위치를 구분한다.[22] 치경을 기점으로 치경 앞부분 또는 그 앞에서 저해를 동반하여 만들어지는 음들은 [+ant]이고, 치경 뒷부분 또는 그 뒤에서 발음되는 음들은 [−ant]이다. 좀 더 구체적으로 말하면, [ʃ]보다 앞에서 발음되는 음들은 [+ant]이고, 나머지 음들은 [−ant]이다.[23] 순음과 치음이 [+ant]이고, 경구개치경음과 후치경음은 [−ant]이다. 모음과 전이음은 모두 [−ant]이다.

설첨이나 설단을 중립 위치(neutral position)보다 높게 들어 올려서 내는 소리는 [+cor]이고, 설단을 중립 위치에 두고 내는 소리는 [−cor]이다.[24] 치음과 경구개치경음은 [+cor] 자질을 가지며, 순음과 후치경음은 [−cor] 자질을 갖는다. 모음과 전이음은 [−cor]이다.[25]

[ant]와 [cor]에 의해 조음 위치를 분류하여 표로 나타내면 다음과 같다.

(6)

	순음	치음	경구개치경음	후치경음
ant	+	+	−	−
cor	−	+	+	−

21) 이렇게 되면 조음 위치에 대한 용어상의 혼동이 일어날 수 있으므로, 음성학의 조음 위치를 말하는지 음운론의 조음 위치를 말하는지를 구분할 수 있도록 각별한 주의를 요한다. 예를 들어 '치음'이라는 용어가 /θ, ð/만을 가리키는지 아니면 치경음까지를 포함하는 것인지 애매할 수 있다. 이 경우의 애매함을 피하기 위해, /θ, ð/를 일컬어 '치간음(interdental)'이라고 부르기도 한다. 또한 권설음은 경구개 치경음과 조음 위치가 동일하기 때문에 통틀어 '경구개 치경음'이라고 부를 수 있다. 학자에 따라 경구개음과 연구개음을 통칭하여 연구개음이라고도 한다. *SPE* (312)에서처럼 경구개음과 연구개음을 통칭하기 위해 후치경음이라는 용어를 사용하더라도, 이 용어 역시 혼동을 일으킬 수 있다. 1장에서 언급했듯이, 권설음과 경구개치경음을 후치경음이라고 하고, 권설음과 경구개치경음을 각각 설첨 후치경음(apical post-alveolar)과 설단 후치경음(laminal post-alveolar)으로 구분하기 때문이다.

22) The features "anterior" and "coronal" provide for a four-way classification of consonants corresponding to the four main points of articulation: labial, dental, palato-alveolar, and post-alveolar (palatal, velar, uvular, pharyngeal) (*SPE* 312).

23) Anterior sounds are produced with an obstruction that is located in front of the palato-alveolar region of the mouth; nonanterior sounds are produced without such an obstruction. The palato-alveolar region is that where the ordinary English [š] is produced (*SPE* 304).

24) Coronal sounds are produced with the blade of the tongue raised from its neutral position; noncoronal sounds are produced with the blade of the tongue in the neutral position (*SPE* 304).

25) 경구개음 [y]를 *SPE* (304)는 [−cor]로 보고 있으나, 일부 학자들은 [+cor]로 보기도 한다.

위에서 보듯이 앞쪽 두 개는 [+ant]이고 뒤쪽 두 개는 [−ant]이며, 가운데 두 개는 [+cor]이고 양쪽 끝에 있는 것은 [−cor]이다. 모음은 후치경음과 마찬가지로 [−ant, −cor]의 자질을 갖는다. 치음과 후치경음, 순음과 경구개치경음은 [ant]와 [cor] 모두에서 차이를 보이므로 서로 최대로 대립된다고 말할 수 있다. 후치경음에 속하는 전이음 [y]와 [w]는 모음을 기술할 때 요구되는 자질인 [back], [round]에 의해 구분된다.

조음 위치를 추가로 구분하기 위해 **[distributed]**(분산성 [distr])이라는 자질이 사용되기도 한다. 공기가 흐르는 방향을 따라 비교적 상당한 거리를 이어 협착이 수반되어 나오는 소리는 [+distr]이고, 비교적 짧은 거리에 걸쳐 협착이 일어나는 소리는 [−distr]이다. 대개 설첨음은 [−distr]이고, 설단음은 [+distr]이다. 이 자질은 폐쇄음에도 적용되지만, 대개는 마찰음 또는 폐찰음을 구분하기 위해서만 사용된다. 순음 마찰음 중 영어에는 없는 양순 마찰음은 [+distr]이고, 순치음 /f, v/는 [−distr]이다. 치음 중 치간음(interdental)은 [+distr]이고, 치경음은 [−distr]이다. 또한 반전음은 [−distr]이고 경구개치경음은 [+distr]의 자질을 갖는다.

4.1.4 혓몸 자질

위에서 언급한 조음 방법 자질과 조음 위치 자질은 주로 자음을 기술하기 위해 필요한 것들이다. 1장에서 언급했듯이, 모음은 혀의 높이(height)와 후설성(backness), 입술의 원순성(rounding), 발성기관의 긴장도(tenseness)에 의해 분류된다. 따라서 모음의 특성과 대립을 기술하기 위해서는 혓몸 자질인 **[high]**(고설성), **[low]**(저설성), **[back]**(후설성), 입술 모양 자질(lip shape feature)인 **[round]**(원순성), 조음 방법 자질인 **[tense]**(긴장성)가 필요하다. 혀의 높이와 후설성을 나타내는 자질인 [high], [low], [back]만이 혓몸 자질이지만, 편의상 모음의 분류에 필요한 나머지 두 자질([round], [tense])도 여기서 같이 다루도록 하겠다.

혓몸을 중립 위치(neutral position)보다 더 치켜 올려서 내는 음은 [+high]이고,[26] 혓몸을 그처럼 높이지 않고 내는 음은 [−high]이다. 모음 중 고모음(high vowel)은 [+high] 자질을 가지며, 중모음(mid vowel)과 저모음(low vowel)은 [−high] 자질을 갖는다. 혓몸을 중립 위치보다 더 낮게 해서 내는 소리는 [+low]이고, 혓몸을 그처럼 낮추지 않고 내는 소리는 [−low]이다. 모음 중 저모음만이 [+low]이고, 고모음과 중

26) 중립 위치란, 아무 힘도 들이지 않고 자연스럽게 쉬고 있는 상태의 높지도 낮지도, 앞도 뒤도 아닌 혀의 위치를 말하며, 이런 혀의 위치로 발음되는 모음인 /ə/를 중립 모음(neutral vowel) 내지는 애매 모음(obscure vowel)이라고 한다.

모음은 [−low]이다. 두 개의 자질 [high]와 [low]에 의해 3단계의 모음 높이를 다음과 같이 나타낸다.

(7)

	고모음	중모음	저모음
high	+	−	−
low	−	−	+

[high]와 [low]에 의해 분류할 수 있는 논리적으로 가능한 또 하나의 부류는 [+high, +low]이지만, 이러한 부류는 자연 언어에 존재할 수 없다. 왜냐하면 혀가 하나인 인간은 혀를 중립 위치보다 높이면서 동시에 낮게 할 수 없기 때문이다.

혓몸을 중립 위치로부터 뒤로 수축시켜 내는 음은 [+back]이고, 그와 같은 수축 없이 내는 소리는 [−back]이다. 모음 중 후설 모음(back vowel)은 [+back]의 자질을 갖고, 전설 모음(front vowel)은 [−back]을 갖는다. 음성학에서는 모음을 혀의 전후에 따라 전설 모음, 중설 모음(central vowel), 후설 모음의 세 가지로 분류하지만, 음운론에서는 중설 모음을 후설 모음 속에 포함시켜, 전설 모음과 후설 모음의 두 가지로만 분류한다.

혓몸 자질 [high], [low], [back]은 주로 모음을 기술할 때 사용되지만, 자음을 위해 사용되기도 한다. 특히 구개음화(palatalization)나 연구개음화(velarization) 같은 자음의 이차 조음(secondary articulation)을 자연스럽게 설명하기 위해 혓몸 자질이 사용된다. 자음과 후두 전이음의 조음 위치를 혓몸 자질로 나타내면 다음과 같다.

(8)

	순음	치음	경구개치경음	후치경음		
				경구개음	연구개음	후두음
ant	+	+	−	−	−	−
cor	−	+	+	−	−	−
high	−	−	+	+	+	−
low	−	−	−	−	−	+
back	−	−	−	−	+	−

위 (8)에서 볼 수 있듯이, 혓몸 자질은 후치경음을 분류하는 데 유용하다. 경구개음 [y]는 모음 [i]와 [syll]에서만 차이를 보일 뿐 동일한 혓몸 자질([+high, −low,

−back])을 지니며, 연구개음은 후설 고모음 [u]와 동일한 혓몸 자질([+high, −low, +back])을 갖는다. 후두음 또는 성문음 /h/와 [ʔ]는, 혓몸을 중립 위치보다 내리고 또한 뒤로 수축시키지 않은 상태에서 발음되기 때문에, [+low, −back]의 자질을 가진다.

구개음화는 [i] 또는 [y] 음색이 가미되는 것이므로, 구개음화된 자음은 [+high, −back]의 자질을 갖는다. 예를 들어 구개음화된 치음 [tʲ]는 [+ant, +cor, +high, −back]으로, 구개음화되지 않은 치음 [t]와 [+high] 자질에서 차이를 보인다. 연구개음화는 입술을 둥그렇게 하지 않은 상태로 모음 [u]와 같은 혀의 위치를 추가시키는 것이므로, 연구개음화된 자음은 [+high, +back]의 자질을 갖는다. 따라서 [l]은 [+ant, +cor, −high, −back]이지만 연구개음화된 [ɫ]은 [+ant, +cor, +high, +back]으로 명시된다. 이처럼 혓몸 자질은 자음의 이차 조음을 자연스럽게 나타내는 데 유용하다.

입술 모양 자질인 [round]는 원순(rounded) 모음과 평순(unrounded 또는 spread) 모음을 구분하는 데 사용된다. 입술을 내밀어 둥그렇게 하고 입술의 구멍을 좁혀서 발음하는 음은 [+round]이고, 그렇지 않은 음은 [−round]이다.[27] 영어 모음의 경우 [round]는 [back]과 서로 관련이 있다. 전설([−back]) 모음은 모두 [−round]이고 원순([+round]) 모음은 모두 [+back]이다.[28] [round] 역시 주로 모음을 기술하기 위해 사용되지만, [w] 음색이 가미되는 이차 조음인 자음의 순음화(labialization)를 기술할 때 [+round]가 사용된다. 예를 들어 quick의 어두 자음 또는 conquest의 두 번째 음절의 첫 자음은 [kʷ]처럼 순음화되며, 이 순음화된 자음은 [+round] 자질을 갖는다.

모음의 기술을 위해 필요한 또 하나의 자질은 [tense]이다. 이 자질은 발성 기관의 근육에 의해 이루어지는 조음 방법을 규정하는 조음 방법 자질이지만, 주로 모음을 기술하기 위한 것이므로 편의상 여기서 혓몸 자질과 함께 다룬다. [tense]는 음성적 및 분포상의 차이를 보이는 긴장 모음과 이완 모음의 대립을 기술하기 위해 필요한 자질이다. 긴장 모음은 [+tense]이고 이완 모음은 [−tense]이다. 긴장 모음과 이완 모음의 차이는 이미 1장에서 자세히 언급하였으므로 더 이상 언급하지 않겠다. [tense] 자질을 사용하면, 모음의 높이를 보다 간결하게 기술할 수 있게 된다. 예컨대 전설 모음 [i, ɪ, e, ɛ, æ]의 높이는 음성적으로 5단계로 구분되지만, 이 모음들을 긴장 모음([i, e])과 이완 모음([ɪ, ɛ, æ])으로 나누면 모음의 높이를 고모음, 중모음, 저모음의 3

27) Rounded sounds are produced with a narrowing of the lip orifice; nonrounded sounds are produced without such a narrowing (*SPE* 309).

28) 그러나 그 역은 성립하지 않는다. [−round] 모음이 반드시 [−back]인 것은 아니고, 또한 [+back] 모음이 반드시 [+round]인 것은 아니다. 예컨대 [round]와 [back]의 자질가가 일치하지 않는 [ʌ]나 [ɑ]([+back, −round])와 같은 모음이 존재하기 때문이다.

단계로 기술할 수 있게 된다.

일부 언어에서는 인두강(pharyngeal cavity)의 넓이에 따라 모음이 두 부류로 분류된다. 이 경우에 두 부류의 모음 대립을 기술하기 위해서 [**ATR**]의 자질이 사용된다.[29] 설근(root of the tongue)을 앞쪽으로 당겨 인두강을 넓게 하여 발음하는 모음은 [+ATR]이고, 설근을 앞으로 당기지 않고 인두강을 상대적으로 좁게 하여 발음하는 모음은 [−ATR]이다. 긴장 모음을 발음할 때 설근이 이완 모음을 발음할 때보다 어느 정도 앞으로 당겨지는 경향이 있기 때문에, 학자에 따라 긴장 모음과 이완 모음을 각각 [+ATR]과 [−ATR]로 나타내기도 한다. 그러나 영어에서는 고모음의 경우만이 긴장 모음은 [+ATR]이고 이완 모음은 [−ATR]이라고 할 수 있기 때문에, 긴장 모음과 이완 모음의 대립을 기술하기 위해서는 [ATR]보다는 [tense]를 사용하는 것이 보통이다.

지금까지 모음을 기술하기 위해 언급한 자질들을 요약하는 의미에서, 이 자질들에 의해 영어의 모음이 어떻게 분류되고 기술되는지를 표로 나타내면 아래 (9)와 같다.[30] (9)에서 소괄호 '( )' 속의 기호는 1장에서 모음을 기술하면서 사용한 기호이다. *SPE* (176)는 긴장 모음과 이에 대응하는 이완 모음 각각을 동일한 기호를 사용하여 나타내고, 대신 긴장모음은 모음 위에 장음부호(macron) '¯'를 사용하여 표기함으로써 긴장 모음과 이완 모음을 구분한다.

(9)[31]

	[−back]		[+back]			
	[−round]		[−round]		[+round]	
	[+tense]	[−tense]	[+tense]	[−tense]	[+tense]	[−tense]
[+high, −low]	ī(i)	i(ɪ)	ɨ̄		ū(u)	u(ʊ)
[−high, −low]	ē(e)	e(ɛ)		ʌ	ō(o)	o
[−high, +low]	ǣ	æ	ā(ɑ)		ɔ̄(ɔ)	ɔ

29) [ATR]은 Advanced Tongue Root의 약어이다.

30) (9)에는 모음 [ə]를 나타내지 않았다. 혓몸 자질을 정의하는 데 기준이 되는 중립 모음(neutral vowel) [ə]는, 고음이나 저음도 아니고 전설 모음이나 후설 모음도 아니어서 정의하기가 까다로우나, [ʌ]와 동일한 자질을 가지는 것으로 다루는 것이 보통이다.

31) 이 표에서 후설 모음을 평순 모음([−round])과 원순 모음([+round])로 구분한 반면, 전설 모음에 대해서는 이 구분을 하지 않은 것은, 영어에서 전설 모음은 모두 평순 모음([−round])이기 때문이다.

4.1.5 부차적 자질

부차적 자질은 **운율 자질**(prosodic feature)과 **후두 자질**(laryngeal feature)로 나눌 수 있다. 운율 자질은 초분절음소의 기술과 관련된 자질을 말하며, **[stress]**와 **[long]**이 여기에 속한다.32) 후두 자질은 성대의 상태와 관련된 자질을 말하며, **[voice]**, **[spread glottis]**, **[constricted glottis]**가 여기에 속한다.

운율 자질은 분절음에 나타나는 특성이 아니라 분절음보다 큰 운율 단위에 나타나는 특성이기 때문에, 분절음 고유의 자질로 명시하기보다는 운율 구조로 나타내는 것이 바람직하다. 그러나 SPE는 음운 분석을 위해 모라나 음절의 운율 단위를 채택하지 않기 때문에, 강세와 음장을 각각 [stress]와 [long]의 자질을 사용하여 나타낸다.

보통 강세는 여러 단계로 구분되지만, 강세를 단순히 강세의 유무로 구분하여 이원적으로 나타낼 경우, 강세 음절의 모음과 비강세 음절의 모음은 각각 [+stress]와 [−stress]로 명시된다. 음장과 관련하여 장음(long segment)은 [+long]으로 단음(short segment)은 [−long]으로 각각 명시된다. 영어에서 음장은 예측 가능한 잉여적(redundant) 특성이므로, [long]은 기저형에 표시하지 않는 것이 보통이다.

후두 자질인 [voice]는 성대의 진동 여부와 관련된 자질로, 성대가 진동을 방해할 만큼 맞붙어 있지 않으며 동시에 호흡할 때나 속삭일 때보다 덜 벌어져 있어 그 사이로 공기가 빠져나갈 때 진동을 수반하는 소리는 [+voice]이고, 성대가 그보다 더 벌어져 있거나 또는 더 가까이 협착(constriction)된 상태에서 진동을 수반하지 않는 소리는 [−voice]이다. 일반적으로 모음을 포함한 모든 공명음은 유성음이고, 저해음만이 유무성의 대립을 보인다.

[−voice]의 자질을 갖는 저해음은 [spread glottis](성문 개방)와 [constricted glottis](성문 협착)에 의해 세 가지로 분류된다. 성대가 벌어져서 성대의 진동 없이 공기가 통과하면서 나는 기음화된 폐쇄음이나 폐찰음과 /h/는 [+spread glottis]의 자질을 갖고, 무기음(unaspirated sound)은 [−spread glottis]로 명시된다. 이 자질 대신 [aspirated]라는 자질을 사용하여 [+spread glottis]를 [+aspirated]로, [−spread glottis]를 [−aspirated]로 각각 나타내기도 한다.

성문을 협착시켜 발음하는 성문음화(glottalization)된 폐쇄음이나 성문음 [ʔ]은 [+constricted glottis]이고, 그렇지 않은 평음(plain) 무성 폐쇄음은 [−constricted

32) *SPE*는 음도(pitch)와 관련하여 High(고음), Low(저음), Elevated(고조(高調)), Rising(상승조), Falling(하강조), Concave(오목조) 등을 언급하고 있으나, 실제로 이 자질들을 다루고 있지는 않다.

glottis]이다. [constricted glottis] 대신 [glottalized]라는 자질을 사용하여, [+constricted glottis]를 [+glottalized]로 [−constricted glottis]를 [−glottalized]로 나타내기도 한다.

[spread glottis]와 [constricted glottis]의 자질에 의해 무성 폐쇄음은 다음과 같이 세 가지 유형으로 분류된다.33)

(10)

	p^h, t^h, k^h	p, t, k	$p^ʔ$, $t^ʔ$, $k^ʔ$
spread glottis	+	−	−
constricted glottis	−	−	+

후두 전이음(혹은 후두 저해음) 중 /h/는 기음화된 폐쇄음과 마찬가지로 [+spread glottis, −constricted glottis]의 자질을 갖고, [ʔ]는 성문음화된 폐쇄음과 마찬가지로 [−spread glottis, +constricted glottis]의 자질을 갖는다. 기음화나 성문음화되지 않은 평음 무성 폐쇄음은 [−spread glottis, −constricted glottis]로 명시된다. 성문을 개방시키면서 동시에 협착시킬 수 없기 때문에, [+spread glottis]와 [+constricted glottis]의 결합으로 이루어진 논리적으로 가능한 또 하나의 부류는 자연 언어에는 존재하지 않는 불가능한 음이다.

영어의 분절음을 편의상 저해음, 공명음, 모음의 세 가지로 나누어 지금까지 위에서 언급한 자질들로 명시하면 〈표 4-1〉~〈표 4-3〉과 같다.

분절음을 자질로 명시하여 나타낸 위와 같은 표를 **행렬**(matrix)이라고 한다. 운율 자질은 분절음 고유의 속성이 아니므로 위 행렬에는 명시되어 있지 않다. 또한 위 행렬에는 성절성 공명 자음과 비대립(non-contrastive) 분절음이 포함되어 있지 않다. 성절성 공명 자음은 공명 자음과 [syll]의 자질에 있어서만 차이가 있고 나머지 자질은 서로 동일하기 때문이다. 대립을 보이지 않는 분절음 역시 대개 이차 조음 현상과 관련된 자질에 의해 쉽게 나타낼 수 있다. 구개음화된 음은 [+high, −back], 순음화된 음은 [+round], 기음화된 음은 [+spread glottis], 성문음화된 음은 [+constricted glottis], 연구

33) Kenstowicz(1994: 39)는 성문의 넓이에 의해 폐쇄음이 어떻게 구분되는지를 다음과 같이 나타낸다.

open			closed
	−constricted	−constricted	+constricted
	+spread	−spread	−spread
	'aspirated'	'plain'	'glottalized'
	$[p^h]$	[p]	$[p^ʔ]$

개음화된 음은 [+high, +back], 비음화된 음은 [+nasal]의 자질을 각각 갖게 된다.

▸표 4−1◂ 저해음의 자질 명시

	p	b	f	v	θ	ð	t	d	s	z	ʃ	ʒ	ʧ	ʤ	k	g	h	ʔ
syllabic	−	−	−	−	−	−	−	−	−	−	−	−	−	−	−	−	−	−
consonantal	+	+	+	+	+	+	+	+	+	+	+	+	+	+	+	+	−	−
sonorant	−	−	−	−	−	−	−	−	−	−	−	−	−	−	−	−	−	−
continuant	−	−	+	+	+	+	−	−	+	+	+	+	−	−	−	−	+	−
delayed release	−	−					−	−					+	+	−	−		−
strident	−	−	+	+	−	−	−	−	+	+	+	+	+	+	−	−	−	−
nasal	−	−	−	−	−	−	−	−	−	−	−	−	−	−	−	−	−	−
lateral	−	−	−	−	−	−	−	−	−	−	−	−	−	−	−	−	−	−
anterior	+	+	+	+	+	+	+	+	+	+	−	−	−	−	−	−	−	−
coronal	−	−	−	−	+	+	+	+	+	+	+	+	+	+	−	−	−	−
distributed			−	−	+	+			−	−	+	+	+	+				
high	−	−	−	−	−	−	−	−	−	−	+	+	+	+	+	+	−	−
low	−	−	−	−	−	−	−	−	−	−	−	−	−	−	−	−	+	+
back	−	−	−	−	−	−	−	−	−	−	−	−	−	−	+	+	−	−
voice	−	+	−	+	−	+	−	+	−	+	−	+	−	+	−	+	−	−
spread glottis	−	−	−	−	−	−	−	−	−	−	−	−	−	−	−	−	+	−
constricted glottis	−	−	−	−	−	−	−	−	−	−	−	−	−	−	−	−	−	+

▸표 4−2◂ 공명음의 자질 명시

	m	n	ŋ	r	l	y	w
syllabic	−	−	−	−	−	−	−
consonantal	+	+	+	+	+	−	−
sonorant	+	+	+	+	+	+	+
continuant	−	−	−	+	+	+	+
nasal	+	+	+	−	−	−	−
lateral	−	−	−	−	+	−	−
anterior	+	+	−	−	+	−	−
coronal	−	+	−	+	+	−	−
high	−	−	+	−	−	+	+
low	−	−	−	−	−	−	−
back	−	−	+	−	−	−	+
round	−	−	−	−	−	−	+
voice	+	+	+	+	+	+	+

▶표 4-3◀ 모음의 자질 명시[34)]

	ī	ɨ̄	ū	ē	ō	ǣ	ā	ɔ̄	i	u	e	ʌ	o	æ	ɔ
syllabic	+	+	+	+	+	+	+	+	+	+	+	+	+	+	+
consonantal	−	−	−	−	−	−	−	−	−	−	−	−	−	−	−
sonorant	+	+	+	+	+	+	+	+	+	+	+	+	+	+	+
high	+	+	+	−	−	−	−	−	+	+	−	−	−	−	−
low	−	−	−	−	−	+	+	+	−	−	−	−	−	+	+
back	−	+	+	−	+	−	+	+	−	+	−	+	+	−	+
round	−	−	+	−	+	−	−	+	−	+	−	−	+	−	+
tense	+	+	+	+	+	+	+	+	−	−	−	−	−	−	−
anterior	−	−	−	−	−	−	−	−	−	−	−	−	−	−	−
coronal	−	−	−	−	−	−	−	−	−	−	−	−	−	−	−

분절음을 자질로 명시하여 나타낸 위와 같은 표를 **행렬**(matrix)이라고 한다. 운율 자질은 분절음 고유의 속성이 아니므로 위 행렬에는 명시되어 있지 않다. 또한 위 행렬에는 성절성 공명 자음과 비대립(non-contrastive) 분절음이 포함되어 있지 않다. 성절성 공명 자음은 공명 자음과 [syll]의 자질에 있어서만 차이가 있고 나머지 자질은 서로 동일하기 때문이다. 대립을 보이지 않는 분절음 역시 대개 이차 조음 현상과 관련된 자질에 의해 쉽게 나타낼 수 있다. 구개음화된 음은 [+high, −back], 순음화된 음은 [+round], 기음화된 음은 [+spread glottis], 성문음화된 음은 [+constricted glottis], 연구개음화된 음은 [+high, +back], 비음화된 음은 [+nasal]의 자질을 각각 갖게 된다.

4.2 간결성 척도

분절음을 자질의 집합체로 보는 생성음운론의 큰 특징의 하나는 **자질 수 세기**(feature counting)를 근거로 한 **간결성**(simplicity)의 개념을 문법의 **평가 척도**(evaluation metric 또는 evaluation measure: EM)로 사용한다는 것이다.

문법의 평가 척도란, 두 개의 문법 G_1과 G_2가 있을 때, 그중 어느 하나의 문법이

34) 모음 자질 행렬의 기호는 *SPE* (176)를 따라 나타낸 것으로, 이 기호와 1장에서 사용한 음성 기호와의 관계에 대해서는 (9)를 참조하라.

다른 문법보다 더 가치가 있는지를 평가하는 기준을 말한다. 이를 도식화하여 나타내면 다음과 같다.

(11) G_1 →
G_2 → [EM] → G_1 or G_2
Corpus →

즉, 언어 자료(corpus)와 이 자료에 기반을 두고 있는 두 개의 문법 G_1과 G_2가 있을 때, 평가 척도에 의해 그 둘 중 어느 하나가 더 좋은 문법으로 선택된다.35)

생성음운론은 간결성이 일반성(generality) 및 자연성(naturalness)과 일치한다는 가정 아래, 간결성을 문법 평가의 가장 중요한 기준으로 삼는다. 즉, 보다 간결한 문법은 더 일반적이고 더 자연스러우며 좋은 문법이라는 것이다. 생성음운론에서 간결성의 개념은 자질의 수 세기에 의해 파악된다. 음운 기술에 요구되는 자질의 수가 적으면 적을수록 그 문법은 더 간결하며 더 가치 있는 문법이 된다. 이러한 **간결성 척도**(simplicity metric)에 의한 문법 평가는 음운 기술이 분절음이 아니고 변별적 자질에 의해 이루어질 때 가능하다. 가령 두 개의 규칙 R_1과 R_2가 있을 때, 규칙 R_1을 표기하기 위해 사용된 모든 자질 수의 합계가 규칙 R_2를 표기하기 위해 사용된 모든 자질 수의 합계보다 더 적다면, R_1이 더 간결한 좋은 규칙이 된다.

예를 들어 Halle(1962: 381－382)가 언급하는 다음 두 규칙을 비교해보자.36)

(12) a.

$$k \rightarrow ʧ / \_\_\_ \begin{Bmatrix} i \\ e \\ æ \end{Bmatrix}$$

35) 어린이의 언어 습득(language acquisition) 과정에서도 역시 언어 자료에 부합되는 가장 간결한 문법이 선택된다.

36) 'A가 X와 Y 사이에서 B가 된다'는 규칙을 형식화하여 표기하면 'A → B / X __ Y'가 된다. 이 규칙은 XAY의 연쇄가 XBY가 되었음을 의미한다. 여기서 화살표(→)는 '변화된다'(becomes 또는 is changed to)를 의미하고, 사선(/)은 '. . .의 환경/문맥에서'(in the environment/context of)를 의미한다. 따라서 사선의 오른쪽은 환경을 나타내며, 밑줄(__)은 A가 나타나는 위치를 나타낸다. 규칙의 표기 규약(notational convention)에 관하여는 7.1에서 자세히 다룬다.

b.

$$k \rightarrow \text{ʧ} \, / \, \_\_\_ \left\{ \begin{array}{c} p \\ r \\ a \end{array} \right\}$$

(12a)는 일종의 동화 현상을 나타내는 규칙으로 자연 언어에서 흔히 찾아볼 수 있는 자연스런 규칙이지만, (12b)는 자연 언어에서 찾아볼 수 없는 것으로 사실상 규칙으로 인정할 수 없다. 그러나 위에서처럼 규칙을 분절음을 사용하여 기술할 경우, 각기 동일하게 5개의 분절음이 사용되어 경제성에 있어서 동일한 가치를 지닌다고 볼 수 있기 때문에,[37] (12a)가 (12b)보다 더 자연스럽고 좋은 규칙이라는 사실을 나타낼 수 없다.

그러나 위 규칙을 아래와 같이 변별적 자질을 사용하여 나타내면, 간결성 척도에 의해 이 사실을 잘 나타낼 수 있다.[38]

(13) a.

$$k \rightarrow \text{ʧ} \, / \, \_\_\_ \begin{bmatrix} +\text{syll} \\ -\text{back} \end{bmatrix}$$

b.

$$k \rightarrow \text{ʧ} \, / \, \_\_\_ \left\{ \begin{array}{c} \begin{bmatrix} -\text{del rel} \\ +\text{ant} \\ -\text{cor} \\ -\text{voice} \end{bmatrix} \\[1em] \begin{bmatrix} +\text{cons} \\ +\text{son} \\ -\text{nasal} \\ -\text{lateral} \end{bmatrix} \\[1em] \begin{bmatrix} +\text{syll} \\ +\text{back} \\ +\text{low} \\ -\text{round} \end{bmatrix} \end{array} \right\}$$

(13a)와 (13b)는 각각 규칙 (12a)와 (12b)를 변별적 자질에 의해 나타낸 것이다. 위 두 규칙의 환경을 비교해보면, (13a)에서는 2개의 자질이 (13b)에서는 12개의 자질이

37) '경제성'의 개념은 주로 분절음의 수 세기에 의해 평가된다.

38) 이후 잉여적 자질(redundant feature)은 명시하지 않는다. 잉여 자질에 관하여는 다음 장에서 자세히 다룬다.

각각 사용되었음을 알 수 있다. 따라서 (13a)가 (13b)에 비해 훨씬 간결하며 더 가치 있는 자연스런 규칙(natural rule)이라는 것을 알 수 있다. 이처럼 분절음을 자질의 집합체로 보고, 음운 기술을 위해 분절음이 아닌 자질을 사용할 경우 간결성 척도에 의해 규칙 즉, 문법을 적절히 평가할 수 있게 된다.

변별적 자질을 사용하면, '자질 수 세기'라는 장치에 의해 규칙의 자연성(naturalness)뿐만 아니라, 부류(class)의 자연성 또한 나타낼 수 있다. **자연 부류**(natural class)란 공통된 속성을 지닌 둘 또는 그 이상의 분절음들로 이루어진 집합을 말한다. 분절음들이 자연 부류를 이루기 위해서는, 부류 전체를 명시할 때 사용되는 자질의 수가 부류를 구성하는 각 분절음을 명시할 때 사용되는 자질의 수보다 적어야 한다는 조건을 충족시켜야 한다.[39] 예를 들어 규칙 (12a)의 환경을 이루는 분절음 /i, e, æ/는 자연 부류를 이룬다. 왜냐하면 이 부류를 명시하기 위해서는 (13a)에서 보듯이 [+syll, −back]이라는 2개의 자질이 필요하지만, 이 부류를 이루는 각 분절음을 명시하기 위해서는 아래에서 보듯이 적어도 하나 이상 더 많은 자질이 필요하기 때문이다.

(14) a. /i/=[+syll, −back, +high]
　　b. /e/=[+syll, −back, −high, −low]
　　c. /æ/=[+syll, −back, +low]

자연 부류의 특성을 나타내기 위해 사용되는 일련의 자질은 그 부류에 속하지 않는 모든 분절음을 배제하고 동시에 그 부류에 포함되는 모든 소리들을 포함할 수 있어야 한다. 예를 들어 /s, z, ʃ, ʒ, ʧ, ʤ/로 이루어진 치찰음이라는 자연 부류를 자질로 나타낼 때, 단순히 [+strident]로 나타나면 이 부류에 속하지 않는 /f, v/를 배제하지 못하므로, 이 두 자음을 배제하기 위해서는 이 부류를 [+coronal, +strident]로 명시해

39) Two or more segments constitute a natural class when they can be specified by fewer features than any one member of the class. Hyman(1975: 139−140)은 자연 부류를 음운 규칙과 관련하여 다음과 같이 정의한다:

Two segments belong to a natural class when one or more of the following criteria are met in a number of languages.

a. the two segments undergo phonological rules together;
b. the two segments function together in the environments of phonological rules;
c. one segment is converted into the other segment by a phonological rule;
d. one segment is derived in the environment of the other segment (as in cases of *assimilation*).

야 한다. 또한 이 치찰음 자연 부류를 만일 [+coronal, +continuant]로 나타낸다면, 그것은 [−continuant]인 /ʧ, ʤ/를 포함시키지 못하므로, 이것은 적절한 자질 명시가 될 수 없다. 이처럼 자질에 의해 자연 부류를 나타낼 때, 자연 부류를 나타내는 자질은 그 부류에 속하는 모든 분절음과 단지 그 부류에 속하는 분절음만을 기술해야 한다는 조건이 충족되어야 한다.

자질은 어떤 음들이 자연 부류를 이룰 수 있는지를 명확히 정의하는 기초를 제공한다. 예를 들어, 규칙 (12b)의 환경을 이루는 /p, r, a/나 /k, b, n/과 같은 분절음의 집합은 자연 부류를 이루지 못한다. 왜냐하면 /p, r, a/나 /k, b, n/은 어떠한 자질(들)에 의해 나타내더라도 위 조건을 위반하지 않을 수 없기 때문이다. /p, r, a/는 규칙 (13b)의 환경에서 보듯이 어떠한 공통된 자질도 가지고 있지 않으므로, 이 분절음 집합을 어떠한 자질에 의해 나타내더라도 위에서 말한 조건을 위반하지 않을 수 없다. 또한 /k, b, n/을 이 분절음들이 공통으로 가지고 있는 자질인 [−syllabic, +consonantal, −continuant]로 나타낸다면, /p, t, d, g, m, ŋ/ 등을 배제할 수 없으므로 위 조건을 위반하게 된다. 더 나아가 자연 부류를 이루지 못하는 분절음들의 집합이 언급된 규칙은 자연스런 규칙이 될 수 없다. 따라서 자연 부류가 아닌 /p, r, a/가 환경을 이루는 규칙 (12b)는 자연스런 규칙이 될 수 없다.

자질 수 세기라는 간결성 척도에 의해, 어떤 규칙이 보다 자연스런 규칙인지를 평가할 수 있듯이, 두 자연 부류가 있을 때 그중 어떤 부류가 더 자연스런 부류인지를 평가할 수 있다. 다음 (15)의 자연 부류를 보자.

(15) a. /p, t/: [−del rel, +ant, −voice]
 b. /p, t, k/: [−del rel, −voice]

(15a)는 (15b)보다 자질의 수가 하나 더 많다. (15a)에서는 /k/를 배제하기 위해 [+ant]를 명시해야 한다. 자연 부류를 기술하는 데 사용되는 자질의 수가 적을수록 더 자연스러운 부류가 되므로, (15b)가 (15a)보다 더 자연스런 부류이다. 이처럼 자질을 사용하면 분절음 부류의 자연성을 적절히 평가할 수 있다. 그러나 분절음을 사용하면 (15b)가 (15a)보다 자연스런 부류라는 사실을 나타낼 수 없다.

지금까지 음운 기술에 자질을 사용하면, 자연스런 규칙과 자연 부류를 정의할 수 있으며, 또한 자질 수 세기를 기반으로 한 간결성 척도에 의해 규칙과 부류의 자연성 정도를 평가할 수 있음을 언급하였다. 음운론의 자연성은 규칙과 부류에 국한된 것만은 아니다. 다음 장에서는 어휘 목록(lexicon)에서의 간결성에 관하여 살펴보겠다.

5 잉여성과 형태소구조조건

English Phonology

E n g l i s h   P h o n o l o g y

앞 장에서 문법은 간결할수록 더 일반적이고 자연스러우며 따라서 더 가치 있는 문법으로 평가된다는 것을 말하였다. 간결성 척도는 문법뿐 아니라 사전인 **어휘목록**(lexicon)에도 적용된다. 어휘목록은 **어휘항목**(lexical item)과 그 어휘항목의 통사(syntactic), 음운(phonological), 의미(semantic) 정보를 명시하는 **어휘내항**(lexical entry)으로 구성되어 있다. 어휘항목의 단위는 단어(word)가 아니고 형태소(morpheme)이다. 어휘항목인 형태소의 음운 정보는 자질 행렬(feature matrix)로 나타내며, 이 자질 행렬에 명시된 자질의 수가 적으면 적을수록 어휘목록은 그만큼 간결해지고 가치 있게 된다.

자질 행렬에 가능한 한 적은 수의 자질을 명시하는 방법은, 예측 가능한(predictable) 잉여적(redundant) 자질을 빼고 **변별 자질**(distinctive feature)만을 명시하는 것이다. 예를 들어 비음을 지닌 형태소의 자질 행렬에서 그 비음을 단순히 [+cons, +nasal]로만 명시하고 나머지 다른 **잉여 자질**(redundant feature) [syll, son, cont, voice]에 대해서는 '+', '−'를 명시하지 않으면 그만큼 자질 행렬이 간결해지고 결국 어휘목록 자체가 간결해지는 것이다. 어떤 분절음에 대해 [+cons, +nasal]이라고 명시하면 그 분절음은 자동적으로 [−syll, +son, −cont, +voice]의 자질을 가진다는 것을 규칙에 의해 예측할 수 있다. 이때 어떤 자질 명시가 잉여적인지를 나타내는 규칙을 **잉여규칙**(redundancy rule), **어휘잉여규칙**(lexical redundancy rule), **형태소구조규칙**(morpheme structure rule: MSR), 혹은 **형태소구조조건**(morpheme structure condition: MSC)이라고 한다.

음운론의 **잉여성**(redundancy)에는 두 가지 유형이 있다. 하나는 분절음 내부에서 발견되는 위에서 언급한 것과 같은 **분절음잉여성**(segment(al) redundancy)이고, 나머지 하나는 분절음의 결합에서 나타나는 **배열잉여성**(sequence redundancy 또는 sequential redundancy)이다. 분절음잉여성을 설명해주는 **분절음잉여규칙**(segment(al) redundancy rule)과 함께 배열잉여성을 설명해주는 **배열잉여규칙**(sequence redundancy rule 또는 sequential redundancy rule)은 배열 가능한 형태소가 무엇인지를 정의하는 형태소구조조건이 된다.

본 장에서는 먼저 어휘목록에 음운 정보가 어떻게 표시되는가를 소개하고, 분절음잉여성과 배열잉여성을 살펴본 후, 형태소구조조건과 **공백**(gap)에 관하여 언급하겠다.

5.1 어휘 표시

어휘목록은 각 어휘목록에 대한 정보를 담고 있는 어휘내항과 각종 잉여규칙을 포함한다. 어휘내항에는 규칙에 의해 예측할 수 없는 특이한(idiosyncratic) 통사, 음운, 의미 정보가 표시되어 있다. 각 어휘항목에 대한 통사 정보를 나타내는 통사 자질(syntactic feature)은 [±N], [±V] 등의 어휘 범주(lexical category)를 나타내는 자질과 [± ___NP], [± ___S] 등의 하위범주화(subcategorization) 자질 등이 있다. 각 어휘항목 특유의 의미 정보를 기술하기 위해 어떤 의미 자질(semantic feature)을 설정해야 하는지는 논란의 여지가 있지만, 각 어휘항목의 의미는 의미소(sememe)에 의해 표시되며, 의미 정보는 선택제약(selection restriction), 함수구조(functional structure), 의미역관계(thematic relation) 등을 포함한다고 말할 수 있다.

각 어휘항목(형태소)에 대한 음운 정보는 **변별적 자질행렬**(distinctive feature matrix)과, 음운 규칙의 적용에 관한 예외 등을 설명하기 위한 규칙자질(rule feature) 및 구별자질(diacritic feature) 등에 의해 표시된다.[1] 예를 들어 cap이라는 어휘항목에 대한 음운 정보는 어휘내항에 아래 (1)과 같이 **음운행렬**(phonological matrix)의 형태로 표시된다. 아래 행렬에서 종렬(column)은 분절음을, 횡렬(row)은 자질을 나타낸다.

(1)

	k	æ	p
syllabic	0	+	0
consonantal	0	0	0
sonorant	0	0	0
continuant	0	0	0
delayed release	–		–
strident	0		0
nasal	0	0	0
lateral	0		0
anterior	–	0	+
coronal	0	0	–
high	0	0	0
low	0	+	0

1) 규칙자질과 구별자질에 관하여는 9.5에서 예외의 처리 문제를 다루면서 언급하기로 하고, 여기서는 언급하지 않겠다.

	k	æ	p
back	0	−	0
round	0	0	0
tense	0	0	0
voice	−	0	−
spread glottis	0		0

(1)에서 보듯이, 어휘목록의 음운행렬에서는 변별 자질만이 '+'나 '−'로 명시(specification)되며, 잉여 자질은 명시되지 않는다.2) 보통 명시되지 않는 자질은 '0'으로 표시한다.3) 잉여 자질을 명시하지 않고 단지 변별 자질만을 명시한 (1)과 같은 행렬을 **부분명시행렬**(partially specified matrix)이라고 한다. 위 행렬에 명시된 자질은 변별적이어서, 그 자질가를 바꾸면 다른 어휘항목이 되어버린다. 가령 cap의 첫 자음은 [−voice]이지만 만일 이 자질 명시를 [+voice]로 바꾸면 gap /gæp/이 되고, 모음의 [−back]을 [+back]으로 바꾸면 cop /kɑp/이 되며, 마지막 자음의 [−cor]을 [+cor]로 바꾸면 cat /kæt/이 된다.

어휘목록의 음운 정보를 (1)처럼 부분명시행렬로 나타내는 것은 어휘목록의 간결성을 위한 것으로, 자질 최소화 원칙(Feature Minimization Principle)에 따른 것이다.4) 이 원칙에 따르면, 어휘항목을 최소한의 자질만을 사용하여 나타낸 어휘목록이 가장 값진 것이다. 이 원칙은 간결성 척도와 일치한다. 간결성은 자질 수 세기에 의해 평가되므로, 가능한 한 최소의 자질을 명시하는 문법 또는 어휘목록이 값진 것으로 평가되는 것이다. 위 행렬에서 명시되지 않은 자질은 자질 수 세기에 포함시키지 않고 단지 '+'나 '−'로 명시된 자질가만을 셈에 포함시킨다.

잉여 자질은 제외하고 변별 자질만을 명시한 (1)과 같은 행렬을 음운행렬이라고 하며, 이것은 잉여 자질을 포함한 모든 자질을 명시하는 행렬인 **음성행렬**(phonetic matrix)과 대비된다. 어휘목록에 형태소의 **기저형**(underlying form: **UF**)을 음운행렬로

---

2) 이처럼 잉여 자질은 명시하지 않고 변별 자질만을 명시한 분절음을 **원분절음**(原分節音, archisegment)이라고 부를 수 있다. 음운행렬은 전형적으로 원분절음으로 이루어진다.

3) (1)에서 명시하지 않고 여백(blank)으로 남겨 놓은 자질은 무관하다는 것을 나타낸다. 예컨대, [delayed release]는 저해음(특히 폐쇄음과 폐찰음)과 관련된 자질이지 모음과는 무관하므로, /æ/를 나타내기 위해 이 자질은 명시하지 않는다.

4) A grammar is most highly valued when underlying representations include the minimal number of features necessary to make different the phonemes of the language (Archangeli 1984: 50).

나타내는 것을 **어휘 표시**(lexical representation), **기저 표시**(underlying representation: **UR**) 또는 음운 표시(phonological representation)라고 칭한다.[5] 기저형에 음운 규칙이 적용되면 **도출형**(derived form: **DF**) 또는 표면형(surface form)이 되며, 규칙의 적용에 의해 기저형에서 도출형을 얻는 과정을 **도출**(derivation)이라고 한다. 표면형 또는 도출형은 잉여 자질을 포함한 모든 자질을 명시하는 음성행렬로 표시된다. 이처럼 변별 자질뿐만 아니라 잉여 자질을 포함한 모든 자질을 명시하는 행렬을 **완전명시행렬**(fully specified matrix)이라고 한다. 예를 들어 표면형 cap[kʰæp]은 다음 (2)와 같은 음성행렬로 표시된다.

(2)

	kʰ	æ	p
syllabic	–	+	–
consonantal	+	–	+
sonorant	–	+	–
continuant	–	+	–
delayed release	–		–
strident	–		–
nasal	–	–	–
lateral	–		–
anterior	–	–	+
coronal	–	–	–
high	+	–	–
low	–	+	–
back	+	–	–
round	–	–	–
tense	–	–	–
voice	–	+	–
spread glottis	2		–

음성행렬 (2)를 음운행렬 (1)과 비교해보면, 음운행렬은 부분적으로 명시되어 있는 반면, 음성행렬은 완전히 명시되어 있다는 차이점을 알 수 있을 것이다. 음성행렬에 관련된 모든 자질의 자질가가 명시되어야 하는 이유는, 기저형과 달리 도출형은 실제의 구체적인 발음을 나타내는 것으로, 화자의 발음과 그 발음에 대한 청자의 인식을 위해 가능한 한 최대의 음성정보가 필요하기 때문이다. 잉여 자질이 음운행렬에

5) 교체 현상을 보이는 형태소의 기본형(base form) 즉, 기저형을 어떤 기준에 의해 설정할 것인가의 기저형 설정 문제는 7.3에서 자세히 다룬다.

는 표시되지 않는다고 해서 변별 자질보다 음의 산출(production)과 인식에 덜 중요하다거나 의미가 없는 것은 아니다. 예를 들어 cap과 gap에서 첫 자음의 실질적인 음성적 차이는, 이미 1장에서 언급했듯이 유무성보다 오히려 기음화에 있기 때문에, [k^h]와 [g]의 차이를 나타내는 음성행렬에서는 변별 자질인 [voice]보다는 잉여 자질인 [spread glottis]의 자질 명시가 음의 산출과 인식에서 오히려 더 중요한 정보가 될 수 있다.

음운행렬과 음성행렬의 또 다른 차이는 자질가를 명시하는 데 있다. 음운행렬에서는 자질가가 이원적(binary)이어서 '+'나 '−'로만 명시되지만, 음성행렬에서는 이원적 자질가뿐만 아니라 숫자를 사용한 다원적(*n*−ary) 자질가가 사용되기도 한다. 음성행렬 (2)에서 [k^h]의 기음화 정도를 나타내기 위해 [spread glottis]의 자질가를 숫자 '2'로 명시한 것이다.[6] 마찬가지로 비음화의 정도를 나타낼 경우에도 숫자에 의해 자질가를 나타낼 수 있다. *SPE* (195)는 음성행렬에서 영어 inn의 모음에 대해 [2 nasal]로 나타낸다.

또한 음성행렬은 음운규칙의 작용에 의해 음운행렬과 달라질 수 있다. 음운규칙은 기저형의 음운행렬에 적용되어 음성행렬을 도출시키기 때문이다. 특히 교체를 보이는 형태소의 경우 음성행렬은 음운행렬과 다르다. 규칙은 음운행렬에 적용되어 자질을 변화시키거나, 분절음을 삽입(epenthesis) 또는 탈락(deletion)시키기도 하며, 음의 위치를 바꾸기도 한다.[7]

음운행렬에 명시되지 않은 잉여 자질을 음성행렬에 다시 명시해주는 역할을 하는 것이 바로 **잉여규칙**이다. 잉여규칙에는 분절음 내의 어떤 자질을 근거로 다른 자질의 잉여성을 나타내는 분절음잉여규칙과 분절음 결합에서 나타나는 잉여성을 설명하는 배열잉여규칙이 있다. 다음으로 이 두 유형의 잉여규칙을 차례로 살펴보자.

---

6) [−continuant]를 [−spread glottis]인 무기음(unaspirated sound)과 [+spread glottis]인 기음(aspirated sound)로 구분하고, [+spread glottis]는 다시 정도에 따라 [1 spread glottis](weakly aspirated), [2 spread glottis](moderately aspirated), [3 spread glottis](strongly aspirated)로 나눌 수 있다. 나바호어(Navajo)의 기음은 영어의 기음에 배해 매우 강하므로 나바호어 무성 폐쇄음의 기음은 [3 spread glottis]로 표시할 수 있다.

7) 규칙의 여러 작용에 관하여는 8장과 9장에서 자세히 다룬다.

5.2
분절음잉여성

분절음을 구성하는 자질 중 어떤 자질 명시 [+F]를 근거로 다른 자질 명시 [+G]를 예측할 수 있을 때, [+G]를 **잉여 자질**이라고 하고, 이 잉여 자질을 예측하도록 하는 규칙을 **분절음잉여규칙**이라고 한다. 한 분절음 내에서 발견되는 분절음잉여성을 나타내는 분절음잉여규칙은 일반적으로 다음과 같은 형식으로 나타낸다.

(3) [+F] → [+G]

여기서 화살표는 '…에 내포된다(implies)' 또는 '또한 …이다(is also)'의 의미를 나타낸다. (3)의 **내포관계**(implicational relation)가 참(true)이 되려면, [+F]의 속성을 지닌 분절음들로 이루어진 집합은 [+G]의 속성을 지닌 분절음들로 이루어진 집합의 부분집합(subset)이어야 한다는 조건을 충족시켜야 한다. 만일 이 조건이 충족되어 (3)의 내포관계가 참이면, 우리는 [+F]를 기반으로 [+G]를 잉여 자질이라고 말한다. 그러나 이 조건이 충족되지 않으면 (3)의 내포관계는 거짓(false)이 되며, [+F]를 기반으로 [+G]를 잉여 자질이라고 말할 수 없다. 가령 아래 (4a)는 이 조건을 충족시키므로 참이지만, (4b)는 이 조건을 위반하므로 거짓이 된다.

(4) a. [+strident] → [−sonorant]
    b. *[−sonorant] → [+strident] ([−sonorant] ↛ [+strident])

(4a)는 '조찰음이면 저해음이다'를 나타내고, (4b)는 '저해음이면 조찰음이다'를 나타낸다. [+strident]인 분절음들의 집합 {f, v, s, z, ʃ, ʒ, ʧ, ʤ}는 [−sonorant]인 분절음들의 집합 {f, v, s, z, ʃ, ʒ, ʧ, ʤ, p, t, k, b, d, g, θ, ð}의 부분집합이므로 (4a)는 참이지만, 그 역은 성립하지 않으므로 (4b)는 거짓이다. 따라서 [+strid]와 [−son]의 두 자질을 포함하는 분절음의 음운행렬에서 [+strid]를 명시하고 (4a)에 의해 예측 가능한 잉여 자질 [−son]는 명시하지 않아야 즉, [0son]여야 한다. (4b)는 거짓이므로, [−son]를 근거로 [+strid]를 잉여 자질로 예측할 수는 없다. 이처럼 어떤 잉여규칙 [+F] → [+G]가 참일 때, 음운행렬에 화살표 왼쪽의 자질은 [+F]로 명시하고 잉여 자

질인 화살표 오른쪽 자질은 [0G]로 명시하지 않는다.

이제 분절음잉여성을 구체적으로 살펴보기 위해, 편의상 가장 널리 인용되는 다음 (5)와 같은 5개의 모음으로 된 모음체계를 보자.

(5)

	front	back
high	i	u
mid	e	o
low		a

위에서 전설모음 /i, e/는 평순 모음이고, 후설모음 /u, o/는 원순 모음이다. /a/는 유일한 저모음이며 평순 모음이다. 이 5개의 모음을 구분하기 위해 필요한 자질만을 완전명시행렬로 나타내면 다음과 같다.

(6)

	i	e	u	o	a
high	+	−	+	−	−
low	−	−	−	−	+
back	−	−	+	+	+
round	−	−	+	+	−

위 행렬 (6)을 보면, 두 개의 서로 다른 분절음은 적어도 하나의 자질에서 서로 대립된다. 예컨대 /i/와 /e/는 [high]에서 서로 대립되며, 이 자질을 제외한 모든 자질에 대해서는 동일한 자질가를 가진다. 반면 /i/와 /a/는 [round]의 자질가만 동일하고 나머지 세 개 자질에서 서로 대립된다. 위 행렬을 자세히 보면, 모든 자질의 자질가를 명시할 필요가 없다는 것을 알 수 있을 것이다. 가령 저모음은 /a/ 하나뿐이므로, /a/를 [+low]로만 명시하고 다른 자질은 명시하지 않더라도 /a/는 다른 모음과 구별이 된다.

일반적으로 잉여성은 자질을 모두 사용하지 않을 경우에 나타난다. 만일 두 개의 자질을 사용하면 네 개의 부류를 구분할 수 있는데, 세 개의 부류를 구분하기 위해 두 개의 자질을 사용한다면, 이 경우 잉여 자질이 존재하게 된다. 따라서 4개의 자질을 사용하면 2^4(=16)개의 부류를 구분할 수 있지만, (6)에서처럼 4개의 자질에 의해 5개 분절음을 구분할 경우 많은 잉여 자질이 나타날 수밖에 없다.

위 행렬에서는 각 모음에 대해 모든 자질이 완전히 명시되어 있다. 그러나 모든 자질이 서로 독립적이지는 않기 때문에, 일부 자질들은 다른 자질을 근거로 예측할 수 있는 잉여 자질이다. 어떤 자질이 잉여적인지를 알기 위해 자질 사이의 의존(dependency) 관계 내지 내포관계를 하나씩 살펴보자.

먼저 모음의 높이(height)와 관련된 두 개의 자질 [high]와 [low]의 관계를 살펴보면, 첫 번째로, [+high]인 모음은 또한 [−low]라는 사실을 알 수 있다. [+high]인 모음은 고모음이고 [−low]인 모음은 고모음과 중모음이므로, [+high]인 모음의 집합({i, u})이 [−low]인 모음의 집합({i, u, e, o})의 부분집합이 된다. 따라서 [+high] → [−low]라는 잉여규칙은 참이므로, 이 잉여규칙에 의해 [+high]를 근거로 [−low]가 잉여적임을 예측할 수 있다. 두 번째로, [+low]인 모음은 [−high]라는 것을 알 수 있다. [+low]인 모음의 집합({a})은 [−high]인 모음의 집합({a, e, o})의 부분집합이므로, [+low] → [−high]라고 말할 수 있다. 이 잉여규칙에 의해 [+low]를 근거로 [−high]가 잉여적임을 예측할 수 있다. 모음의 높이와 관련된 이 잉여성은, 아래에서처럼 두 개의 자질에 의해 세 단계의 모음의 높이를 나타내기 때문에 관련 자질들이 완전히 사용되지 않아 나타나는 당연한 결과이다.

(7)

	고모음 (/i, u/)	중모음 (/e, o/)	저모음 (/a/)	?
high	+	−	(−)	+
low	(−)	−	+	+

위에서 보듯이 두 개의 자질을 사용할 경우 네 개의 부류를 구분할 수 있지만, 실제로는 두 개의 자질에 의해 세 개의 부류만을 구분하기 때문에 잉여성이 생기게 된다. (7)에서 소괄호(parenthesis) '( )' 속의 자질은 위에서 언급한 잉여규칙에 의해 예측할 수 있는 잉여 자질을 나타낸다. [+high] → [−low]이므로 고모음에 대해 [+high]를 명시하고 잉여 자질 [−low]는 명시하지 않으며, 또한 [+low] → [−high]이므로 저모음에 대해 [+low]를 명시하고 잉여 자질 [−high]를 명시하지 않는다.

[+high, +low]인 '?'로 표시된 부류는 논리적으로는 가능하지만, 실제로는 어떤 자연 언어에도 나타나지 않는 것이다. 왜냐하면 어떤 모음도 [+high]이면서 동시에 [+low]일 수 없기 때문이다. 이 부류의 모음을 발음하기 위해서는 혀를 입천장에 가까이 높이 올리면서 동시에 낮게 해야 하는데, 혀가 두 개라면 몰라도 하나뿐이기 때문에 인간은 당연히 이 부류의 모음을 발음할 수 없는 것이다. 따라서 [+high]이면서 동시에 [+low]인 모음은 어떤 언어에서도 가능하지 않은 모음이다. 이 부류의 모음

이 불가능하다는 사실은 위에서 언급한 두 개의 잉여규칙에 의해 설명이 가능하다. 즉, [+high, +low]인 모음이 불가능한 이유는 [+high] → [−low], [+low] → [−high]라는 두 개의 잉여규칙을 위반하기 때문이다. 이처럼 잉여규칙은 어떤 자질들의 결합이 가능한 분절음을 이룰 수 있는지를 정의하는 역할을 한다.

다음으로 [back]과 [round]의 관계를 살펴보자. 전설 모음의 집합({i, e})은 평순 모음의 집합({i, e, a})에 포함되므로 즉, [−back]인 모음은 또한 [−round]이므로 [−back]→ [−round]라고 말할 수 있다. 또한 원순 모음의 집합({u, o})은 후설 모음의 집합({u, o, a})에 포함되므로, 다시 말해 [+round]인 모음은 또한 [+back]이므로 [+round] →[+back]이다.[8] 다섯 개의 모음으로 이루어진 (5)의 모음체계에서는 저모음인 /a/를 제외한 나머지 모음들은 아래에서 보듯이 [back]과 [round]의 자질가가 일치한다는 것을 알 수 있다.

(8)

	전설 평순 (/i, e/)	후설 원순 (/u, o/)	후설 평순 (/a/)	전설 원순 (/ü, ö/)
back	−	(+)	+	−
round	(−)	+	−	+

(8)에서 보듯이, 전설 원순 모음은 모음체계 (5)에 존재하지 않는 공백이기 때문에 잉여성이 발생한다.[9] 여기서도 잉여 자질을 ( ) 속에 넣어서 표시하였다. 전설 모음은 음운행렬에서 [−back]을 명시하고 이를 근거로 예측할 수 있는 잉여 자질 [−round]는 명시하지 않는다. (5)의 모음체계를 지닌 언어나 전설 원순 모음([−back, +round])이 허용되지 않는 영어와 같은 언어에서는, 분절음잉여규칙 [−back] → [−round]에 의해 [−round]를 잉여 자질로 예측할 수 있다. 또한 후설 모음의 경우 [+round] → [+back]에 의해 [+round]를 명시하고 [+back]을 명시하지 않는다.

끝으로, 저모음과 관련된 잉여규칙을 살펴보자. (5)에서 저모음은 /a/ 하나밖에 없기 때문에 여러 자질이 잉여적이다. [+low]인 모음은 [+back]이면서 동시에 [−round]이기 때문에 [+low] → [+back, −round]이다. 또한 전설 모음에는 저모음이 없기 때문에 [−back] → [−low]이며, 원순 모음에도 저모음이 없으므로 [+round] →

8) 그러나 이 두 규칙의 역은 성립하지 않는다 (*[−round] → [−back], *[+back] → [+round]). 왜냐하면 화살표 왼쪽의 집합이 화살표 오른쪽의 집합의 부분집합이 아니기 때문이다. 이는 '사람이면 동물이다'라는 명제는 참이지만, 그 역인 '동물이면 사람이다'는 거짓인 것과 마찬가지이다.

9) 공백에 관하여는 5.4에서 자세히 다룬다.

[−low]이다.

지금까지 다섯 개의 모음으로 이루어진 (5)의 모음체계에서 발견되는 잉여성을 나타내는 잉여규칙을 살펴보았다. 편의상 이 규칙들을 모두 다시 쓰면 다음과 같다.

(9) a. [+high] ↓ [−low] b. [+low] ↓ [−high]

c. [−back] ↓ [−round] d. [+round] ↓ [+back]

e. [+low] ↓ $\begin{bmatrix} +\text{back} \\ -\text{roun} \end{bmatrix}$ f. [−back] ↓ [−low]

g. [+round] ↓ [−low]

위에서는 잉여규칙을 나타내기 위해 아래쪽 화살표를 사용하였다. 이는 자질 변화(feature change), 분절음 탈락(deletion), 분절음 삽입(insertion 또는 epenthesis) 등의 음운 과정(phonological process)을 나타내는 음운 규칙(phonological rule)에서 사용되는 오른쪽 화살표(→)와 구별하기 위한 것이다. 자연언어에는 [+high]이면서 동시에 [+low]인 모음이 존재하지 않기 때문에, (9a)와 (9b)는 모든 언어에 적용되는 보편적(universal) 잉여규칙인 반면, 나머지는 (5)의 모음체계를 지닌 언어에만 적용되는 언어 특유의(language−particular) 잉여규칙이다. (9c−g)의 잉여규칙은 (5)와 다른 모음체계를 지닌 언어에는 적용되지 않을 수 있다. 예컨대 /æ/와 같은 전설 저모음과 /ɔ/와 같은 원순 저모음을 지닌 영어와 같은 언어의 어휘목록에는 (9e), (9f), (9g)의 잉여규칙이 존재하지 않는다. 물론 (9c)와 (9d)는 영어에도 적용되는 잉여규칙이다. 또한 전설 원순 모음을 지닌 언어의 잉여규칙에는 (9c)와 (9d)가 포함되지 않는다.

(9c)와 (9d)는, (5)의 모음체계에서 저모음을 제외한 나머지 모음의 경우, [back]과 [round]의 자질가가 일치해야 한다는 조건을 나타낸다. 어떤 둘 또는 그 이상의 자질이 자질가에 있어서 서로 일치한다는 것을 나타내기 위해서는 'α, β'와 같은 **변항**(variable)을 사용한다. 저모음이 아닌 모음들은 [back]과 [round]에 있어서 자질가가

일치해야 한다는 조건을 변항을 사용하여 나타내면 다음과 같다.

(10)
$$[-\text{low}] \\ \downarrow \\ \begin{bmatrix} \alpha\ \text{back} \\ \alpha\ \text{round} \end{bmatrix}$$

(10)은 다음 (11)과 같은 두 개의 조건으로 해석된다. 바꾸어 말하면 아래 (11a)와 (11b)는 변항을 사용하여 (10)과 같이 보다 간결하게 하나로 나타낼 수 있다.

(11) a.
$$[-\text{low}] \\ \downarrow \\ \begin{bmatrix} +\text{back} \\ +\text{round} \end{bmatrix}$$

b.
$$[-\text{low}] \\ \downarrow \\ \begin{bmatrix} -\text{back} \\ -\text{round} \end{bmatrix}$$

우리는 (10)에 의해, (5)와 같은 모음체계를 지닌 언어에서 /ü/와 같은 전설 원순 모음([−back, +round])이나 /ʌ/와 같은 후설 평순 모음([+back, −round])이 왜 용인되지 않는(unacceptable), 허용되지 않는(inadmissible) 혹은 불가능한(impossible, inconceivable) 모음인지를 설명할 수 있다.

(9f)와 (9g)는 둘 다 [−low]를 잉여 자질로 예측하도록 하는 잉여규칙이므로, 다음과 같이 중괄호(brace)를 사용하여 하나로 묶어서 나타낼 수 있다.[10)]

(12)
$$\begin{Bmatrix} [-\text{back}] \\ [+\text{round}] \end{Bmatrix} \\ \downarrow \\ [-\text{low}]$$

혹은 (9g)와 (9d)를 아래와 같은 하나의 잉여규칙으로 나타냄으로써, [+round]에 의해 [+back]과 [−low]를 예측하도록 할 수도 있다.

10) 동일한 역할을 하는 둘 또는 그 이상의 규칙들을 하나로 묶어서 나타내는 표기 규약(notational convention)에 관하여는 7.1.2에서 자세히 다룬다.

(13) [+round]

$$\downarrow$$

$$\begin{bmatrix} +\text{back} \\ -\text{low} \end{bmatrix}$$

완전명시행렬 (6)에 (9)의 분절음잉여규칙들을 적용하여 예측 가능한 모든 잉여 자질을 '( )' 속에 넣어 표시하면 다음과 같은 부분적으로 명시된 음운행렬이 된다.

(14)

	i	e	u	o	a
high	+	−	+	−	$(-)^{b}$
low	$(-)^{a,f}$	$(-)^{f}$	$(-)^{a,g}$	$(-)^{g}$	+
back	−	−	$(+)^{d}$	$(+)^{d}$	$(+)^{e}$
round	$(-)^{c}$	$(-)^{c}$	+	+	$(-)^{e}$

(14)에서 소괄호 위에 표시한 위첨자는 분절음잉여규칙 (9) 중 어떤 규칙에 의해 잉여 자질로 예측할 수 있는지를 나타낸다. 예를 들어 위첨자 'a'는 (9a)가 적용된다는 것을 나타낸 것이다. 모음 /i/와 /u/의 [−low]가 잉여 자질이라는 사실은 각각 (9a)와 (9f) 그리고 (9a)와 (9g)의 두 규칙에 의해 예측 가능하다.

잉여 자질을 모두 뺀 자질 행렬 (14)에서 모음 /a/는 하나의 자질로만 표시되고 나머지 모음은 모두 두 개의 자질로 표시된다. 다른 분절음에 비해 더 적은 수의 자질로 명시되는 분절음은 더 간결하고 자연스러우며 덜 유표적(marked)인 것으로 여겨지므로, /a/가 가장 간결하고 자연스러운 모음이며 무표적(unmarked)인 모음이라고 말할 수 있다.[11] 이러한 특성 때문에, 모든 언어는 /a/를 가지고 있으며, 어린이의 언어 습득 순서에서 /a/가 다른 모음보다 먼저 나타나는 것이다.

지금까지 5모음체계에 나타나는 잉여 자질을 예측하도록 하는 분절음잉여규칙에 관하여 언급하였다. 영어의 모음체계는 (5)와 다르기 때문에 영어의 모음과 관련된 잉여규칙은 위에서 언급한 잉여규칙 (9)와는 차이를 보일 수밖에 없다. (9a)와 (9b)는 범어적이므로 당연히 영어에도 적용된다. 또한 영어에서 모든 전설 모음은 평순 모음이고, 모든 원순 모음은 후설 모음에 속하므로 (9c)와 (9d) 역시 영어에도 적용된

11) 유표성(markedness)의 개념은 보통 복잡도(complexity), 빈도(frequency), 내포관계의 보편성(implicational universal), 언어 습득 순서, 언어 변화의 방향성 등에 의해 정의된다.

다. 그러나 영어는 전설 저모음 /æ/를 가지고 있으므로 (9e)와 (9f)는 영어에 적용될 수 없으며, 또한 원순 저모음 /ɔ/를 가지고 있으므로 (9g) 역시 영어의 어휘목록에 포함될 수 없는 잉여규칙이다. 마찬가지로 [+round]를 근거로 [+back]과 [−low]를 잉여 자질로 예측하도록 하는 (13)도 영어의 분절음잉여규칙이 될 수 없다.

위에서는 모음과 관련된 분절음잉여성을 언급하였으므로, 이제 주요 부류 자질과 관련된 잉여성을 살펴보자. 성절성 공명 자음과 후두 전이음을 제외하면, 성절음은 공명음이며 또한 자음이 아니므로 [+syll] → [+son, −cons]이고, 저해음은 자음이며 또한 비성절성이므로 [−son] → [−syll, +cons]이며, 자음은 비성절음에 속하므로 [+cons] → [−syll]이다. 주요 부류 자질들 사이에 잉여성을 다시 쓰면 다음과 같다.

(15) a. $[+\text{syll}] \downarrow \begin{bmatrix} +\text{son} \\ -\text{cons} \end{bmatrix}$ b. $[-\text{son}] \downarrow \begin{bmatrix} -\text{syll} \\ +\text{cons} \end{bmatrix}$ c. $[+\text{cons}] \downarrow [-\text{syll}]$

물론 잉여규칙 (15)는 후두 전이음이나 성절성 공명 자음에는 적용되지 않는다. 4.1.1에서 언급하였듯이, 주요 부류 자질이 최대로 사용되지 않기 때문에 위와 같은 분절음잉여성이 나타난다. 이 자질들 사이의 내포관계를 따져보면 위 잉여규칙을 쉽게 이해할 수 있을 것이다. 예를 들어 [+cons]의 집합({자음})은 [−syll]의 집합({자음, 전이음})의 부분집합이므로 (15c)의 내포관계는 참임을 알 수 있다. (15a)에 의해, 일반적으로 모음을 [+syll]로만 명시하고 [+son]와 [−cons]는 명시하지 않는다.[12] 또한 (15b)에 의해 저해음은 [−son]으로만 명시하고 [−syll]과 [+cons]는 명시하지 않는다. 일반적으로 모음과 자음을 나타내는 'V'와 'C'는 각각 [+syll]과 [−syll]을 나타낸다.

다음으로 영어 폐쇄음의 경우, 조음 위치를 나타내는 [anterior]와 [coronal] 사이에서 나타나는 잉여성을 살펴보자. 아래에서 보듯이 이 두 자질이 최대로 사용되지 않기 때문에 잉여성이 나타난다.

12) 모음의 경우 [+syll]에 의해 [+son]와 [−cons]뿐만 아니라 [−ant, −cor, +cont, −nasal, −lateral] 등도 잉여 자질로 예측할 수 있다.

(16)

	p, b	t, d	k, g
anterior	+	(+)	−
coronal	−	+	(−)

[−ant]인 폐쇄음은 연구개음뿐이므로, 폐쇄음이 [−ant]이면 그 음은 또한 [−cor]이다 ([−ant] → [−cor]). 마찬가지로 [+cor]인 폐쇄음은 치음뿐이므로, 폐쇄음이 [+cor]이면 그 음은 또한 [+ant]이다 ([+cor] → [+ant]). 따라서 /k, g/의 조음 위치를 단지 [−ant]로, /t, d/의 조음 위치를 [+cor]로만 나타내면 된다. 그러나 헝가리어(Hungarian)처럼 경구개치경 폐쇄음을 지닌 언어의 경우, 조음 위치를 나타내는 두 자질이 최대로 사용되기 때문에, 이 잉여규칙은 적용되지 않는다.

영어의 분절음잉여규칙은 지금까지 살펴본 것 외에도 더 많이 있지만, 자질들 사이의 의존관계 또는 내포관계를 따져보면 분절음 내의 어떤 자질을 근거로 어떤 자질들을 잉여 자질로 예측할 수 있는지 알 수 있으므로, 분절음잉여성에 관하여는 더 이상 언급하지 않겠다.

5.3 배열잉여성

분절음의 결합은 임의적으로 이루어지는 것이 아니고, 제약들을 위반하지 않는 범위 내에서 이루어진다. 예를 들어 영어에서 형태소의 맨 앞에 세 개의 자음이 올 때, 첫 번째 자음은 /s/여야 하고, 두 번째 자음은 무성 폐쇄음이어야 하며, 세 번째 자음은 유음 또는 전이음이어야 한다는 제약이 있다.[13)] 이러한 분절음의 결합에 대한 제약을 전통적으로 **분절음배열제약**(phonotactic constraint)이라고 한다.[14)] 이 제약은 **배열잉여규칙**에 의해 나타내며, 이 규칙에 의해 예측할 수 있는 잉여성을 **배열잉여성**이

13) 전이음은 [−cons]이므로 자음으로 볼 수 없지만, 편의상 이후로 전이음을 포함한 [−syll] 분절음을 '자음'으로 통칭한다.

14) 보통 'phonotactic constraint'를 우리말로 '음소배열제약'이라고 칭하지만, 생성음운론에서는 음소 층위를 인정하지 않으므로, 본서에서는 '음소'라는 용어 대신 '분절음'을 사용하여 '분절음배열제약'이라고 칭하겠다. 마찬가지로 분절음배열제약을 다루는 이론인 'phonotactics'를 '음소배열론' 대신 '분절음배열론'이라고 칭하겠다.

라고 한다.

영어 모국어 화자가 영어의 분절음배열제약에 대한 지식을 갖고 있다는 근거 즉, 분절음배열제약에 대한 심리적 실재(psychological reality)는 Fromkin(1971: 40−41)이 제시하는 다음과 같은 **발화 실수**(spoonerism 또는 slips of the tongue)에서 찾아볼 수 있다.

(17) a. sphinx in moonlight → minx in spoonlight(*sfoonlight)

b. play the victor → flay(*vlay) the pictor

c. tab stops → tap [stɑbz](*[stabs])

위 자료에서 흥미로운 점은, (17a)에서 /sf/와 /m/이 서로 치환(transposition)될 때 sphinx의 /sf/가 /sp/로 바뀌고, (17b)에서 /p/와 /v/가 치환될 때 /vl/이 /fl/로 바뀌며, (17c)에서 /b/와 /p/가 치환될 때 본래의 복수 어미 /s/가 /z/로 바뀐다는 점이다. 이 현상은 어두에는 자음군 */sf/ 및 */vl/이 허용되지 않으며 어말에는 자음군 */bs/가 허용되지 않는다는 분절음배열제약을 화자가 알고 있다는 사실을 나타낸다.

어두 자음군 /sf/와 /vl/는 sphere, sphinx, sphacelate, sphenoid, Vladivostok, vlei 등에서 보듯이 실제 단어에 나타나지만, 이 자음군이 나타나는 단어들은 차용어에 국한된다. 이처럼 차용어에서는 분절음배열제약에 위반되는 자음군이 나타날 수 있다. 또 다른 예를 들면, /ʃl/, /ʃn/, /ʃm/는 어두에 허용되지 않는 자음군이지만 schlock, schnook, schmaltz와 같은 차용어에는 나타난다.

분절음배열제약의 심리적 실재에 관하여 언급하였으므로, 이제 영어의 분절음배열제약에는 어떤 것들이 있으며 이 제약들을 어떻게 나타내는지를 살펴보자. 분절음배열제약은 **긍정조건**(positive condition: PC), **if−then 조건**(if−then condition), **부정조건**(negative condition)이라는 세 가지 유형의 배열잉여규칙 내지 형태소구조조건으로 나타내는 것이 보통이다 (Stanley 1967). 긍정조건은 형태소의 전형적인 구조를 나타낼 때 사용되고, if−then 조건은 만약 어떤 조건이 충족되면 다른 조건도 충족되어야 한다는 것을 나타낼 때 사용되며, 부정조건은 분절음의 결합이 불가능하다는 것을 나타낼 때 사용된다.

긍정조건에 의해 나타낼 수 있는 자주 인용되는 영어의 분절음배열제약은 아래와 같다.

(18) PC: + ([−syll]) ([−syll]) ([−syll]) [+syll]

(18)에서 'PC'는 긍정조건을 나타내고, '+'는 형태소 경계(morpheme boundary)를 나타낸다. 소괄호 '( )'는 그 안의 요소가 수의적(optional)이라는 것을 나타내므로, 위 긍정조건은 사실상 다음 (19)와 같은 네 개의 조건으로 해석된다. 바꾸어 말하면, 간결성을 위해 (19)의 네 개의 조건을 하나로 묶어 나타내면 (18)이 된다.

(19) a. + [+syll]
  b. + [−syll] [+syll]
  c. + [−syll] [−syll] [+syll]
  d. + [−syll] [−syll] [−syll] [+syll]

따라서 (18)은 영어의 형태소에 관한 다음과 같은 두 가지 사실을 나타낸다. 첫째, 형태소의 맨 앞에는 0−3개의 자음이 올 수 있다. 다시 말해, it, pit, spit, split에서 보듯이, 형태소가 모음으로 시작하거나 아니면 1−3개의 자음으로 시작할 수 있다. 둘째, 4개 또는 그 이상의 자음으로 시작되는 형태소는 영어에 존재하지 않는다. 예를 들어 *splrit와 같은 형태소는 영어에서 허용되지 않는다.

형태소의 맨 앞에 최대로 세 개의 자음이 올 경우, 각 위치에 나타날 수 있는 자음은 한정되어 있기 때문에 위와 같은 긍정조건으로는 이 사실을 나타내기에 충분하지 않다. 만일 형태소의 맨 앞에 세 개의 자음이 온다면, 어떤 위치에 어떤 자음이 나타날 수 있는지를 나타내는 분절음배열제약이 필요하다. 이러한 제약을 나타내는 조건이 바로 아래 (20)과 같은 if−then 조건이다. if−then 조건은 만일 어떤 특정 조건이 충족된다면 다른 조건 또한 충족되어야 한다는 것을 말해준다. 만일 어떤 형태소가 세 개의 자음으로 시작한다면, 그 첫 번째 자음은 /s/이고, 두 번째 자음은 무성 폐쇄음이며, 세 번째 자음은 유음 또는 전이음이라는 것을 if−then 조건으로 나타내면 다음과 같다.

$$
\begin{array}{lllll}
\text{(20) If:} & + & [-\text{syll}] & [-\text{syll}] & [-\text{syll}] \\
 & & \downarrow & \downarrow & \downarrow \\
\text{Then:} & & \begin{bmatrix} +\text{strid} \\ +\text{ant} \\ +\text{cor} \\ -\text{voice} \end{bmatrix} & \begin{bmatrix} -\text{del rel} \\ -\text{voice} \end{bmatrix} & \begin{bmatrix} +\text{son} \\ -\text{nasal} \end{bmatrix}
\end{array}
$$

위 (20)의 Then 부분에서, 분절음 또는 자연 부류를 나타내기 위해 잉여 자질을 명시하지 않고 변별 자질만을 언급하였다. 즉, 첫 번째 자음인 /s/를 나타내기 위해 [+strid, +ant, +cor, −voice]만을 명시하는 이유는, 분절음잉여규칙에 의해 [−son, +cons, +cont, −nasal, −lateral] 등이 잉여적임을 예측할 수 있기 때문이다. 두 번째 자음 위치에 나타나는 무성 폐쇄음은 [−del rel, −voice]로만 명시할 수 있다. 왜냐하면 폐쇄음을 나타내는 [−del rel]에 의해 [−son, +cons, −cont]를 예측할 수 있기 때문이다. 세 번째 자음 위치에 나타나는 유음 /l, r/과 전이음 /y, w/는 비음을 제외한 비성절성 공명음이므로 [−syll, +son, −nasal]로 명시하면 된다.

If−then 조건으로 나타낸 배열잉여규칙 (20)은 세 개의 자음으로 시작하는 형태소의 음운행렬에서 Then 부분에 명시된 자질이 모두 잉여 자질임을 나타낸다. 예를 들어 세 개의 자음으로 시작하는 형태소 split을 나타내는 아래의 음운행렬을 보자. 여기서도 '( )'는 그 안의 자질가가 잉여적임을 나타낸다.

(21)

	s	p	l	ɪ	t
syllabic	−	−	−	+	(−)
consonantal	(+)	(+)	(+)	(−)	(+)
sonorant	(−)	(−)	(+)	(+)	(−)
continuant	(+)	(−)	(+)	(+)	(−)
delayed release		(−)			−
strident	(+)	(−)	(−)		(−)
nasal	(−)	(−)	(−)		(−)
lateral	(−)	(−)	+		(−)
anterior	(+)	+	(+)		(+)
coronal	(+)	(−)	(+)		+
voice	(−)	(−)	(+)	(+)	−
high	(−)	(−)	(−)	+	(−)
low	(−)	(−)	(−)	(−)	(−)
back	(−)	(−)	(−)	−	(−)
round	(−)	(−)	(−)	(−)	(−)
tense				−	

위 행렬에서 /s/를 [−syll]이라고만 명시하면 된다. 왜냐하면 split(/splɪt/)은 세 개의 [−syll] 분절음으로 시작하므로 if−then 조건 (20)에 의해 첫 번째 자음이 /s/라는 것을 알 수 있기 때문이다. 따라서 if 부분에 명시된 [−syll]을 제외하고 /s/를 나타내는 모든 자질들은 예측 가능한 잉여 자질이 된다. 두 번째 자음인 /p/를 나타내기 위해서는 [−syll] 외에도 조음 위치 자질을 명시해야 한다. 만일 조음 위치 자질을 명시

하지 않으면, 두 번째 자음이 무성 폐쇄음 /p, t, k/ 중 어떤 음인지를 알 수 없게 될 것이다.[15] 세 번째 자음 /l/을 나타내기 위해서는 [−syll]과 [+lateral]을 명시하면 된다.[16] /ɪ/와 /t/는 분절음잉여규칙에 의해 예측할 수 있는 잉여 자질을 제외하고 변별 자질만을 명시하였다.

다음으로 형태소가 두 개의 자음으로 시작될 경우, 이 두 자음의 결합과 관련된 제약에 관하여 살펴보자. 첫 번째로, 형태소가 두 개의 저해음으로 시작되면, 첫 번째 저해음은 /s/이고 두 번째 저해음은 무성 폐쇄음이다. 이 제약을 if−then 조건으로 나타내면 다음과 같다.

(22) If: + [−son] [−son]

$$\begin{array}{lll} \text{If:} & +\ [-\text{son}] & [-\text{son}] \\ & \quad\downarrow & \quad\downarrow \\ \text{Then:} & \begin{bmatrix} +\text{strid} \\ +\text{ant} \\ +\text{cor} \\ -\text{voice} \end{bmatrix} & \begin{bmatrix} -\text{del rel} \\ -\text{voice} \end{bmatrix} \end{array}$$

자음군 /sp, st, sk/를 통칭하여 sC 자음군(sC cluster)이라고 부른다. 영어의 어두 자음군 중 두 저해음의 연쇄로 이루어진 용인 가능한 자음군은 sC 자음군뿐이다. 이 자음군으로 시작하는 형태소의 음운행렬에 나타나는 많은 잉여 자질을 (22)의 if−then 조건에 의해 예측할 수 있다. 예를 들어 spit(/spɪt/)의 음운행렬을 나타내면 다음과 같다.

(23)

	s	p	ɪ	t
syllabic	(−)	(−)	+	(−)
consonantal	(+)	(+)	(−)	(+)
sonorant	−	−	(+)	(−)
continuant	(+)	(−)	(+)	(−)

15) /p/의 자질 중 [−coronal]이 잉여적인 이유는 /l/ 앞에 올 수 있는 폐쇄음은 [−coronal]뿐이라는 또 다른 배열잉여규칙 때문이다. 즉, */tl−/이나 */dl−/은 두음 자음군이 될 수 없다는 조건에 관하여는 뒤 (25a)와 (26a)를 보라.

16) 사실상 영어에 [+lateral]은 /l/뿐이므로, /l/을 [+lateral]로만 명시할 수 있다. 그러나 세 개의 자음으로 시작하는 split의 경우 세 번째 자음에 [−syll]을 명시하지 않으면, (20)의 if 부분의 예비 조건(preliminary condition) 즉, 세 번째 음도 [−syll]이라는 조건을 충족시킬 수 없게 되어, 결국 첫 번째 자음과 두 번째 자음의 잉여 자질을 예측할 수 없게 될 것이다.

	s	p	ɪ	t
delayed release		(−)		−
strident	(+)	(−)		(−)
nasal	(−)	(−)		(−)
lateral	(−)	(−)		(−)
anterior	(+)	+		(+)
coronal	(+)	−		+
voice	(−)	(−)	(+)	−
high	(−)	(−)	+	(−)
low	(−)	(−)	(−)	(−)
back	(−)	(−)	−	(−)
round	(−)	(−)	(−)	(−)
tense			−	

두 개의 저해음으로 시작하는 /spɪt/의 첫 번째 [−son] 분절음은 (22)에 의해 /s/라는 것을 알 수 있기 때문에, 이 자음에 대해 [−son]만을 명시하면 된다. 나머지 자질들은 잉여적이기 때문이다. 두 번째 [−son] 분절음인 /p/는 [−son]와 순음을 나타내는 조음 위치 자질 [+ant, −cor]로만 명시하면 된다. 모음 /ɪ/와 자음 /t/의 잉여 자질은 분절음잉여규칙에 의해 예측할 수 있는 것들이다.

두 번째로, 두 번째 자음이 비음이면 첫 번째 자음은 /s/이다. 이 제약을 아래처럼 if−then 조건으로 나타낼 수 있다.

(24) If: + [−syll] [+nasal]

$$\downarrow$$

Then: $\begin{bmatrix} +\text{strid} \\ +\text{ant} \\ +\text{cor} \\ -\text{voice} \end{bmatrix}$

이 배열잉여규칙에 의해, /sm/이나 /sn/으로 시작하는 형태소의 음운행렬에서 /s/에 대해 [−syll]만 명시하면 된다. 또한 이 조건은 *bnick과 같은 형태가 왜 영어의 가능한 형태소가 될 수 없는지를 말해준다. *bnick은 두 번째 자음이 비음이면 첫 번째 자음이 /s/여야 한다는 제약 (24)를 위반하는 자음군 */bn/이 형태소 맨 앞에 있기 때문에 용인 가능한 형태소가 될 수 없다.

세 번째로, 첫 번째 자음이 폐쇄음이면 두 번째 자음은 유음이나 전이음이다.[17] 그런데 이 두 자음의 결합은 자유롭게 이루어지는 것이 아니다. 폐쇄음과 /r/ 또는 /y/는 자유롭게 결합되는 반면, 폐쇄음과 /l/ 또는 /w/의 결합은 자유롭게 이루어지지 않는다. 폐쇄음과 /l/이 결합될 경우, play, blue, clay, glue에서처럼 /pl/, /bl/, /kl/, /gl/은 허용되지만, */tl/과 */dl/은 허용되지 않는다. 또한 폐쇄음과 /w/의 결합에서 twin, dwindle, quick, guano에서처럼 /tw/, /dw/, /kw/, /gw/는 허용되지만, */pw/과 */bw/는 허용되지 않는다.[18] 이와 같이 허용되지 않는 자음군을 나타내기 위해서는 보통 부정조건을 사용한다. 부정조건을 사용하여 */tl/과 */dl/을 나타내면 아래 (25a)와 같고, */pw/와 */bw/를 나타내면 아래 (25b)와 같다. 아래에서 '~'는 부정(negation)을 나타낸다.

(25) a. $\sim + \begin{bmatrix} -\text{del rel} \\ +\text{cor} \end{bmatrix}$ l (*/tl/, */dl/)

b. $\sim + \begin{bmatrix} -\text{del rel} \\ +\text{ant} \\ -\text{cor} \end{bmatrix}$ w (*/pw/ */bw/)

영어에서 split처럼 형태소 맨 앞에 세 개의 자음으로 이루어진 연쇄 /spl−/이 나타날 수 있는 것은 이 자음군의 일부인 두 개의 자음으로 된 연쇄 /sp−/와 /pl−/이 가능하기 때문이다. 또한 */stl−/이 불가능한 이유는 /st−/는 가능하나 부정조건 (25a)를 위반하는 */tl/이 불가능하기 때문이다. 마찬가지로 (25b)를 위반하는 자음군 */pw/가 불가능하므로 이 자음군이 포함된 */spw/도 당연히 불가능한 자음군이 된다.

(25)와 같은 부정조건은 음운행렬의 잉여 자질을 예측한다기보다는 순수하게 형태소구조조건의 기능을 수행하는 것으로 해석된다. 왜냐하면 부정조건을 위반하는 형태소는 소수의 차용어를 제외하고 어휘목록에 존재하지 않기 때문이다. 일부 학자는 부정조건을 if−then 조건으로 대치하여 나타낼 수 있기 때문에, 부정조건이 필요하지 않다고 주장한다 (Schachter and Fromkin 1968). 이러한 주장에 따라 부정조건

17) 두 자음의 결합에 대한 이 제약은 (20)에서 두 번째 자음과 세 번째 자음의 결합에 대한 제약과 같다.

18) Puerto Rico, Buenos Aires와 같은 고유명사에서 /pw/나 /bw/로 시작하는 예를 찾을 수 있으나, 이 자음군은 영어에서 허용되지 않는다.

(25)를 if−then 조건으로 나타내면 아래와 같다.

(26) a. If: + [−del rel] l

$\downarrow$

Then: [−cor]

b. If: + [−del rel] w

$\downarrow$

Then: $\begin{bmatrix} \alpha\,\text{ant} \\ \alpha\,\text{cor} \end{bmatrix}$

형태소가 폐쇄음과 /l/의 연쇄로 된 자음군으로 시작할 경우, 그 폐쇄음이 [−cor] (순음이나 연구개음)이라는 것을 나타내는 (26a)는 폐쇄음의 자질 중 [−cor]이 잉여적임을 나타낸다. 이 조건에 의해 (21)의 /p/에 대해 [−cor]을 명시하지 않은 것이다. (26b)는 형태소가 폐쇄음과 /w/의 결합으로 이루어진 자음군으로 시작할 경우, 그 폐쇄음의 조음 위치 자질 [ant]와 [cor]의 자질가가 일치해야 한다는 것을 나타낸다. 즉, /w/에 선행하는 폐쇄음은 [+ant, +cor]인 치음이거나, [−ant, −cor]인 연구개음이어야 한다는 것이다. 이처럼 부정조건을 if−then 조건으로 대치하더라도 동일한 결과를 얻을 수 있으므로, 형태소구조조건으로 긍정조건과 if−then 조건만을 인정할 수 있을 것으로 보인다.

영어에서 형태소의 맨 앞에 하나의 자음이 올 경우, /ŋ/을 제외한 모든 자음이 나타날 수 있다.[19] 연구개 비음으로 시작하는 어떤 형태소도 허용되지 않는다는 사실을 부정조건과 if−then 조건으로 나타내면 아래 (27)과 같다.

(27) a. $\sim\ +\ \begin{bmatrix} -\text{syll} \\ +\text{nasal} \\ -\text{ant} \end{bmatrix}$ (*+ŋ)

b. If: $+\ \begin{bmatrix} -\text{syll} \\ +\text{nasal} \end{bmatrix}$

$\downarrow$

Then: [+ant]

---

19) 연구개 비음 /ŋ/을 영어의 음운목록(phonological inventory)에 존재하는 음운 분절음으로 인정해야 하는가는 논란의 여지가 있다.

(27a)는 형태소 맨 앞에 /ŋ/가 나타날 수 없음을 나타내고, (27b)는 형태소 맨 앞에 비음이 온다면 그 비음은 [+ant](/m/이나 /n/)라는 것을 나타낸다. 따라서 (27b)에 의해 형태소 맨 앞에 있는 비음에 대해 잉여 자질 [+ant]는 명시할 필요가 없다.

If−then 조건은 배열잉여성뿐만 아니라 (27b)처럼 분절음잉여성을 나타내기 위해서도 사용될 수 있다. 또 다른 예로, (5)의 모음체계에서 저모음의 경우 [back]과 [round] 자질가가 일치한다는 조건 (10)을 아래와 같이 if−then 조건으로 나타낼 수 있다.[20]

(28) If: $\begin{bmatrix} +\text{syll} \\ -\text{low} \end{bmatrix}$

$\downarrow$

Then: $\begin{bmatrix} \alpha\,\text{back} \\ \alpha\,\text{round} \end{bmatrix}$

지금까지 영어의 대표적인 몇 가지 분절음배열제약을 예로 들어, 이것을 긍정조건, if−then 조건, 부정조건의 세 가지 형태소구조조건 내지는 배열잉여규칙에 의해 나타내고, 분절음의 결합에서 나타나는 배열잉여성을 if−then 조건에 의해 예측할 수 있음을 보였다. 이외에도 영어에는 많은 분절음배열제약이 있지만, 분절음배열제약은 형태소구조조건이 아니라 음절구조조건(syllable structure condition)으로 기술하는 것이 보다 적절하므로, 영어의 분절음배열제약에 대한 더 자세한 기술은 6장에서 음절을 다루면서 하기로 한다. 이제 다음으로 형태소구조규칙과 음운규칙의 차이점, 공백, 형태소구조조건의 문제점 등에 관하여 언급하겠다.

5.4 형태소구조조건

위에서 '어휘잉여규칙'을 '형태소구조규칙' 또는 '형태소구조조건'으로 칭함으로

20) 물론 이 조건은 평순 후설 중모음([−round, +back, −high, −low])인 /ʌ/를 지닌 영어에는 적용되지 않는다.

써, 이 세 용어가 동일한 개념을 나타내는 것으로 간주하였다. 그러나 Stanley(1967)는 몇 가지 이유를 들어 형태소구조규칙(MSR)이라는 용어 대신 형태소구조조건(MSC)이라는 용어를 사용해야 한다고 주장한다. 그 이후 형태소구조규칙 대신 형태소구조조건이라는 명칭이 보편적으로 사용되게 되었다. 형태소구조규칙이라는 용어가 왜 적절하지 않은지를 설명하기에 앞서, 분절음잉여규칙과 배열잉여규칙이 형태소구조조건이라는 점을 언급하겠다.

분절음잉여규칙과 배열잉여규칙은 가능한 형태소(possible morpheme)가 무엇인지를 정의하는 형태소구조조건의 역할을 한다. 전자는 자질의 결합에 대한 제약으로 가능한 분절음(possible segment)이 무엇인지를 정의하고, 후자는 분절음의 결합에 대한 제약으로 가능한 형태소 즉, 가능한 분절음의 연쇄(possible sequence of segments)가 무엇인지를 정의한다. 따라서 가능한 형태소는 어떠한 잉여규칙도 위반하지 않는 분절음의 연쇄라고 정의할 수 있다.[21)]

예를 들어 */püt/나 */pöt/가 영어의 가능한 형태소가 될 수 없는 이유는 허용되지 않는 모음 /ü/나 /ö/를 지니고 있기 때문이다. [−back, +round]의 자질명시를 지니는 이 모음들은 [−back]과 [+round]의 결합으로 이루어진 분절음을 배제하는 분절음잉여규칙 (9c)([−back] → [−round])와 (9d)([+round] → [+back])를 위반하므로 가능한 분절음이 아니다. 용인되지 않는 분절음 /ü/나 /ö/를 지닌 분절음의 연쇄 */püt/나 */pöt/는 당연히 가능한 형태소가 될 수 없다. 이처럼 분절음배열제약은 자질들의 결합에 대한 공기제약(co-occurrence restriction)을 나타내며, 결국 이 제약을 위반하는 자질들의 집합체로 이루어진 허용되지 않는 분절음을 포함하는 형태소를 어휘목록에서 제외시키는 형태소구조조건의 역할을 한다.

배열잉여규칙이 가능한 형태소를 정의한다는 것은 자명하다. 예를 들어 *splrit이 영어의 가능한 형태소가 될 수 없는 이유는, 위에서 언급했듯이 형태소의 맨 앞에 올 수 있는 [−syll] 분절음은 최대로 3개까지만 허용된다는 배열잉여규칙 (18)을 위반하기 때문이다. 세 개의 자음 연쇄로 시작하는 *ftrab 역시 영어의 가능한 형태소가 될 수 없다. 왜냐하면 세 개의 자음으로 시작하는 형태소의 첫 번째 자음은 반드시 /s/여야 한다는 배열잉여규칙 (20)을 위반하기 때문이다. 반면 strab은 실제로 존재하는 영어의 형태소가 아니지만, 아무런 배열잉여규칙도 위반하지 않기 때문에 strap와 마찬가

21) A *conceivable* [*possible*] *morpheme* can . . . be defined as an arbitrary sequence of bundles of specified features which does not violate any of the morpheme structure conditions of that language (Schane 1973: 43).

지로 가능한 형태소이며, 미래에 어휘목록에 수록될 수 있는 가능한 어휘항목이다.

어휘목록에 존재하지 않는 어휘항목을 일컬어 **공백**(gap)이라고 한다. 공백에는 **우연한 공백**(accidental gap)과 **체계적 공백**(systematic gap)이 있다. 우연한 공백은 strab나 blick처럼 형태소구조조건을 위반하지 않지만 어휘목록에 수록되어 있지 않은 적형(well-formed) 형태소를 말한다. 체계적 공백은 *ftrab나 *bnick처럼 형태소구조조건을 위반하기 때문에 어휘목록에 나타나지 않는 비적형(ill-formed) 형태소를 말한다. 형태소구조조건을 위반하더라도 어휘목록에 나타날 수 있다. 비적형임에도 불구하고 사전에 나타나는 형태소는 위에서 언급했듯이, sphinx, vlei, schlock, schnook, schmaltz와 같은 차용어이다. 공백과 관련하여 언급한 이 세 가지 경우와, 적형이므로 어휘목록에 나타나는 경우를 다음과 같이 나타낼 수 있다 (Hyman 1975: 20).

(29)

	OCCURRING	NONOCCURRING
well-formed	*brick*	*blick*
ill-formed	*sphere*	*bnick*

어휘목록에 blick이 나타나지 않는 것은 우연이지만, *bnick이 나타나지 않는 것은 체계적 이유 때문이다. 즉, 자음군 /bn-/이 형태소구조조건 (24)를 위반하기 때문이다.

지금까지 분절음잉여규칙과 배열잉여규칙은 가능한 형태소를 정의하는 형태소구조조건이라는 점을 언급하였으므로, 이제 '형태소구조규칙'이라는 명칭이 왜 적절하지 않은지에 관하여 언급하겠다. 어휘목록의 잉여 자질을 예측하도록 하고, 공백으로 남긴 이 잉여 자질의 자질가를 나중에 음성행렬에서 채워주는 역할을 하는 형태소구조규칙(이후 MSR이라 칭함)은, 음운규칙과 다를 뿐만 아니라 몇 가지 문제점을 지니기 때문에 형태소구조조건(이후 MSC라 칭함)으로 대치되어야 한다고 Stanley(1967)는 주장한다. MSR과 음운규칙은 다음과 같은 차이를 보인다. MSR은 음운층위의 잉여성을 나타내는 데 그치지만, 음운규칙은 음운행렬의 자질을 변화시키거나, 분절음을 탈락 또는 삽입시킬 수 있으며, 혹은 분절음들의 위치를 전환시킬 수도 있다. 달리 말하면, MSR은 하나의 층위를 다른 층위로 바꾸지 않고 단지 음운표시의 잉여성을 나타낸다는 점에서 정적(static)이라고 말할 수 있는 반면, 음운규칙은 음운 표시(phonological representation)를 음성 표시(phonetic representation)로 바꾼다는 점에서 동적(dynamic)이라고 말할 수 있다.[22] MSR은 음운규칙과의 이러한 차이 때문에 규칙이 아니며, 형태소의 구조에 대한 제약을 나타내는 조건이므로, MSC로 대치되어야 한다는 것이 Stanley(1967)의 주장이다. 이러한 주장을 받아들이면, 음운표시에 대한 제약과 음운층위를 음성층위로 바꾸는 규칙은 분명히 구별된다.

본래 MSR은 어휘목록의 간결성을 위해 Halle(1959)가 제안한 것으로, 음운행렬을 적은 수의 자질을 사용하여 나타내기 위한 것이었다. 그런데 MSR은 몇 가지 문제점을 지닌다. 첫 번째 문제는, 자질 명시 [+F]를 근거로 [+G]를 예측할 수도 있고, 반대로 [+G]를 근거로 [+F]를 예측할 수도 있을 경우, 어떤 자질을 명시해야 하는지 결정할 수 없다는 것이다. 이러한 문제는 두 개의 자질이 일치를 보이는 경우에 발생한다. 예를 들어 (5)의 5모음체계에서 저모음을 제외한 나머지 모음들은 이미 분절음잉여규칙 (10)으로 나타냈듯이 [back]과 [round]의 자질가가 일치한다. 즉, [−back, −round]이거나 [+back, +round]이다. 이 경우, 만일 (10)을 근거로 이 두 자질을 모두 명시하지 않으면, [−back, −round]인 모음과 [+back, +round]인 모음 즉, /i/와 /u/, /e/와 /o/를 구별할 수 없게 될 것이므로, 이 두 자질 중 하나는 반드시 명시하여야 한다. 예컨대 /u/나 /o/의 경우 [0back, +round] 또는 [+back, 0round]로 명시하여야 할 것이다. 그런데 문제는 이 둘 중 어떤 자질을 명시하고 어떤 자질을 명시하지 않을 것인가를 결정할 수 없다는 데 있다. 즉, [±back]을 근거로 [±round]를 예측할 것인지 아니면 반대로 [±round]를 근거로 [±back]을 예측할 것인지 결정할 수 없다는 것이다. 이러한 문제는 배열잉여규칙 (26b)의 경우에도 발생한다. 폐쇄음이 /w/를 선행하는 경우, 그 폐쇄음은 [ant]와 [cor]의 자질가가 동일하여야 한다. 예를 들어 twin의 /t/를 [+ant, 0cor]로 명시해야 할지 아니면 [0ant, +cor]로 명시해야 할지를 결정할 수 없다.

두 번째 문제는 분절음잉여규칙과 배열잉여규칙의 상호관계에서 발생한다. 예를 들어 분절음잉여규칙 [+strid] → [−syll]은 /s/를 [0syll, +strid]로 명시할 것을 요구한다. 그러나 배열잉여규칙 (20)은 세 개의 자음으로 시작하는 split과 같은 형태소의 첫 번째 자음 /s/를 (21)에서 보듯이 [−syll, 0strid]로 명시할 것을 요구한다. 이 경우 /s/를 [+strid]를 근거로 [−syll]을 예측할 것인지 아니면 반대로 [−syll]을 근거로

22) Spencer(1996: 122)는 음운규칙과 잉여규칙의 차이를 다음과 같이 말한다:

The difference is that a phonological rule proper has . . . been conceived of as a process which *changes* certain feature specifications or other aspects of structure. Such a rule is not unnaturally called **structure changing**. However, the redundancy rules *add* structure, without changing one specification into another. Such rules are generally called **structure building**.

[+strid]를 예측할 것인지 결정할 수 없다는 문제가 발생한다. 이처럼 분절음잉여규칙과 배열잉여규칙이 서로 상충될 경우, 어떤 잉여규칙에 우선권을 부여해야 할 것인지를 결정할 수 없다.

MSR은 규칙이 아니고 조건이라는 점과 위에서 언급한 MSR의 문제점 때문에, MSR은 MSC로 대치되어야 한다는 Stanley(1967)의 주장이 있은 뒤, 사실상 거의 모든 생성음운론자들은 MSR를 포기하기에 이르렀다. MSC는 단지 음운 표시의 잉여성을 포착할 뿐 명시되지 않은 잉여 자질의 자질가를 채워주지는 않는다. 즉, MSR에 대한 Stanley(1967)의 반론이 제기된 이후, 분절음이 부분적으로 명시되는 것이 아니고 완전히 명시되어야 한다는 쪽으로 기울어지게 되었다.

6 음절

English Phonology

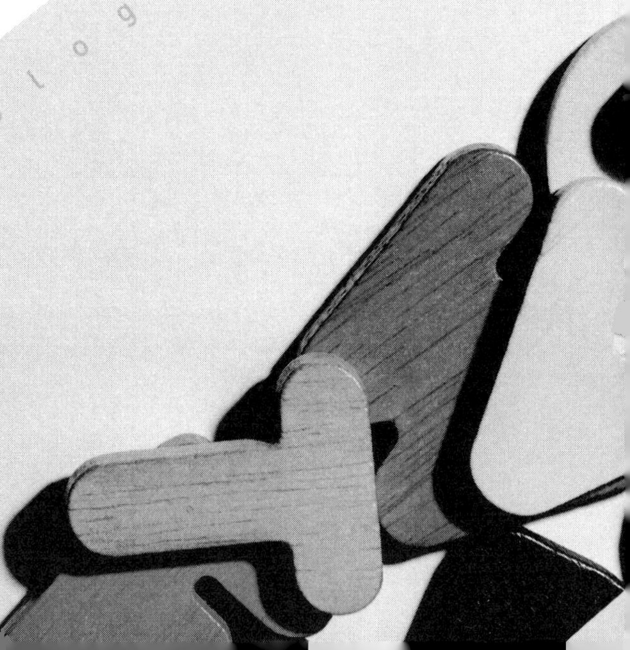

English Phonology

음운 단위로서 음절의 역할은 많은 논쟁의 대상이 되어 왔다. 생성음운론을 대표하는 *SPE*는 강세를 다루면서 음절을 언급하고는 있지만, 사실상 음운 단위로 인정하지 않으며 색인(index)에조차 'syllable'을 포함시키고 있지 않다. 그러나 Kahn(1976) 이후부터 음절은 여러 음운 현상을 적절히 기술하기 위해 반드시 필요한 하나의 음운 단위로 인정되어 왔다. 1970년대 중반 이전 음운이론에서 음절을 언어학적으로 의의 있는 단위로 채택하기를 기피했던 이유 중 하나는 음절을 소리의 특성을 기반으로 하여 정의하기가 어렵기 때문으로 여겨진다. 음절을 음성적으로 정의하기는 쉽지 않지만, 추상적 운율 단위(prosodic unit)로서의 음절은 음운 현상을 기술하고 이해하는 데 매우 중요하다고 할 수 있다.

6.1 음절의 정의와 필요성

음절을 객관적인 음성적 절차로 정의하기는 어렵지만, 모국어 화자는 음절을 정확히 식별할 줄 안다. 예를 들어 모든 화자는 consonant라는 단어가 consonant의 세 개의 음절로 나누어진다는 것을 알고 있다.[1] 거의 대부분의 경우 모국어 화자들은 음절을 식별하는 데 일치를 보이지만, 방언 또는 개인에 따라 차이를 보일 수도 있다. 예컨대 방언의 발음 차이로 인하여, predatory를 3개의 음절(/prέ$də$trɪ/)로 식별하거나 4개의 음절(/prɛ$də$tɔ$rɪ/)로 식별하기도 한다. 방언이나 개인의 차이에 따라 일치를 보이지 않는 경우를 제외하고, 우리는 적어도 음절식별에 일치를 보이는 모든 경우를 적절히 설명할 수 있어야 할 것이다.

음절을 정의하는 이론에는 **공명이론**(sonority theory), **탁립이론**(prominence theory), **흉곽수축이론**(chest pulse theory)이 있다.[2] 음절구조(syllable structure)와 관련된 일반성을 포착하는 데 공명도(sonority)가 중요한 역할을 하기 때문에, 특히 공명이론을 이해하는 것이 중요하다.

---

1) 앞으로 음절 경계(syllable boundary)를 나타내는 기호로 '$'를 사용하겠다.

2) Pike(1947: 60)는 음절을 "units of one or more segments during which there is a single chest pulse and a single peak of sonority or prominence"로 정의하고, Abercrombie(1967: 35)는 "each contraction [of the respiratory muscles], together with the resulting puff of air, constitutes the basis of the syllable"이라고 말한다.

공명이론은 음절을 각각의 음이 가지고 있는 고유의 공명도로 정의하려는 이론으로, 공명도 정점(sonority peak)이 음절 핵음(syllable peak)과 일치한다는 것을 기본 가정(assumption)으로 삼고 있다. 공명도는 음의 크기(loudness)와 일치한다.[3] 어떤 소리가 다른 소리보다 크면 공명도도 높다. 소리가 크면 클수록 더 멀리서 들을 수 있다. 큰 소리를 내기 위해서는 입을 크게 벌려 공기가 가능한 한 저해를 받지 않고 나오도록 구강을 넓게 해야 한다. 이렇게 만들어지는 소리가 저모음(low vowel)이며, 따라서 저모음이 공명도가 가장 높은 음이다. 반면 공기의 통로가 완전히 차단되는 폐쇄음은 공명도가 가장 낮은 음이다. 음들의 상대적 **공명도 척도**(sonority scale) 내지 **공명도 위계**(sonority hierarchy)를 부등호(〉)를 사용하여 나타내면 다음과 같다.

(1) 모음(저모음〉중모음〉고모음) 〉 유음 〉 비음 〉 저해음(마찰음〉폐쇄음)

공명도는 모음이 제일 높고, 저해음 쪽으로 갈수록 낮아진다. 모음 중에서는 저모음의 공명도가 제일 높고 고모음이 제일 낮다. 저해음 중에서는 마찰음의 공명도가 폐쇄음의 공명도보다 높다.[4] 또한 유성 저해음이 대응하는 무성 저해음보다 공명도가 높다. 따라서 저해음의 공명도 척도는 '유성 마찰음 〉 무성 마찰음 〉 유성 폐쇄음 〉 무성 폐쇄음'이 된다.

Selkirk(1984: 112)는 공명도 척도 또는 지수(index)를 다음과 같이 숫자를 사용하여 나타낸다.[5]

(2)

Sounds	Sonority Index
a	10
e, o	9
i, u	8
r	7
l	6
m, n	5

3) Clements(1990)는 4개의 주요 부류 자질 [syllabic], [vocoid], [approximant], [sonorant]로 공명도 척도(sonority scale)를 정의한다.
4) 폐찰음의 공명도는 마찰음의 공명도보다 낮고 폐쇄음의 공명도보다 높다 Goldsmith(1990: 111).
5) 문제가 될 수 있는 분절음의 공명도 지수는 (2)에 포함시키지 않았다.

s	4
v, z, ð	3
f, θ	2
b, d, g	1
p, t, k	.5

(2)에서 숫자는 공명도의 절대적인 지수를 나타내는 것이 아니고, 음들의 상대적 공명도 관계를 나타낸다. (1)과 (2)의 공명도 위계를 비교해보면, /s/를 제외하고 서로 일치한다는 것을 알 수 있다. Selkirk는 /s/의 공명도를 다른 저해음보다 높고 비음보다 낮게 설정하고 있다.

공명도 정점이 음절 핵음과 일치한다는 공명이론의 기본 가정을 설명하기 위해, 편의상 영어의 음절구조를 다음과 같이 나타내기로 하자. 아래에서 'σ'는 '음절'을 나타낸다.[6]

(3) σ

(Onset) Peak (Coda)

음절은 **두음**(onset), **핵음**(peak), **말음**(coda)으로 구성되어 있다. 핵음을 둘러싸고 있는 두음과 말음을 **주변음**(margin)이라고 한다. 일반적으로 공명도가 높은 모음이 핵음이 되고, 핵음 앞에 있는 자음 또는 자음군이 두음을 이루며, 핵음 뒤에 있는 자음 또는 자음군이 말음이 된다. 위에서 소괄호 '( )'는 그 안의 요소가 수의적(optional)이라는 것을 나타낸다. 두음과 말음은 음절을 구성하는 수의적 요소인 반면, 핵음은 반드시 있어야 하는 필수적(obligatory) 요소이다. 핵음이 없는 음절은 존재할 수 없으며, 단어의 음절 수는 핵음의 수와 같다.[7]

---

6) 'σ'는 그리스어 알파벳의 여덟 번째 글자인 시그마(sigma)이다.

7) In any succession of sounds, some strike the ear more forcibly than others: differences of *sonority* play a great part in the transition effects of vowels and vowel-like sounds. . . . In any succession of phonemes there will thus be an up-and-down of sonority. . . . Evidently some of the phonemes are more sonorous than the phonemes (or the silence) which immediately precede or follow. . . . Any such phoneme is a *crest of sonority* or a *syllabic*; the other phonemes are nonsyllabic. . . . An utterance is said to have as many *syllables* (or *natural syllables*) as it has syllabics (Bloomfield 1933: 120−121).

공명도의 정점이 음절의 핵음이 된다는 것을 보이기 위해, 예를 들어 visit(/vɪzɪt/)와 prism(/prɪzm̩/)의 공명도를 나타내면 다음과 같다. 아래에서 점(•)은 각 음의 공명도 척도를 나타낸다.

(4) a. 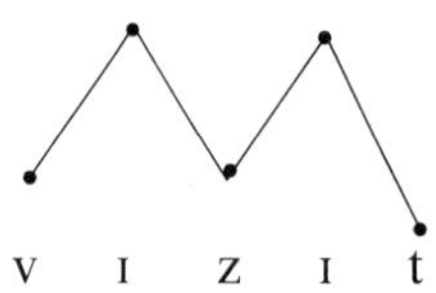

b. 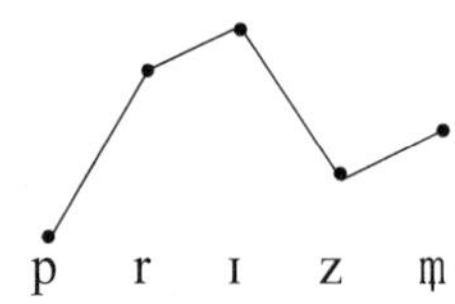

(4a)의 /vɪzɪt/에서 두 개의 모음 /ɪ/가 공명도 정점을 이루고, (4b)의 /prɪzm̩/에서는 모음 /ɪ/와 어말의 비음 /m̩/이 공명도 정점을 이룬다. 공명도 정점을 이루는 각 음이 음절의 핵음이 되도록 나타내면 다음과 같다. 아래에서 'P'는 음절 'Peak'를 나타낸다.

(5) a. 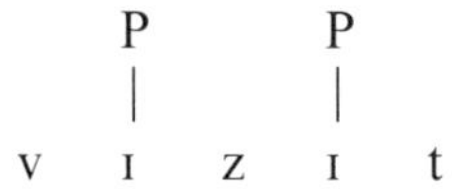

b. 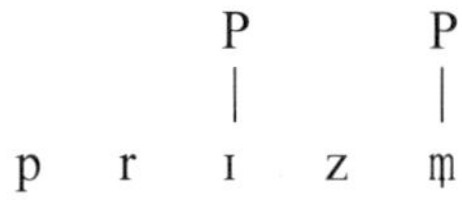

핵음 앞에 있는 자음을 두음이 되도록 하고, 모음 뒤에 있는 자음을 말음이 되도록 하면, /vɪzɪt/와 /prɪzm̩/은 각각 다음과 같은 두 개의 음절로 표시된다. 아래에서 'O'와 'C'는 각각 'Onset'와 'Coda'를 나타낸다.

(6)[8] a. 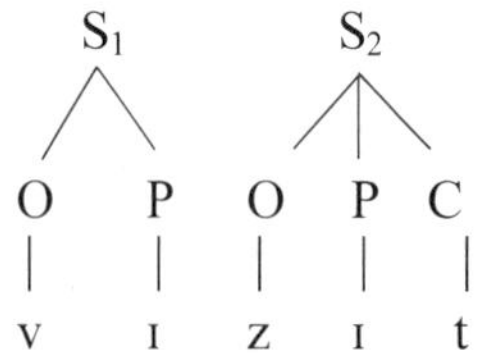

b. 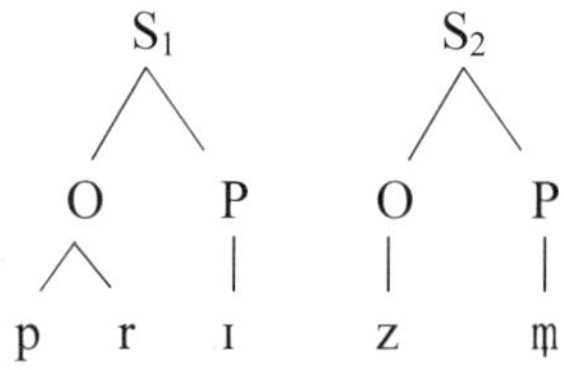

(6a)에서 핵음 사이의 자음 /z/는 첫 음절 S_1의 말음이 되지 않고 뒤에 있는 음절 S_2의 두음이 된다.[9] 공명이론에 의해 visit(/vɪzɪt/)와 prism(/prɪzm̩/)은 각각 (6a)와 (6b)처럼 두 개의 음절로 나누어진다. 이처럼 공명도의 정점을 음절의 핵음이 되도록 하

8) 사실상 (6)의 음절구조는 문제가 있기 때문에 수정되어야 하지만, 이 점에 관하여는 뒤에서 언급하기로 한다.

9) 모음 사이의 자음들을 어떻게 음절로 나눌 것인가에 관하여는 뒤에서 자세히 다루기로 한다.

고, 뒤에서 언급할 원칙에 의해 모음 사이의 자음(군)을 두음이나 말음으로 나누는 이론이 공명이론이다.

그러나 공명이론에는 몇 가지 문제가 있다. 첫 번째 문제는 공명도 정점과 음절 핵음이 일치하지 않는 경우가 있다는 것이다. 이 문제는 sC자음군(s+무성 폐쇄음)에서 발생한다. 예를 들어 spa(/spɑ/)의 공명도를 나타내면 다음과 같다.

(7)

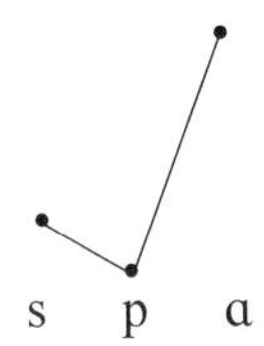

위에서 보듯이 /spɑ/는 두 개의 공명도 정점 /s/와 /ɑ/를 지니므로, 공명이론의 원칙에 따르면 이 두 분절음이 각각 독립된 핵음이 되어야 할 것이다. 즉, 이 단어는 /s$pɑ/처럼 두 개의 음절로 분석되어야 할 것이다. 그러나 spa(/spɑ/)가 하나의 음절이라는 것은 분명한 사실이며, 어떤 모국어 화자도 spa(/spɑ/)를 두 개의 음절로 식별하지 않을 것이다.

두 번째 문제는 두 개의 서로 다른 구(phrase)가 동일한 분절음 연쇄를 지녔음에도 음절의 수에서 차이를 보인다는 점을 설명할 수 없다는 것이다. 예를 들어 hidden aims와 hid names는 동일한 분절음 연쇄 /hɪdneymz/로 이루어져 있지만, 전자는 세 개의 음절로 발음되고 후자는 두 개의 음절로 발음된다. 공명도는 분절음 고유의 특성이므로 동일한 분절음 연쇄가 경우에 따라 서로 다른 공명도를 지니는 것으로 해석할 수는 없는 노릇이다. 동일한 연쇄 /hɪdneymz/가 어떤 때는 세 개의 공명도 정점을 지니고, 다른 때는 두 개의 공명도 정점을 지닐 수는 없다. 따라서 hidden aims는 세 개의 음절로 나누어지지만 hid names는 두 개의 음절로 나누어진다는 사실을 공명이론에 의해서는 설명할 수 없다는 문제가 발생한다.[10)]

세 번째 문제는 동일하게 발음되는 단어가 품사에 따라 음절 수가 다른 경우를 설명할 수 없다는 데 있다. 아래 예를 보자.

10) 사실상 이 문제는 음절화(syllabification)가 이루어지는 영역(domain)을 구가 아닌 단어로 보면 해결된다. 즉, hidden은 두 개의 음절이고 aims는 하나의 음절이므로 hidden aims는 세 개의 음절을 지니는 것이며, hid와 names는 각각 하나의 음절이므로 hid names는 두 개의 음절을 지니는 것이다.

(8)

	파생어	동사−ing
paddling	/pæd$lɪŋ/N	/pæd$l̩$ɪŋ/V[11]
frightening	/fraɪt$nɪŋ/A	/fraɪ$tn̩$ɪŋ/V
light(e)ning[12]	/laɪt$nɪŋ/N	/laɪ$tn̩$ɪŋ/V
cod(d)ling[13]	/kɑd$lɪŋ/N	/kɑ$dl̩$ɪŋ/V

위 예에서 보듯이, 분절음은 동일하지만 파생 접미사(derivational suffix)가 첨가되는 경우와 동사에 굴절 접미사(inflectional suffix) −ing이 첨가되는 경우에 음절의 수가 서로 다르다.[14] 동일한 분절음의 연쇄라면 당연히 품사와 상관없이 음절의 수가 같아야 함에도 불구하고 음절의 수가 다른 경우를 공명이론은 설명할 수 없다.

위에서 언급한 공명이론의 문제점을 해결하기 위해 **탁립이론**은 음절을 공명도가 아니고 탁립도(prominence)에 의해 정의한다. 이 이론에 따르면, 두 소리의 상대적 탁립도는 공명도뿐만 아니라 강세(stress), 음장(length), 음도(pitch)에 의존적이며, 탁립도의 정점이 음절 핵음이 된다. 이 이론에 의하면 동일한 분절음의 연쇄인 hidden aims와 hid names의 차이를 설명할 수 있다. 즉, hidden aims의 [n]은 탁립도의 정점이 될 수 있는 반면, hid names의 [n]은 탁립도의 정점이 될 수 없기 때문에 전자는 세 개의 음절로 나누어지고 후자는 두 개의 음절로 나누어진다는 것이다. 왜냐하면 어말의 [n]이 어두의 [n]보다 더 길게 발음되어 더 두드러지기 때문이다.

이 이론의 문제점은 탁립도의 개념을 명확히 정의할 수 없다는 데 있다. 이 이론은 공명도, 음장, 강세 및 음도를 결합하여 탁립도를 형성하는 객관적 절차를 설명할

11) /pǽd$l̩$ɪŋ/에서 이완모음 /æ/는 강세 개방음절에 나타날 수 없기 때문에 /d/를 첫음절의 말음이 되도록 음절화하였다.

12) 파생명사의 철자는 lightning(번개)이고 동사 +−ing의 철자는 lightening으로 철자의 차이는 있지만, 이 둘의 발음은 [laɪtnɪŋ]으로 동일하다.

13) 명사의 철자는 codling(대구 새끼)이고 동사+−ing의 철자는 coddling(coddle+ing)이지만, 이 둘의 발음은 동일하다. 명사 codling은 cod에 **지소사**(diminutive) −ling이 첨가된 것이다. 지소사란 '작은 것'의 개념을 나타내는 접미사를 말하며, 여기에는 −y, −ie(Bill*y*, Johnn*y*, pigg*y*, bird*ie*, dogg*y*, dogg*ie*), −ette(kitchen*ette*, statu*ette*), −let(book*let*, drop*let*, ring*let*, stream*let*, king*let*, prince*let*), −(i)kin(lamb*kin*, mani*kin*, nap*kin*), −ling(dar*ling*, duck*ling*, fledg*ling*, gos*ling*, sap*ling*, suck*ling*), −c(u)le(animal*cule*, parti*cle*) 등이 있다.

14) Mohanan(1982, 1986)은 이러한 차이를 경계의 차이에 의해 설명한다. 즉, 파생 접미사 −ing 앞에는 + 경계가 놓이고 굴절 접미사 −ing 앞에는 # 경계가 놓이므로, # 경계 앞의 공명음을 핵음으로 만드는 규칙이 파생접미사가 첨가되는 어기에는 적용되지 않기 때문에 이러한 차이가 생긴다는 것이다.

수 없기 때문에, 각 소리의 탁립도를 측정할 수 있는 방법이 없다는 문제를 지닌다. 결국 탁립도의 개념은 다분히 주관적이어서, 탁립이론에 의해 음절을 정의하기는 불가능하다고 말할 수 있다.

흉곽수축이론은, 음절을 청자의 입장에서 소리의 음성적 특성에 의해 정의하는 공명이론이나 탁립이론과 달리, 화자의 생리적 특징에 의해 음절을 정의한다. 심리학자 Stetson(1951)에 의해 제안된 이 이론에 의하면, 각 음절은 흉곽(rib cage) 근육의 수축에 의해 시작된다. 즉, 흉곽의 수축 수가 음절의 수와 일치한다는 것이다. 그러나 흉곽근육 활동에 관한 이후의 연구에 의해 모든 음절이 이 흉곽의 수축에 의해 시작되는 것은 아니라는 점이 밝혀졌다.

누구나 인정할 수 있는 방식으로 음절을 정의하기는 불가능하며, 위에서 보았듯이 음절을 정의하려는 시도는 모두 나름대로의 문제점을 지니고 있다. 음절을 정의하기가 어렵다고 하더라도, 모국어 화자는 음절을 식별할 수 있는 지식이 있다. 따라서 음절을 추상적인 단위로 인정할 수 있다. 화자가 음절을 식별할 수 있는 지식을 가지고 있다는 음절에 대한 심리적 실재(psychological reality)를 뒷받침하는 근거로, Fromkin(1971)이 제시하는 다음과 같은 **발화 실수**를 들 수 있다.

(9) a. keep a tape → teep a cape
ad hoc [æd hɑk] → odd hack [ɑd hæk]
art of the fugue → arg of the [fjuwt]
b. harp−si−chord → carp−si−hord
phi−lo−so−phy → phi−so−lo−phy
e−le−phant → e−phe−lant
a−ni−mal → a−mi−nal

발화 실수는 임의적으로 일어나는 것이 아니고 일정한 규칙의 지배하에 일어난다. (9a)의 예를 보면, 발화 실수에서 분절음의 치환이 임의적으로 일어나는 것이 아니고, 두음은 두음과, 핵음은 핵음과, 말음은 말음과 서로 치환된다는 것을 알 수 있다. (9a)의 자료만 보면, 동일한 위치에 있는 분절음끼리의 치환이 단어 구조, 형태소 구조, 또는 음절구조 중 어느 것에 의해서도 파악될 수 있을 것이다. 그러나 (9b)의 발화 실수는 단어 구조나 형태소 구조에 의해 일반성 있게 기술하기란 불가능하다. 반면 음절구조에 의해서는 두음의 자음이 두음의 자음과 서로 치환되었다고 간단히 설명할 수 있다.[15] (9)의 발화 실수의 예들은 음절에 대한 심리적 실재를 뒷받침하는 근거가 된다.

음절을 음운 단위로 간주하여야 한다는 점은 대체로 세 가지 측면에서 주장되어 왔다. 첫째, 강세와 관련된 초분절 현상은 음절을 언급하지 않고는 적절히 기술하기가 불가능할 것이다. 이미 2장에서 언급했듯이 강세는 음절 무게에 민감하다. 음절 무게에 의해 음절은 중음절과 경음절로 구분되며, 이러한 구분은 강세를 설명하는 데 필수적이다. 음절의 개념을 사용하지 않고는, 강세에 관한 일반성을 파악하거나 기술하기가 매우 어렵다는 것은 구체적인 예를 들어 설명하지 않더라도 너무도 명백한 사실이다.

둘째, 분절음배열제약에 대한 가장 일반적이고도 설명력 있는 기술은 음절을 기본 단위로 삼을 때만 가능하다는 것이다(Clements and Keyser 1983; Fudge 1969; Hooper 1974, 1975, 1976; Pulgram 1970; Selkirk 1982, 1984; Sommerstein 1974, Vennemann 1972). 5장에서 언급하였듯이, *SPE*를 위시한 Postal(1968) 및 Johnson (1972) 등의 생성음운론자들은 분절음배열제약을 MSC에 의해 즉, 형태소를 기술 단위로 삼는다. 그러나 분절음배열제약을 형태소를 단위로 기술할 경우에는 단어 또는 형태소 내의 분절음배열제약을 적절히 설명할 수 없다는 문제점이 발생한다. Hooper(1976: 189)가 제시하는 다음 예를 보자.

(10) a. *<u>bn</u>ik
b. sta<u>bn</u>ik (cf. Abner, sputnik, beatnik)
c. *stam<u>bn</u>ik

영어에서 (10a)와 (10c)는 불가능한 단어이지만, (10b)는 가능한 단어이다. 음절의 개념을 사용하지 않는 *SPE*는 (10a)가 불가능한 이유를 자음군 /bn−/이 5장 (24)로 제시한 MSC를 위반하기 때문이라고 말할 것이다. 즉, 두 번째 자음이 비음일 경우 그 앞의 자음은 /s/여야 한다는 MSC를 위반하기 때문에, /bn−/으로 시작하는 (10a)는 가능한 형태소가 아니라고 설명할 것이다. 그렇다면 문제는 단어 내에 있는 자음군 /bn−/이 왜 (10b)의 경우에는 허용되지만, (10c)에서는 허용되지 않는지를 설명할 수

15) 여기에 관하여 Fromkin(1971: 39)은 다음과 같이 말한다: Segmental slips obey a structural law with regard to syllable-place: that is, initial segments in the origin syllable replace initial segments in the target syllable, nuclear replace nuclear, and final replace final.

없다는 것이다. 즉, 형태소를 단위로 삼아 기술할 경우, /b/와 /n/의 결합이 형태소 내에서 어떤 때는 용인 가능하지만 어떤 때는 배제되어야 한다는 일반성이 결여된 진술을 해야 한다는 문제가 발생한다. 그러나 음절을 단위로 분절음배열제약을 기술할 경우에는 이런 문제가 발생하지 않는다. (10)을 음절구조로 나타내면 다음과 같다.

(11) a. *\$bnik
  b. stab\$nik
  c. *stam\$bnik

(11a)와 (11c)가 불가능한 단어인 이유는 /bn-/이 가능한 두음 자음군이 아니기 때문이며, 반면 (11b)가 가능한 단어가 될 수 있는 이유는 /b/와 /n/이 서로 다른 음절에 속해 있어서 어떠한 **음절구조조건**(syllable structure condition: **SSC**)도 위반하지 않기 때문이다.[16] 이처럼 음절을 기술 단위로 사용하면 MSC로 기술할 경우에 발생하는 문제점이 발생하지 않을 뿐만 아니라, 분절음배열제약을 보다 일반적이고 간결하게 기술할 수 있게 된다. 특히 음성층위의 **표면음성제약**(surface phonetic constraint)을 기술할 경우, 형태소보다는 음절이 더 적합한 기술 단위가 된다 (Shibatani 1973).

어중의 분절음배열제약은 음절을 사용할 때 적절히 기술할 수 있다는 근거로, 다음 어중 자음군을 보자.

(12) a. -kstr-: extra, extreme
  b. *-kps-: *ekpsa, *ekpseme

영어에서, 네 개의 자음으로 이루어진 어중 자음군 /kstr/은 extra, extreme 등의 실제 단어의 중간에 나타나는 가능한 어중 자음군인 반면, 세 개의 자음으로 이루어진 어중 자음군 /kps/는 허용되지 않기 때문에 어중에 이 자음군을 포함한 어떤 단어도 가능한 단어가 될 수 없다. (12a)가 가능한 어중 자음군인 이유는, /kstr/가 가능한 말음(/k/ 또는 /ks/)과 가능한 두음(/str/ 또는 /tr/)의 결합(/-k\$str-/ 또는 /-ks\$tr-/)으로 이루어져 있기 때문이다. 반면, 이보다 적은 수의 분절음으로 이루어진 (12b)가 불가능한 어중 자음군인 이유는, /kps/가 허용되지 않는 말음이나 두음을 포함하고 있기

16) (11c)의 /b/와 /n/이 *stamb\$nik처럼 서로 다른 음절에 속하더라도 /mb/가 말음의 자음군으로 허용되지 않기 때문에, /stæm\$bnɪk/은 가능한 단어가 될 수 없다.

때문이다. 즉, 두 모음(V) 사이의 어중 자음군 /kps/를 음절로 나눌 수 있는 가능한 모든 경우(/−V$kpsV−, −Vkps$V−, −Vk$psV−, −Vkp$sV−/)를 보면, 불가능한 두음 자음군(*/kps−/, */ps−/) 또는 말음 자음군(/−*kps/, /−*kp/)이 포함되어 있음을 알 수 있다. 결국 가능한 말음과 가능한 두음의 결합으로 이루어진 자음군만이 가능한 어중 자음군이 될 수 있고, 불가능한 말음 또는 두음을 포함한 자음군은 어중 자음군으로 허용되지 않는다고 말할 수 있다. 따라서 음절을 사용하지 않고 형태소를 사용하여 MSC에 의해 단어 또는 형태소의 중간에 나타나는 분절음배열제약을 설명하기란 불가능하다고 말할 수 있다.

셋째, 음절은 음운 규칙의 적용 영역(domain of application)이며, 음운 규칙을 간결하고 일반성 있게 기술할 수 있도록 한다. 기음화(aspiration) 및 성문음화(glottalization)에 관한 다음 예를 보자.

(13) a. $[t^h]$: a$trophia, a$trocity

b. $[t^?]$: atlas, Atlantic

무성 폐쇄음 /t/가 (13a)에서는 기음화되는 반면, (13b)에서는 성문음화된다. 음절을 기술 단위로 사용하면, 이 현상을 쉽게 설명할 수 있다. 자음군 /tr/은 가능한 두음인 반면 /tl/은 두음으로 허용되지 않기 때문에, 음절이 (13)처럼 나누어진다. 즉, 음절 경계가 (13a)에서는 /tr/ 앞에 놓이지만, (13b)에서는 /t/와 /l/ 사이에 놓인다. 또한 1장에서 언급했듯이, 강세 음절 맨 앞에 있는 무성폐쇄음은 기음화되지만 성문음화되지 않으며, 반대로 말음의 무성폐쇄음은 성문음화되지만 기음화되지 않는다. 이 사실은 기음화와 성문음화규칙이 적용되는 영역이 음절이라는 것을 나타낸다. 음소 /t/의 이음인 $[t^h]$와 $[t^?]$의 상보적 분포 역시 음절을 사용하면 간결하게 기술할 수 있다. 이처럼 음절을 사용하면 무성 폐쇄음의 기음화와 성문음화 현상, 그리고 이 두 이음의 상보적 분포를 일반성 있게 기술할 수 있다. 만일 음절을 사용하지 않으면, 그렇지 못할 것이다.

지금까지 6.1에서는 음절을 정의하는 세 가지 이론을 소개하고 각각의 문제점을 지적하였으며, 음절의 심리적 실재를 뒷받침하는 근거로 발화 실수를 살펴보았다. 또한 강세 현상, 분절음배열제약, 음운규칙을 간결하고 일반적으로 기술하기 위해서는 음절을 기술 단위로 인정해야 할 필요성이 있음을 간단히 언급하였다. 다음으로 음절구조를 어떻게 표시할 것인가의 문제와 단어를 어떤 원리에 의해 음절로 나누는지를 살펴보도록 하자.

6.2 음절구조와 음절화

음절구조는 음절이론의 발전과 더불어 여러 방식으로 표시되어 왔다. *SPE* 이후 음절에 관심을 갖기 시작한 초기에는 음절의 내부구조보다는 음절 경계를 삽입하는 규칙에 의해 음절을 식별하는 것이 주된 관심의 대상이었다 (Pulgram 1970, Hoard 1971, Hooper 1972). 그러나 Kahn(1976) 이후 음절은 **평판구조**(flat structure) 또는 **계층구조**(hierarchical structure)로 표시되었다.[17] 물론 음절이 계층적 내부구조를 지닌다는 개념은 일찍이 1940년대 무렵부터 시작된 일이다 (Trubetzkoy 1939, Pike and Pike 1947, Hockett 1955, Fudge 1969, Selkirk 1982).

Kahn(1976: 20)은 atlas의 음절구조를 다음과 같이 **음절층**(syllable tier)과 **분절음층**(segment tier)의 두 층으로 표시하고, 음절과 분절음을 선으로 연결한다. 아래에서 'S_1'과 'S_2'는 각각 첫 번째 음절과 두 번째 음절을 나타낸다.

(14)

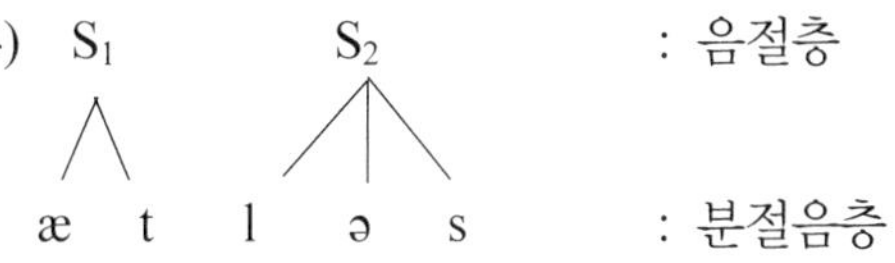

Clements and Keyser(1983)는 Kahn(1976)의 음절표시가 핵음과 주변음을 구별할 수 없다는 등의 단점을 지적하고, 음절층과 분절음층 사이에 **CV층**(CV tier)이라는 새로운 층을 도입해야 한다고 주장한다. 이들의 이론에 따르면 atlas의 음절구조는 다음과 같이 세 개의 층으로 표시된다.

---

17) 발화를 단순히 분절음의 연쇄(sequence of segments)로 보는 음운이론을 **선형음운론** 또는 **단선음운론**(Linear Phonology)이라고 하는 데 반하여, 발화를 계층구조로 표시하는 음운이론을 **비단선음운론**(Nonlinear Phonology)라고 칭한다. 음절을 음절 경계 삽입에 의해 파악하려는 것은 단선 음절이론이다. 반면 음절을 계층구조로 표시하는 이론은 비단선 음절이론이다.

(15)

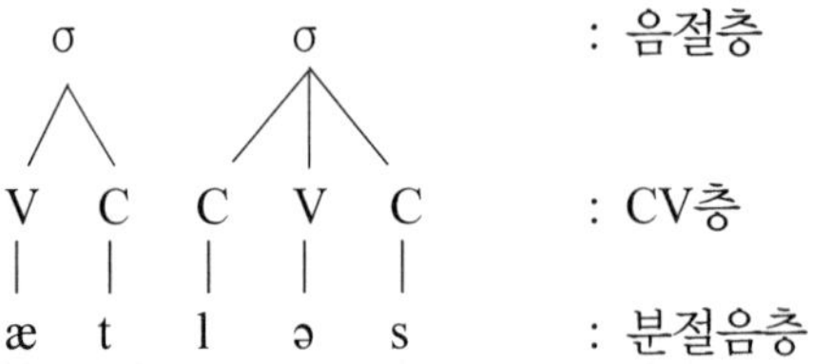

CV층은 **CV음운론**(CV Phonology)의 핵심을 이루는 부분으로 **골격층**(skeletal tier)이라고도 한다.[18] CV층의 요소(C, V)는 박자 단위(timing unit)로, 핵음과 주변음을 구분하는 역할을 한다. V에 연결된 분절음은 핵음([+syllabic])이고 C에 연결된 분절음은 주변음([−syllabic])이다.[19] (15)에서 V에 연결된 /æ/와 /ə/는 핵음이고 C에 연결된 나머지 분절음은 주변음이다. 이처럼 CV층을 도입함으로써 분절음 고유의 자질로 여겨졌던 [syllabic]이라는 자질을 음절구조에 의해 나타내게 되었다.

Kahn(1976)의 음절구조 (14)와 Clements and Keyser(1983)의 음절구조 (15)를 일컬어 평판구조라고 한다. 음절의 내부구조를 인정하지 않는 평판구조와 달리, 전통적으로 음절은 아래처럼 핵음과 말음이 **운모**(rhyme, rime)를 이루는 계층구조를 갖는다고 여겨왔다 (Selkirk 1982).[20]

(16)

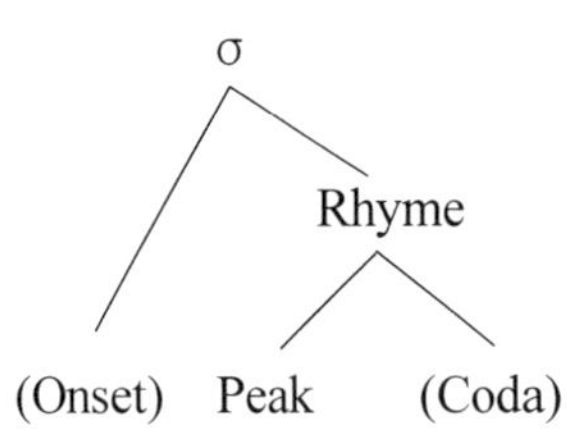

핵음은 음절의 필수적 구성요소이지만, 두음과 말음은 수의적 요소이다. 음절구조 (16)은 음절이 두음과 운모로 구성되고, 다시 운모는 핵음과 말음으로 구성된다는 것을 나타낸다. (16)의 음절구조에 의해 atlas를 나타내면 다음과 같다. 아래에서 'R'은 'Rhyme'을 나타낸다.

18) 골격층의 요소를 C와 V로 구분하지 않고 X로 나타내는 이론을 X이론(X theory)이라고 한다.
19) 그러나 영어의 장모음(long vowel)은 모음을 V와 C에 동시에 연결시켜서 나타낸다.
20) Pike and Pike(1947)는 "rhyme" 대신 "core"라는 용어를 사용한다.

(17)

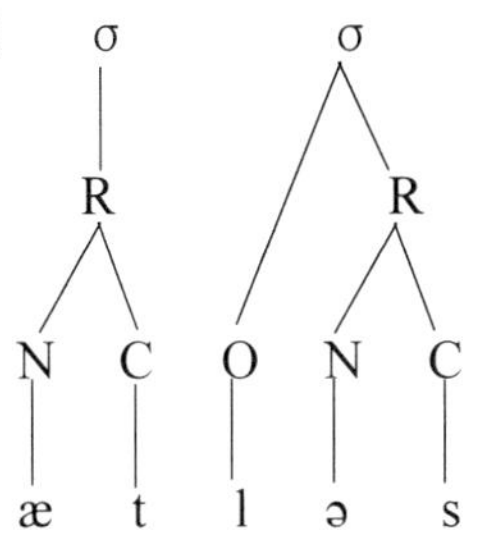

핵음이 말음과 결합하여 운모를 이룬다는 것을 뒷받침하는 근거로 분절음배열제약, 음절 무게, 규칙의 적용 영역, 발화 실수, 압운(rhyme 또는 rime)의 다섯 가지가 주로 거론되어 왔다. 여기서는 편의상 처음 세 가지 근거만을 제시하기로 한다.21)

핵음과 말음이 결합하여 운모를 이룬다는 첫 번째 근거는, 핵음과 말음 사이에는 **분절음배열제약**이 흔히 존재하지만 두음과 핵음 사이에는 그런 제약이 거의 없다는 점이다. 예를 들어 핵음이 /ay/인 경우와 달리 /aw/인 경우, 아래에서 보듯이, 말음의 자음에는 [−cor] 자음이 나타날 수 없다는 제약이 있다 (Spencer 1996: 87).

(18)

	치음	순음	연구개음
a. [ay]	dine	dime	dying
	tight	type	tyke
	bride	bribe	
	nice	knife	
	rise	rive	
b. [aw]	down	*/dawm/	*/dawŋ/
	tout	*/tawp/	*/tawk/
	proud	*/prawb/	*/prawg/
	nous	*/nawv/	*/nawk/
	rouse	*/rawv/	*/rawg/
	mouth	*/mawf/	*/mawk/

21) 위에서 언급했듯이 발화 실수의 경우 동일한 위치의 분절음(들)이 서로 치환된다. 운모를 이루는 분절음들이 서로 치환되는 경우도 있지만, pussy cat → cassy put에서처럼 두음과 핵음이 결합된 **몸통**(body)의 분절음들이 서로 치환되기도 한다. 이러한 예는 핵음이 말음과 결합되어 운모를 구성하는 것이 아니라 오히려 두음과 결합하여 몸통을 이룬다는 근거가 될 수 있다. 이러한 이유를 들어 음절이 몸통과 꼬리(tail)로 구성된다는 주장이 있기도 하다.

(18a)에서 보듯이 핵음이 /ay/인 경우 말음에 [+cor]뿐만 아니라 [−cor] 자음이 자유롭게 나타날 수 있는 반면, (18b)에서 보듯이 핵음이 /aw/인 경우 말음에 [+cor] 자음은 나타날 수 있지만 [−cor]인 순음이나 연구개음은 나타날 수 없다. 이처럼 핵음이 /aw/일 때 말음에 [+cor] 자음만 허용된다는 제약은 핵음과 말음이 밀접한 관계가 있다는 것을 뒷받침한다. 두음에 나타날 수 있는 모든 자음이 핵음 /aw/ 앞에 자유롭게 나타날 수 있다는 사실은, 핵음과 두음 사이에는 이러한 밀접한 관계가 없다는 것을 나타낸다.

운모를 음절의 구성성분으로 인정해야 한다는 또 다른 분절음배열제약의 예는 운모에 허용되는 분절음 자리의 수가 셋으로 한정되어 있다는 점이다. 다음 예를 보자.

(19)				
a.	wind /waynd/	taint /teynt/	found /fawnd/	point /poynt/
b.	wipe /wayp/	cape /keyp/	bake /beyk/	hawk /hɔ:k/
c.	wimp /wɪmp/	kemp /kɛmp/	bank /bæŋk/	hunk /hʌŋk/
d.	*/waymp/	*/keymp/	*/beyŋk/	*/hoyŋk/[22]

(19a)의 운모는 네 개의 자리를 갖지만, 네 번째 요소가 [+cor]이므로 허용된다. (19b)와 (19c)는 운모에 세 개의 자리를 가지므로 허용되는 반면, (19d)는 운모에 네 개의 자리를 가지므로 허용되지 않는다. 이처럼 운모가 허용하는 자리의 수는 셋이며, 넷인 경우에는 (19a)에서처럼 네 번째 요소가 반드시 [+cor]이어야 한다. 허용되는 (19b) 및 (19c)의 음절구조를 나타내면 각각 (20a) 및 (20b)와 같다.

(20) a.

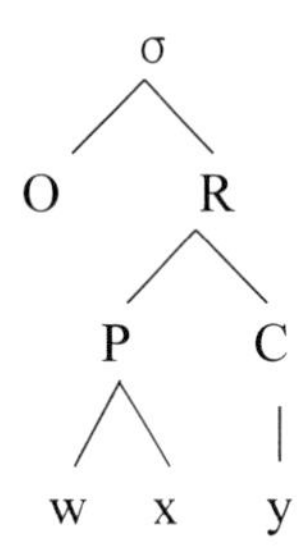

b.

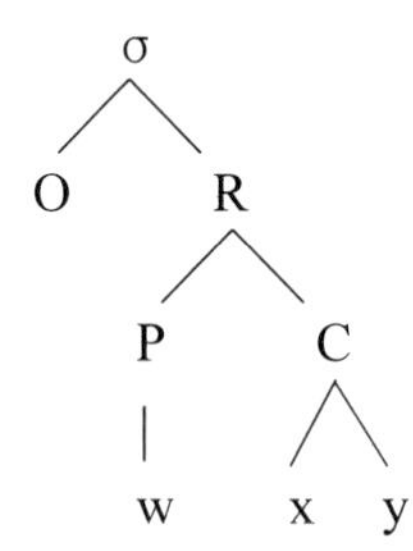

(20a)는 분지된(branching) 핵음을, (20b)는 분지된 말음을 각각 지니고 있다. 운모에 지배되는 핵음과 말음 중 어느 하나가 분지되는 음절구조는 허용되지만, (19d)의 음

22) 예외적으로 oink /oyŋk/가 있지만, 이 단어는 의성어(onomatopoeia)이다.

절구조를 나타내는 아래 (21)에서처럼 핵음과 말음이 모두 분지되는 음절구조는 허용되지 않는다. 그러나 마지막 자리 'z'에 설정성(coronal) 자음이 채워지는 (19a)와 같은 경우에는 문제가 되지 않는다.

(21)

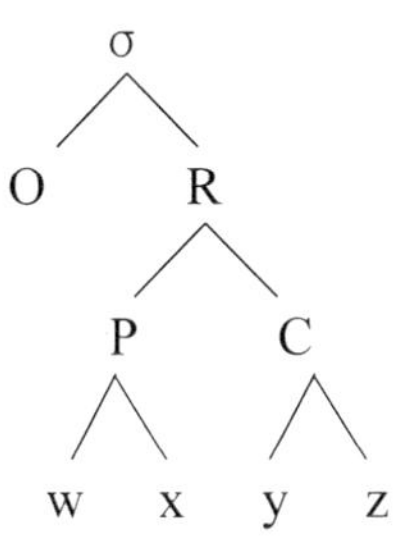

운모가 허용하는 자리의 수에 대한 제약을, 'z'가 [+cor]인 경우를 제외하고 '운모는 네 개의 요소 이상을 포함할 수 없다'라고 기술할 수 있는데, 이는 곧 이 제약에 운모라는 음절의 구성성분이 언급되어야 한다는 것을 나타낸다. 만일 운모를 언급하지 않고 운모에 허용되는 자리 수를 기술하려고 한다면, 그 기술은 더 복잡해질 것이다.

핵음과 말음이 결합된 운모라는 음절 구성요소에 대한 두 번째 근거는 음절 무게이다. 경음절과 중음절의 음절 무게는 운모의 개념을 사용하면 쉽게 나타낼 수 있다. 일반적으로 강세부여(stress placement 또는 stress assignment)는 음절 무게를 나타내는 운모의 구조와 밀접히 관련되어 있다.[23] 많은 언어에서 강세는 일반적으로 중음절에 오는 경향이 있다. 영어의 경우 중음절은 아래 (22a)나 (22b)와 같이 분지된 핵음 또는 분지된 운모를 지니는 음절을 가리키며, 경음절은 (22c)처럼 운모가 단모음으로만 이루어진 음절을 가리킨다.

---

23) *SPE* (29)는 강세부여를 설명하기 도입한 약음성군(weak cluster)과 강음성군(strong cluster)에 관하여 다음과 같이 말한다: A weak cluster is a string consisting of a simple vocalic nucleus followed by no more than one consonant; a strong cluster is a string consisting of either a vocalic nucleus followed by two or more consonants or a complex vocalic nucleus followed by any number of consonants. 다시 말해, 약음성군은 단모음과 하나 이하의 자음으로 이루어진 연쇄 V(C)를 말하고, 강음성군은 단모음과 둘 이상의 자음으로 된 연쇄 VC_2 혹은 장모음이나 이중모음과 임의의 수의 자음으로 된 연쇄 VVC_0, VGC_0를 말한다. 여기서 C_2는 둘 이상의 자음을 나타내고 C_0는 0개 이상의 자음을 나타낸다.

(22) a.

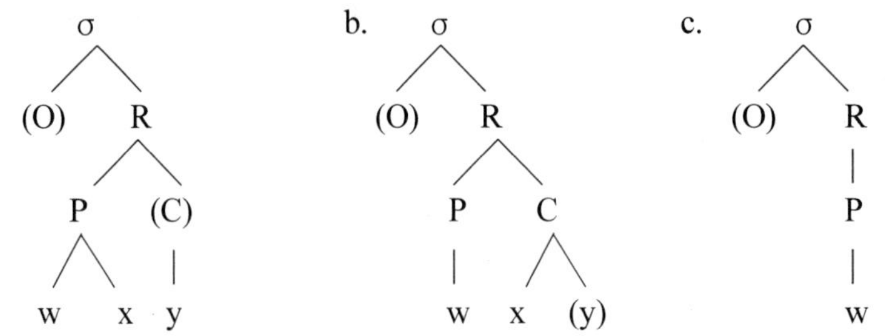

위에서 두음을 ( ) 속에 넣은 이유는 두음이 음절 무게와 무관하기 때문이다. (22a)는 핵음이 장모음(V:) 또는 이중모음(VG)인 음절($C_0V{:}C_0$, C_0VGC_0)을 나타내며,[24] 이 음절은 말음의 존재 여부와 상관없이 중음절이 된다. (22b)는 핵음이 단모음이고 말음에 하나 이상의 자음이 오는 음절(C_0VC_1)을 나타낸다.[25] 운모가 단모음으로만 구성된 (22c)는 경음절을 나타낸다. 운모나 핵음이 분지된 음절은 중음절이고, 그렇지 않은 음절은 경음절이라고 말할 수 있다. 달리 말하면, 운모가 단 하나의 구성요소를 가지고 있는 음절은 경음절이고, 운모가 두 개 이상의 구성요소를 가지고 있는 음절은 중음절이다. 이처럼 음절 무게는 두음과 상관없이 운모의 구조에 의해 중음절과 경음절로 구분되므로, 핵음은 두음보다는 말음과 강한 응집력으로 결합하여 운모를 이룬다고 말할 수 있다.

위에서는 핵음과 말음이 운모라는 구성성분을 이룬다는 근거로 분절음배열제약과 음절 무게를 제시하였다. 운모를 음절의 구성성분으로 인정해야 한다는 세 번째 근거로, 규칙의 적용 영역을 들 수 있다. 연구개음화(velarization)와 관련된 다음 예를 보자.

(23) a. limb [lɪm], climb [klaym]
b. select [sɪlɛkt], below [bɪlow], delight [dɪlayt]
c. mill [mɪɫ], milk [mɪɫk], milking [mɪɫkɪŋ]
d. bottle [bɑtɫ̩], bubble [bʌbɫ̩], tickle [tɪkɫ̩], tunnel [tʌnɫ̩]

(23a)와 (23b)는 연구개음화가 일어나지 않은 예이고, (23c)와 (23d)는 연구개음화가

24) 'V'와 'G'는 각각 모음(vowel)과 전이음(glide)을 나타낸다. 0개 이상의 자음을 나타내는 'C_0'는 '자음의 수와 상관없음(irrespective of the number of consonants)'을 의미한다.
25) 'C_1'은 1개 이상의 자음을 나타낸다.

일어난 예이다. (23d)의 [ɫ̩]은 성절음([+syllabic])이다. 위 자료를 보면, /l/이 (23a, b)에서처럼 두음에 나타날 때는 연구개음화가 발생하지 않는 반면, (23c, d)에서처럼 말음이나 핵음 즉, 운모에 나타날 때는 연구개음화가 발생한다는 사실을 알 수 있다. 이 사실은 연구개음화규칙의 적용 영역이 운모임을 나타낸다. 연구개음화규칙은, 만일 운모의 단위를 사용하지 않으면 아래 (24a)와 (24b)처럼 두 개의 규칙으로 나타내야 하지만, 운모를 사용하면 아래 (24c)처럼 하나의 규칙으로 간결하고 일반성 있게 나타낼 수 있다.

(24) a.

```
           Coda
            |
l → ɫ / ________
```

b.

```
           Peak
            |
l → ɫ / ________
```

c.

```
           Rhyme
            |
l → ɫ / ________
```

이외에도 발화 실수나 시의 압운(rhyme, rime) 등을 근거로 운모를 음절의 구성성분으로 인정하는 것이 일반적이긴 하지만, 반증의 예를 들어 운모의 독립성을 부인하는 주장도 있다 (Clements and Keyser 1983).

지금까지 Kahn(1976)과 Clements and Keyser(1983)의 평판구조와, 핵음과 말음이 운모를 이루는 계층구조의 두 가지 음절구조를 제시하고, 운모를 인정해야 한다는 세 가지 근거를 제시하였다. 이제 다음으로 단어를 음절로 나누는 **음절화**(syllabification) 원칙들을 알아보기에 앞서, 음절화가 이루어지는 영역에 대하여 먼저 언급하겠다. 일반적으로 음절화규칙이 적용되는 영역을 단어로 본다.[26)] 영어의 경우, 음절화가 접사 첨가 이전에 이루어져야 하는지 아니면 접사가 모두 첨가된 뒤에 이루어져야 하는지는 복잡한 문제이므로, 여기서는 음절화가 이루어지는 영역이 구가 아니고 단어라는 점만을 언급하겠다. 기음화는 무성폐쇄음이 음절초의 위치에 놓일 경우에만 발생한다는 사실은 음절화 영역이 단어라는 근거를 제공한다. 예를 들어 repair와 this pear의 /p/는 기음 [p^h]로 발음되는 반면 despair의 /p/는 무기음 [p]로 발음된다는 점으로 볼 때, repair와 this pear는 re$pair와 this$pear로 음절화되고, despair는

26) 이와 관련하여, Kahn(1976: 23)은 "I will accept . . . the assumption that the set of possible syllable-initial (-final) clusters in English is identical to the set of possible word-initial (-final) clusters."라고 말한다.

de$spair로 음절화된다는 것을 알 수 있다. 만일 음절화 영역이 구라면, this pear는 thi$spear로 음절화되어야 할 것이고, 그 결과 /p/는 de$spair에서와 마찬가지로 음절초가 아니고 /s/ 뒤에 나타나므로 무기음 [p]로 발음되어야 할 것이다. 그러나 this pair의 /p/는 기음 [pʰ]로 발음되므로, 음절화규칙이 적용되는 영역은 구가 아닌 단어라고 말할 수 있다. 음절화 영역을 단어로 간주하면, Kahn(1976: 23)이 말하는 것처럼 어두 자음군은 음절 두음 자음군이 되고 어말 자음군은 음절 말음 자음군이 된다.

단어를 음절로 나누는 음절화는 몇 가지 원칙에 따라 이루어진다.[27] Pulgram(1970: 47−51)은 음절화와 관련된 다음과 같은 보편적 원칙을 제시한다. (25d)는 영어의 음절화에는 필요하지 않은 원칙이다.

(25) a. The principle of identity of word-terminal and syllable-terminal
b. The principle of maximal open syllabicity
c. The principle of minimal coda and maximal onset
d. The principle of the irregular coda

음절화는 이 원칙들이 (25a)−(25b)−(25c)−(25d)의 순서로 적용됨으로써 이루어진다. Pulgram(1970: 48)은 원칙 (25a) 및 (25b)가 어떻게 적용되는지를 각각 (26a) 및 (26b)와 같이 말한다.

(26) a. Determine the boundaries of the [words] in the utterance to be syllabized; these boundaries are automatically syllable boundaries.
b. Divide each word provisorily in such a way that a syllable boundary occurs after each vowel, that is, that all syllables are open.

(26a)는 단어 경계(word boundary)를 음절 경계(syllable boundary)로 바꾸라는 것으로, 음절화 영역이 단어라는 것을 나타낸다. 예를 들어 rotation, rooster, master, extra는 이 원칙에 따라 각각 $rotation$, $rooster$, $master$, $extra$가 된다.

최대개방음절원칙 (25b) 즉, (26b)는 단어의 모음 또는 이중모음 뒤에 음절 경계를 삽입하라는 원칙이다. 이 원칙에 의하면, rotation, rooster, master, extra는 각각

27) 앞으로 음절화를 논의하는 데 있어 편의상 음절을 계층구조로 나타내지 않고 분절음의 연쇄로 즉, 선형적으로 나타내기로 한다. 다만 필요한 경우에는 평판구조 또는 계층구조로 나타내겠다.

rotation [row$téy$ʃən], roo$ster [rú$stər], ma$ster [mǽ$stər], e$xtra [έ$kstrə]로 음절화된다. 이 원칙은 rotation [row$téy$ʃən]에서 보듯이, 모음 사이에 하나의 자음이 있을 때, 그 자음을 뒤에 있는 음절의 두음이 되도록 한다. 즉, −VCV−는 이 원칙에 의해 −VC$V−가 아니라 −V$CV−로 음절화된다. 예컨대 atomic은 (25b)에 의해 atomic [ə$tά$mɪk]으로 음절화된다.

(25b)의 원칙이 적용된 결과, rotation과 rooster와 같은 단어들은 적형(well-formed) 음절([row$téy$ʃən], [rú$stər])로 나누어지지만, master나 extra와 같은 단어들은 비적형(ill-formed) 음절을 지니게 된다는 문제점이 발생한다. 최대개방음절원칙이 적용된 결과 비적형 음절이 나타나는 경우는 두 가지가 있다. 첫 번째는 ma$ster [mǽ$stər]의 첫 번째 음절에서 보듯이, 이완모음이 강세를 받는 개방음절에 나타나는 경우이다. 영어에서 이완모음 /ɪ, ɛ, æ, ʊ, ʌ/는 어느 것도 강세를 받는 개방음절에 나타날 수 없다는 분포상의 제약이 있다. 이 제약을 위반하는 *[mǽ$]는 비적형 음절이 된다. 두 번째는 e$xtra [έ$kstrə]의 두 번째 음절에서 보듯이, 허용되지 않는 불가능한 자음군이 두음으로 나타나는 경우이다. [έ$kstrə]의 두 번째 음절 *[$kstrə]는 두음에 네 개의 자음으로 이루어진 자음군 /kstr/을 지니므로, 어두 또는 두음에는 최대로 세 개의 자음이 나타날 수 있다는 제약을 위반하는 비적형 음절이다.

이 두 가지 경우의 문제점을 해결하기 위해서 필요한 원칙이 바로 **최소말음최대두음원칙** (25c)이다. Pulgram(1970: 48, 50)은 이 원칙이 어떻게 적용되는지를 다음과 같이 설명한다.

(27) a. If a syllable cannot be kept open because its vowel does not occur in word-final position, then as many consonants as necessary—but no more—to provide the syllable with a permissible coda, thereby removing the vowel from the syllable-final position, must be detached from the onset of the next syllable and transferred to the preceding syllable.

b. If the syllable cannot be kept open because the consonant or consonants that would form the onset of the next syllable do not occur in word-initial position, then as many consonants as necessary—but no more—to reduce the onset to a permissible word-initial shape must be detached from it and transferred to the preceding syllable as coda, thus closing the syllable.

(27a)에 의하면, 모음이 어말에 (또는 강세를 받는 개방음절에) 나타날 수 없어서 개방음절을 유지하지 못한다면, 뒤에 있는 음절의 두음에서 최소한의 자음만을 떼어 앞 음절의 말음으로 이동시켜야 한다. 예를 들어, ma$ster [mǽ$stər]는 (27a)에 의해 [mǽs$tər]가 된다. 최소한의 자음을 떼어 이동시키라는 말은 [mǽ$stər]의 두 번째 음절의 두음에서 두 개의 자음을 떼어 이동시켜 *[mǽst$ər]로 음절화하지 말고, 필요로 하는 최소한의 자음만을 떼어 앞 음절의 말음이 되도록 [mǽs$tər]로 음절화하라는 것이다.

(27b)는 뒤에 있는 음절의 두음이 어두에 허용되지 않는 자음이나 자음군을 갖고 있을 때, 이 자음군 중 최소한의 자음만을 떼어 앞 음절의 말음으로 이동시키라는 원칙이다. 영어에서 /ŋ/은 어두에 허용되지 않는 자음이므로, 예를 들어 singer [sɪ$ŋər]에서 [ŋ]을 떼어 앞 음절의 말음으로 이동시키면 [sɪŋ$ər]가 된다. 또한 e$xtra [έ$kstrə]에서 두 번째 음절의 두음 /kstr/은 어두에 허용되지 않는 자음군이므로, 필요로 하는 최소한의 자음인 [k]를 떼어 앞 음절의 말음 위치로 이동시키면 [έk$strə]가 된다. 영어에서 어중(word-medial) 위치의 자음군은 가능한 말음 자음군과 가능한 두음 자음군의 결합으로 나누어질 수 있다. 따라서 extra [ɛkstrə]를 음절화하는 가능한 경우는 다음과 같이 세 가지가 있다.

(28) a. [ɛk$strə]
b. [ɛks$trə]
c. [ɛkst$rə]

(28a)의 /str−/과 (28b)의 /tr−/은 허용되는 두음 자음군이고, (28b)의 /−ks/와 (28c)의 /kst−/는 허용되는 말음 자음군이다. (28)의 세 가지 경우는 모두 적형 음절로 구성되어 있지만, (27b)에 따라 어중 자음군 /kstr/에서 최소한의 자음만을 앞 음절의 말음 위치로 이동시킨 (28a)가 선택된다. 이처럼 모음 사이에 자음이 여러 개 있을 때, 두음을 최대화하고 말음을 최소화하라는 원칙이 바로 최소말음최대두음원칙(25c)이다. Pulgram(1970: 50)이 제시하는 또 다른 예로, priestly는 *prie$stly나 *pries$tly가 아니고 priest$ly로 음절화된다. 왜냐하면 영어에서 */stl−/이나 */tl−/은 두음 자음군으로 허용되지 않기 때문이다. 이처럼 원칙 (25c)는 분절음배열제약을 위반하지 않는 한 최대로 많은 자음을 두음이 되도록 음절화한다. 이 원칙을 일반적으로 **최대두음원칙**(maximal onset principle)이라고 칭한다.

끝으로, Pulgram(1970: 51)은 **불규칙말음원칙** (25d)를 다음과 같이 기술한다.

(29) If necessary transfer from syllable-initial to syllable-final position leads to an inadmissible syllable-final groups of consonants, then the burden of irregularity must be borne by the coda rather than the following onset.

Pulgram(1970)이 제시하는 마지막 음절화 원칙인 (25d)는 모음 사이의 자음군을 적형 두음과 적형 말음으로 나눌 수 있는 영어와 같은 언어에는 적용되지 않고, 그렇지 않은 언어에만 적용된다. 이 원칙에 따르면, 적형 말음과 적형 두음으로 나눌 수 없는 어중 자음군은, 적형 말음과 비적형 두음이 아니라 비적형 말음과 적형 두음으로 음절화된다. 예를 들어 스페인어 tra<u>nscr</u>ibir의 자음군 /nskr/는 두음으로 허용되지 않으므로, tra$nscribir로 음절화할 수 없다. 이 자음군 사이에 음절 경계를 삽입할 수 있는 가능한 경우는 다음과 같다.

(30) a. [n$skr]
b. [ns$kr]
c. [nsk$r]

스페인어에서는 /skr/이 두음 자음군으로 허용되지 않으며, /ns/나 /nsk/는 말음 자음군으로 허용되지 않는다. 즉, /nskr/을 적형 말음과 적형 두음으로 나눌 수 있는 방법이 없다. 이런 경우 (29)는 적형 말음과 비적형 두음으로 음절화한 (30a)가 아니라, 비적형 말음과 적형 두음으로 음절화한 (30b)를 선택하도록 한다. (30c)는 /kr/이 가능한 두음 자음군이므로 최소말음최대두음원칙을 위반한다. 이처럼 어중 자음군을 적형 말음과 적형 두음으로 나눌 수 없는 경우, 비적형의 부담을 말음이 지도록 하는 원칙이 바로 (29)이다. 이 원칙은 어중의 자음군이 항상 적형 말음과 적형 두음의 결합으로 이루어지는 영어와 같은 언어에는 적용되지 않는다.

지금까지 Pulgram(1970)이 제시하는 음절화 원칙을 살펴본 결과, 영어의 음절화에서 가장 중요한 것은 최대두음원칙이라고 말할 수 있다. 이 음절화원칙은 Clements and Keyser(1983: 37)가 제시하는 아래와 같은 **두음우선원칙**(Onset First Principle)과 유사하다.

(31) The Onset First Principle

a. Syllable-initial consonants are maximized to the extent consistent with the syllable structure conditions of the language in question.

b. Subsequently, syllable-final consonants are maximized to the extent consistent with the syllable structure conditions of the language in question.

두음우선원칙은 (31a)−(31b)의 순서로 적용되기 때문에, 결국 분절음배열제약을 위반하지 않는 범위 내에서 최대한 많은 자음을 두음이 되도록 한다. 이 원칙에 따라 음절화는 다음과 같은 방식으로 이루어진다 (Clements and Keyser 1983: 38).

(32) a. V−elements are prelinked to σ's.

b. C−elements to the left are adjoined one by one as long as the configuration resulting at each step satisfies all relevant syllable structure conditions.

c. Subsequently, C−elements to the right are adjoined in the manner described in (b) above.

음절화규칙 (32)는 위에서 제시한 Pulgram(1970)의 음절화 원칙 (25b, c)와 유사하다. 음절화는 (32a)−(32b)−(32c)의 순서로 이루어진다. (32)에 의해 예를 들어 extra /ɛkstrə/는 다음과 같은 순서로 음절화된다.[28]

(33)

이처럼 Clements and Keyser의 음절화 방식은 Pulgram의 음절화 방식과 거의 동일한 결과를 가져온다. 그러나 Clements and Keyser(1983)의 음절화 방식은 이완 모음의 분포상의 제약을 고려하지 않는다는 점에서 Pulgram(1970)의 음절화 방식과 차이를 보인다. 예를 들어 master를 Pulgram은 [mǽs$tər]로 음절화하지만, Clements

28) 편의상 CV−층을 표시하지 않기로 한다.

and Keyser(1983)는 [mǽ$stər]로 음절화한다. [mǽs$tər]로 음절화하는 것은 최대두음원칙보다 이완 모음의 분포상의 제약에 우선권을 부여하는 것인 반면, [mǽ$stər]로 음절화하는 것은 이완 모음의 분포상의 제약보다 최대두음원칙에 우선권을 부여하는 것으로 해석할 수 있다. 이처럼 이완 모음에 대한 분포상의 제약과 최대두음원칙이 상충되는 난제에 봉착하게 되는 경우, 이에 대한 해결책으로 양음절성(ambisyllabicity)의 개념이 제안되었다. 이 개념에 대해서는 6.4에서 다루기로 한다.

지금까지 음절화와 관련하여 언급한 내용을 요약하면, 어두와 어말의 자음군은 각각 두음과 말음 자음군과 동일하고, 어중의 자음군은 최대두음원칙에 따라 분절음배열제약을 위반하지 않는 범위 내에서 가능한 한 최대로 많은 자음을 두음으로 음절화한다는 것이다. 이제 다음으로 영어의 음절구조조건(SSC)에 관하여 살펴보도록 하자.

6.3 음절구조조건

이미 5장과 6.1에서 언급하였듯이, *SPE*를 비롯한 전통 생성음운론자들은 어휘항목의 단위인 형태소를 사용하여 기저표시(underlying representation)에서의 분절음배열제약을 형태소구조조건(MSC)에 의해 파악하려 하지만, *SPE* 이후 Hooper(1974, 1975, 1976), Pulgram(1970), Vennemann(1972) 등은 음절을 사용할 때 분절음배열제약을 보다 일반적이고 간결하게 기술할 수 있다고 주장한다.[29] 이러한 주장을 받아들여, 6.3에서는 영어의 분절음배열제약을 음절구조조건(SSC)에 의해 기술할 것이다.

영어의 분절음배열제약에 대한 견해가 학자에 따라 다르기 때문에, 모든 제약을 체계적으로 다루기에는 사실상 어려움이 따른다. 영어의 분절음배열제약에 대한 16명의 분석을 조사한 Algeo(1978: 208)에 따르면, 두음 자음군의 약 30%와 말음 자음군의 4%에 대해서만 견해의 일치를 보일 뿐이다. 이러한 분절음배열제약 기술의 한

29) Haugen(1956: 196)은 "it is possible to bring out the structural principles of distribution best if one adopts the syllable as one's descriptive unit."라고 말하고, 또한 Kucera(1961: 71−72)는 "The smallest unit of recurrent phonemic sequences which makes it possible to describe the distribution of segmental phonemes and configurative phonemic entities most economically is the syllable."이라고 말한다. 이처럼 이미 *SPE* 이전에도 분절음배열제약을 기술하는 단위로 음절을 사용해야 한다는 주장이 있었다.

계점을 고려하여, 여기서는 극히 일부의 단어, 특히 차용어에만 나타나는 자음군은 허용되지 않는 것으로 간주하겠다. 예를 들어 두음 자음군 /sf−/는 sphere, spheroid, sphinx, sphygmus를 포함한 소수의 단어에서만 찾아볼 수 있으므로 영어의 가능한 두음 자음군으로 인정하지 않겠다. 또한 svelte, svarabhakti와 같은 극소수의 차용어에만 나타나는 자음군 /sv−/ 역시 영어의 가능한 두음 자음군으로 간주하지 않겠다.

5장에서는 MSC를 긍정조건, if−then 조건, 부정조건에 의해 기술하였지만, 긍정조건과 부정조건에 의해서 모든 가능한 배열제약을 기술할 수 있다는 Clements and Keyser (1983)의 주장에 따라, 여기서는 영어의 SSC를 기술하는 데 if−then 조건을 사용하지 않겠다.

SSC를 기술하는 데 가장 중요한 개념은 **공명도배열일반화**(Sonority Sequencing Generalization: SSG) 또는 **공명도배열원칙**(Sonority Sequencing Principle: SSP)이다. 두음과 말음의 자음군 배열을 지배하는 이 원칙을 Selkirk(1984: 116)는 다음과 같이 기술한다.

(34) *Sonority Sequencing Generalization*

In any syllable, there is a segment constituting a sonority peak that is preceded and/or followed by a sequence of segments with progressively decreasing sonority values.

이 원칙에 따르면, 공명도 정점을 이루는 핵음으로부터 음절 가장자리로 갈수록 공명도가 점차로 감소한다는 것이다.30) 예를 들어 두음과 말음이 두 개의 자음으로 구성된 음절 $C_1C_2VC_3C_4$에서 모음의 공명도가 가장 높고, 두음에서는 가장자리에 있는 자음 C_1의 공명도가 모음에 가까이 있는 자음 C_2의 공명도보다 낮으며, 마찬가지로 말음에서도 가장자리에 있는 C_4의 공명도가 모음에 가까이 있는 C_3의 공명도보다 낮다. 음절을 공명도에 의해 정의하기 때문에, 두음 및 말음 자음들의 배열이 이 원칙에 따라 이루어져야 한다는 것은 당연하다.

먼저, 두음 자음군의 배열제약에 관하여 구체적으로 살펴보자. 영어에서 두음에는 자음이 최대로 세 개까지 나타날 수 있다. 두음에 하나의 자음이 나타날 경우, /ŋ/를 제외한 모든 자음이 자유롭게 올 수 있다.31) 두음에 두 개의 자음(C_1C_2−)이 나타날

30) 각 분절음들의 상대적 공명도 위계에 관하여는 (2)를 참조하라.

31) /ʒ/는 genre, gigue, Zhivago와 같은 차용어를 제외하면 어두에는 나타나지 않지만, vi<u>s</u>ion,

경우 첫 번째 위치(C_1)에는 공명도가 낮은 /p, t, k, b, d, g, f, θ, ʃ, s/가 올 수 있다. C_1에 /s/가 올 경우를 제외하면, C_1에는 유성 마찰음보다 공명도가 낮은 음인 폐쇄음과 무성 마찰음만이 올 수 있고, 두 번째 위치(C_2)에는 비음보다 공명도가 높은 음인 전이음과 유음만이 올 수 있다. C_1에 /s/가 올 경우에는, C_2에는 전이음과 설측음뿐만 아니라 비음과 무성 저해음도 올 수 있다. 그러나 /s/ 뒤에 유성 저해음, 마찰음, /r/은 올 수 없다. 겹자음(geminate)은 두음과 말음 모두에서 허용되지 않는다.

아래 (35)에서 세로축의 자음은 첫 번째 위치의 자음(C_1)을, 가로축의 자음은 두 번째 위치의 자음(C_2)을 각각 표시하며, "+"는 허용되는 자음군을, "−"는 허용되지 않는 자음군을 각각 나타낸다.32)

(35)

C_1 \ C_2	w	y	r	l	m	n	p	t	k
p	−	+	+	+	−	−	−	−	−
t	+	+	+	−	−	−	−	−	−
k	+	+	+	+	−	−	−	−	−
b	−	+	+	+	−	−	−	−	−
d	+	+	+	−	−	−	−	−	−
g	+	+	+	+	−	−	−	−	−
f	−	+	+	+	−	−	−	−	−
θ	+	+	+	−	−	−	−	−	−
ʃ	−	−	+	−	−	−	−	−	−
s	+	+	−	+	+	+	+	+	+

(35)를 보면, C_1에는 폐쇄음과 무성 마찰음만이 나타날 수 있고, C_1이 /s/일 경우를 제외하면 C_2에는 비음을 제외한 공명음만이 나타날 수 있다. 다른 저해음과 달리 특별한 양상을 보이는 /s/에 관하여는 잠시 후에 별도로 언급하기로 하고, C_1이 /s/가 아닌 두음 자음군에 관하여 살펴보자. 저해음과 비음의 결합으로 된 자음군은 SSG를 위반하지 않지만 영어의 두음 자음군으로 허용되지 않는다. 이 점으로 미루어볼 때, 영어는 C_1과 C_2의 공명도 차이가 저해음과 비음의 공명도 차이보다 더 큰 자음

measure, leisure에서 보듯이 어중의 두음에는 자유롭게 나타난다.

32) 자음군 /pw−, tm−, ts−, sf−, sθ−, sv−, ʃn−, ʃl−, vl−, vr−, zw−, mw−/는 pueblo, tmesis, tsetse, sphere, sthenic, svelte, schneider, schlenter, Vladivostok, vraisemblance, zouave, moire 등 극히 소수의 어휘에만 나타나며 주로 외래어이므로 가능한 두음 자음군으로 간주하지 않겠다.

군만을 허용하는 것으로 보인다.[33] C_1에는 저해음이 오고, C_2에는 비음을 제외한 공명음이 온다는 두음 자음군에 대한 SSC를 긍정조건으로 나타내면 다음과 같다.

(36) Onset

$$[-\text{son}] \quad \begin{bmatrix} +\text{son} \\ -\text{nas} \end{bmatrix}$$

(35)에서 "−"로 표시된 자음군들은 긍정조건 (36)에 의해서 설명할 수 없으므로, 이 조건을 위반하는 자음군들을 설명하기 위해서는 부정조건들이 별도로 필요하다. C_1이 /s/나 /ʃ/인 경우는 잠시 제쳐놓고, 긍정조건 (36)을 위반하는 두음 자음군들을 나타내면 다음과 같다.

(37) a. *pw−, *bw−, *fw−
b. *tl−, *dl−, *θl−
c. *C_1={v, ð, ʒ, z}
d. *C_1={ʧ, ʤ}

(37a)가 비적형 두음 자음군인 이유는 조음 위치가 동일한 두 개의 순음이 인접해있기 때문이다(*labial+labial). (37b)는 설정음(coronal)이 설측음과 결합될 수 없다는 것을 나타낸다. (37c)와 (37d)는 유성 마찰음이나 폐찰음은 다른 자음과 결합하여 두음 자음군이 될 수 없음을 나타낸다.[34] (37)을 부정조건으로 나타내면 다음과 같다.

(38) a. *$[+labial] [+labial]
b. *$[+cor, −strid] [lateral]
c. *$[+cont, +voice] [−syll][35]
d. *$[+del rel] [−syll]

---

33) Clements(1990)에 따르면, 두음에서는 C_1과 C_2의 공명도 차이가 클수록 더 무표적인(unmarked) 자음군이 된다. 이 원칙을 **공명도분산원칙**(Sonority Dispersion Principle)이라고 한다.

34) /h/ 역시 다른 자음과 결합될 수 없다.

35) 예컨대 view [vyu]의 두음 자음군 /vy−/와 같은 유성 마찰음과 전이음의 연쇄가 두음 자음군으로 허용된다는 것을 나타내기 위해서라면, (38c)의 [−syll]을 [+cons]로 수정할 수 있을 것이다. 그러나 /y/는 이중모음 /yu/의 전전이음으로 나타나기 때문에 핵음의 일부로 보겠다.

(35)를 보면, C_1 위치에서 /ʃ/와 /s/는 상보적 분포를 이룬다는 것을 알 수 있다. /ʃ/는 /r/ 앞에서만 나타나는 반면, /s/는 /r/ 앞에서는 나타나지 못한다. 이 두 자음이 두음 자음군에서 상보적 분포를 보인다는 점은 상당히 흥미롭다. 분포상의 이러한 특징을 설명하기 위해 Kenstowicz(1994: 258)는 [ʃr]이 /sr/에 구개음화(palatalization)규칙이 적용되어 도출된 것으로 가정한다. 이러한 가정을 받아들인다면, 기저표시에서는 /s/는 /r/ 앞에 나타날 수 있게 된다. C_1 위치에 폐찰음과 /ʃ/가 나타날 수 없다는 SSC를 나타내기 위해서는 (38d)를 *$[−ant, +cor] [−syll]로 수정할 수 있을 것이다.

이제 C_1이 /s/인 경우를 살펴보자. 표 (35)에서 보듯이, C_1이 /s/인 경우 C_2에 [−cont] 자음인 비음과 무성 폐쇄음이 올 수 있다. 이 자음군들은 SSG (34)나 긍정조건 (36)을 위반한다. C_2에 무성 폐쇄음이 오는 자음군 /sp, st, sk/(이후 sC라 통칭함)는 모음에 가까이 있는 무성 폐쇄음이 /s/보다 공명도가 낮기 때문에 SSG (34)를 위반한다.[36] 또한 C_2가 비음인 자음군 /sm, sn/은 보편적 SSG를 위반하지는 않지만, 긍정조건 (36)을 위반한다. C_1이 /s/인 자음군들을 설명하기 위해서는 다음과 같은 **s−부가규칙**(s−adjunction rule)을 설정할 필요가 있다.

(39)

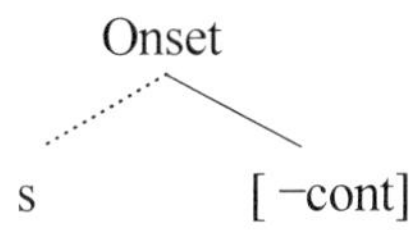

(39)는 두음의 비음이나 폐쇄음 앞에 /s/를 부가하도록 하는 규칙이다. 이 규칙을 설정하면, 두음에 /sm, sn, sp, st, sk/가 가능한 두음 자음군이 되며, 또한 세 개의 자음으로 이루어진 두음 자음군도 쉽게 설명할 수 있게 된다. 세 개의 자음으로 된 두음 자음군에 관해서는 잠시 후에 언급하기로 하고, (39)에 의해 만들어질 수 있는 비적형 자음군에 관하여 살펴보자. 이 규칙은 적형 자음군 /sC, sm, sn/뿐만 아니라 다음과 같은 비적형 두음 자음군을 만들 수도 있다.

(40) a. *sb−, *sd−, *sg−
b. *stʃ, *sdʒ

---

36) 이처럼 음절 가장자리에 있는 자음의 공명도가 모음에 가까이 있는 자음의 공명도보다 더 높은 경우를 일컬어 공명도 반전(sonority reversal)이라고 하고, 두 자음의 공명도가 동일한 경우를 공명도 고원(sonority plateau)라고 칭한다.

규칙 (39)에 의해 /s/와 유성 폐쇄음으로 이루어진 (40a)의 두음 자음군이 만들어지는 것을 막기 위해 (39)의 규칙에 [−voice]를 명시할 수도 있지만, 사실상 이 자음군이 허용되지 않는 이유는 아래와 같은 부정조건 때문이다.

(41)

$$
\begin{array}{c}
{}^{*}\sigma \\
\diagup \quad \diagdown \\
\begin{bmatrix} -\text{son} \\ \alpha\text{voice} \end{bmatrix}
\begin{bmatrix} -\text{son} \\ -\alpha\text{voice} \end{bmatrix}
\end{array}
$$

(41)은 유무성이 일치하지 않는 두 저해음의 연쇄가 같은 음절 내에 나타날 수 없다는 일반적인 조건으로, 두음 자음군뿐만 아니라 말음 자음군에도 적용된다.[37)]

또한 (39)가 너무 일반적이어서 /s/가 폐찰음 앞에 부가되는 것을 막을 수 없지만, 이렇게 만들어진 자음군 (40b)는 다음과 같은 부정조건을 위반하기 때문에 두음에 허용되지 않는다.

(42)

$$
\begin{array}{c}
{}^{*}\sigma \\
\diagup \quad \diagdown \\
\begin{bmatrix} +\text{cor} \\ +\text{strid} \end{bmatrix}
\begin{bmatrix} +\text{cor} \\ +\text{stird} \end{bmatrix}
\end{array}
$$

(42)는 '치찰음+치찰음'으로 이루어진 자음군이 같은 음절 내의 두음이나 말음에서 허용되지 않는다는 것을 나타내는 부정조건이다.[38)]

세 개의 자음으로 구성된 두음 자음군은, 다른 저해음과 달리 특별한 양상을 보이는 /s/의 특이성을 설명하기 위해 설정한 규칙 (39)에 의해 자동적으로 만들어진다. 세 개의 자음으로 이루어진 두음 자음군은 아래 표 (43a)에서 보듯이 /s/가 무성 폐쇄

37) 이 조건을 위반하는 예로 svelte와 midst가 있다. 두음 자음군 /sv/는 차용어에만 나타난다. 어원적으로 볼 때 midst는 어간 mid에 부사 속격(adverbial genitive) 어미 /s/와 최상급 어미를 본뜬 비어원적(unetymological) 자음 /t/가 첨가된 것이다.

38) 치찰음으로 끝나는 명사 뒤에 규칙적 영어 복수 접미사 /z/가 첨가될 때, 접미사 앞에 /ɪ/가 삽입되는 이유는 바로 이 부정조건을 위반하지 않기 위한 것으로 해석된다. 사실상 이 부정조건은 8.1.5에서 마찰음화(spirantization)를 다루면서 언급하게 될 필수굴곡원칙(obligatory contour principle)의 한 예로 생각할 수 있다.

음 앞에 부가될 경우에만 가능하다. 왜냐하면 (39)에 의해 /s/가 /m/이나 /n/ 앞에 부가될 수는 있지만, 두음의 비음 뒤에는 어떤 자음도 올 수 없기 때문이다. (43b)는 각 자음군이 나타나는 단어의 예이며, 밑줄은 공백(gap)을 나타낸다.

(43) a.

C_1 \ C_2		w	y	r	l
s	p	−	+	+	+
	t	+	+	+	−
	k	+	+	+	+
	m	−	−	−	−
	n	−	−	−	−

b.

______,	spume,	spring,	splendid
______,	stew,	string,	______
squeeze,	skew,	scramble,	sclera[39]

두음에 /s/를 부가하는 규칙 (39)를 설정하면, 세 개의 자음으로 구성된 모든 가능한 두음 자음군은 /s/와 두 개의 자음으로 된 가능한 두음 자음군의 결합에 의해 자동적으로 만들어진다. 또한 세 개의 자음으로 구성된 비적형 두음 자음군은, 이 자음군을 구성하는 두 개의 자음으로 된 자음군이 비적형이기 때문에 생기는 당연한 결과이다. 예컨대 자음군 */spw−/와 */stl−/이 허용되지 않는 이유는, 이 자음군을 구성하는 자음군 */pw−/ */tl−/이 비적형이기 때문이다. 자음군 /stw−/는 이론상으로는 적형이지만, 이 자음군으로 시작하는 단어가 실재하지 않으므로, 우연한 공백으로 볼 수 있다.

다음으로 말음 자음군을 살펴보자. 말음 자음군의 배열제약을 구체적으로 살펴보기에 앞서, 말음 배열제약을 설명하는 데 SSG와 함께 중요한 역할을 하는 **자음군조건**(cluster condition)에 관하여 살펴보자. Yip(1991: 63)은 이 조건을 다음과 같이 나타낸다.

39) 사실상 두음 자음군 /skl−/을 지닌 단어는 대부분 그리스어 차용어이다.

(44) Cluster Condition

Adjacent consonants are limited to at most one Place specification.

이 조건에 따르면, 말음에는 단지 하나 이하의 조음 위치만이 허용된다.[40] 즉, 이 조건은 말음에 조음 위치가 서로 다른 둘 이상의 자음이 나타나는 것을 허용하지 않는다. 그러나 이 조건은 설정성(coronal) 자질은 명시되지 않는다는 것을 전제로 하기 때문에,[41] 사실상 무표적인 치음(dental)을 제외한 다른 조음 위치를 지닌 자음들이 둘 이상 말음에 나타나는 것을 허용하지 않는다.

이제 영어의 말음 자음군에 관하여 구체적으로 살펴보자. 영어의 말음에는 prompt, against, next에서처럼 세 개의 자음이 나타날 수 있으며, 접미사가 첨가될 경우에는 prompts, glimpsed, twelfths, texts, sixths에서와 같이 네 개의 자음이 나타나기도 한다. 이 복잡한 말음 자음군들을 살펴보면, 두 번째 자음에 후속하는 자음들은 모두 치음이며, 이 자음군들은 SSG를 위반한다는 사실을 알 수 있다. 이런 사실로 미루어 볼 때, 셋 이상의 자음으로 구성된 말음 자음군은 음절말에 치음을 첨가하는 **치음부가규칙**(dental adjunction rule)에 의해 형성되는 것으로 생각할 수 있다. 치음만이 음절말에 자유롭게 부가될 수 있는 것은 자음군조건 (44) 때문이다. 만일 순음이나 연구개음이 말음 자음군에 부가되면 자음군조건을 위반하게 될 것이다. 아래와 같은 치음부가규칙을 가정한다면, 영어의 말음에는 기본적으로 두 개의 자음까지만 허용된다고 말할 수 있게 된다.

(45) coda

C x (where, x = [−son, +cor, +ant])

이 규칙에 의해 치음이 음절말에 부가됨으로써 보다 복잡한 자음군이 형성된다. 하나의 분절음으로 된 복수 접미사, 과거(분사) 접미사 등의 굴절접미사나 파생접미사가 치음이라는 사실은 규칙 (45)와 무관하지 않다.[42] 이 규칙을 설정하면, 말음에 세

40) 사실상 Yip(1991)은 영어의 경우 말음 자음군뿐만 아니라 두음 자음군도 이 조건에 따른다고 주장한다.

41) 이 조건은 설정음(coronal)을 표시하지 않는다는 **잠재표기**(underspecification) 이론에 기반을 두고 있다. 잠재표기 이론에 관하여는 Archangeli(1984, 1988), Avery and Rice(1988, 1989), Clements(1988), Kiparsky(1982), Mester and Itô(1989), Steriade(1987) 등을 참조하라.

개 이상의 자음이 오는 경우 두 번째 자음에 후속하는 모든 자음을 치음부가규칙 (45)에 의해 설명할 수 있으므로, 말음 배열제약을 기술할 때 두 개의 자음으로 구성된 자음군 $-VC_3C_4$만을 다루면 된다.

영어의 말음에 하나의 자음이 나타날 경우 /h/를 제외한 모든 자음이 나타날 수 있다. 두 개의 자음으로 구성된 자음군 $-VC_3C_4$에서 첫 번째 자음(C_3)의 위치에 나타날 수 있는 자음은 /p, t, k, b, d, g, ʧ, ʤ, m, n, ŋ, l, f, v, θ, ð, s, z, ʃ, ʒ, y, w/이고, 두 번째 자음(C_4)의 위치에 나타날 수 있는 자음은 /p, t, k, b, d, f, v, ʃ, ʧ, ʤ, m, n, θ, s, z/이다. C_3가 공명음일 경우 C_4의 위치에는 많은 자음이 나타날 수 있으나, C_3가 s를 제외한 저해음일 경우 C_4에 나타날 수 있는 자음은 치음인 /t, d, s, z, θ/뿐이다. C_3가 /s/일 경우 C_4에 올 수 있는 자음은 /p, t, k/뿐이다. C_3가 저해음인 경우 C_4에 나타나는 치음은 치음부가규칙 (45)에 의해 만들어지므로, C_3에 공명음이나 /s/가 나타나는 경우만을 언급하겠다. C_3가 /s/ 또는 공명음인 말음 자음군(C_3C_4) 중 어느 것이 적형이고 어느 것이 비적형인지를 표로 나타내면 다음과 같다.43)

(46)

C_3 \ C_4	p	t	k	b	d	g	ʧ	ʤ	f	v	ð	ʃ	ʒ	m	n	ŋ	l
s	+	+	+	−	−	−	−	−	−	−	−	−	−	−	−	−	−
l	+	+	+	+	+	−	+	+	+	+	−	+	−	+	+	−	−
m	+	−	−	−	−	−	−	−	−	−	−	−	−	−	−	−	−
n	−	+	−	−	+	−	+	+	−	−	−	−	−	−	−	−	−
ŋ	−	−	+	−	−	−	−	−	−	−	−	−	−	−	−	−	−

두 개의 자음으로 이루어진 말음 자음군 중 먼저 C_3가 /s/인 자음군에 관하여 살펴보자. 위 표에서 보듯이, C_3가 /s/이면 그 뒤에 후속하는 자음은 /p, t, k/뿐이라는 것을 알 수 있다. 이 자음군은 C_3가 저해음이면 그 뒤에 올 수 있는 자음은 일반적으로 치음뿐이라는 사실에 예외가 된다. 이러한 예외적 속성을 지닌 sC 자음군 /sp/, /st/,

42) 여기에 속하는 파생접미사의 예로는 fifth, depth, script 등을 들 수 있다.

43) 아래 표에서 C_3가 /r/인 자음군은 표시하지 않았다. 자음 중 공명도가 가장 높은 /r/은 아무런 제약 없이 C_3 위치에 자유롭게 나타난다. 다른 공명음과 달리, /r/은 C_4 위치에 나타날 수 있는 모든 자음에 선행할 수 있다. 이런 이유 등으로 /r/을 핵음의 일부로 간주하기도 한다. 특히 용인발음(received pronunciation: RP)에서는 말음의 /r/은 발음되지 않는다. 또한 편의상 표 (46)에는 C_4에 치음부가규칙에 의해 부가되는 치음 /s, z, θ/를 포함시키지 않았다. 말음 자음군 /−mf/는 triumph, nymph 등 소수의 차용어에 나타나지만 비적형 자음군이다.

/sk/는 두음에서와 동일한 분포를 이룬다. 즉, 두음에서 C_1이 /s/이면 C_2에 나타날 수 있는 자음 역시 /p, t, k/뿐이듯이 말음에서도 C_3가 /s/이면 C_4에는 /p, t, k/만이 나타날 수 있다. 두음과 말음에서 동일한 분포상의 특성을 보이는 이 자음군의 제약을 설명하기 위해 별도의 조건을 설정할 필요 없이, 위에서 언급한 s−부가규칙 (39)를 말음에서도 적용될 수 있도록 아래와 같이 수정하면 될 것이다.[44]

(47)

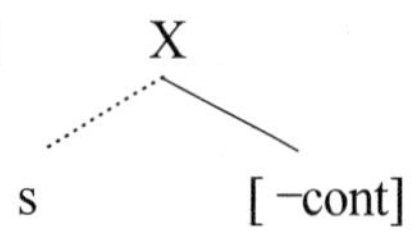

(where, X=onset or coda)

규칙 (47)에 의해 형성될 수 있는 말음 자음군 */−sb, −sd, −sg/는 조건 (41)에 의해, */−sm, −sn/은 SSG (34)에 의해, */−sʧ, −sʤ/는 (42)에 의해 각각 배제된다.

표 (46)을 보면, C_3에 공명 자음이 오는 모든 말음 자음군들은 SSG를 준수하고 있음을 알 수 있다. SSG를 위반하지 않으려면 C_3에는 C_4보다 공명도가 높은 자음이 와야 하므로, C_4에는 비음보다 공명도가 높은 자음은 나타날 수 없다. C_4에 비음이 나타날 수 있는 유일한 경우는 C_3에 비음보다 공명도가 높은 유음이 올 때이다. kiln, elm에서처럼 유음과 비음으로 구성된 자음군은 SSG를 위반하지 않기 때문에 말음에서 허용될 수 있다. 그러나 C_3에 /l/이 오더라도 유성 마찰음 /ð, ʒ/는 C_4에 올 수 없다. 또한 폐찰음 앞에는 유음이나 /n/만이 올 수 있다.

C_3에 비음이 오는 경우에는 비음의 조음위치에 따라 C_4에 오는 자음이 다르다. [−cor]인 /m/과 /ŋ/ 뒤에는 각각 조음 위치가 동일한 무성 폐쇄음 /p/와 /k/만이 올 수 있으며, [+cor]인 /n/ 뒤에는 조음 위치가 동일한 폐쇄음 /t, d/와 폐찰음 /ʧ, ʤ/가 올 수 있다. 이처럼 말음의 '비음+폐쇄음'의 연쇄는 항상 조음 위치가 같아야 하며, 그 이유는 이 연쇄가 하나의 조음 위치 자질을 공유하고 있기 때문이라고 말할 수 있다. 만일 이 연쇄가 하나의 조음 위치 자질을 공유하지 않고 각각 따로 가지고 있다면 이 말음의 연쇄는 자음군조건 (44)를 위반하게 된다. 예를 들어 말음의 /mp/는 LABIAL이라는 조음 위치 자질을 공유하고 있는데, 만일 공유하고 있지 않다고 본다면 말음에 두 개의 조음 위치 자질 'LABIAL LABIAL'이 오게 되어 자음군조건을 위반하게 될 것이다.

44) Selkirk(1982: 347)와 Noske(1982: 260)는 sC 자음군을 하나의 독립된 분절음으로 간주하고, 이를 보조 음절틀(auxiliary template)로 나타낸다.

치음인 /n/은 기저형에서 조음위치가 다른 저해음 앞에 나타날 수 있지만, 동화규칙에 의해 뒤에 있는 저해음과 조음 위치가 같아지게 된다. 예를 들어 bank와 bang에서 말음 자음군 /−nk/와 /−ng/는 기저표시에 나타날 수 있지만, 이 경우 /n/은 동화에 의해 [ŋ]이 됨으로써, /−nk/와 /−ng/는 음성표시에서 각각 [−ŋk]와 [−ŋg]가 된다. 그러나 말음 자음군으로 [−ŋk]는 허용되지만, [−ŋg]는 허용되지 않는다. [−ŋg]가 단어 경계(#) 앞에 있으면, 이 연쇄는 말음으로 음절화되며 말음에서는 [−ŋg]가 허용되지 않기 때문에, [ŋ] 뒤에 있는 [g]는 단어 경계 앞에서 탈락하게 된다. 예를 들어, sing##, sing#er, long##에서 보듯이 어말 자음군 /−ŋg/는 /g/가 탈락함으로써 [−ŋ]으로 발음된다. 그러나 finger나 long+er에서처럼 /−ŋg/ 뒤에 단어 경계가 없을 경우에는, [fíŋ$gɚ]와 [lɔŋ$gɚ]에서 보듯이 [ŋ]과 [g]는 서로 다른 음절에 속하므로 말음에서는 [−ŋg]가 허용되지 않는다는 제약을 위반하지 않게 되어 /g/가 탈락하지 않는다.[45)]

지금까지 영어의 음절구조조건을 두음 자음군과 말음 자음군으로 구분하여 언급하였다. 두음과 말음의 자음군은 자음들이 임의적으로 결합되어 형성되는 것이 아니고, 보편적 원칙인 SSG와 자음군조건을 만족시켜야 하며, SSG를 위반하는 자음군들을 설명하기 위해서는 영어 고유의 조건들을 별도로 설정하여야 한다. 두 개의 자음으로 이루어진 두음과 말음 자음군은 일반적으로 SSG를 위반하지 않지만, SSG를 위반하는 두음 자음군과 말음 자음군은 각각 s−부가규칙과 치음부가규칙에 의해 만들어진다. 음절구조조건 및 이와 관련된 일반 원칙들은 단순히 음운 표시나 음성 표시에서 분절음들의 배열을 제한하는 정적인 역할을 하는 데 그치지 않고, 규칙이 적용되는 것을 막거나 반대로 규칙이 적용되는 것을 촉발하는 작용을 하기도 한다는 점에서 중요하다 (Borowsky 1987; McCarthy 1986; Odden 1986, 1988; Sommerstein 1974; Yip 1988). 여기에 관하여는 8장에서 영어의 음운과정을 다루면서 다시 언급한다.

6.4 양음절성

음절을 다루는 학자들 사이에 의견의 일치를 보이지 못하는 부분이 바로 **양음절성**

45) 비음의 조음 위치 동화와 /g/의 탈락에 관하여는 8장에서 다시 자세히 다룬다.

(ambisyllabicity) 문제이다. 6.4에서는 왜 양음절성의 개념을 음절이론에 도입할 필요가 있으며, 이 개념을 도입했을 때 어떤 이점이 있는지를 살펴보겠다.

6.2에서 음절화를 다루면서 언급했듯이, 예를 들어 master [mǽstər]를 만일 [mǽ$stər]로 음절화한다면, 첫 번째 음절 [mǽ]는 이완모음([ɪ, ɛ, æ, ʊ, ʌ])은 강세를 받는 개방음절에 나타날 수 없다는 제약을 위반한다는 문제가 발생한다. 또한 master [mǽstər]를 [mǽs$tər]로 음절화한다면, 가능한 두음 자음군 /st−/를 두 번째 음절의 두음으로 만들지 않았기 때문에 최대두음원칙(maximal onset principle) 또는 두음우선원칙(onset first principle)을 위반하게 된다. 이처럼 모음 사이의 자음을 앞 음절의 말음이나 뒤에 있는 음절의 두음 중 어느 하나에만 속하도록 음절화해야 한다면, master와 같은 단어의 경우 음절화를 어떻게 하더라도 이완모음에 대한 제약과 최대두음원칙을 모두 만족시킬 수 있는 방법이 없다는 난관에 봉착하게 된다. 그러나 모음 사이의 자음을 하나의 음절에만 속하는 것으로 보지 않고 두 개의 음절 모두에 속하는 것으로 본다면, 이 문제는 해결될 수 있을 것이다. 모음 사이의 자음이 앞 음절과 뒤 음절 모두에 속하는 것을 양음절성이라고 하고, 그런 자음을 일컬어 양음절성 자음(ambisyllabic consonant)이라고 한다. 편의상 Kahn(1976)의 방식에 따라 master [mǽstər]를 나타내면 다음과 같다.

(48)

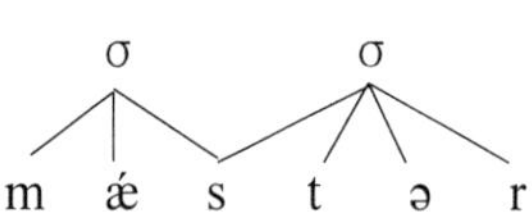

(48)에서 보듯이 자음을 양쪽 음절 모두에 속하게 하면, 첫 음절의 이완모음은 폐쇄음절에 나타나게 되고, 최대의 자음군이 두 번째 음절의 두음에 놓이게 되어, 이완모음에 대한 제약과 최대두음원칙 모두를 만족할 수 있게 된다.

모음 사이에 하나의 자음이 있을 때, −VCV−를 어떻게 음절화해야 하느냐는 그간 많은 논의의 대상이 되어왔지만 아직도 해결되지 못한 문제로 남아 있다. 특히 강세 음절과 비강세 음절 사이의 자음을 어떻게 분석할 것인가가 문제이다. −VCV−를 음절화할 수 있는 방법은 다음과 같이 세 가지가 있을 수 있다.

(49)[46] a. V$CV

46) (49c)에서 자음이 양음절적이라는 것을 나타내기 위해 음절경계를 자음 위에 표시하였다.

b. V́C$V

c. $V\overset{\$}{C}V$

(49a)는 강세나 이완모음의 분포를 고려하지 않고, 최대두음원칙에 의해 자음을 뒤에 있는 음절의 두음으로 분석하는 음절화 방식이다 (Itô 1986; Nespor and Vogel 1986). (49b)는 강세음절은 중음절이어야 한다는 제약 또는 이완모음의 분포에 대한 제약에 따라 앞 음절을 폐쇄음절이 되도록 음절화 하는 방식이다 (Hoard 1971; Pulgram 1970; Selkirk 1982; Borowsky 1986). (49c)는 모음 사이의 자음을 양쪽 음절 모두에 속하도록 하는 음절화 방식이다 (Anderson and Jones 1974; Kahn 1976).

양음절성을 표시하는 방식은 음절구조 표시 방식에 따라 달라질 수 있다. 음절을 선형적으로 표시하고 음절을 음절 경계 삽입에 의해 구분하는 음절이론에서는, 양음절성을 나타내기 위해 자음을 반으로 나눌 수 없는 노릇이기 때문에, 결국 (49c)와 같이 음절 경계를 자음 위에 놓음으로써 양음절성을 나타내는 방식을 취할 수밖에 없다. 그러나 음절구조를 선형적으로 표시하는 Anderson and Jones(1974)는 대괄호(bracket)를 사용하여 양음절성을 나타낸다. 예를 들어 atlas [ætləs]와 happy [hæpi]를 다음과 같이 나타낸다.

(50) a. $[_1 \text{æt}_1]$ $[_2 \text{ləs}_2]$

b. $[_1 \text{hæ}[_2 \text{p}_1]\text{i}_2]$

(50a)는 완전히 구분된 두 개 음절을 나타내고, (50b)는 /p/가 두 개의 음절 $[_1 \text{hæp}_1]$과 $[_2 \text{pi}_2]$의 양쪽 음절에 속하는 양음절성을 나타낸다. 그러나 Kahn(1976: 20)이 지적하듯이, Anderson and Jones의 대괄호를 사용한 음절구조 표시의 문제는 자음군의 양음절성을 막을 수 없다는 데 있다. 예를 들어 그들은 Boston에 대한 음절구조 표시 $[_1 \text{bɔ}[_2 \text{st}_1]\text{ən}_2]$에서 보듯이 자음군 /st/를 양음절적인 것으로 나타낸다. 그러나 사실상 이 표시는 자음군이 양음절적으로 되는 것을 막을 수 없으므로 옳지 않다. 음절을 분절음층과 별개의 층으로 나타내고 두 층을 연결선(association line)으로 연결하여 음절구조를 나타내는 Kahn(1976)은, 자음군이 양음절적일 수 없는 이유를 음절구조 표시에 대한 다음과 같은 보편적 제약 또는 **음절적형조건**(syllable well-formedness condition) 때문이라고 말한다 (Kahn 1976: 21).

(51) Lines associating syllables and segments may not cross.

(51)은 아래 (52a)처럼 하나의 자음이 양음절적인 경우는 허용하지만, (52b)처럼 둘 이상의 자음이 양음절적이 되는 것을 막아준다. 연결선이 교차된 (52b)는 보편적 음절적형조건 (51)을 위반하기 때문이다.

(52) a.

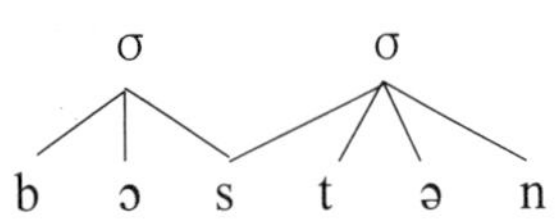

b.

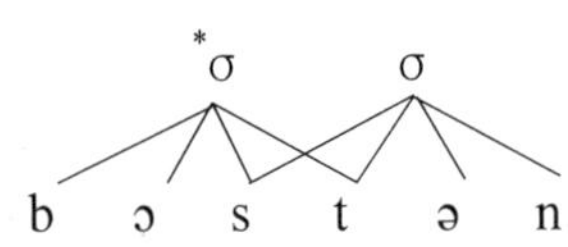

양음절성의 개념을 도입하면, 이완모음의 분포상의 제약과 최대두음원칙 사이의 갈등을 해결할 수 있을 뿐만 아니라, 다른 이점도 있다. Kahn(1976)은 영어의 이음 규칙들을 다루면서 양음절성의 개념을 사용하면 규칙들을 간결하게 기술할 수 있음을 보여준다. 그 예로 기음화(aspiration)를 살펴보자. 기음화와 관련된 예들을 제시하면 다음과 같다. 아래에서는 양음절성을 고려하지 않고 기음화와 관련하여 필요한 곳에만 음절 경계를 표시하였다.

(53) a. put [pʰʊt], take [tʰeyk], coke [kʰowk]
b. tomorrow [tʰəmɔ́row], temperamental [tʰɛ̀mprəmɛ́ntl̩], position [pʰəzíʃən]
c. report [rɪ$pʰɔ́rt], retort [rɪ$tʰɔ́rt], record [rɪ$kʰɔ́rd]
d. slípper[slí$pɚ], fítter [fí$tɚ][47], quícker [kwí$kɚ]
e. spy [spay]([*spʰay]), sty [stay]([*stʰay]), sky [skay]([*skʰay])
f. despair[dɪ$spɛ́r], restore [rɪ$stɔ́r], discard [dɪ$skɑ́rd]

(53a, b)를 보면, 무성 폐쇄음이 단어의 맨 앞에 있을 때에는 강세와 상관없이 기음화된다는 것을 알 수 있다. 어중의 무성 폐쇄음 (53c, d)를 보면, 기음화의 발생 여부는 강세에 의존적임을 알 수 있다. 즉, 무성 폐쇄음이 강세음절의 맨 앞에 있을 때는 기음화되지만, 비강세음절의 음절초에서는 기음화되지 않는다. (53e, f)는 무성 폐쇄

47) fítter의 자음 /t/는 사실상 설탄음 [ɾ]으로 발음되지만 편의상 기식음으로 발음되지 않는다는 것을 나타내기 위해 [t]로 나타낸다.

음 앞에 [s]가 있기 때문에 즉, 무성 폐쇄음이 음절의 맨 앞에 있지 않기 때문에 기음화가 일어나지 않는다는 것을 보여준다. 양음절성을 인정하지 않으면, 무성 폐쇄음이 어두나 강세음절의 맨 앞에 있을 때 기음화가 일어난다고 말할 수 있으며, 이를 규칙으로 나타내면 다음과 같다.

(54) a. $\begin{bmatrix} -\text{cont} \\ -\text{voice} \end{bmatrix} \rightarrow [+\text{spread glottis}] \ / \ \#\# \ \_\_\_\_$

b. $\begin{bmatrix} -\text{cont} \\ -\text{voice} \end{bmatrix} \rightarrow [+\text{spread glottis}] \ / \ \$ \ \_\_\_\_ C_0 \begin{bmatrix} \text{V} \\ +\text{stress} \end{bmatrix}$

그러나 양음절성의 개념을 사용하면, 기음화 현상을 보다 간단히 기술할 수 있다. (53d)에서 기음화가 발생하지 않는 이유는, 강세 모음과 비강세 모음 사이의 무성 폐쇄음이 다음과 같이 양음절적이기 때문이다. 편의상 slípper [slí$pɚ]만을 나타내면 아래와 같다.

(55)

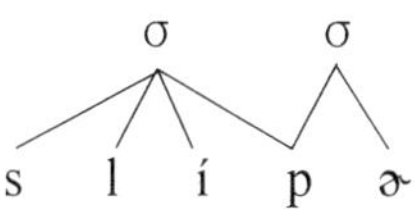

양음절적인 무성 폐쇄음은 기음화되지 않으므로, 결국 기음화는 음절초에서만 일어난다고 다음과 같이 하나의 간단한 규칙으로 기술할 수 있게 된다.

(56) $\begin{bmatrix} -\text{cont} \\ -\text{voice} \end{bmatrix} \rightarrow [+\text{spread glottis}] \ / \ \$ \ \_\_\_\_$

간결성 척도에 의해 평가할 때, 기음화규칙 (56)은 (54)보다 더 간결하므로 더 좋은 규칙이라고 말할 수 있다.

지금까지, 6.4에서는 양음절성의 개념을 사용하면 이완 모음의 분포상의 제약과 최대두음원칙을 모두 만족시킬 수 있으며, 기음화 현상을 예로 들어 규칙을 보다 간결하게 기술할 수 있다는 것을 언급하였다.

7 음운 규칙과 기저형 설정

English Phonology

English Phonology

3장에서 잠시 언급했듯이, 음운 규칙(phonological rule)은 **기저 표시**(underlying representation: UR)를 **표면 표시**(surface representation: SR)로 바꾸는 역할을 한다. 기저표시를 음운 표시(phonological representation) 또는 체계적 음소 표시(systematic phonemic representation)라고도 하며, 표면표시를 도출 표시(derived representation), 음성 표시(phonetic representation), 표면 음성 표시(surface phonetic representation) 또는 체계적 음성 표시(systematic phonetic representation)라고도 한다. 하나의 형태소(morpheme)가 둘 이상의 서로 다른 형태로 발음되는 교체(alternation) 현상을 보일 때, 일반적으로 교체형(alternant) 또는 이형태(allomorph) 중 하나를 기본형(base form) 또는 **기저형**(underlying form: **UF**)으로 설정하고, 여기에 음운 규칙을 적용시켜 나머지 다른 형태를 **도출**(derivation)시킨다. 이렇게 도출된 형태를 **도출형**(derived form: **DF**) 또는 표면형(surface form: SF)이라고 한다. 이와 같은 모델이 바로 생성음운론의 기본적인 틀(framework)이라고 말할 수 있다.

예를 들어 president는 presidency, presidential에서 보듯이 환경에 따라 [prɛzɪdənt], [prɛzɪdəns], [prɛzɪdɛnʃ]의 세 가지 다른 형태로 발음된다. 이 형태소의 마지막 자음에서 나타나는 [t]~[s]~[ʃ]의 교체를 설명하기 위해, /prɛzɪdɛnt/를 기저형으로 가정하고 여기에 마찰음화(spirantization), 구개음화(palatalization) 및 기타 규칙(기음화, 모음약화 등)이 적용되면 나머지 두 교체형이 도출된다.[1] 이 과정을 나타내면 다음과 같다.[2]

(1)			
UF:	/prɛzɪdɛnt/	/prɛzɪdɛnt + y/	/prɛzɪdɛnt + y + al/
마찰음화:	______	prɛzɪdɛns + y	prɛzɪdɛns + y + al
구개음화:	______	______	prɛzɪdɛnʃ + al
기타 규칙:	$\mathrm{p^h}$rɛzɪdənt	$\mathrm{p^h}$rɛzɪdəns + i[3]	$\mathrm{p^h}$rɛzɪdɛnʃ + əl
DF:	[$\mathrm{p^h}$rɛzɪdənt]	[$\mathrm{p^h}$rɛzɪdənsi]	[$\mathrm{p^h}$rɛzɪdɛnʃəl]

1) 마찰음화와 구개음화에 관하여는 8장에서 자세히 다룰 것이므로, 여기서는 /t/가 /y/ 앞에서 /s/로 되는 현상을 마찰음화라고 하고, /sy/의 연쇄가 비강세 모음 앞에서 하나의 분절음 /ʃ/로 되는 현상을 구개음화라고 한다는 정도로만 이해하면 족하다.

2) 아래 도출과정에서 밑줄(____)은 규칙이 적용되지 않는다는 것을 나타낸다. 밑줄 대신 'not applicable'의 약자인 'n.a', 'n/a', 또는 'N/A'를 사용하기도 한다.

3) 어말의 전이음 /y/는 모음화(vocalization)와 긴장모음화(tensing) 규칙에 의해 모음 /i/가 된다 (*SPE* 227, 229).

(1)에서 보듯이, 기저형 /prɛzɪdɛnt/에 규칙들이 적용됨으로써 형태소 president의 세 가지 다른 표면형 [pʰrɛzɪdənt], [pʰrɛzɪdəns], [pʰrɛzɪdɛnʃ]가 도출된다.

생성음운론의 기본 가정의 하나는, 하나의 형태소에 대해 하나의 기본형을 설정한다는 것이다. 이런 가정에 따라, president는 비록 세 개의 서로 다른 형태로 발음되지만 하나의 형태소이므로 하나의 기본형을 설정하는 것이다. 그러나 예컨대 bought[t], boss[s] 및 bosh[ʃ]의 어말 자음 차이를 설명하기 위해 하나의 기저형을 설정할 수는 없다. 왜냐하면 이 세 형태는 하나의 형태소에 속하는 것이 아니고 서로 다른 세 개의 독립된 형태소이기 때문이다.

president, presidency, presidential에서 나타나는 [t]~[s]~[ʃ]의 교체는 단지 이 하나의 형태소에 국한되는 것이 아니고, resident, residency, residential; agent, agency, agential; controvert, controversy, controversial 등 다른 형태소에서도 나타난다. 이 교체는 임의적으로 나타나는 것이 아니고 여러 형태에 규칙적으로 나타나므로, 영어의 적절한 문법이라면 이 교체 현상을 규칙에 의해 설명할 수 있어야 할 것이다. 영어에 나타나는 모든 교체를 체계적으로 적절히 기술하는 것이 바로 영어 음운론의 과제라고 말할 수 있다.

기저형에 규칙을 적용시켜 표면형을 도출시키는 생성음운론의 모델에서 부각되는 중요한 문제는, 기저형을 어떤 기준에 의해 설정할 것인가와 음운 규칙을 어떻게 형식화(formalize)하여 나타내고 규칙들의 상호 관계를 어떻게 설명할 것인가이다. 먼저 7.1에서 규칙 표기에 관한 약속으로 볼 수 있는 표기 규약(notational convention)을 소개하고, 7.2에서 규칙들의 적용 순서에 관하여 언급한 후, 7.3에서는 기저형 설정의 기준 내지는 원칙에 관하여 살펴보겠다.

7.1 표기 규약

음운 현상을 기술하기 위해 서술체를 사용하지 않고 일정한 원칙과 규약에 따라 형식화된 규칙을 사용한다. 규칙을 형식화하여 표기함으로써, 음운 과정(phonological process)을 명료하게 기술할 수 있을 뿐만 아니라, 자질 수 세기(feature counting)라는 간결성(simplicity) 척도에 의해 규칙을 평가할 수 있다. 규칙을 형식화하는 데 지켜야 하는 가장 중요한 원칙은 간결성이다. 다음에서 소개할 다양한 유형의 규칙 표기 규약들은 간결성이라는 원칙을 지키기 위한 장치들이다. 즉, 규칙을 형식화하는데 음, 자질, 기호 등이 가능한 한 최소로 사용되어야 한다는 것이다.

7.1.1 규칙의 형태와 경계

음운 규칙은 음운 과정의 영향을 받는 **입력형**(input), 음운 과정의 결과로 나타나는 **출력형**(output), 그리고 변화가 일어나는 **환경**(environment) 또는 **문맥**(context)의 세 부분으로 구성된다. 일반적으로 규칙은 다음과 같이 형식화하여 나타낸다.

(2) A → B / X ____ Y

위와 같은 규칙의 형태를 **표준형**(standard format)이라고 칭하며, 대부분의 음운 규칙들이 이러한 형식으로 표기된다. 위에서 임의적 문자들은 규칙 내의 다양한 단위들을 나타내며, **영**(null)일 수도 있다. (2)에서 A는 변화를 겪는 대상인 입력형이고, B는 규칙이 적용된 결과인 출력형이며, 사선 뒤에 있는 X와 Y는 환경을 나타낸다. 화살표(→)는 변화를 나타내며, ". . . 로 되다(becomes)", ". . . 로 변화되다(is changed to)", 또는 ". . .로 실현된다(is realized as)"로 읽는다.[4] 사선(/)은 "...의 환경에서(in the context of)"로 읽으며, 사선 오른쪽의 모든 정보는 규칙이 적용되는 환경을 나타낸다. 즉, 규칙은 입력형이 사선 오른쪽에 명시된 환경에 나타날 때에만 적용될 수 있다. 밑줄(____) 또는 **환경 가로줄**(environmental bar)은 입력형 A가 나타나는 위치를 나타낸다. X와 Y는 각각 A가 나타나는 왼쪽 환경과 오른쪽 환경을 나타낸다. 따라서 규칙 (2)는 "A가 X와 Y 사이에서 B로 된다"는 것을 의미하며, 다음 (3)을 형식화하여 나타낸 것으로 해석된다.

(3) XAY → XBY

규칙이 적용되기 이전의 구조를 나타내는 화살표 왼쪽의 XAY를 **구조 기술**(structural description: SD)이라고 하고, 규칙이 적용된 이후의 구조를 나타내는 화살표 오른쪽

4) 화살표를 보다 전문적으로, ". . . 로 다시 쓰다(is rewritten as)"로 읽기도 한다. 이런 이유로 (2)와 같은 형태의 규칙을 **다시 쓰기 규칙**(rewriting rule)이라고 칭하기도 한다.

의 XBY를 **구조 변화**(structural change: SC)라고 한다.

변항(variable) A, B, X, Y가 각각 영 'Ø'일 경우 규칙 (2)는 다음과 같은 여러 형태가 된다.

(4) a. Ø → B / X ____ Y
b. A → Ø / X ____ Y
c. A → B / ____ Y
d. A → B / X ____
e. A → B

A가 영일 경우를 나타내는 (4a)는 X와 Y 사이에 B가 삽입(insertion 또는 epenthesis)되는 **삽입규칙**(insertion rule)을 나타낸다. B가 영인 (4b)는 A가 X와 Y 사이 있을 경우 탈락(deletion)되는 **탈락규칙**(deletion rule)을 나타낸다. 삽입규칙과 탈락규칙을 제외한 나머지 규칙 (4c−e)는 **자질변화규칙**(feature changing rule)이다. 환경 X가 영인 (4c)는 A가 Y 앞에 있을 때 B로 된다는 규칙이고, 환경 Y가 영인 (4d)는 A가 X 뒤에 있을 때 B로 된다는 규칙이다. 환경 X와 Y가 모두 영인 규칙 (4e)는 환경과 상관없이 A가 B로 된다는 것을 나타낸다. 이처럼 환경 X와 Y 둘 다 모두 영인 (4e)와 같은 규칙을 **문맥자유규칙**(context-free rule)이라고 하고, X나 Y 혹은 X와 Y가 영이 아닌 (4a−d)과 같은 규칙을 **문맥의존규칙**(context-sensitive rule)이라고 한다.

규칙 (3)을 (2)처럼 형식화하여 나타내는 이유는, 간결성의 원칙을 지키기 위한 것으로 X와 Y라는 환경을 구조기술과 구조변화에 반복하여 나타내는 것을 피하기 위해서이다. (3)을 아래 (5)와 비교해보자.

(5) XAC → XBD

(5)는 (3)보다 더 복잡한 규칙이라는 것을 직관적으로 알 수 있지만, 이 두 규칙은 똑같이 6개의 기호로 되어 있으므로, 어느 것이 더 간결한 규칙인지를 평가할 수 없을 것이다. 그러나 (5)를 (2)와 같은 형식에 의해 나타낼 때, 사실상 (5)는 동시에 적용되는 다음과 같은 두 개의 규칙과 같다는 것을 알 수 있다.

(6) a. A → B / X ____ C

b. C → D / XA ____

간결성 척도에 의해 평가하면, (3)을 나타낸 (2)가 (5)를 나타낸 (6)보다 훨씬 더 간결한 규칙이라는 사실을 쉽게 알 수 있다.

간결성의 원칙을 지키기 위해, 규칙을 형식화하는 데 많은 규약들이 이용되고 있다. 변항 A, B, X, Y가 자질인 경우의 아래 규칙을 보자.

(7) [+F] → [+G] / [+H] ____

위 규칙은 [+F]라는 자질을 지니는 음이 [+H]라는 자질을 갖는 음 뒤에 올 때 [+G]라는 자질을 갖게 된다는 것을 나타낸다. 여기서 입력형이 지니는 자질 [+F]는 규칙이 적용된 이후 출력형에도 그대로 보존되며, 출력형은 입력형이 지니고 있지 않던 자질 [+G]를 새로 얻게 된다. 즉, 규칙이 적용되기 전 입력형은 자질 [+F]를 지니지만, 규칙이 적용된 결과 출력형은 자질 [+F]와 [+G]를 갖는다. 즉, (7)은 아래 (8)를 간략히 나타낸 것이다.

(8)

$$[+F] \rightarrow \begin{bmatrix} +F \\ +G \end{bmatrix} \Big/ [+H] \_\_\_\_$$

(8)을 (7)로 나타내는 것은, 변하지 않는 자질은 화살표 오른쪽에 반복하여 나타내지 않는다는 규약 즉, 자질명시가 변하는 자질만 화살표 오른쪽에 표시한다는 규약에 따른 것이다.[5] 이 규약에 따르면, 예를 들어 저해음이 어말에서 무성음화(devoicing)되는 규칙은 아래 (9b)가 아니라 (9a)로 형식화되어야 한다.[6]

(9) a. [−son] → [−voice] / ____ ##

b.

$$[-\text{son}] \rightarrow \begin{bmatrix} -\text{son} \\ -\text{voice} \end{bmatrix} \Big/ \_\_\_\_ \#\#$$

5) One of the feature-saving formalisms is that features whose values do not change are not repeated on the right of the arrow. Stated somewhat differently, *only those features whose specifications change are included on the right of the arrow* (Hyman 1975: 115).

6) 아래 규칙에서 '##'는 단어 경계(word boundary)를 나타낸다.

변하지 않는 자질 [−son]를 출력형에 반복하여 나타내지 않아야 하므로, (9b)는 올바른 규칙 표기가 아니다.

규칙 (7)에서 [+G]로 되었다는 것은 규칙이 적용되기 이전 입력형은 그 반대의 자질명시 [−G]를 가진다는 것을 의미한다. 즉, 규칙이 적용되기 이전 입력형은 [+F, −G]였다는 것을 전제로 하므로, 규칙 (7)은 사실상 다음 (10)을 간략히 나타낸 것으로 해석되어야 한다.

(10) $\begin{bmatrix} +F \\ -G \end{bmatrix} \rightarrow \begin{bmatrix} +F \\ +G \end{bmatrix} / \ [+H] \ \_\_\_$

(10)을 (7)로 간략히 나타내는 것은, 어떤 자질의 변화가 화살표 오른쪽에 표시되면 그 자질의 반대 자질가는 화살표 왼쪽에 표시되지 않는다는 또 다른 규약에 따른 것이다.[7] 이 규약에 따라, 출력형 [+G]의 반대 자질명시 [−G]는 화살표 왼쪽에 표시되지 않는다. 따라서 (9a)는 아래 (11)을 의미하며 이것을 간략히 표시한 것이다.

(11) $\begin{bmatrix} -son \\ +voice \end{bmatrix} \rightarrow \begin{bmatrix} -son \\ -voice \end{bmatrix} / \ \_\_\_ \ \#\#$

(11)에서 화살표 오른쪽에 [−voice]가 표시되었으므로, 그 반대 자질명시 [+voice]는 (9a)에서처럼 화살표 왼쪽에 표시하지 않는다.

위에서 언급한 규약에 따라 규칙 (7)은 아래 (12)를 간결하게 표시한 것이라고 말할 수 있다.

(12) $[+H] \begin{bmatrix} +F \\ -G \end{bmatrix} \rightarrow [+H] \begin{bmatrix} +F \\ +G \end{bmatrix}$

가능한 한 최소의 자질을 사용하여 규칙을 표기하려는 목적의 위 규약에 따르면, 6

7) Thus, another feature-saving formalism is that when a feature change is stated on the right of the arrow, its opposite (input) value is not stated on the left of the arrow (Hyman 1975: 116).

개의 자질로 표시된 (12)를 (7)처럼 3개의 자질로 표시할 수 있게 된다. 만일 위에서 언급한 규약이 없다면, 간결성과 일반성에 있어서 (12)와 아래 (13)의 차이를 평가할 수 없을 것이다. (12)와 (13)은 똑같이 6개의 자질로 되어 있기 때문이다.

(13)
$$[+H] \begin{bmatrix}+F\\-G\end{bmatrix} \rightarrow [+I] \begin{bmatrix}+J\\+K\end{bmatrix}$$

그러나 간결성 규약을 고려하면, (12)는 하나의 규칙 (7)로 표시되지만, (13)은 서로 다른 세 개의 규칙으로 나타낼 수밖에 없기 때문에, (12)의 **생략형**(abbreviation)인 (7)이 (13)보다 훨씬 더 간결하고 일반적인 규칙이라고 평가하는 것이 가능하다.

지금까지 규칙 형태 중 표준형 (2)를 간단히 소개하고, 표준형으로 나타낼 수 있는 여러 유형의 규칙들에는 (4)가 있으며, 자질을 최소한으로 사용하여 규칙을 형식화하기 위한 두 가지 규약을 언급하였다. 첫 번째 규약은, 자질가의 변화가 없는 자질은 화살표 오른쪽에 반복하여 나타내지 않는다는 것이고, 나머지 하나는 화살표 오른쪽에 표시된 자질의 반대 자질명시는 화살표 왼쪽에 나타내지 않는다는 것이다.

위에서 언급한 표준 규칙형 (2)는 주로 단지 하나의 분절음이나 자연 부류가 변화를 겪는 경우를 형식화할 때 적합하지만, 둘 또는 그 이상의 분절음이 동시에 영향을 받는 음운 과정인 **음위전환**(metathesis)과 **융합**(coalescence 또는 fusion)을 기술하기에는 적절하지 않기 때문에, 바로 이런 경우를 나타내기 위해서 새로운 규칙 형식인 **변형규칙형**(transformational format)이 필요하게 된다.

음위전환이란 두 개의 음 AB의 위치가 서로 치환(permutation)되어 BA가 되는 음운 과정을 말한다. 영어의 경우 음위전환은 아래 (14a)와 같은 **발화 실수**(slips of the tongue)에서 나타날 뿐 체계적으로 나타나는 공시적(synchronic) 음운 과정은 아니며, 통시적(diachronic)으로 나타나는 현상으로 보인다. 영어의 발달 과정에서 나타난 음위전환의 예를 들면 아래 (14b)와 같다.

(14) a. animal → aminal
irrelevant → irrevelant
prescribe → perscribe
tragedy → tradegy
b.[8] ME brid > ModE bird

OE þurh[9] > ModE through

OE gærs ~ græs > ME gras ‘grass’

OE ācsian ~ āscian > ME asken ‘to ask’

(14b)에서 보듯이, 음위전환은 영어의 발달 과정에서 볼 때 주로 모음과 [r] 사이에서 일어났으며, 소수의 단어에 나타나는 현상으로 생산적이라고 보기는 어렵다. 따라서 (14b)를 규칙으로 나타내기는 쉽지 않다.

변형규칙형의 규칙 형식을 보기 위해, 편의상 모음과 모음 사이의 성문 폐쇄음과 자음이 체계적으로 서로 위치가 바뀌는 필리핀군도의 하누누(Hanunoo) 족 언어의 음위전환을 변형규칙형으로 나타내면 다음과 같다 (Schane 1973: 67).

(15)
$$\underset{1}{\text{V}}\ \underset{2}{\begin{bmatrix} -\text{cons} \\ -\text{cont} \end{bmatrix}}\ \underset{3}{\text{C}}\ \underset{4}{\text{V}} \rightarrow 1\quad 3\quad 2\quad 4$$

위에서 1은 V를, 2는 성문 폐쇄음 [ʔ]를, 3은 C를 4는 V를 각각 나타내며, 이와 같이 구조기술의 구성 요소를 나타내는 숫자를 **구조 지표**(structural index: SI)라고 한다. (15)에서 보듯이, 변형규칙형은 통사론의 변형규칙과 형태상 유사한 것으로, 구조 기술(SD), 구조 변화(SC) 및 구조 지표(SI)로 구성된다. (15)에서 화살표 왼쪽 부분이 구조 기술이고, 화살표 오른쪽 부분이 구조 변화이다.

융합은 두 개의 분절음 A와 B가 새로운 하나의 분절음 C로 되는 음운 과정을 말한다. 예를 들어 자음과 전이음 /w/가 순음화(labialization)된 자음 [C^w]으로 융합되는 것을 변형규칙형으로 나타내면 다음과 같다.

(16)
$$\underset{1}{\text{C}}\ \underset{2}{\begin{bmatrix} -\text{syll} \\ -\text{cons} \\ +\text{round} \end{bmatrix}} \rightarrow \begin{bmatrix} 1 \\ +\text{round} \end{bmatrix}\ \text{Ø}$$

8) OE, ME, ModE는 각각 고대영어(Old English), 중세영어(Middle English), 현대영어(Modern English)를 가리킨다.

9) 중세영어에서는 þuruh, þurʒ, þurch, þurgh, þorw, þoruh, þoru 등 다양한 형태로 나타난다.

이처럼 음위전환이나 융합처럼 둘 또는 그 이상의 분절음이 동시에 영향을 받는 음운 과정은 표준형으로 형식화할 수 없기 때문에, 변형규칙형으로 나타낼 수밖에 없다. 표준형을 변형규칙형으로 바꾸어 나타낼 수도 있지만, 그렇게 되면 규칙이 더 복잡해지므로 음위전환이나 융합의 경우가 아니면 표준형을 사용해야 한다.[10)]

규칙의 표준형 (2)에서 환경을 나타내는 변항 X와 Y가 분절음이나 영이 아닌 경계 부호(boundary symbol)일 수도 있다.[11)] 예컨대 어말 저해음이 무성음화되는 규칙 (9a)에서 오른쪽 환경 Y는 단어 경계 '##'이다. 일반적으로 음운분석에서 사용되는 **경계**(boundary)의 종류는 다음과 같다.

(17) a. 단어 경계(word boundary): ##
b. 내부 단어 경계(internal word boundary): #
c. 형태소 경계(morpheme boundary): +
d. 음절 경계(syllable boundary): $

*SPE*는 이외에도 강세와 s-유성음화(s-voicing) 등을 설명하기 위해 "=" 경계를 사용한다. 접두사에만 사용되는 = 경계는 많은 비판의 대상이 되어왔으며, 현재는 거의 사용되고 있지 않은 실정이다. 경계 표시에서 가장 중요한 것은 #과 +의 구별이라고 말할 수 있다.

*SPE*는 접두사를 위해서는 #, +, =의 세 가지 경계를 사용하고, 접미사를 위해서는 #와 +를 사용한다.[12)] 먼저 *SPE*는 어떤 필요성으로 접두사를 위해 = 경계를 추

10) 융합의 또 다른 예로, 라틴어의 /ai/와 /au/가 로망스어(Romance languages)에서 각각 /e/와 /o/가 된 변화를 들 수 있다. 이것을 변형규칙형으로 나타내면 다음과 같다.

$$\underset{1}{\begin{bmatrix} \text{V} \\ \text{+back} \\ \text{+low} \end{bmatrix}} \quad \underset{2}{\begin{bmatrix} \text{V} \\ \text{+high} \end{bmatrix}} \rightarrow \text{Ø} \begin{bmatrix} 2 \\ -\text{high} \end{bmatrix}$$

11) 생성음운론의 경계와 유사한 개념으로 구조주의 음운론자들은 연접(juncture)의 개념을 사용하였다. 연접은 통사적으로 고려되어야 하지만, 궁극적으로 강세형과 같은 것들을 결정하는 데 도움이 되는 음운 단위로 다루어졌다. 이러한 견해에 따르면, 합성어(compound) bláckbird (bláck + bird)는 내부연접(internal juncture) '+'를 포함하며, 반면 구(phrase) black bírd(black#bírd)는 외부연접(external juncture) '#'를 포함한다. 여기서 기호 '+'와 '#'는 구조주의 음운론에서 각각 내부연접과 외부연접을 나타낸다. 이것들을 아래에서 논의할 생성음운론에서 사용되는 경계와 혼돈해서는 안 된다.

가로 사용하는지에 관하여 살펴보자. 먼저, 동사의 강세와 관련된 다음 자료를 보자.

(18) a. astónish, édit, consíder, imágine, intérpret, prómise, embárrass (*SPE* 69)
b. per=mít, con=cúr, com=pél, de=tér, trans=fér (*SPE* 94)

일반적으로 어말 음절의 운모가 단모음과 하나의 자음으로 구성된 경우에는 강세가 (18a)에서처럼 말미제2음절(penult)에 놓인다. 그러나 (18b)의 어말 음절은 (18a)와 동일한 구조를 가지고 있음에도 불구하고, (18b)에서는 강세가 어말 음절에 놓인다. 이와 같이 동사의 강세규칙에 예외로 보이는 (18b)와 같은 동사의 강세형을 설명하기 위해 *SPE*는 = 경계를 사용한다.

또한, *SPE*는 **s-유성음화**를 설명하기 위해 = 경계를 사용한다. 이와 관련된 예를 제시하면 다음과 같다 (*SPE* 95).

(19) a. [z]: re=sist, re=semble, re=solve, de=sign, pre=sume
b. [s]: para+site, para+sitic, chromo+somal, philo+sophical, meta+soma

모음 사이의 /s/가 유성음화되는 (19a)와 유성음화되지 않는 (19b)의 차이를 설명하기 위해, *SPE* (95)는 s-유성음화규칙을 다음과 같이 = 경계를 사용하여 나타낸다.

(20) s → [+voice] / V = ____ V

(19a)의 /s/는 이 규칙에 의해 유성음 [z]로 되지만, (19b)의 /s/는 앞에 = 경계가 아닌 + 경계가 있기 때문에 규칙 (20)에 적용될 수 없어 유성음화되지 않는다는 것이다. 마찬가지로 *SPE* (95)는 아래 (21a)와 (21b)의 차이를 =과 #의 경계 차이로 설명한다.

---

12) *SPE* (364−371)는 경계를 [−segment]라는 자질을 사용하여 다음과 같이 구분하여 나타낸다.
+: [−segment, +formative boundary, −word boundary]
#: [−segment, −formative boundary, +word boundary]
=: [−segment, −formative boundary, −word boundary]

(21) a. [z]: re=solve ‘determine’, re=serve ‘withhold’
b. [s]: re#solve ‘solve anew’, re#serve ‘serve anew’

(21a)에서는 =경계가 있기 때문에 /s/가 유성음화되지만 (21b)에서는 =경계가 없어 유성음화가 일어나지 않는다.[13)]

다음으로 형태소 경계 ‘+’에 관하여 살펴보자. *SPE* (364)는 규칙의 적용과 관련하여 + 경계에 대해 다음과 같이 말한다.

(22) Any rule which applies to a string of the form XYZ also applies to strings of the form X+Y+Z, XY+Z, X+YZ, where X, Y, Z stand for sequences of zero or more units and + represents formative boundary.

규약 (22)는 어떤 규칙이 형태소 경계 +를 지니지 않더라도, 형태소 경계의 존재 여부와 상관없이 적용된다는 것을 의미한다. 그러나 반대로 어떤 규칙의 환경에 + 경계가 표시되어 있으면, 그 규칙은 + 경계가 없는 경우에는 적용되지 않는다. 가령 다음과 같은 규칙이 있다고 하자.

(23) A → B / X ____ Y

규약 (22)에 의하면, 이 규칙은 X+A+Y, XA+Y, X+AY와 XAY의 연쇄에 적용되므로, 사실상 아래 (24)와 같은 네 개의 규칙으로 해석된다.

(24) a. A → B / X + ____ + Y
b. A → B / X ____ + Y
c. A → B / X + ____ Y
d. A → B / X ____ Y

구조적으로 유사한 규칙들을 하나로 묶어 축약(collapse)하는 방법에 관하여 7.1.2에

13) 또한 revive, revise, reverse 등의 접두사 re=는 ‘backward movement’의 의미를 지니고 [rɪ/rə]로 발음되지만, rewrite, reread, repaint 등의 접두사 re#는 ‘again’의 의미를 지니며 [ri]로 발음된다는 점에서 차이를 보인다.

서 자세히 언급하겠지만, 네 개의 규칙 (24)는 수의성(隨意性, optionality)을 나타내는 소괄호(parenthesis) '( )'를 사용하여 다음과 같은 **식형**(式型, schema)으로 축약시킬 수 있다.

(25) A → B / X (+) ____ (+) Y

바꾸어 말하면, 소괄호 속의 요소는 수의적이므로 규칙 (25)는 (24)와 같은 네 개의 하위규칙(subrule)으로 해석된다.

이처럼 규약 (22)는 형태소 내에서 적용되는 규칙은 형태소를 넘어서도 적용된다는 것을 나타낸다. 그러나 반대로 어떤 규칙이 환경에 + 경계를 포함하고 있으면, 그 규칙은 기저형에 그 경계를 포함하는 입력형에만 적용된다. 예를 들어 폐쇄음 /t/를 마찰음 /s/로 변화시키는 아래 마찰음화규칙을 보자.14)

(26) t → s / ____ + y [−seg]

이 규칙은 접미사 y 앞에 + 경계가 있는 아래 (27a)의 예들에는 적용되지만, 그 경계가 없는 (27b)의 예들에는 적용되지 않는다.

(27) a. democrat+y → democracy
resident+y → residency
controvert+y → controversy
b. personal + ity → personality
special+ty → specialty
novel+ty → novelty

(27a)의 /t/는 규칙 (26)에 의해 마찰음 /s/가 되지만, (27b)에서는 /t/와 /y/ 사이에 '+' 경계가 없기 때문에 규칙 (26)의 구조기술을 만족시키지 못하므로 이 규칙이 적용되지 않는다. (27)의 어말 전이음 /y/는 다음 규칙에 의해 모음 [i]가 된다 (*SPE* 227).

14) 아래 규칙은 *SPE* (229)의 규칙 (120b)를 편의상 자질을 사용하지 않고 부분적으로만 나타낸 것이며, [−seg]는 경계를 나타낸다.

(28) y → i / C ____ [−seg]

끝으로, 단어의 개념을 정의하는 데 중요한 역할을 하는 # 경계에 관하여 살펴보자. *SPE* (366)는 # 경계에 대한 다음과 같은 일반적 규약을 제시한다.

(29) The boundary # is automatically inserted at the beginning and end of every string dominated by a major category, i.e., by one of the lexical categories 'noun,' 'verb,' 'adjective,' or by a category such as 'sentence,' 'noun phrase,' 'verb phrase,' which dominates a lexical category.

(29)에 따르면, # 경계의 삽입은 통사 구조에 의해 결정된다. # 경계는 대범주(major category) 즉, N, V, A 등의 어휘 범주(lexical category)와 이를 관할(dominance)하는 구 범주(phrasal category)인 NP, VP, AP, S의 시작과 끝에 자동적으로 삽입된다. 그 결과 단어와 단어 사이에는 적어도 두 개의 # 즉, 단어 경계(##)가 놓이고, 한 단어 내의 중립 접사(neutral affix)와 어휘 범주 사이에는 아래에서 보듯이 한 개의 내부 단어 경계 #가 놓인다.[15)]

(30) a. $[_V$#$[_V$#differ#$]_V$ ing#$]_V$

b. $[_V$#$[_V$#ring#$]_V$ ing#$]_V$

c. $[_N$#meta $[_N$#language#$]_N$#$]_N$

d. $[_N$#$[_V$#establish#$]_V$ ment#$]_N$ (*SPE* 367)

내부 단어 경계 #는 규칙을 적용하는 데 중요한 역할을 한다. 예를 들어 g-탈락(g-deletion)과 관련된 다음 자료를 보자.

(31) a. sing/singer	[sɪŋ]/[sɪŋər]	b. finger	[fɪŋgər]
bring/bringer	[brɪŋ]/[brɪŋər]	hunger	[hʌŋgər]
long	[lɔŋ]	longer	[lɔŋgər]

15) 중립접사는 강세에 영향을 미치지 않는 접사를 말하며, 파생접사의 일부와 모든 굴절접사가 여기에 포함된다.

(31a)에서는 /g/가 탈락하지만, (31b)에서는 /g/가 탈락하지 않는다. 이러한 차이는 (31a)의 /g/ 뒤에는 # 경계가 있지만, (31b)의 /g/ 뒤에는 아무런 경계가 없거나 + 경계가 있다는 차이때문에 발생한다. 예를 들어 long, singer, finger, longer의 기저형은 다음과 같다.

(32) a. /##lɔng##/, /##sɪng#ər##/
b. /##fɪngər##/
c. /##lɔng+ər##/[16)]

경계 차이에 의해 g-탈락의 여부가 결정되므로, 아래와 같이 **g-탈락규칙**(g-deletion rule)은 # 경계를 포함하여야 하며, /g/는 뒤에 #나 ## 경계가 있을 경우에만 탈락한다.

(33) g → Ø / ŋ ____ #

이 규칙의 환경에 표시된 비음 /ŋ/는 **비음동화**(nasal assimilation) 규칙이 적용된 결과이다. 비음동화규칙은 /n/이 후속하는 폐쇄음의 조음위치와 같아지도록 하는 규칙이다. 아래 도출과정은 /g/가 탈락하는 경우와 탈락하지 않는 경우를 설명해준다.

(34) UF:	/##sɪng#ər##/	/##fɪngər##/	/##lɔng##/	/##lɔng+ər##/
비음동화:	##sɪŋg#ər##	##fɪŋgər##	##lɔŋg##	##lɔŋg+ər##
g-탈락:	##sɪŋ#ər##	________	##lɔŋ##	________
DF:	[sɪŋər]	[fɪŋgər]	[lɔŋ]	[lɔŋgər]

16) 비교급 접미사 −er은 굴절 접사이고 long은 대범주이므로, 규약 (29)에 따라 /##lɔng#ər##/가 되어야 할 것이다. 그러나 *SPE* (369−370)는 /g/가 탈락하는 것을 막기 위해 # 경계를 삭제하는 규칙이 있어야 한다고 다음과 같이 말한다. 이러한 설명은 다분히 자의적으로 보인다.

> [T]he comparative and superlative forms of adjectives are not subject to the rule deleting /g/ after nasal in final position; thus we have [lɔŋ]−[lɔŋgər]−[lɔŋgəst], *long−longer−longest*, contrasting with [sɪŋ]−[sɪŋər], *sing−singer*, etc., as is well known. Here too, then, we must have a language-specific rule that eliminates #, thereby making the rule deleting /g/ inapplicable.

또한 *SPE* (370)는 # 경계를 삭제하는 한 방법으로, 규약 (29)에 의해 # 경계가 삽입되기 이전에 (32c)처럼 + 경계가 놓이면 음운과정이 원하는 방식으로 적용될 것이라고 말한다.

g-탈락규칙 (33)은 /g/ 뒤에 # 경계가 있는 singer, long에는 적용되지만, 경계가 없는 finger나 + 경계가 있는 longer에는 적용되지 않는다. 이처럼 # 경계는 g-탈락과 같은 음운 현상을 기술하는 데 중요한 역할을 한다는 것을 알 수 있다.

지금까지 *SPE*에서 =, +, #의 세 가지 경계를 사용하여 접사들이 보이는 상이한 음운현상의 차이를 어떻게 설명할 수 있는지를 알아보았다. 그러나 = 경계 사용은 그 후 많은 비판의 대상이 되었으며, +와 #의 구분 역시 체계적이지 못하고 임의적이며 순환론적(circular)인 인상을 지울 수 없다.

경계 +와 #의 차이에 대한 체계적인 연구는 Siegel(1974)에서 시작되었다고 말할 수 있다. Siegel(1974)은 접사를 **I종 접사**(Class I affix)와 **II종 접사**(Class II affix)로 구분하고, I종 접사는 + 경계를 갖고 II종 접사는 # 경계를 갖는다고 말한다. 접사를 두 부류로 분류하는 것은 접사 배열순, 강세 등에 근거를 두고 있다. I종 접사와 II종 접사를 나열하면 다음과 같다.[17)]

(35) a. I종 접두사: con+, de+, dis+, en+, in+, para+, sub+
I종 접미사: +ity, +ic, +al(A), +ate, +en, +ian, +ion, +ize, +ive, +ory, +ous, +th, +y(N)
b. II종 접두사: un#, ex#, pro#, anti#, extra#, bi#, non#, semi#, electro#, sub#
II종 접미사: #ness, #less, #ly, #y(A), #like, #ful, #some, #ish, #ed, #ing, #hood, #al(N), #er, #ism, #ship, #dom

(35)에서 I종과 II종 모두에 속해있는 외견상 동일한 접사는 서로 다른 기능을 하는 별개의 접사이다. 예를 들어 I종 접미사(Class I suffix) +al(A)은 central, original, dental 등에서처럼 명사에 첨가되어 형용사를 만드는 접사이고, II종 접미사(Class II suffix) #al(N)은 acquittal, arrival, refusal 등에서처럼 동사에 첨가되어 명사를 만드는 접사이다. 또한 I종 접미사 +y(N)는 명사를 만드는 접미사이며 II종 접미사 #y(A)는 형용사를 형성하는 접미사이다.

I종 접사와 II종 접사는 배열순서에 있어서 차이를 보인다. Siegel(1979: 152)은 **접사 배열순**(affix ordering)에 관하여 다음과 같이 말한다.

17) I종 접사는 로망스어에서 차용된 것이고, II종 접사는 고대영어에서 유래된 것이라는 어원적 차이가 있다.

(36) a. In English, Class I affixation precedes Class II affixation.
b. The cyclic stress assignment rules follow Class I affixation and precede Class II affixation.

(36a)에 따르면, I종 접사가 모두 첨가되고 나서 II종 접사가 첨가된다. 즉, 접사가 배열되는 순서가 엄밀히 정해져 있다는 것이다. 또한 (36b)에 따르면, 강세규칙은 I종 접사 첨가가 끝난 뒤 II종 접사가 첨가되기 전에 적용된다는 것이다. 이러한 배열 가설(ordering hypothesis)에 따르면, I종 접사는 강세를 결정하는(stress-determining) 접사이고, II종 접사는 강세 중립의(stress-neutral) 접사이다.

Siegel(1979: 148−150)은 어휘목록이 두 종류의 접두사, 두 종류의 접미사, 어간(stem), 파생어(derived word)와 비파생어(underived word)로 구성되어 있다고 보고, 아래와 같은 파생어의 8가지 가능한 결합형을 조사하였다.[18]

(37) [[pre+][stem]], [[pre#][stem]], [[stem][+suf]], [[stem][#suf]], [[pre+][word]], [[pre#][word]], [[word][+suf]], [[word][#suf]]

조사 결과 밝혀진 중요한 사실은, (37)의 8가지 가능한 파생어 유형 중 [pre#[stem]]의 예는 전혀 발견되지 않고, [[stem][#suf]]의 예는 hapless, winsome을 포함한 극소수에 불과하다는 것이다. 다시 말해, 어간에는 +경계를 갖는 I종 접사만 첨가될 수 있고 #경계를 갖는 II종 접사는 첨가되지 않는다는 것이다.

접사 배열 순서에 있어서 I종 접사가 먼저 첨가되고 나서 II종 접사가 나중에 첨가된다는 접사 배열 가설 (36a)에 의하면, 다음과 같은 과정의 **어형성**(word formation) 과정은 허용되지 않는다. 아래에서 X는 어간이나 단어를 나타낸다.

(38) a. [[pre+][[X][#suf]]]
b. [[[pre#][X]][+suf]]
c. [[pre+][[pre#][X]]]
d. [[[X][#suf]][+suf]]

(38a)의 예로, success에 II종 접미사 #ful이 첨가된 후 I종 접두사(Class I prefix) in+이 첨가되면, *insuccessful([[in+][[success][#ful]]])과 같은 허용되지 않는 파생어가

18) 아래에서 'pre'와 'suf'는 각각 접두사(prefix)와 접미사(suffix)를 나타낸다.

만들어진다. 비록 (36a)에 따라 success에 I종 접두사 in+이 첨가된 후 II종 접미사 (Class II suffix) #ful이 첨가된다고 하더라도 *insuccessful([[[in+][success]][#ful]])은 허용되지 않는다. 왜냐하면 접두사 in−은 형용사에 첨가되어야 하는데도 불구하고 명사 success에 첨가되면, 허용되지 않는 *insuccess([[in+][success]])가 만들어지기 때문이다. I종 접사가 첨가된 결과의 부적격 출력형에 II종 접사가 첨가되어도 허용되지 않는 출력형이 나오게 되는 것은 당연한 이치이다. 그러나 success에 II종 접미사 #ful이 첨가된 후 다시 II종 접두사 un#이 첨가되면, (36a)를 위반하지 않기 때문에 올바른 파생어 unsuccessful ([[un#][[success][#ful]]])이 만들어진다. (38c)와 (38d)의 예로 *[[in+][[anti#][religious]]]와 *[[[national][#ism]][+ous]]를 들 수 있다. 이처럼 (38a, c, d)와 같은 어형성 과정은 허용되지 않는다. 그러나 문제는 (38b)의 어형성 과정에 의해 만들어지는 예들이 많이 발견된다는 데 있다. 그 대표적인 예가 바로 ungrammaticality이다. II종 접두사 un#은 명사에 첨가되지 않고 형용사에 첨가되어야 하므로,[19] grammaticality가 아니고 grammatical에 첨가되어야 한다. 따라서 ungrammaticality가 만들어지기 위해서는 I종 접미사 +ity가 첨가되기 이전에 II종 접두사 un#이 grammatical에 첨가되어야 한다([[[un#][grammatical]][+ity]]). 이러한 접사 배열순은 분명히 접사 배열 가설 (36a)를 위반하지만, 실제로 (38b)와 같은 과정에 의해 만들어지는 파생어가 있다는 데 문제가 있다.

I종 접사와 II종 접사는 위에서 언급한 바와 같이 배열순에서 차이를 보일 뿐만 아니라, 강세에 있어서도 차이를 보인다. 강세는 I종 접사 첨가가 완전히 끝난 뒤 II종 접사가 첨가되기 전에 부여된다. 이러한 순서로 인하여, I종 접사 첨가는 단어의 강세형에 영향을 미치지만, II종 접사 첨가는 단어의 강세형에 영향을 미치지 못한다. 다음 예들은 I종 접사 in+, +y, +ity와 II종 접사 un#, #y, #ness의 강세에 있어서의 차이를 보여준다.

(39) a. in+: fámous−ínfamous, fínite−ínfinite, píous−ímpious
+y: phótograph−photógraphy, démocrat−demócracy, télegraph−telégraphy

19) 물론 접두사 un-은 형용사뿐만 아니라 동사나 명사에도 첨가될 수 있다. un-이 형용사에 첨가되는 경우에는 unkind, unhappy, unfair에서처럼 '. . . 않는' 또는 '. . .의 반대'의 의미를 나타내는 부정접두사이지만, 동사나 명사에 첨가되는 경우에는 untie, undo, uncover, unleash, unpack, unhorse에서처럼 '반대의 동작' 또는 '제거'를 나타내는 결성 접두사이다. ungrammaticality의 경우 un-은 부정을 나타내므로 grammaticality가 아니고 grammatical에 첨가되어야 하는 것이다.

+ity: sénsitive−sensitívity, áctual−actuálity, póssible−possibílity

b. un#: académic-unacadémic, ambíguous-unambíguous, emótional-unemótional

#y: góssip−góssipy, tóngue−tónguey, féather−féathery

#ness: sénsitive−sénsitiveness, áctual−áctualness, políte−políteness

(39a)에서처럼 I종 접사가 첨가되는 경우 강세의 위치가 변할 수 있지만, (39b)에서처럼 II종 접사가 첨가되면 강세 위치는 변하지 않는다. 강세에 있어서의 I종 접사와 II종 접사 사이의 이러한 차이는 (36b)의 배열 가설을 뒷받침하는 근거가 된다.

II종 접사는 강세규칙이 적용된 이후에 첨가된다는 근거로, #al과 #ful이 첨가되는 환경에 강세가 명시되어야 한다는 점을 들 수 있다. 다시 말해, #al과 #ful의 첨가가 강세 중립적(stress neutral)이라는 사실은, 강세가 부여된 이후에 II종 접사가 첨가된다는 것을 말해준다. II종 접미사 #al은 다음과 같은 조건을 충족시킬 경우에만 동사에 첨가되어 명사를 형성한다: i) #al이 첨가되는 동사는 마지막 음절에 강세가 있어야 하고, ii) 동사가 자음으로 끝날 경우 그 자음은 [+ant]여야 하며, iii) 마지막 [+ant] 자음 앞에 하나의 공명음만이 수의적으로 나타날 수 있다.[20] 이와 관련된 자료를 보면 다음과 같다.

(40) a. betróthal, betráyal, disavówal, acquíttal, dismíssal, rebúttal, reférral, réntal, revérsal, dispérsal, rehéarsal, búrial[21]

b. *édital *fídgetal, *prómissal, *abándonal, *devélopal, *detachal, *impeachal, *abridgeal, *rebukal, *prolongal, *resistal, *acceptal

(40b)에서 첫 번째 조건을 위반하는 예는 *édital *fídgetal, *prómisal, *abándonal, *devélopal이고, 두 번째 조건을 위반하는 예는 *detachal, *impeachal, *abridgeal, *rebukal, *prolongal이며, 세 번째 조건을 위반하는 예는 *resistal, *acceptal이다. #al이 첨가될 수 있는 환경을 나타내면 다음과 같다.

20) derival, convinceal은 우연한 공백이지만, 이 조건을 만족시키지 못하는 *resistal이나 *edital 같은 단어들은 불가능한 어휘 항목 즉, 체계적 공백이다.

21) búry의 경우 강세가 마지막 음절에 있지 않지만 #al이 첨가된다는 점에서 특이하다. 이러한 특이성(idiosyncracy)을 보이는 이유는 어말의 y 때문이며, y로 끝나는 말미음절에는 강세가 오지 않는다.

(41) $X \begin{bmatrix} V \\ +stress \end{bmatrix} \left(\begin{bmatrix} C \\ +son \end{bmatrix} \right) \left(\begin{bmatrix} C \\ +ant \end{bmatrix} \right)_V$

(41)에서 보듯이 II종 접사 #al의 첨가에 대한 일반화는 강세에 대한 정보를 언급할 경우에 가능하다.

강세 중립적인 또 다른 II종 접사의 예로 #ful을 들 수 있다. #ful은 일반적으로 명사에 첨가되어 형용사를 형성하는 접미사이다.[22] Siegel(1979: 170)은 #ful이 다음과 같은 유형의 단어에 첨가될 수 있다고 말한다.

(42) a. stressed monosyllables
b. bisyllabic words with zero stress on the first syllable and primary stress on the second syllable
c. trisyllabic words with secondary stress on the first syllable, zero stress on the second syllable, and primary stress on the third syllable
d. bisyllabic words with primary stress on the first syllable and zero stress on the second syllable.

(42d)를 제외하면 (42)는 #ful이 말미음절에 강세가 있을 경우에 첨가된다는 것을 나타낸다. (42a−d)의 조건에 해당되는 단어들의 예를 나열하면 각각 아래 (43a−d)와 같다.

(43) a. peace, dread, grace, thought
b. disgrace, revenge, regret, success
c. disrespect, disregard
d. fancy, mercy, pity, wonder

말미음절에 강세가 있을 경우에 #ful이 첨가될 수 있다는 일반성에 예외로 보이는 조

22) 동사에 첨가되는 것으로 보이는 예로는 forgetful, resentful, mournful, inventful, thankful 등이 있다. Siegel(1979: 168−169)은 thankful의 경우 명사 thanks에 −ful이 첨가된 것으로 본다. 즉, scissorless(scissors#less), gutless(guts#less)에서처럼, 접미사가 첨가될 때 복수 형태소가 탈락한 경우라는 것이다.

건 (42d)와 관련된 예들은 (43d)에서 보듯이 주로 y나 er로 끝나는 것들이다. 앞에서 언급했듯이 #al은 말미음절에 강세가 있는 어기에 첨가될 수 있지만, 말미제2음절에 강세가 있는 búry에는 첨가될 수 있다. #al과 #ful은 말미음절에 강세가 있을 경우에 첨가될 수 있다는 일반성에 예외로 보이는 bury나 fancy, mercy, pity, plenty, beauty 같은 단어들은 −y로 끝난다는 공통점이 있다. 영어는 −y로 끝나는 단어의 말미음절에는 강세가 놓이지 않는다는 특이성을 가지고 있다. −y로 끝나는 단어의 특이성은 강세뿐만 아니라 비교급을 만들 경우에도 나타난다. 첫음절에 강세가 있는 2음절 형용사는 more pallid (*pallider), more vapid (*vapider), more futile(*futiler), more livid (*livider)에서 보듯이, 접미사 −er를 첨가하지 않고 more를 사용하여 비교급을 만드는 것이 일반적이다. 그러나 rosier, wearier, daintier, prettier, thirstier, dustier에서 보듯이 −y로 끝나는 형용사의 경우에는 more를 사용하지 않고 −er을 첨가시켜 비교급을 만든다. 이러한 이유 등으로, 어말의 y를 음절로 간주하지 않는다. 만일 (43d)의 어말 y를 음절로 간주하지 않으면, #ful은 말미음절에 강세가 있는 명사에 첨가된다고 일반화하여 말할 수 있게 될 것이다. #ful의 첨가에 대한 일반화는 이처럼 강세에 대한 정보를 언급해야 한다는 것을 알 수 있다. #al과 #ful의 첨가에 관한 이러한 사실은 강세부여규칙이 적용된 이후에 II종 접사가 첨가된다는 (36b)의 배열순 가설을 뒷받침하는 근거가 된다.

끝으로, I종 접두사 in+과 II종 접두사 un#의 차이를 알아보자. 이 두 접두사는 위에서 언급한 I종 접사와 II종 접사의 일반적 차이를 보일 뿐만 아니라, 비음동화에 있어서도 차이를 보인다. 아래 예에서 보듯이, in+의 /n/은 뒤에 있는 자음의 조음위치에 동화되지만,[23] un#의 /n/은 뒤에 있는 자음의 조음위치에 동화되지 않고 [n]으로 실현된다.

(44) a. [in−]: inability, interminable, independent
[im−]: impossible, imbalance
[iŋ−]: incomplete, inglorious
b. [ʌn]: unable, untidy, undeniable, unpredictable, unbalanced, unconditional, ungoverned

23) 이 비음동화는 형태소 사이에서만 일어나는 것이 아니고, sing, finger에서처럼 형태소 내에서도 일어나며, in[ɪm] pairs, in[ɪŋ] Kent에서처럼 단어 경계를 넘어서도 일어난다.

심지어 in+의 /n/은 뒤에 공명 자음이 올 경우 그 공명음과 동일한 자음으로 변하기까지 하지만 un#의 /n/은 변함이 없다.

(45) immoral－unmoral, illegal－unlawful, irreligious－unreligious

지금까지 7.1.1에서는 규칙의 표준형과 변형규칙형 그리고 경계와 관하여 살펴보았다. 규칙을 형식화하는 데 가장 중요한 것은 자질을 가능한 한 반복하여 사용하지 않는 간결성이다. 다음으로, 규칙의 간결성을 위하여 구조적으로 유사한 기본 규칙들을 하나로 축약시키는 표기 규약에 관하여 살펴보자.

7.1.2 표기 규약

위에서는 규칙을 형식화하는 데 가능한 한 최소의 자질을 사용하기 위한 규약들을 소개하였다. 마찬가지로 규칙의 간결성을 위해 동일한 기능을 수행하는 구조적으로 유사한 기본 규칙들을 하나의 식형으로 축약시키는 다양한 규약들이 있다. 예를 들어 /k/를 전설모음 /i, e, æ/ 앞에서 [ʧ]로 구개음화하는 규칙이 있다고 가정할 때, 이 규칙을 다음과 같이 나타낼 수 있다.

(46)
$$k \rightarrow \text{ʧ} \ / \ \_\_\_ \begin{bmatrix} \text{V} \\ -\text{back} \end{bmatrix}$$

이 규칙은 사실상 다음과 같은 세 개의 하위규칙을 하나로 묶은 것으로 해석된다.

(47) a.
$$k \rightarrow \text{ʧ} \ / \ \_\_\_ \begin{bmatrix} \text{V} \\ -\text{back} \\ +\text{high} \end{bmatrix} \quad \text{(/i/)}$$

b.
$$k \rightarrow \text{ʧ} \ / \ \_\_\_ \begin{bmatrix} \text{V} \\ -\text{back} \\ -\text{high} \\ -\text{low} \end{bmatrix} \quad \text{(/e/)}$$

c.
$$k \rightarrow \text{ʧ} \ / \ \_\_\_ \begin{bmatrix} \text{V} \\ -\text{back} \\ +\text{low} \end{bmatrix} \quad \text{(/æ/)}$$

바꾸어 말하면, (47)의 세 규칙을 하나로 묶으면 규칙 (46)이 된다. 이처럼 둘 이상의 기본 규칙을 하나로 축약시켰을 때, 축약된 하나의 규칙을 **식형**(schema)이라고 한다. 축약은 규칙들이 구조적으로 유사하고, 동일한 기능을 수행하며, 규칙 적용 순서에 있어서 그 규칙들 사이에 다른 규칙이 놓이지 않아야 한다는 조건을 만족시킬 경우에만 가능하다. (47)의 세 규칙은 이러한 조건을 만족시키므로 (46)으로 묶을 수 있다. 규칙 (47)의 환경에 표시된 세 개의 모음 /i, e, æ/는 자연 부류(natural class)를 이루므로, (46)에서 보듯이 [V, −back]으로 (47)의 환경보다 간결하게 나타낼 수 있다.

구조적 유사성이라는 조건을 충족시키지 않기 때문에, 하나의 식형으로 묶을 수 없는 경우의 예로 다음 두 규칙을 보자.

(48) a. k → ʧ / ____ i

b. $V \rightarrow [\text{+nasal}] \ / \ \_\_\_\_ \begin{bmatrix} \text{C} \\ \text{+nasal} \end{bmatrix}$

(48a)는 구개음화규칙이고, (48b)는 비음화(nasalization)규칙이다. 이 두 규칙은 구조적으로 공통점이 없고, 서로 다른 기능을 수행한다. 특히 환경에 표시된 모음 /i/와 비음은 자연 부류가 아니므로, 더 적은 수의 자질로 나타낼 수 없다. 따라서 (48)의 두 규칙을 하나로 축약시킬 수 없다. 다음으로, 기본 규칙을 식형으로 축약시키는 규약들을 하나씩 차례로 살펴보자.

첫 번째 표기 규약은 **소괄호 표기**(parenthesis notation)로, 소괄호 '( )'는 수의성(optionality)을 나타낸다. 이 표기에 관하여는 이미 ＋경계를 설명하면서 잠시 언급한 바 있다. 다음 (49a)와 (49b)는 소괄호를 사용하여 (49c)로 묶을 수 있다.

(49) a. A → B / ____ X Y

b. A → B / ____ X

c. A → B / ____ X (Y)

(49a)와 (49b)를 비교해보면, 환경을 표시하는 요소 Y가 (49a)에는 표시되어 있는 반면 (49b)에는 표시되어 있지 않다. 이처럼 두 규칙이 어떤 요소의 존재 여부에 차이가 있을 경우, 이 두 규칙을 소괄호를 사용하여 하나로 묶을 수 있다. 바꾸어 말하면, 소괄호를 사용하여 묶을 수 있는 두 규칙은 적정 포괄(proper inclusion) 관계에 있어

야 한다. (49a)의 환경은 (49b)의 환경을 포괄하고 있음을 알 수 있다. 규칙 (49a)와 (49b)를 나타내기 위해 모두 7개의 기호가 사용되지만, 축약된 규칙 (49c)를 나타내기 위해서는 단지 4개의 기호만이 사용되므로, 소괄호를 사용하여 규칙을 축약시키면 훨씬 간결한 규칙이 된다.

예를 들어 프랑스어(French)의 강세 규칙을 나타내는 아래 (50a)와 (50b)는 소괄호를 사용하여 (50c)로 묶을 수 있다 (Schane 1973: 65).[24)]

(50) a.

$$V \rightarrow [+\text{stress}] \ / \ \_\_\_\_ \ C_0 \begin{bmatrix} V \\ -\text{tense} \end{bmatrix} \ \#\#$$

b. $V \rightarrow [+\text{stress}] \ / \ \_\_\_\_ \ C_0 \ \#\#$

c.

$$V \rightarrow [+\text{stress}] \ / \ \_\_\_\_ \ C_0 \left(\begin{bmatrix} V \\ -\text{tense} \end{bmatrix} \right) \ \#\#$$

두 번째 표기 규약은 **중괄호 표기**(brace notation)로, 아래 (51a)와 (51b)를 (51c)처럼 축약시킬 경우에 중괄호가 사용된다.

(51) a. A → B / ____ X

b. A → B / ____ Y

c. $A \rightarrow B \ / \ \_\_\_\_ \begin{Bmatrix} X \\ Y \end{Bmatrix}$

예를 들어 한국어에 다음과 같은 규칙이 있다고 하자.

(52) a. l → n / ## ___

b. l → n / C ___

24) Schane(1973)은 형태소 경계(+)와 내부 단어 경계(#)를 구분하지 않고 +로 나타내고, 단어 경계를 ##대신 #로 나타낸다. 여기서는 Schane(1973)의 단어경계 #를 ##로 대치하여 나타낸다.

(52a)는 낙원(樂園), 뇌성(雷聲), 능묘(陵墓)에서처럼 어두의 'ㄹ/l/([ɾ])'을 'ㄴ[n]'으로 발음하는 경우를 나타내는 규칙이고, (52b)는 극락(極樂), 낙뢰(落雷)에서처럼 자음 뒤에서 'ㄹ/l/([ɾ])'을 'ㄴ[n]'으로 발음하는 경우를 나타내는 규칙이다. 이 두 규칙은 중괄호를 사용하여 다음과 같이 하나로 묶을 수 있다.

(53) $l \rightarrow n \;/\; \begin{Bmatrix} \#\# \\ C \end{Bmatrix}$ ____

(51c)보다 좀 더 복잡한 다음의 식형을 보자.

(54) $\begin{Bmatrix} A \\ C \end{Bmatrix} \rightarrow B \;/\; \_\_\_\_ \begin{Bmatrix} X \\ Y \end{Bmatrix}$

(54)는 다음과 같은 네 개의 규칙을 중괄호 표기 규약에 의해 축약시킨 것이다.

(55) a. A → B / ____ X
b. A → B / ____ Y
c. C → B / ____ X
d. C → B / ____ Y

(55)와 달리 A가 X 앞에서 B가 되고 C는 Y 앞에서 B가 되는 다음과 같은 두 규칙은 중괄호를 사용하여 (54)로 축약시킬 수 없다.

(56) a. A → B / ____ X
b. C → B / ____ Y

이런 경우 (56)의 두 규칙은 세 번째 표기 규약인 **대괄호 표기**(bracket notation)를 사용하여 아래와 같이 하나의 식형으로 묶을 수 있다.

(57) $\begin{bmatrix} A \\ C \end{bmatrix} \rightarrow B \;/\; \_\_\_\_ \begin{bmatrix} X \\ Y \end{bmatrix}$

(57)은 (56)의 두 기본 규칙으로 해석되며, (55b)와 (55c)의 경우를 배제한다. 따라서 대괄호 표기는 중괄호 표기에 비해 더 제한적이라고 말할 수 있다.

네 번째 표기 규약은 **직각괄호 표기**(angled bracket notation)이다. 다음과 같은 두 개의 규칙이 있다고 하자. 아래에서 변항은 자질을 나타낸다.

(58) a. $\begin{bmatrix} +F \\ +G \end{bmatrix} \rightarrow [+H] \ / \ \_\_\_\_ \ \begin{bmatrix} +I \\ +J \end{bmatrix}$

b. $[+F] \rightarrow [+H] \ / \ \_\_\_\_ \ [+I]$

(58)의 두 규칙은 직각괄호(angled bracket)를 사용하여 다음과 같이 하나로 묶을 수 있다.

(59) $\begin{bmatrix} +F \\ \langle +G \rangle \end{bmatrix} \rightarrow [+H] \ / \ \_\_\_\_ \ \begin{bmatrix} +I \\ \langle +J \rangle \end{bmatrix}$

직각괄호는 소괄호와 달리 상호의존관계(interdependency)를 나타내므로, 홀로 사용되지 않고 항상 짝으로 사용된다. (58)의 두 규칙은 소괄호 표기를 사용하여 하나로 묶을 수 없다. 만일 소괄호를 사용하여 (58)을 아래 (60a)처럼 축약시킨다면, (60a)는 (60b−e)와 같은 네 개의 기본 규칙으로 해석되기 때문이다.

(60) a. $\begin{bmatrix} +F \\ (+G) \end{bmatrix} \rightarrow [+H] \ / \ \_\_\_\_ \ \begin{bmatrix} +I \\ (+J) \end{bmatrix}$

b. $\begin{bmatrix} +F \\ +G \end{bmatrix} \rightarrow [+H] \ / \ \_\_\_\_ \ \begin{bmatrix} +I \\ +J \end{bmatrix}$

c. $[+F] \rightarrow [+H] \ / \ \_\_\_\_ \ \begin{bmatrix} +I \\ +J \end{bmatrix}$

d. $\begin{bmatrix} +F \\ +G \end{bmatrix} \rightarrow [+H] \ / \ \_\_\_\_ \ [+I]$

e. $[+F] \rightarrow [+H] \ / \ \_\_\_\_ \ [+I]$

예를 들어 Nupe어의 다음과 같은 두 개의 규칙이 있다고 하자 (Hyman 1975: 120−121).

(61) a. $\begin{bmatrix} \text{V} \\ \text{+low} \\ \text{+nasal} \end{bmatrix} \rightarrow \begin{bmatrix} \text{+back} \\ \text{−round} \\ \text{−low} \end{bmatrix}$ ({ɛ̃, ɔ̃, ɑ̃} → ə̃)

b. $\begin{bmatrix} \text{V} \\ \text{+low} \end{bmatrix} \rightarrow \begin{bmatrix} \text{+back} \\ \text{−round} \end{bmatrix}$ ({ɛ, ɔ} → a)

이 두 규칙은 직각괄호를 사용하여 다음과 같은 하나의 식형으로 축약시킬 수 있다.

(62) $\begin{bmatrix} \text{V} \\ \text{+low} \\ \langle\text{+nasal}\rangle \end{bmatrix} \rightarrow \begin{bmatrix} \text{+back} \\ \text{−round} \\ \langle\text{−low}\rangle \end{bmatrix}$

다섯 번째 표기 규약은 **알파 표기**(alpha notation)로, 이 표기는 앞에서 이미 사용한 적이 있다. 알파 표기는 자질가를 나타내기 위해 α, β, γ와 같은 변항을 사용하는 것을 말한다. 이런 이유로 알파 표기를 변항 표기(variable notation)라고도 한다. 알파 표기는 홀로 쓰이지 못하고 반드시 둘 이상의 자질에 공통으로 사용된다. 알파 표기는 일반적으로 동화, 이화(dissimilation), 교환 규칙(exchange rule 또는 switching rule), 모음조화(vowel harmony) 등을 나타내는 데 유용하게 사용된다.[25)]

먼저 **동화**와 관련된 다음 규칙을 보자. 아래 규칙은 저해음이 선행하는 음의 유무성에 일치한다는 것을 나타낸다.

(63) a. [−son] → [+voice] / [+voice] # ____

b. [−son] → [−voice] / [−voice] # ____

이 두 규칙은 알파 표기에 의해 다음과 같은 하나의 식형으로 축약시킬 수 있다.

---

25) 여기서는 편의상 교환 규칙과 모음조화를 다루지 않겠다. 교환 규칙이란 [αF] → [−αF]와 같은 형식을 갖는 규칙을 말하며, **모음추이**(vowel shift)와 같은 현상을 기술하기 위해 사용된다. 여기에 관하여는 9.1.2에서 자세히 언급하겠다.

(64) $[-\text{son}] \rightarrow [\alpha\text{voice}] \;/\; [\alpha\text{voice}]\ \#\ \_\_\_\_$

위 규칙에서 α는 +와 −의 자질가를 나타내는 변항으로 “. . . 와 동일한 자질가를 가진다(have the same value with)” 또는 “자질가에 있어서 . . . 와 일치한다(agree in value with)”는 것을 나타낸다. (63)의 두 규칙을 알파 표기를 사용하여 (64)처럼 하나의 식형으로 나타내면, 간결할 뿐만 아니라 “유무성의 일치(agreement in voicing)”라는 일반성을 포착할 수 있게 된다.

알파 표기에서 변항을 둘 이상 사용할 수도 있다. 예를 들어 비음이 후속하는 저해음과 조음 위치가 같아진다는 것을 나타내는 아래 동화규칙을 보자.

(65)

$$\begin{bmatrix}\text{C}\\ +\text{nasal}\end{bmatrix} \rightarrow \begin{bmatrix}\alpha\text{ant}\\ \beta\text{cor}\end{bmatrix} \Big/ \_\_\_\_ \begin{bmatrix}-\text{son}\\ \alpha\text{ant}\\ \beta\text{cor}\end{bmatrix}$$

위에서 [αant, βcor]은 다음 네 가지 경우의 조음 위치를 나타내는 것으로 해석된다.

(66) a. $\begin{bmatrix}+\text{ant}\\ +\text{cor}\end{bmatrix}$ b. $\begin{bmatrix}+\text{ant}\\ -\text{cor}\end{bmatrix}$ c. $\begin{bmatrix}-\text{ant}\\ +\text{cor}\end{bmatrix}$ d. $\begin{bmatrix}-\text{ant}\\ -\text{cor}\end{bmatrix}$

따라서 (65)는, 화살표 오른쪽 출력형과 환경에 (66)과 같은 서로 다른 네 가지 조음 위치를 나타내는 네 개의 규칙을 묶어서 나타낸 식형으로, 비음과 저해음의 조음 위치가 일치한다는 일반성을 나타낸다.

알파 표기는 이화를 나타내기 위해서도 사용된다. **이화**란 동일하거나 유사한 두 개의 분절음이 서로 달라지는 현상을 말하며, 서로 반대의 자질명시 [αF]와 [−αF]를 갖는 것으로 표현된다. 가령, 어떤 언어에서 조음 방법이 동일한 저해음의 연쇄를 허용하지 않기 때문에, ‘폐쇄음+폐쇄음’의 연쇄는 ‘폐쇄음+마찰음’으로 (kp → kf, tt → ts), ‘마찰음+마찰음’의 연쇄는 ‘마찰음+폐쇄음’으로(fs → ft, ss → st) 각각 변한다고 가정해보자. 이 이화 현상은, 저해음 연쇄에서 두 번째 저해음의 [continuant] 자질명시가 첫 번째 저해음의 [continuant] 자질명시와 반대로 되는 것이므로, 다음과 같은 식형으로 나타낼 수 있다.

(67)

$$[-\text{son}] \rightarrow [-\alpha\text{cont}] \ / \ \begin{bmatrix} -\text{son} \\ \alpha\text{cont} \end{bmatrix} \_\_\_$$

(67)은 아래와 같은 두 개의 규칙을 축약시킨 것이다.

(68) a.

$$[-\text{son}] \rightarrow [+\text{cont}] \ / \ \begin{bmatrix} -\text{son} \\ -\text{cont} \end{bmatrix} \_\_\_ \qquad (\text{kp} \rightarrow \text{kf},\ \text{tt} \rightarrow \text{ts})$$

b.

$$[-\text{son}] \rightarrow [-\text{cont}] \ / \ \begin{bmatrix} -\text{son} \\ +\text{cont} \end{bmatrix} \_\_\_ \qquad (\text{fs} \rightarrow \text{ft},\ \text{ss} \rightarrow \text{st})$$

여섯 번째로, C_0^2, C_2^2, C_0에서처럼 숫자를 분절음 오른쪽에 **아래첨자**(subscript)와 **위첨자**(superscript)로 표기하여 여러 규칙을 축약할 수 있다. 보통 아래첨자와 위첨자는 자음을 나타내는 기호 'C'와 함께 쓰인다. 만일 어떤 수 x가 자음의 아래첨자로 사용되면(C_x), 자음의 수가 'x개 이상'이라는 것을 나타낸다. 예컨대, C_0은 자음이 0개 이상이라는 것으로 '자음의 수와 상관없음(irrespective of the number of consonants)'을 의미하고, C_1은 하나 또는 그 이상의 자음을 나타내며, C_2는 둘 또는 그 이상의 자음을 나타낸다. 일반적으로 말하면, C_x는 'x개 이상의 자음', 혹은 '최소 x개의 자음'을 나타낸다고 말할 수 있다. 이와 반대로 아래첨자와 함께 사용되는 위첨자는 '최대 분절음의 수'를 나타낸다. 따라서 C_0^1은 0−1개의 자음을, C_1^2는 1−2개의 자음을, C_2^4는 2−4개의 자음을 나타낸다. 자음의 수를 나타내기 위해 위첨자와 아래첨자 대신 소괄호를 사용하여 아래와 같이 나타낼 수도 있다.

(69) a. C_0^1 = (C)
b. C_0^2 = (C)(C)
c. C_1^2 = C(C) 또는 (C)C

만일 어떤 수가 아래첨자와 함께 사용되지 않고 위첨자로만 사용되면 '정확히 그 수의 분절음(exactly that number of segments)'을 나타낸다. 예컨대 C^1은 정확히 하나의 자음 C를 나타내고, C^2는 정확히 두 개의 자음 CC를 나타낸다.

첨자 표기 중 가장 널리 사용되는 것이 C_0이다. 이것은 보통 자음의 수와 상관이 없는 현상을 나타내는 규칙에 사용되며, 여기에는 강세 규칙, 모음조화규칙, **움라우트**(umlaut) 규칙 등이 포함된다. 예를 들어 움라우트 또는 **모음변이**(mutation)로 불리는 음운 과정을 나타내는 다음 규칙을 보자.[26]

(70)

$$V \rightarrow [-\text{back}] \ / \ \_\_\_\_ \ C_0 \ \# \begin{bmatrix} \text{V} \\ +\text{high} \\ -\text{back} \end{bmatrix}$$

(70)은 어간말(stem-final) 음절의 후설 모음이 뒤에 있는 접미사의 전설 고모음 /i/의 영향으로 전설 모음으로 되는 것을 나타내는 규칙으로, 두 모음 사이의 자음의 수에는 상관없이 적용된다. 따라서 규칙 (70)은 다음과 같은 무한히 많은 수의 규칙들을 축약시킨 식형이다.

(71) a.

$$V \rightarrow [-\text{back}] \ / \ \_\_\_\_ \ \# \begin{bmatrix} \text{V} \\ +\text{high} \\ -\text{back} \end{bmatrix}$$

b.

$$V \rightarrow [-\text{back}] \ / \ \_\_\_\_ \ C\# \begin{bmatrix} \text{V} \\ +\text{high} \\ -\text{back} \end{bmatrix}$$

c.

$$V \rightarrow [-\text{back}] \ / \ \_\_\_\_ \ CC\# \begin{bmatrix} \text{V} \\ +\text{high} \\ -\text{back} \end{bmatrix}$$

d.

$$V \rightarrow [-\text{back}] \ / \ \_\_\_\_ \ CCC\# \begin{bmatrix} \text{V} \\ +\text{high} \\ -\text{back} \end{bmatrix} \ldots \text{등}$$

마지막으로 언급할 표기 규약은 **경상**(mirror image) **표기**이다. 가령 다음과 같은 두 규칙이 있다고 하자.

(72) a. A → B / ____ X

b. A → B / X ____

26) 현대영어의 불규칙 복수형, foot−feet, goose−geese, mouse−mice 등은 고대영어 시기에 발생한 움라우트 때문에 생겨났다. 여기에 관하여는 8.1.6에서 자세히 다룬다.

위 두 규칙은 위에서 언급한 중괄호 표기에 의해 다음과 같은 식형으로 나타낼 수도 있다.

(73) $A \rightarrow B \ / \left\{ \begin{matrix} \_\_ \ X \\ X \ \_\_ \end{matrix} \right\}$

그러나 (73)에서처럼 대칭적 환경을 지닌 규칙들은 같은 복잡도(complexity)를 지닌 규칙들보다 더 일반성을 지니므로,[27] 중괄호를 사용하지 않고 더 간결한 하나의 식형으로 묶을 수 있는 방법이 필요하다. 그 방법이 바로 '%', '/', 또는 '//'를 사용하여 (73)의 두 규칙을 아래 (74)의 어느 하나로 묶는 것이다.

(74) A → B % X
A → B / X
A → B // X

(74)는 (72)의 두 규칙을 묶은 식형으로, A가 X의 앞이나 뒤에 있을 때 즉, X와 인접해 있을 때 B가 된다는 것을 나타낸다. 환경이 서로 대칭적인 두 규칙을 축약한 (74)와 같은 규칙을 일컬어 **경상규칙**(mirror image rule)이라고 한다.

경상규칙의 예로 한국어의 모음 /ɨ/('으')가 모음 앞이나 뒤에서 탈락하는 다음 규칙을 들 수 있다.[28]

(75) ɨ → Ø % V

경상규칙 (74)는 아래의 두 규칙을 축약시킨 것이다.

(76) a. ɨ → Ø / _____ V
b. ɨ → Ø / V _____

---

27) (73)은 예컨대 다음 규칙과 복잡도는 동일하지만 보다 많은 일반성을 지닌다.

$A \rightarrow B \ / \left\{ \begin{matrix} \_\_ \ X \\ Y \ \_\_ \end{matrix} \right\}$

28) 이와 관련된 예로는 '가(다)+으면' → '가면', '쓰(다)+어라' → '써라'를 들 수 있다.

지금까지 7.1.2에서는 둘 또는 그 이상의 규칙들을 하나의 식형으로 축약시키는 7가지 표기 규약을 소개하였다. 이런 표기 규약은 규칙을 더 간결하고 일반성 있게 나타내기 위한 장치이다. 이제 다음으로, 규칙들 사이의 관계를 나타내는 **규칙순**(rule ordering)에 관하여 살펴보자.

7.2 규칙순

규칙의 적용 순서에 관한 문제는 *SPE* 이후 1970년대 후반까지 많은 관심의 대상이 되었다. *SPE*는 R_1, R_2, R_3, . . . R_{n-2}, R_{n-1}, R_n처럼 일련번호가 매겨진 음운 규칙들이 선형적으로 순서가 정해져 있다고 가정한다. 그러나 이후, 규칙들 사이에 적용순서가 없다는 무규칙순가설(unordered rule hypothesis), 규칙순은 단지 두 규칙 사이에만 의미가 있다는 국부 규칙순(local ordering), 일부 규칙들 사이에만 규칙순이 정해져 있다는 부분 규칙순(partial ordering) 등의 다른 가설들이 제안되었다.

여기에서는 편의상 어떤 규칙들은 서로 적용순서가 정해져 있는 반면, 일부 다른 규칙들은 적용순서가 정해져 있지 않다는 입장에서, 규칙 적용순서와 관련된 개념들을 소개하겠다. 먼저 규칙순이 정해져 있다는 말이 무엇을 의미하는지부터 알아둘 필요가 있다. 가령 어떤 두 개의 규칙 R_a와 R_b가 있다고 할 때, 기저형에 R_a를 R_b보다 먼저 적용시킨(R_a-R_b) 결과 얻어진 도출형과 그 반대의 순서 즉, R_b를 R_a보다 먼저 적용시킨(R_b-R_a) 결과 얻어진 도출형이 서로 다르다면, 두 규칙 사이에는 순서가 정해져 있다고 말한다.

규칙순이 정해져 있는 경우의 예로, 영어 복수 형태소의 교체를 설명하기 위해 필요한 다음 두 규칙을 보자. 편의상 규칙적 복수 형태소의 기저형을 /z/로 가정한다.

(77) a. $\emptyset \rightarrow \text{ɪ} \,/\, \begin{bmatrix}+\text{cor}\\+\text{strid}\end{bmatrix} \# \underline{\quad}\; \underset{[\text{PLURAL}]}{\text{z}}$

b. $\text{z} \rightarrow [-\text{voice}] \,/\, [-\text{voice}] \# \underset{[\text{PLURAL}]}{\underline{\quad}}$

(77a)는 치찰음(sibilant) /s, z, ʃ, ʒ, ʧ, ʤ/와 복수 접미사 /z/ 사이에 모음 /ɪ/를 삽입(epenthesis)하는 규칙이고, (77b)는 복수 접미사 /z/를 어간말(stem-final) 무성음 뒤에서 무성음으로 바꾸는 유무성동화규칙(voicing assimilation rule)이다. 먼저 두 규칙을 (77a)-(77b)의 순서로 적용시켜 보자.[29]

(78) UF:	/kæt#z/	/bʌd#z/	/bʌs#z/
(77a):	_____	_____	bʌs#ɪz
(77b):	kæt#s	_____	_____
DF:	[kæts] 'cats'	[bʌdz] 'buds'	[bʌsɪz] 'buses'

이제 위와 반대로 (77b)-(77a)의 순으로 적용시켜 보면 다음과 같다.

(79) UF:	/kæt#z/	/bʌd#z/	/bʌs#z/
(77b):	kæt#s	_____	bʌs#s
(77a):	_____	_____	_____
DF:	[kæts] 'cats'	[bʌdz] 'buds'	*[bʌss] 'buses'

위 도출과정에서 규칙 (77b)가 적용된 이후의 출력형 [bʌs#s]에 규칙 (77a)는 적용될 수 없다. 왜냐하면 복수 접미사의 기저형 /z/가 규칙 (77b)에 의해 [s]로 바뀌어 규칙 (77a)가 적용될 수 있는 환경이 사라졌기 때문이다.

위 두 도출과정 (78)과 (79)를 비교해보면, 두 규칙의 순서를 서로 바꾸어 적용시킨 결과 buses의 경우 (78)의 도출형과 (79)의 도출형이 서로 다르다는 것을 알 수 있다. 따라서 (77)의 두 규칙은 순서가 있어야 하며, (78)에서 보듯이 (77a)-(77b)의 규칙순은 올바른 표면형을 도출시키지만, (79)에서 보듯이 (77b)-(77a)의 규칙순은 비적형(ill-formed) 표면형 *[bʌss]를 도출시키므로, (77a)가 (77b)보다 먼저 적용되어야 한다는 것을 알 수 있다.

어떤 두 규칙을 서로 반대의 규칙순으로 적용시켰을 때, 도출형이 서로 다르기는 하지만 모두 적형인 경우가 있을 수 있다. 이런 경우의 규칙순은 방언(dialect)의 차이를 설명하는 데 유용하다. 두 개의 방언은 하나의 언어이므로 동일한 기저형과 동

29) 이후 도출과정에서 꼭 필요한 경우가 아니면 편의상 단어의 앞뒤에 나타내는 단어 경계(##)는 생략한다.

일한 규칙들을 가지고 있지만, 규칙 적용순이 다름으로써 서로 다른 도출형을 가진다. 즉, 방언의 차이를 규칙 적용순의 차이에 의해 설명할 수 있다는 것이다. 이러한 현상과 관련된 예로 다음 두 규칙을 들 수 있다.[30)]

(80) a.

$$V \rightarrow [+\text{long}] \ / \ \_\_\_ \begin{bmatrix} \text{C} \\ +\text{voice} \end{bmatrix}$$

b.

$$\left\{ \begin{matrix} \text{t} \\ \text{d} \end{matrix} \right\} \rightarrow \text{D} \ / \ \text{V} \ \_\_\_ \begin{bmatrix} \text{V} \\ -\text{stress} \end{bmatrix}$$

(80a)는 유성 자음 앞에서 모음이 길어지는 장모음화(lengthening) 규칙이고, (80b)는 /t/나 /d/가 모음과 비강세 모음 사이에서 설탄음으로 중화(neutralization)되는 설탄음화(flapping) 규칙이다.[31)] 미국의 일부 지역에서는 writer와 rider가 각각 [rayDər]와 [ra:yDər]로 다르게 발음되지만, 다른 지역에서는 [ra:yDər]로 동일하게 발음된다. 물론 두 지역에서 write와 ride는 각각 [rayt]와 [ra:yd]로 다르게 발음된다. 아래 도출과정은 writer와 rider의 발음이 음장(length)의 차이를 보이는 방언에서 규칙순이 (80a)−(80b)로 정해져야 한다는 것을 보여준다.

(81)	write	ride	writer	rider
UF:	/rayt/	/rayd/	/rayt#ər/	/rayd#ər/
(80a):	_____	ra:yd	_____	ra:yd#ər
(80b):	_____	_____	rayD#ər	ra:yD#ər
DF:	[rayt]	[ra:yd]	[rayDər]	[ra:yDər]

이 도출과정에서 흥미로운 점은, writer와 rider가 기저형에서는 치경 폐쇄음의 유무성에서 차이를 보이지만, 도출형에서는 음장에서 차이를 보인다는 점이다.

writer와 rider가 동음이의어(homophone)인 [ra:yDər]로 동일하게 발음되는 방언에서는, 아래 도출과정에서 보듯이, (80)의 두 규칙이 적용되는 순서가 (81)에서와는 반

30) 아래 (80b)에서 'D'는 설탄음(flap)을 나타낸다. 이후 설탄음을 음성 기호 [ɾ] 대신 [D]로 나타낸다.

31) 설탄음화규칙은 get[D] a horse, get[D] Annette home on time에서 보듯이, 단어 경계를 넘어서 적용될 수 있다 (Kahn 1976: 59).

대로 (80b)−(80a)여야 한다.

(82)	write	ride	writer	rider
UF:	/rayt/	/rayd/	/rayt#ər/	/rayd#ər/
(80b):	_____	_____	rayD#ər	rayD#ər
(80a):	_____	ra:yd	ra:yD#ər	ra:yD#ər
DF:	[rayt]	[ra:yd]	[ra:yDər]	[ra:yDər]

위 도출과정에서 보면, writer의 기저형 /rayt#ər/에 설탄음화규칙이 먼저 적용되어 /t/를 음성적으로 유성음인 설탄음 [D]로 변화시킴으로써, 이 규칙의 출력형에 장모음화규칙이 적용될 수 있는 환경이 새롭게 만들어져, 결국 writer의 도출형이 rider의 도출형과 동일하게 된다는 것을 알 수 있다.[32] 만일 writer에 설탄음화규칙이 먼저 적용되지 않는다면, 장모음화규칙이 적용될 수 없을 것이다.

위에서 보듯이, 동일한 기저형과 음운 규칙을 가지고 있지만 서로 다르게 발음하는 방언의 차이를 규칙순의 차이로 적절히 설명할 수 있다. 만일 이러한 방언의 차이를 규칙순이라는 장치를 사용하지 않고 달리 설명하려고 한다면 매우 복잡해질 것이고, 그만큼 문법은 부담스럽게 될 것이다.

규칙의 순서가 정해지는 방법에는 두 가지가 있다. 하나는 규칙순을 인위적으로 규정하는 방법으로, 위에서 예시한 것들이 여기에 해당된다. 이러한 규칙순을 **외재적 규칙순**(extrinsic ordering)이라고 한다. 다른 하나는 규칙순을 규정하지 않더라도 규칙들 자체의 관계 속에서 규칙순이 저절로 정해지는 것이다. 이런 경우의 규칙순을 **내재적 규칙순**(intrinsic ordering)이라고 한다. 후자의 예로 널리 알려진 프랑스어의

32) 이처럼 어떤 규칙 a가 적용되지 않으면 다른 규칙 b가 적용될 수 없는데, 규칙 a가 적용됨으로써 규칙 b가 적용될 수 있는 새로운 환경을 만들어 주는 경우, 두 규칙 a와 b는 **급여 관계**(feeding relation)에 있다고 하고, 규칙순 a−b를 **급여순**(feeding order)이라고 한다. (82)에서 /rayt#ər/에 설탄음화규칙이 적용되지 않으면 장모음화규칙이 적용될 수 없을 것이다. 그러나 설탄음화규칙이 적용됨으로써 장모음화규칙이 적용될 수 있는 환경이 새롭게 만들어지게 되었으므로, 설탄음화규칙과 장모음화규칙의 적용순서는 급여순이 된다. 급여순과 대립되는 개념은 **출혈순**(bleeding order)이다. 어떤 규칙 a가 적용되지 않으면 다른 규칙 b가 적용될 수 있는데, 규칙 a가 적용되어 규칙 b가 적용될 수 있는 환경을 제거함으로써 결국 규칙 b가 적용될 수 없는 경우, 두 규칙 a와 b는 **출혈 관계**(bleeding relation)에 있다고 하고, a−b의 규칙순을 출혈순이라고 한다. (A rule **a** is said to *feed* into a rule **b** when it creates new environments for **b** to apply to. A rule **a** is said to *bleed* a rule **b** if it removes environments that could have undergone rule **b** (Hyman 1975: 129).

다음 두 규칙을 보자.

(83) a.
$$V \rightarrow [+\text{nasal}] \ / \ \underline{\quad\quad} \begin{bmatrix} \text{C} \\ +\text{nasal} \end{bmatrix} \$$$

b.
$$\begin{bmatrix} \text{C} \\ +\text{nasal} \end{bmatrix} \rightarrow \varnothing \ / \begin{bmatrix} \text{V} \\ +\text{nasal} \end{bmatrix} \underline{\quad\quad} \ \$$$

(83a)는 말음의 비음 앞에 있는 모음을 비음으로 만드는 비음화규칙이고, (83b)는 비음화된 모음 뒤에 있는 말음의 비음을 탈락시키는 규칙이다. bon [bɔ̃] 'good'과 bonté [bɔ̃te] 'goodness'의 도출과정을 나타내면 다음과 같다.

(84)	a.			b.		
	UF:	/bɔn/	/bɔnte/	UF:	/bɔn/	/bɔnte/
	(83a):	bɔ̃n	bɔ̃nte	(83b):	____	____
	(83b):	bɔ̃	bɔ̃te	(83a):	bɔ̃n	bɔ̃nte
	DF:	[bɔ̃]	[bɔ̃te]	DF:	*[bɔ̃n]	*[bɔ̃nte]

도출과정 (84a)에서처럼 비음화규칙이 비음탈락규칙보다 먼저 적용되면 올바른 표면형이 도출되지만, (84b)에서처럼 이와 반대의 순서로 적용되면 올바른 표면형이 도출될 수 없다. 언뜻 보기에 올바른 도출형을 얻기 위해서는 위에서처럼 두 규칙의 순서를 (83a)−(83b)로 규정해야 할 것으로 보이지만, 사실은 그럴 필요가 없다. 왜냐하면 규칙 (83b)는 반드시 (83a)가 적용된 출력형에만 적용될 수 있기 때문이다. 즉, (83b)의 환경에 명시된 비강모음은 (83a)가 적용된 결과로만 얻어질 수 있기 때문이다.[33] 만일 (83a)가 적용되지 않으면, (83b)가 적용될 수 있는 환경이 만들어질 수 없을 것이다. 이처럼 어떤 규칙의 출력형이 다른 규칙의 입력형이 되는 경우, 두 규칙은 내재적으로 순서가 정해지게 된다.

내재적 규칙순 (83a)−(83b)에서 문제가 될 수 있는 것은 규칙 (83b)의 독자성이

33) 이런 경우를 일컬어 **절대 급여**(absolute feeding)라고 한다. 만일 어떤 규칙 a가 다른 규칙 b의 모든 입력형을 만들어주는 경우, 규칙 a는 규칙 b를 절대 급여한다고 한다. 내재적 순서는 일반적으로 절대 급여의 경우에 적용된다. 반대로 어떤 규칙 a가 다른 규칙 b의 모든 입력형을 제거해버리는 경우, 규칙 a와 b는 **절대 출혈**(absolute bleeding)의 관계에 있으며, a는 b를 절대 출혈한다고 한다.

다. 이 규칙은 (83a)가 적용되지 않으면 적용될 수 없기 때문에, (83a)에 완전히 의존적이다. (83a)의 적용 여부와 관계없이 즉, (83a)가 적용되지 않더라도 (83b)가 적용되는 경우는 없기 때문에, (83b)를 독자적인 규칙으로 인정하기가 어렵다는 문제가 생긴다. 이런 문제를 해결할 수 있는 방법은 (83a)와 (83b)를 별개의 두 규칙으로 보지 않고, 아래와 같이 **융합**이라는 하나의 과정으로 보는 것이다.

(85)
$$\underset{1}{V} \underset{2}{\begin{bmatrix} \text{C} \\ \text{+nasal} \end{bmatrix}} \underset{3}{\$} \rightarrow \begin{bmatrix} 1 \\ \text{+nasal} \end{bmatrix} \quad \varnothing \quad 3$$

위에서는 규칙순이 외재적으로 규정되는 경우와 규칙들 관계 속에서 내재적으로 정해지는 경우를 언급하였으므로, 이제 규칙순이 없는 경우를 살펴보자. 영어에서 모음이 비음 앞에 있을 때 음성적으로 비음화(nasalization)된다. 또한 모음은 유성 자음 앞에서 길어진다. 이 두 규칙을 형식화하여 나타내면 다음과 같다.

(86) a.
$$V \rightarrow [\text{+nasal}] \ / \ \_\_\_ \begin{bmatrix} \text{C} \\ \text{+nasal} \end{bmatrix}$$

b.
$$V \rightarrow [\text{+long}] \ / \ \_\_\_ \begin{bmatrix} \text{C} \\ \text{+voice} \end{bmatrix}$$

이 두 규칙은 어떠한 순서로 적용되더라도 동일한 결과가 도출된다. 아래 도출과정을 보자.

(87)

a. UF:	/bæn/	b. UF:	/bæn/
(86a):	bæ̃n	(86b):	bæ:n
(86b):	bæ̃:n	(86a):	bæ̃:n
DF:	[bæ̃:n] ‘ban’	DF:	[bæ̃:n] ‘ban’

(87a)와 (87b)에서 보듯이 두 규칙을 서로 다른 순서로 적용시키더라도 동일한 표면형이 도출된다. 따라서 (86a)와 (86b)의 적용순은 없다고 말할 수 있다.

이처럼 일부 규칙들은 순서가 정해져 있는 반면 다른 규칙들은 순서가 없는 경우에, 음운 규칙들은 부분적으로만 순서가 정해져 있다고 볼 수 있다. 규칙의 적용 순서를 규정하게 되면 문법은 그만큼 부담스럽게 된다는 이유로, 부분적으로 순서가 정해진 규칙들을 수정하거나 추가로 또 다른 규칙들을 설정함으로써, 규칙들이 순서 없이 동시에 적용되도록 할 수도 있을 것이다. 그러나 그렇게 수정되거나 추가된 규칙들은 자연스럽지 못할 뿐만 아니라, 규칙이 추가되면 그만큼 문법에 부담이 될 것이다. 예를 들어 장모음화규칙 (80a)와 설탄음화규칙 (80b)의 적용순을 규정하지 않기 위해서는 다음과 같은 규칙이 추가로 필요할 것이다.

(88)
$$V \rightarrow [+\text{long}] \ / \ \_\_\_\_ \ t \begin{bmatrix} V \\ -\text{stress} \end{bmatrix}$$

규칙순을 규정할 것인가 아니면 새로운 규칙을 추가할 것인가를 결정해야 하는 문제는 차치하더라고, 추가된 규칙 (88)은 왜 /t/와 비강세 모음의 연쇄 앞에서 모음이 장음화되는지를 설명할 수 없다는 점에서, 음성적 기반이 없는 매우 부자연스러운 규칙이라는 심각한 문제를 내포하고 있다. 규칙은 음성적으로 설명할 수 있고 수긍가능한(plausible) 것이어야 하지만, 규칙 (88)은 음성적으로 장모음화를 유발하는 환경이라고 도저히 설명할 수 없는 /t/와 비강세 모음의 연쇄라는 이상한 환경을 지니고 있다. 이처럼 규칙의 적용 순서를 정하지 않으면, 모음의 장음화를 설명하기 위해 자연스런 규칙 (80a) 외에, 규칙으로 인정하기 어려운 부자연스러운 규칙 (88)을 추가로 설정해야 한다. 이런 점에서 볼 때, 규칙순을 정하는 것이 오히려 타당하다고 말할 수 있다.

다음으로, 표기 규약과 관련된 규칙 적용 방식에 관하여 살펴보자. 하나의 식형은 둘 이상의 하위규칙으로 전개되며, 전개된 규칙들 사이의 규칙 적용순서는 표기 규약과 밀접한 관련이 있다. 이미 7.1.2에서 소개한 표기 규약들에 의해 축약되는 하위규칙들은 크게 세 가지 방식—**이접적 순서**(離接的 順序, disjunctive ordering), **연접적 순서**(連接的 順序, conjunctive ordering), **동시 적용**(simultaneous application)—중 어느 하나로 적용된다.[34)]

34) 경상표기에 의해 축약된 하위규칙들은 이접적 혹은 연접적으로 적용될 수 있으므로 여기에 관하여는 편의상 언급하지 않겠다. 적용 순서에 따라 경상규칙의 표기를 달리해야 한다는 주장에 관하여는 Anderson(1971)을 참조하라.

먼저 소괄호 표기와 관련하여 (50)에 제시된 규칙과 식형을 편의상 다시 쓰면 다음과 같다 (Schane 1973: 89).

(89) a.
$$V \rightarrow [+\text{stress}] \;/\; \_\_\_\_ \; C_0 \begin{bmatrix} V \\ -\text{tense} \end{bmatrix} \#\#$$

b. $V \rightarrow [+\text{stress}] \;/\; \_\_\_\_ \; C_0 \; \#\#$

c.
$$V \rightarrow [+\text{stress}] \;/\; \_\_\_\_ \; C_0 \left(\begin{bmatrix} V \\ -\text{tense} \end{bmatrix} \right) \#\#$$

규칙 (89c)는 두 개의 하위규칙 (89a)와 (89b)로 전개된다. 두 규칙 중 긴 환경을 지닌 규칙 즉, 소괄호 속의 요소를 포함한 규칙 (89a)가 먼저 적용되고, 다음으로 (89a)가 적용되지 않는 경우에 한하여 소괄호 속의 요소를 포함하지 않는 규칙 (89b)가 적용된다. 다시 말해, (89a)가 (89b)보다 먼저 적용되며, (89b)는 적용될 수 있는 조건을 충족시키더라도 (89a)가 적용되지 않는 경우에만 적용된다. 따라서 이 두 규칙은 둘 다 적용될 수 없고 둘 중 하나만 적용된다는 점에서 상호 배타적(mutually exclusive)이라고 말할 수 있다. 이처럼 두 규칙 모두가 적용되는 것이 아니고 그중 하나만이 적용되는 규칙 적용 방식을 **이접적 순서**라고 한다.

예를 들어 프랑스어 /admirablə/ 'admirable'와 /ami/ 'friend'에 강세 규칙 (89a)와 (89b)를 차례로 적용시켜 보자. (89a)는 말미음절이 이완모음인 /ə/일 경우 말미제2음절에 강세를 부여하는 규칙이고,[35] (89b)는 말미음절에 강세를 부여하는 규칙이다. 아래 (90a)는 이접적 순서에 따른 도출과정이고, (90b)는 이접적 순서에 따르지 않고 두 규칙을 모두 적용시킨 도출과정이다.

(90) a.

UF:	/##admirablə##/	/##ami##/
(89a):	##admirábla##	____
(89b):	________	##amí##
DF:	[admiráblə]	[amí]

35) 프랑스어에서 이완모음은 /ə/뿐이다.

b. UF: /##admirablə##/ /##ami##/

(89a): ##admiráblə## ____

(89b): ##admiráblə́## ##amí##

DF: *[admiráblə́] [amí]

(90a)에서, /admirablə/에 (89a)가 이미 적용되었으므로 (89b)는 적용될 수 있는 조건을 충족시키지만 적용될 수 없다. /ami/에는 (89a)가 적용되지 않았으므로 비로소 (89b)가 적용될 수 있는 것이다. (90b)에서처럼 /admirablə/에 (89a)가 이미 적용되었음에도 (89b)가 적용되면 비적형 표면형 *[admiráblə́]가 도출된다. 이처럼 소괄호 속의 요소를 포함하지 않은 규칙은 소괄호 속의 요소를 포함한 규칙이 적용되지 않는 경우에만 적용될 수 있다.

이접적 순서는 소괄호 표기로 축약된 하위규칙들에만 적용되는 것이 아니고, 직각괄호 표기와 알파 표기로 축약된 하위규칙들에도 적용된다. 직각괄호 표기로 축약한 규칙 (62)는 두 개의 하위규칙 (61a)와 (61b)로 전개되며, 이들 중 직각괄호 속의 요소를 포함한 (61a)가 (61b)보다 먼저 적용되고, (61b)는 (61a)가 적용되지 않는 경우에만 적용될 수 있다. 알파 표기로 축약된 하위규칙들은 순서 없이 이접적으로 적용된다. 직각괄호 표기와 알파 표기로 축약된 하위규칙들이 이접적으로 적용된다는 것에 대한 구체적인 예시는 편의상 생략하기로 한다.

이접적 순서와 대립되는 개념인 연접적 순서는, 두 규칙들이 동일한 기저형에 모두 적용되는 것을 말한다. 연접적 순서를 나타내는 규칙 표기는 중괄호 표기이다. 연접적 순서로 적용되는 규칙의 예로 다음을 보자 (Schane 1973: 90).

(91) $C \rightarrow \emptyset \ / \ \_\_\_ \begin{Bmatrix} + \\ \#\# \end{Bmatrix} C$

(91)은 다음과 같은 두 개의 규칙으로 전개된다. 바꾸어 말하면 (91)은 다음 두 규칙을 중괄호 표기를 사용하여 축약시킨 것이다.

(92) a. $C \rightarrow \emptyset \ / \ \_\_\_ \ + \ C$

b. $C \rightarrow \emptyset \ / \ \_\_\_ \ \#\# \ C$

(92a)는 자음으로 시작하는 형태소 앞에 있는 자음을 탈락시키는 규칙이고, (92b)는

자음으로 시작하는 단어 앞에 있는 자음을 탈락시키는 규칙이다. 위 두 규칙은 (92a)−(92b)의 순서로 적용되고, 규칙의 구조기술을 충족시키기만 하면 모두 적용될 수 있다. 이처럼 두 규칙이 동일한 하나의 기저형에 둘 다 적용될 수 있는 규칙 적용 방식이 바로 **연접적 순서**이다. 예를 들어 프랑스어 /pətit+z##garsɔ̃/ 'little boys'과 /pətit+z##ami/ 'little friends'에 (92a)−(92b)의 순서로 규칙을 적용시키는 도출과정을 보이면 다음과 같다.36)

(93) UF:	/pətit+z##garsɔ̃/	/pətit+z##ami/
(92a):	pəti+z##garsɔ̃	pəti+z##ami
(92b):	pəti##garsɔ̃	___________
DF:	[pəti garsɔ̃]	[pətiz ami]

위 도출과정에서 보듯이, (92a)와 (92b)를 연접적 순서로 적용시키면, 올바른 도출형을 얻을 수 있게 된다. 여기서 중요한 점은 두 규칙이 /pətit+z##garsɔ̃/에 연접적으로 즉, 둘 다 적용된다는 점이다. 만일 이접적으로 적용된다면, (92b)는 (92a)가 적용되지 않는 경우에만 적용될 수 있으므로, (92a)가 적용된 출력형 /pəti+z##garsɔ̃/에 (92b)가 적용될 수 없게 되어 *[pətiz garsɔ̃]이라는 비적형 표면형이 도출되게 될 것이다. 또한 만일 (92b)를 (92a)보다 먼저 적용시키면, 아래에서 보듯이 비적형 표면형이 도출된다.

(94) UF:	/pətit+z##garsɔ̃/	/pətit+z##ami/
(92b):	pətit##garsɔ̃	___________
(92a):	___________	pəti+z##ami
DF:	*[pətit garsɔ̃]	[pətiz ami]

따라서 올바른 도출형을 얻기 위해서는 (92a)가 (92b)보다 먼저 적용되어야 하고, 이 두 규칙은 연접적으로 적용되어야 한다.

마지막으로, 무한식형으로 축약된 하위규칙들의 적용 방식인 동시 적용에 관하여

36) 사실상 /pətit+z##garsɔ̃/과 /pətit+z##ami/는 정확한 기저형은 아니다. 명사 /garsɔ̃/과 /ami/도 복수형 어미 /+z/를 지녀야 하며, 또한 [ɔ̃]은 비음화규칙이 적용된 결과이므로 /garsɔ̃/은 이 규칙(과 비음탈락규칙)이 적용되기 이전의 형태로 표시되어야 한다. 그러나 연접적 순서를 보이기 위해 편의상 기저형을 (93)처럼 나타낸 것이다.

살펴보자. *SPE* (343)가 예시하는 다음 무한식형을 보자.

(95) C → Ø / ____ C_0 ##

(95)는 어말에 있는 임의의 수의 자음을 삭제하는 무한식형으로 다음과 같은 무한수의 규칙으로 전개된다.

(96) a. C → Ø / ____ ##
b. C → Ø / ____ C ##
c. C → Ø / ____ CC ##
d. C → Ø / ____ CCC ##
⋮

가령 기저형 /−V$C_xC_yC_z$##/가 있다고 할 때, C_z, C_y, C_x는 각각 규칙 (96a), (96b), (96c)에 의해 탈락될 수 있으므로, 바라는 표면형 [−V]를 도출시키기 위해서는 이 세 규칙을 동시에 적용시켜야 할 것이다. 이와 같은 동시 적용은 다음과 같은 규약에 따른 것이다 (*SPE* 344).

(97) To apply a rule, the entire string is first scanned for segments that satisfy the environmental constraints of the rule. After all such segments have been identified in the string, the changes required by the rule are applied simultaneously.

위 규약에 따르면, 무한식형의 하위 규칙들은 환경의 조건을 충족시키는 입력형의 연쇄에 동시에 적용된다.

지금까지 7.2에서 언급한 내용을 요약하면 다음과 같다. 예컨대 영어의 규칙적 복수와 방언의 차이 등의 음운현상을 적절히 설명하기 위해서는 규칙들이 적용되는 순서가 정해져 있어야 한다. 일부 규칙들은 외재적으로 혹은 내재적으로 규칙순이 정해져 있는 반면, 다른 일부 규칙들은 규칙순이 정해져 있지 않으므로, 규칙들은 부분적으로만 적용순서가 정해져 있다. 소괄호 표기로 축약된 하위 규칙들은 이접적 순서로 적용된다. 이접적으로 적용되는 두 규칙은 순서가 정해져 있고, 나중에 적용되는 규칙은 먼저 적용되는 규칙이 적용되지 않을 때만 적용될 수 있다. 중괄호 표기로 축약된 하위 규칙들은 연접적 순서로 적용된다. 연접적으로 적용되는 두 하위규칙은 전개되는 순서로 적용되며, 환경 조건을 만족시키면 모두 적용될 수 있다. C_0와 같은 무한식형의 하위규칙들은 구조기술을 만족시키는 입력형 연쇄에 모두 동시에 적용된다.

7.3 기저형 설정

생성음운론은 실제의 발음을 나타내는 음성표시와 추상적인 음운표시 즉, 기저표시를 설정한다. 음성표시와 다른 또 하나의 층위를 설정해야 하는 이유는 단지 하나의 층위에 의해서 기술할 수 없는 많은 일반성을 포착할 수 있기 때문이다. 예를 들어 모음의 음장과 관련된 다음 자료를 보자. 아래는 writer와 rider가 다르게 발음되는 방언의 발음을 나타낸다.

(98)	a. write	[rayt]	writer	[rayDər]
	ride	[ra:yd]	rider	[ra:yDər]
	b. wet	[wɛt]	wetting	[wɛDɪŋ]
	wed	[wɛ:d]	wedding	[wɛ:Dɪŋ]
	c. seat	[sit]	seated	[siDɪd]
	seed	[si:d]	seeded	[si:Dɪd]

영어에서 모음은 무성 자음 앞에 있을 때보다 유성자음 앞에 있을 때 길게 발음된다는 것은 잘 알려진 사실이다. (98)에서 주목할 점은 /t/와 /d/가 설탄음화에 의해 중화가 되는 경우에도, 그 앞의 모음이 길이가 그대로 유지된다는 점이다. 즉, 모음이 /t/에서 도출된 설탄음 D 앞에 있을 때와 /d/에서 도출된 설탄음 D 앞에 있을 때 음장에 있어서 차이를 보인다. 만일 기저층위(underlying level)를 설정하지 않고 단순히 음성층위만을 인정한다면, 왜 음성적으로 유성음인 설탄음 앞에서 모음 길이의 차이를 보이는지 설명할 수 없을 것이다. 따라서 /t/와 /d/의 유무성이 대립되는 정보가 저장된 기저표시를 인정하지 않으면 안 된다. 기저표시를 인정하고, 장모음화규칙이 설

탄음화규칙보다 먼저 적용된다고 가정하기만 하면, 위 (81)에서 보인 도출과정에서 보듯이, writer와 rider의 음장 차이를 설명할 수 있게 된다. 편의상 (81)을 다시 쓰면 다음과 같다. 아래에서 (80a)는 장모음화규칙이고 (80b)는 설탄음화규칙이다.

(99)	write	ride	writer	rider
UF:	/rayt/	/rayd/	/rayt#ər/	/rayd#ər/
(80a):	____	ra:yd	______	ra:yd#ər
(80b):	____	_____	rayD#ər	ra:yD#ər
DF:	[rayt]	[ra:yd]	[rayDər]	[ra:yDər]

만일 기저표시를 인정하지 않으면, 음성적으로 유성음인 설탄음 앞에서 왜 writer와 rider의 모음이 음장에서 차이를 보이는지 설명할 수 없지만, (99)에서 보듯이 기저형을 인정하면, 모음이 길이가 후속하는 자음의 유무성에 의해 결정된다는 일반적 사실을 설명할 수 있게 된다.

기저형 설정 근거의 또 다른 예로, 기저형을 설정하지 않으면 어간말 자음과 접미사 자음 사이의 체계적 관련성을 포착하기 어렵다는 점을 들 수 있다. 많은 화자들이 어간말 치경 폐쇄음을 탈락시켜 tents와 tends를 각각 [t^hɛns]와 [t^hɛnz]로 발음한다. 만일 음성표시만을 인정한다면, 복수 접미사나 3인칭 단수 접미사 [s]와 [z]는 어간말 자음의 유무성에 의해 결정되므로 tents가 [t^hɛnz]로 발음될 것으로 기대되지만, 왜 실제로는 [t^hɛns]로 발음되는 이유를 설명하기 어려울 것이다. 그러나 탈락되기 이전의 /t/와 /d/의 대립을 나타내는 기저표시를 인정한다면 그 이유를 적절히 설명할 수 있다. 기저표시에서 tents와 tends를 각각 /tɛnt#z/와 /tɛnd#z/로 나타내고, 여기에 유무성동화규칙과 치경 폐쇄음 탈락규칙이 차례로 적용되면 tents가 왜 [t^hɛns]로 발음되는지를 설명할 수 있다. 치경 폐쇄음을 탈락시키는 규칙을 나타내면 다음과 같다 (Kenstowicz 1994: 72).

(100) $\begin{bmatrix}+\text{cor}\\ -\text{cont}\end{bmatrix} \rightarrow \text{Ø} \ / \ [+\text{nasal}] \ \_\_\_\_ \ \begin{bmatrix}+\text{cor}\\ +\text{cont}\end{bmatrix}$

복수와 3인칭 단수 굴절어미의 유무성이 선행하는 어간말 자음의 유무성과 일치되도록 하는 유무성동화규칙을 나타내면 다음과 같다.

(101) z → [−voice] / [−voice] # ____

tents [t^hɛns]와 tends [t^hɛnz]의 도출과정을 나타내면 아래와 같다.[37)]

(102) UR: /tɛnt#z/ /tɛnd#z/

UR:	/tɛnt#z/	/tɛnd#z/
(101):	tɛnt#s	____
(100):	tɛn#s	tɛn#z
DF:	[tɛns]	[tɛnz]

위 도출과정에서 보듯이 접미사 [s]와 [z]의 분포를 결정하는 유무성동화규칙이 /t/와 /d/가 대립되는 기저형에 적용하도록 함으로써, tents가 [tɛnz]가 아닌 [tɛns]로 발음된다는 것을 설명할 수 있다. 그러나 기저표시를 인정하지 않고 유무성동화규칙을 음성표시에 적용시킨다면, tents의 경우 왜 유성음인 [n] 뒤에서 접미사가 [s]로 발음되는지를 설명할 수 없다. 이처럼 복수 접미사나 3인칭 단수 접미사의 유무성은 어간말 자음의 유무성과 일치한다는 일반성을 포착하기 위해서는 기저표시를 설정해야 할 필요성이 있음을 알 수 있다.

기저형에 음운 규칙을 적용하여 표면형을 도출시키는 생성음운론의 기본 가정의 하나는, "하나의 형태소는 단지 하나의 기저형으로 유일하게 표시된다"는 것이다. 예를 들어 [s]~[z]~[ɪz]의 교체를 보이는 복수 형태소의 기저형은 /z/로 표시된다. 여기서 문제가 되는 것은 왜 복수 형태소의 기저형이 /s/나 /ɪz/가 아닌 /z/여야 하는가이다. 기정형의 설정은 임의적으로 이루어지는 것이 아니고 어떤 원칙 내지는 기준에 의해 이루어진다. 기저형을 설정할 때, 일반적으로 다음과 같은 다섯 가지 점이 고려되어야 하는 것으로 알려져 있다.

(103) a. 예측가능성(predictability)
b. 경제성(economy)
c. 일반성(generality)

37) tents와 tends는 접미사의 유무성에서뿐만 아니라 사실상 모음이 길이에서도 차이를 보인다. 즉, tends의 모음이 tents의 모음보다 길게 발음된다. 따라서 tents는 [t^hɛns]로 tends [t^hɛ:nz]로 표기되어야 할 것이다. 이러한 음장의 차이를 설명하기 위해서는 모음과 유성자음 사이에 공명음이 수의적으로 나타날 수 있도록 장모음화규칙 (80a)를 수정해야 할 것이다. 이 두 단어의 모음 길이 차이는 편의상 무시하기로 한다.

d. 동형성(pattern congruity)

e. 수긍가능성(plausibility)

기저형을 설정할 때 위 원칙들이 어떻게 적용되는지를 보기 위해 몇 가지 예들을 제시하겠다. 우선 모음의 비음화와 관련된 다음 예를 보자.

(104) a. lean [lĩ], glean [glĩ], bum [bʌ̃], dim [dĩ]

b. leaner [lĩnər], gleaner [glĩnər], bummer [bʌ̃mər], dimmer [dĩmər]

미국영어의 많은 방언에서 비음에 선행하는 모음은 (104a)에서 보듯이 비강모음으로 발음된다. 이 방언에서 lean[lĩ], bent [bɛ̃t], meant [mɛ̃t]는 각각 구강모음을 지닌 lee [li], bet [bɛt], met [mɛt]와 대립된다. (104b)는 모음으로 시작되는 접미사가 (104a)에 첨가될 때 비음이 탈락되지 않고 표면형에 나타난다는 것을 보여준다.

우리는 (104)의 발음을 설명하기 위해, 예를 들어 lean의 기저형으로 /lĩ/이나 /lin/을 설정할 수 있을 것이다.[38] 이 두 가지 중 어느 것을 기저형으로 설정한 분석이 (103)의 기준을 더 충족시키는지 살펴보자. 편의상 기저에 비강모음을 표시하는 경우를 '분석 I'로 구강모음을 표시하는 경우를 '분석 II'로 칭하기로 한다.

먼저, lean의 기저형으로 비강모음을 지닌 /lĩ/을 설정하는 분석 I의 경우, 접미사 −er이 첨가될 때 비음이 실현되는 것을 설명하기 위해서는, 다음과 같은 비음삽입규칙(nasal insertion rule)이 필요할 것이다.

(105) $$\varnothing \rightarrow \begin{bmatrix} \text{C} \\ \text{+nasal} \end{bmatrix} / \begin{bmatrix} \text{V} \\ \text{+nasal} \end{bmatrix} \underline{\quad\quad} \# \text{ V}$$

모음 사이에 비음을 삽입하는 것은, 많은 언어에서 **모음연접**(hiatus)을 피하기 위해 모음 사이에 자음을 삽입하는 자연스런 책략의 하나로 생각할 수 있을 것이다.[39] 규

38) 또 다른 가능한 기저형으로 /lĩn/을 생각할 수 있으나, 이 기저형은 편의상 고려하지 않기로 한다.

39) 모음이 나란히 배열된 'VV'를 모음연접이라고 하며, 이 배열형을 피하기 위해 언어에 따라 아래와 같은 다양한 책략이 사용된다 (Casali 1996).

a. VV → GV, VG (전이음화 (glide formation 또는 devocalization))

b. VV → VCV (자음삽입)

c. VV → V (모음탈락)

칙 (105)를 적용시켜 lean [lĩ]과 leaner [lĩner]가 도출되는 과정을 나타내면 다음과 같다.

(106)	UF:	/lĩ/	/lĩ#ər/
	(105):	__	lĩn#ər
	DF:	[lĩ]	[lĩnər]

비강모음을 기저에 표시하는 이 분석방법은 일견 아무런 문제가 없어 보인다.

다음으로 /lin/을 lean의 기저형으로 설정하는 분석 II의 경우, 표면형 [lĩ]과 [lĩnər]의 발음을 설명하기 위해서는 모음이 비음 앞에서 비강모음이 되고, 음절 말음의 비음이 탈락하는 다음과 같은 두 개의 규칙이 필요하다.

(107) a.

$$V \rightarrow [+nasal] \;/\; \_\_\_ \begin{bmatrix} C \\ +nasal \end{bmatrix}$$

b.[40]

$$\begin{bmatrix} C \\ +nasal \end{bmatrix} \rightarrow \emptyset \;/\; \begin{bmatrix} V \\ +nasal \end{bmatrix} \_\_\_ \;(C)\;\$$$

위 두 규칙은 아래 도출과정에서 보듯이 (107a)−(107b)의 순서로 적용되어야 한다. 규칙 (107b)의 환경에 표시된 비강모음은 규칙 (107a)가 적용된 결과의 출력형이므로, 다시 말해 규칙 (107a)의 출력형이 (107b)의 입력형이 되므로, 이 두 규칙은 내재적으로 순서가 정해진다.[41]

(108)	UF:	/lin/	/lin#ər/
	(107a):	lĩn	lĩn#ər
	(107b):	lĩ	_____
	DF:	[lĩ]	[lĩnər]

---

d. $V_1V_2 \rightarrow V_3$ (융합)

e. VV → VV (이중모음화 (diphthongization))

40) 이 규칙에 (C)를 나타낸 것은 bend [bɛ̃d]나 pink [pĩk]에서처럼 탈락하는 비음 뒤에 다른 자음이 있을 수 있기 때문이다.

41) (107a)가 적용되지 않으면 (107b)가 적용될 수 있는 경우는 없으며, (107a)가 적용됨으로써 (107b)가 적용될 수 있는 새로운 환경(비강모음)을 만들어주기 때문에, (107a)−(107b)는 절대 급여순이다.

위 도출과정에서 lĩn#ər에는 비음탈락규칙 (107b)가 적용되지 않는다. 왜냐하면 /n/이 재음절화에 의해 두음이 되기 때문이다.

위 두 가지 분석은 올바른 표면형을 도출시킨다는 점에서, 일견 별문제가 없어 보인다. 그러나 분석 I에서 설정한 비음삽입규칙 (105)는 기저형 설정의 첫 번째 기준인 **예측가능성**을 만족시키지 못한다. 이 규칙에 의해서 우리는 모음 사이에 /m, n, ŋ/ 중 어느 비음을 삽입해야 하는지를 예측할 수 없다. 즉, leaner [lĩner]나 gleaner [glĩnər]와 같은 예들에서는 왜 /n/이 삽입되고, bummer [bʌ̃mər]나 dimmer [dĩmər]와 같은 예들에서는 왜 /m/이 삽입되는지를 설명할 수 없다. 반면 분석 II의 경우 이러한 문제가 발생하지 않는다. 왜냐하면 기저형에 비음이 leaner에서는 /n/으로 dimmer에서는 /m/으로 표시되기 때문이다. 따라서 예측가능성의 기준에 비추어볼 때, 예측가능성이 결여된 규칙을 설정해야 하는 분석 I보다 분석 II가 더 적절하다고 말할 수 있다. 즉, 기저에 비강모음을 표시하기보다는 구강모음을 표시하고, 비강모음은 규칙에 의해 도출시켜야 한다는 것이다.

분석 I은 기저형 설정의 두 번째 고려 사항인 **경제성**도 만족시키지 못한다. 경제성의 개념은 보통 기저 분절음(underlying segment)의 수에 의해 평가된다. 즉, 기저 분절음의 수가 적으면 적을수록 더 경제적이다. 기저에 분석 II는 구강모음만을 가정하지만, 분석 I은 구강모음뿐만 아니라 대응하는 비강모음을 가정하므로, 기저 모음의 수에 있어서 분석 I은 분석 II보다 두 배가 많다. 따라서 분석 II가 분석 I보다 더 경제적이라고 말할 수 있다.[42)]

분석 II는 비강모음 분포에 대한 **일반성**을 포착하지만, 분석 I은 그렇지 못하다. 분석 II에서 설정한 비음화규칙 (107a)는 비음에 선행하는 모음은 언제나 비강모음으로 실현된다는 일반적 사실을 나타낸다. 반면, 분석 I은 비강모음을 기저에 표시하므로, 비강모음이 구강모음과 마찬가지로 후속하는 자음과 상관없이 자유롭게 나타난다고 가정한다. 따라서 모음이 비음 앞에서만 비강 모음으로 실현되며, 비음화는 후속하는 비음의 존재 여부에 의해 예측할 수 있는 분석 II가 분석 I보다 적절하다고 말할 수 있다.

기저형 설정에 고려해야 할 다른 기준인 '동형성'과 '수긍가능성'에 있어서, 분석

42) 대개의 경우 기저 분절음의 수가 적은 경제적 분석은 규칙의 복잡성을 수반한다. 분석 I은 비음삽입규칙 (105) 하나만을 설정하지만, 더 경제적인 분석 II는 두 개의 규칙 (197a)와 (107b)를 설정한다. 간결성 척도에 의해 분석 I이 분석 II보다 더 간결하다고 평가할 수 있을 것이다. 그러나 간결성 평가의 대상이 되는 규칙은 독자적 타당성을 지닌다는 것을 전제로 하기 때문에, 예측가능성이 없는 (105)와 같은 규칙은 그 자체로 규칙의 자격을 상실하는 것이다.

I과 분석 II의 차이를 단언하기 어렵다. 분석 I의 모음삽입규칙 (105)는 왜 다른 자음이 아닌 비음이 삽입되어야 하는지를 설명하기 어렵고, 비음 중 어떤 비음이 삽입되어야 하는지 예측할 수 없다는 문제점이 있기는 하지만, 모음연접을 막아주는 역할을 한다는 점에서 나름대로의 수긍가능성을 지닌다고 볼 수 있다. 물론 분석 II의 비음화규칙 (107a)는 많은 언어에서 찾아볼 수 있는 매우 보편적인 규칙이며, 모음과 비음의 연쇄에서 모음이 후속하는 비음의 자질에 동화되는 매우 자연스런 규칙이다.

동형성은 어떤 분절음을 기저에 표시할 때 그 분절음이 전체적인 음운체계에 일치하는지를 판단하는 기준이 된다. 동형성과 관련하여 널리 인용되는 예가 바로 [ŋ]의 기저형 설정이다. [ŋ]의 기저음으로 /ŋ/을 설정하는 분석과 /ng/을 설정하는 분석을 비교해보자. 기저음으로 /ŋ/을 설정할 경우, 왜 [ŋ]은 다른 비음 [m], [n]과 달리 두음에 나타나지 못하는지를 설명하기 어렵다는 문제가 발생한다. 그러나 [ŋ]의 기저음으로 /ng/를 설정하면, 기저에서 [ŋ]이 두음에 나타나지 못하는 이유를 기저에서 /ng/가 가능한 두음 자음군이 아니기 때문이라고 설명할 수 있다. 여기서 중요한 점은 [ŋ]이 두음에 나타나지 못하는 이유가, 단지 /ng/라는 분절음 연쇄가 두음에 나타나지 못해서가 아니라, 비음과 폐쇄음으로 이루어진 모든 연쇄가 가능한 두음 자음군이 아니라는 전체적인 음운체계 때문이라고 설명할 수 있다는 것이다. */$mb−/, */$nd−/, */$ng−/는 가능한 두음 자음군이 아니라는 점에서 동일한 패턴을 이룬다. 기저 표시에서 /ng/가 두음에 나타나지 않으므로, 결국 표면 음성 표시에서 [ŋ]은 이 위치에 나타날 수 없는 것이며, 이러한 분포상의 제약은 비음과 유성 폐쇄음의 연쇄가 일반적인 원칙인 공명도배열일반화(SSG)를 위반하기 때문이라고 전체적 음운체계 속에서 설명할 수 있다. 따라서 동형성의 기준에 비추어볼 때, [ŋ]의 기저음으로 /ng/를 설정하는 것이 타당하고 말할 수 있다.

기저형을 설정할 때 고려해야 할 마지막 기준은 **수긍가능성**이다. **구개음화**(palatalization)와 관련된 다음 자료를 보자. 편의상 [s]와 [ʃ], [z]와 [ʒ]의 교체와 관련된 예만을 제시한다.

(109)	a. [s]~[ʃ]:	artifice	artificial
		express	expression
		office	official
		space	spacial
	b. [z]~[ʒ]:	confuse	confusion

effuse	effusion
diffuse	diffusion
supervise	supervision

위 자료를 보면 어말의 [s]와 [z]가 접미사 −ial이나 −ion 앞에서 각각 [ʃ]와 [ʒ]로 발음된다는 것을 알 수 있다. 위 구개음화 현상에 대한 일반적인 설명은 치경 마찰음 /s/와 /z/가 전이음 y와 비강세 모음의 연쇄 앞에서 각각 경구개치경 마찰음 [ʃ]와 [ʒ]로 된다는 것이다. 이를 규칙으로 나타내면 다음과 같다.43)

(110) $$\begin{Bmatrix} \text{s} \\ \text{z} \end{Bmatrix} \rightarrow [-\text{ant}] \ / \ \_\_\_\_ \ \text{y} \begin{bmatrix} \text{V} \\ -\text{stress} \end{bmatrix}$$

위 규칙은 음성적으로 자연스런 동화규칙의 하나이다. 즉, /s/와 /z/가 후속하는 전이음의 자질 [−ant, +high]를 갖게 되는 동화현상이다.44)

(109)의 교체 [s]~[ʃ]와 [z]~[ʒ]를 설명하기 위해, 만일 기저형을 경구개치경 마찰음 /ʃ/와 /ʒ/로 설정한다면, 기저형을 치경 마찰음 /s/와 /z/로 설정하고 규칙 (110)을 필요로 하는 위 분석과 달리, 다음과 같은 규칙이 필요할 것이다.

(111) $$\begin{Bmatrix} \text{ʃ} \\ \text{ʒ} \end{Bmatrix} \rightarrow [+\text{ant}] \ / \ \_\_\_\_ \ \#\#$$

위 규칙은 어말에서 /ʃ/와 /ʒ/가 각각 [s]와 [z]로 된다는 것을 나타낸다. 어말 위치에서 경구개치경 마찰음이 치경 마찰음으로 변한다는 음성적으로 타당한 근거를 찾기 어렵다는 점에서, (111)은 수긍하기 어려운 규칙이다. 또한 (111)은 어말의 /ʃ/와 /ʒ/를 각각 [s]와 [z]로 바꾸기 때문에, 어말에는 [ʃ]와 [ʒ]가 나타날 수 없어야 하지만, 사실상 fish, fresh, brush, garage, massage, gavage 등에서 보듯이 /ʃ/나 /ʒ/로 끝나는 단어는 많이 있다.45) 따라서 (111)은 관찰적 타당성(observational adequacy)조차 충

43) 예컨대 miss it에서 보듯이 모음 i 앞에서는 구개음화가 일어나지 않는다. 구개음화에 관하여는 8.1.3에서 자세히 다룬다.

44) 위 규칙에서 화살표 오른쪽에 [+high]를 나타내지 않은 것은 이 자질이 잉여적이기 때문이다.

45) [ʒ]가 어말에 나타나는 단어는 그리 많지 않으며 대부분 차용어들이다. 그러나 [ʃ]로 끝나는 단어는 무수히 많다.

족시키지 못하는 규칙이라고 말할 수 있다. 수긍가능성이라는 기준에 비추어볼 때, 규칙 (110)은 자연스런 수긍가능한 동화규칙인 반면, (111)은 음성적 근거가 없는 수긍하기 어려운 규칙이므로, 치경 마찰음 /s/와 /z/를 기저음으로 설정하는 분석이 경구개치경 마찰음 /ʃ/와 /ʒ/를 기저음으로 설정하는 분석보다 타당하다고 말할 수 있다.

지금까지 비음화, [ŋ], 구개음화의 예를 들어 기저형을 설정할 때 고려해야 할 다섯 가지 기준에 관하여 살펴보았다. 이제 기저형의 **추상성**(abstractness)에 관하여 간단히 언급하겠다. 음운론의 추상성 문제와 관련하여, 하나의 극단적인 경우는 표면형이 기저형과 어떠한 관계도 가질 필요가 없다는 것이고, 이와 정반의 또 다른 극단적인 경우는 표면형이 기저형과 항상 동일해야 한다는 것이다. 이 양 극단 사이에는, 표면형과 기저형의 관계를 인정하지만 그 관계가 항상 직접적이지는 않다는 입장이 있을 수 있다. 문제는 기저형이 어느 정도 추상적이어야 하는가인데, 기저형과 표면형 사이의 관계가 덜 직접적일수록 기저형은 더 추상적이게 된다. 중요한 것은 모국어 화자의 직관을 반영하는 기저형을 설정해야 한다는 것이다. 음운론의 추상성은 *SPE* 이후 많은 논쟁의 대상이 되었다 (Harms 1973; Hoard 1972; Hyman 1970, 1973; Kiparsky 1968; Vennemann 1974 등). Kiparsky(1968)는 기저형의 추상성에 제약을 가하기 위한 수단으로 **교체조건**(alternation condition)을 제안하였다. 이 조건은 환경에 상관없이 적용되는 **절대중화규칙**(absolute neutralization rule)을 인정하지 않음으로써 기저 표시의 추상성을 간접적으로 제한하기 위한 것이다. 이 제약에 따르면, 교체형이 있는 경우에는 교체형의 어느 하나가 기저형이 되고, 교체형이 없으면 표면형이 곧 기저형이 된다.[46]

가령 어떤 형태소의 교체형 [x]와 [y]가 있을 때, 이 형태소의 기저형은 /x/나 /y/가 될 수 있으며, 기저형과 다른 형태의 교체형은 기저형에 규칙이 적용된 결과로 도출된다. 예를 들어, 위에서 살펴본 규칙적인 복수 형태소는 표면형에 [s]~[z]~[ɪz]로 나타나므로, 복수 형태소의 기저형은 /s/, /z/ 또는 /ɪz/의 어느 하나가 될 수 있다. 이 세 가지 가능한 기저형 중 어느 것이 가장 적합한 것인지는, (103)에 제시한 기저형 설정의 다섯 가지 기준을 고려하여 결정해야 한다.

복수 형태소의 기저형을 각각 /s/, /z/, /ɪz/로 설정하는 세 가지 분석을 차례로 검토해보자. 먼저 /s/를 기저형으로 설정하는 분석은 [s]~[z]~[ɪz]의 교체를 설명하기 위해

46) Kiparsky(1968) 이후 기저형의 추상성 문제가 많이 논의되었으나, 본서에서는 이 문제를 더 이상 언급하지 않기로 한다.

다음과 같은 두 개의 규칙을 필요로 할 것이다.

(112) a. $s \rightarrow [+\text{voice}]\ /\ [+\text{voice}]\ \#\ \underset{\text{[PLURAL]}}{\underline{\qquad}}$

b. $\varnothing \rightarrow \text{ɪ}\ /\ \begin{bmatrix}+\text{cor}\\+\text{strid}\end{bmatrix}\ \#\ \underline{\qquad}\ \underset{\text{[PLURAL]}}{s}$

먼저, 이 두 규칙을 (112a)−(112b)의 순서로 적용시켜 보자.

(113)			
UF:	/kæt#s/	/bʌd#s/	/bʌs#s/
(112a):	_____	bʌd#z	_____
(112b):	_____	_____	bʌs#ɪs
DF:	[kæts] 'cats'	[bʌdz] 'buds'	*[bʌsɪs] 'buses'

위 도출과정에서 보듯이 비적형 표면형 *[bʌsɪs]가 도출되므로, 이제 (112b−112a)의 순서로 적용시켜보자.

(114)			
UF:	/kæt#s/	/bʌd#s/	/bʌs#s/
(112b):	_____	_____	bʌs#ɪs
(112a):	_____	bʌd#z	_____
DF:	[kæts] 'cats'	[bʌdz] 'buds'	*[bʌsɪs] 'buses'

위 도출과정에서 (112b)가 적용된 출력형 /bʌs#ɪs/에 (112a)가 적용될 수 없는 이유는 복수 접미사 /s/ 앞에 # 경계가 없기 때문이다. 위 도출과정에서도 (113)에서와 마찬가지로 비적형 표면형 *[bʌsɪs]가 도출된다. (112)의 두 규칙 자체는 예측가능성이나 수긍 가능성에 비추어볼 때 아무런 문제가 없는 규칙이지만, 문제는 이 두 규칙을 어떤 순서로 적용하더라도 결국 기대하는 표면형을 도출시킬 수 없다는 데 있다. 따라서 영어 복수 형태소의 기저형을 /s/로 설정하는 첫 번째 분석은 적절하지 않다.

두 번째로, 복수 형태소의 기저형을 /z/로 설정하는 경우에는 이러한 문제가 발생하지 않는다. 이 분석은 이미 위에서 제시한 두 개의 규칙 (77)이 (77a)−(77b)의 순서로 적용되면, 도출과정 (78)에서 보듯이 올바른 도출형을 얻을 수 있기 때문에 적절한 분석이라고 말할 수 있다. 편의상 (78)의 도출과정을 다시 쓰면 다음과 같다.

(115)	UF:	/kæt#z/	/bʌd#z/	/bʌs#z/
	(77a):	_____	_____	bʌs#ɪz
	(77b):	kæt#s	_____	_____
	DF:	[kæts] 'cats'	[bʌdz] 'buds'	[bʌsɪz] 'buses'

마지막으로, 복수 형태소의 기저형을 /ɪz/로 설정하는 경우 어떤 문제가 발생하는지를 보자. 이 분석은 어간말 자음이 치찰음 /s, z, ʃ, ʒ, ʧ, ʤ/를 제외한 나머지 자음일 때, 복수접미사 /ɪz/의 모음 /ɪ/를 탈락시키는 규칙과 /z/를 어간말 무성음 뒤에서 /s/로 바꾸는 (77b)와 같은 유무성동화규칙을 필요로 한다. (77b)는 자연스런 규칙이지만, 문제는 모음 /ɪ/를 탈락시키는 규칙에 있다. 즉, 이 규칙의 환경인 '치찰음을 제외한 나머지 자음들'이 자연 부류를 이루지 못한다는 것이다. 자연 부류를 이루지 못하는 자음들을 자질로 나타낼 수 없기 때문에 ɪ-탈락규칙을 형식화하여 나타낼 수 없다. 또한 이 규칙은 예를 들어 /cæt#iz/와 /bʌd#iz/를 각각 [cætz]와 [bʌdz]로 변화시킴으로써, /t, d/와 /z/ 사이의 모음을 왜 탈락시켜야 하는지 음성적으로 설명하기 어려운 문제점을 내포한다. 따라서 이 규칙은 규칙으로 인정할 수 없으며, 어떤 식으로 나타낸다 하더라도 수긍하기 어려운 규칙이 될 것이므로, 영어 복수 형태소의 기저형을 /ɪz/로 설정하는 분석은 적절하지 못하다.

다음으로, 교체형이 없을 때는 표면형이 바로 기저형이 되는 경우의 예로 철자 <kn>으로 시작하는 know, knead, knight, knave, knock, knee와 같은 단어들을 들 수 있다. 이 단어들의 첫 음은 모두 [n]으로 발음되지만, 고대영어 시기에는 [kn]으로 발음되었다. 영어의 발달과정을 고려하여 이 단어의 기저형을 /kn−/이라고 가정할 수도 있을지 모른다. 이 기저형은 비록 통시적 분석에서는 적절한 것이 될지 몰라도, 공시적 분석에서는 적절하지 못하다. 왜냐하면 어두 /kn/의 첫 음 /k/가 표면형에 나타나지 않기 때문이다. 따라서 이 경우 철자 <kn>으로 시작하는 형태소의 기저형을 /kn/으로 설정하는 것은 너무 추상적이므로, 표면형인 [n]과 동일한 /n/을 기저형으로 설정해야 하는 것이다.

끝으로, 기저형을 표면형의 어느 하나로 설정하지 않고 보다 추상적인 것으로 설정해야 하는 경우를 살펴보자. 예를 들어, 이중모음 [ay]와 이완 고모음 [ɪ] 사이의 교체와 관련된 다음 자료를 보자.

(116) [ay] [ɪ]

[ay]	[ɪ]
divine	divinity
five	fifth
line	linear
derive	derivative
satire	satirical

만일 교체형 [ay]와 [ɪ] 중 어느 하나를 기저형으로 설정한다면, 선택된 기저형과 다른 표면형 사이의 관계를 규칙에 의해 설명하기가 쉽지 않다. 기저형을 /ay/로 설정할 경우에는 ay → ɪ와 같은 규칙이 필요할 것이고, 반대로 /ɪ/로 설정할 경우에는 ɪ → ay와 같은 규칙이 필요할 것이다. 그러나 어느 규칙도 음성적으로 자연스럽지 않은 수긍하기 어려운 규칙이라는 데 문제가 있다. (116)의 교체를 설명하기 위해, 일반적으로 긴장 고모음 /ī/를 기저형으로 설정한다. 이 기저형은 표면형으로 실현되지 않는 형태라는 점에서 추상적이라고 말할 수 있다. 모음교체 [ay]~[ɪ]에 관한 분석은 9.1에서 자세히 다루기로 하고, 여기서는 추상적 기저형을 설정해야 하는 경우도 있다는 점만을 말해둔다.

지금까지 7.3에서 언급한 내용을 간단히 말하면, 기저표시는 표면음성표시에서 포착할 수 없는 일반성을 포착하기 위해 필요하고, 기저형은 예측가능성, 경제성, 일반성, 동형성, 수긍가능성의 기준을 고려하여 설정하여야 하며, 일반적으로 교체형의 하나가 기저형으로 설정되지만 추상적 기저형을 설정해야 하는 경우도 있다.

8 음운 과정(1)

English Phonology

English Phonology

형태소가 결합되어 단어를 형성할 때, 인접한 형태소의 분절음들이때로 변화를 겪게 된다. 예컨대, express와 office의 어말 /s/는 접미사 -ion이나 -ial이 첨가될 때 expression과 official에서 보듯이 [ʃ]가 된다. 또한 단어가 결합할 때에도 인접한 분절음에 변화가 생길 수 있다. 예를 들어 this shop에서 어말의 /s/가 후속하는 /ʃ/의 영향으로 [ʃ]로 된다. 이러한 음운 변화는 형태소가 결합하거나 단어가 결합할 때에만 나타나는 것이 아니고, 단일 형태소 내에서도 나타날 수 있다. 이러한 모든 변화를 일컬어 **음운 과정**(phonological process)이라고 한다.

매우 다양한 음운 과정을 유형에 따라 명확히 분류하기는 쉽지 않은 일이지만, 편의상 본 장에서는 동화(assimilation), 탈락(deletion), 삽입(epenthesis 또는 insertion)의 세 가지 유형에 속하는 음운 과정만을 다루고, 모음과 관련된 음운 과정과 연구개음 연음화(velar softening), 이화(dissimilation), 중화(neutralization), 융합(coalescence), 음위전환(metathesis) 등은 다음 장으로 미루겠다.

8.1 동화

어떤 음이 이웃하는 음과 닮는 것을 **동화**(assimilation)라고 한다. 동화는 화자가 가능한 한 최소한의 노력으로 발음하려는 조음의 용이성(ease of articulation) 때문에 발생하는 것으로, 많은 언어에서 가장 흔하게 나타나는 음운 과정이다.

동화는 작용하는 방향에 따라 **순행동화**(progressive assimilation)와 **역행동화**(regressive assimilation)로 분류할 수 있다. 동화의 방향성은 동화를 유발하는 조건음(conditioning sound)과 동화의 대상이 되는 동화음(assimilated sound)의 전후관계에 따른 것으로, 조건음이 동화음을 선행하는 경우를 순행동화라고 하고, 반대로 동화음이 조건음을 선행하는 경우를 역행동화라고 한다. 또한 인접한 두 분절음의 상호 작용에 의해 순행동화와 역행동화가 동시에 일어나는 경우를 **상호동화**(reciprocal assimilation)라고 한다. 예를 들어, cats에서 복수 접미사 /z/가 어간말 무성음 /t/의 영향으로 무성음 [s]로 되는 것은 순행동화이고, five/fifth와 twelve/twelfth에서 어기의 /v/가 후속하는 무성음 접미사 /θ/의 영향으로 무성음 [f]로 동화되는 것은 역행동화이다. 상호동화는 순행동화나 역행동화에 비해 드물게 나타난다. 예컨대, seven의

/v/와 /ṇ/이 서로 영향을 미쳐 각각 [b]와 [ṃ]으로 되는 것은 상호동화이다.

조건음과 동화음이 모두 자음이거나 모음일 수도 있고, 조건음이 모음이고 동화음이 자음이거나, 조건음이 자음이고 동화음이 모음일 수도 있다. 동화음이 자음일 경우, 동화에 관여하는 자질에 따라 동화를 **조음위치동화**(place assimilation), **조음방법동화**(manner assimilation), **유무성동화**(voicing assimilation)로 나눌 수 있다. 가령 동화에 관여하는 자질이 [anterior], [coronal], [back]이면 조음위치동화이고, [continuant], [nasal] 등이면 조음방법동화이며, [voice]이면 유무성동화이다. 예를 들어, 부정 접두사 in－의 비음 /n/이 impossible, in[ŋ]gratitude에서처럼 후속하는 자음과 조음 위치가 같아지는 것은 조음위치동화이고, president의 어말 폐쇄음 /t/가 presidency에서 보듯이 접미사 －y의 영향으로 마찰음 [s]로 되는 것은 조음방법동화이며, cats의 복수 접미사 /z/가 무성음 /t/의 영향으로 무성음 [s]로 변하는 것은 유무성동화이다.

끝으로, 동화음이 조건음과 부분적으로 닮는 것을 **부분동화**(partial assimilation 또는 incomplete assimilation)라고 하고, 동화음이 조건음과 완전히 같아지는 것을 **완전동화**(complete assimilation 또는 full assimilation)라고 한다. 위에서 예시한 것들은 모두 부분동화에 속한다. 완전동화의 예로는 빠른 발화에서 give me를 [gɪmmi]로 let me를 [lɛmmi]로 발음하는 것을 들 수 있다.

지금까지 동화의 개념과 동화의 유형들을 간단히 설명하였으므로, 이제 조음위치동화, 유무성동화, 구개음화(palatalization), 비음화(nasalization), 마찰음화(spirantization), 움라우트(umlaut)에 관하여 자세히 살펴보자.

8.1.1 조음위치동화

어떤 음의 조음 위치가 인접한 음의 조음 위치를 닮는 것을 **조음위치동화**라고 한다. 조음위치동화의 첫 번째 예로, 접두사 in의 /n/이 후속하는 저해음과 조음 위치가 같아지는 아래 (1)을 보자.

(1) a. [n]: inability, inessential, inorganic, inutility
independent, indirect, interminable, intolerable
b. [m]: impatient, impolite, imbalance, imperfect
c. [ŋ]: incredible, incomplete, inglorious, ingratitude

부정 접두사 in의 /n/이 (1a)에서 보듯이 모음과 치경음 앞에서는 [n]으로, (1b)에서 보듯이 양순음 앞에서는 [m]으로, (1c)에서 보듯이 연구개음 앞에서는 [ŋ]으로 각각 발음된다.[1)] 이 조음위치동화는 형태소의 결합에서만 나타나는 것이 아니고, 빠른 발화에서 나타나는 in[m] pairs, in[m] Boston, in[ŋ] Kent의 발음에서처럼 전치사 in과 단어의 결합에서도 발생한다. 또한 grandpa [græmpa], grandma [græmma]에서처럼 단어 내에서도 일어난다. (1)은 비음이 후속하는 저해음의 조음 위치에 닮아지는 전형적인 역행동화의 예이지만, 때로 happen [hæpm̩], bacon [beykŋ̍]에서 보듯이 비음이 선행하는 저해음과 조음 위치가 같아지는 순행동화도 보인다.

(1)의 역행동화를 설명하기 위해 기저형을 /n/으로 설정하면, 위 동화현상을 다음과 같은 규칙으로 나타낼 수 있다.

(2)
$$n \rightarrow \begin{bmatrix} \alpha \text{ant} \\ -\text{cor} \end{bmatrix} \; / \; \_\_\_ \begin{bmatrix} -\text{son} \\ \alpha \text{ant} \\ -\text{cor} \end{bmatrix}$$

위 규칙은 /n/이 [−coronal] 저해음 앞에서 [−coronal](즉, [m]이나 [ŋ])이 되며, 후속하는 저해음의 [anterior]와 동일한 자질가를 갖게 됨으로써, [+ant, −cor]인 양순 저해음 앞에서는 [m]으로 되고, [−ant, −cor]인 연구개 저해음 앞에서는 [ŋ]으로 된다는 것을 나타낸다.

만일 기저형을 /n/이 아니라 비음([+nasal] 자음)으로 설정한다면, 왜 모음 앞에서 [m]이나 [ŋ]이 아닌 [n]으로 발음되는지를 설명할 수 없게 된다. 따라서 기저형을 /n/으로 설정하는 것이 타당할 것이다.

위 규칙을 보다 일반적인 규칙으로 나타내기 위해 [−cor]을 [βcor]로 대치하여 다음과 같이 수정할 수도 있다.

(3)
$$n \rightarrow \begin{bmatrix} \alpha \text{ant} \\ \beta \text{cor} \end{bmatrix} \; / \; \_\_\_ \begin{bmatrix} -\text{son} \\ \alpha \text{ant} \\ \beta \text{cor} \end{bmatrix}$$

이 규칙은 /n/이 순음([+ant, −cor]) 앞에서 [m]으로, 치경음([+ant, +cor] 앞에서 [n]

1) 이미 7장에서 언급하였듯이, 접두사 un#의 /n/은 unpredictable, unbalanced, unconditional, ungoverned에서 보듯이 이러한 동화를 보이지 않는다. 또한 in+ 의 /n/은 조음위치뿐만 아니라 조음방법도 후속하는 공명음과 같아지는 완전동화를 보이지만, un#의 /n/은 동화를 보이지 않는다: immoral−unmoral, illegal−unlawful, irreligious−unreligious.

으로, 경구개치경음([−ant, +cor]) 앞에서 [ñ]으로, 연구개음([−ant, −cor]) 앞에서 [ŋ]으로 각각 발음된다는 것을 나타낸다. /n/이 치경음 앞에서 [n]이 되는 것은 규칙 (3)이 공전 적용(vacuous application)된 결과이다. 다시 말해, 규칙을 적용시키기 이전과 적용시킨 이후의 결과가 동일하다.

조음위치동화의 두 번째 예로 다음 자료를 보자 (Spencer 1996: 204).

(4)	this shop	/ðɪsʃɑp/	→ [ðɪʃʃɑp]
	his shop	/hɪzʃɑp/	→ [hɪʒʃɑp]
	this genre	/ðɪsʒɑnrə/	→ [ðɪʃʒɑnrə]
	his genre	/hɪzʒɑnrə/	→ [hɪʒʒɑnrə]

(4)는 치경 마찰음 /s/나 /z/로 끝나는 단어가 경구개치경 마찰음 /ʃ/나 /ʒ/로 시작하는 단어와 결합될 때, /s/와 /z/가 각각 [ʃ]와 [ʒ]로 동화되는 것을 보여준다.[2] 이를 규칙으로 나타내면 다음과 같다.

(5)
$$\begin{bmatrix} +\text{strid} \\ +\text{cont} \\ +\text{cor} \end{bmatrix} \rightarrow [-\text{ant}] \;/\; \underline{\quad\quad} \;\#\#\; \begin{bmatrix} -\text{son} \\ +\text{cont} \\ -\text{ant} \\ +\text{cor} \end{bmatrix}$$

치경 마찰음과 경구개치경 마찰음은, 전자가 [+ant]이고 후자는 [−ant]라는 점에 있어서만 다르다. 위 규칙에 의해 치경 마찰음 /s/와 /z/는 후속하는 경구개치경 마찰음의 영향으로 [−anterior]로 됨으로써 각각 [ʃ]와 [ʒ]가 된다. 규칙 (5)가 적용된 결과 나타난 겹자음(geminate) [ʃʃ]와 [ʒʒ]는 다시 겹자음단음화(degemination)에 의해 각각 [ʃ]와 [ʒ]가 된다.

8.1.2 유무성동화

영어에서 찾아볼 수 있는 가장 보편적인 동화의 하나가 **유무성동화**(voicing assimilation)이다. 영어에서 저해음 연쇄의 유무성은 일치하는 것이 보통이며, 특히

2) Spencer(1996)는 이 음운 과정을 치찰음 구개음화(sibilant palatalization)라고 칭하지만, 아래에서 다룰 구개음화와는 조건음에 있어서 차이를 보인다는 점을 주목하기 바란다.

동음절(tautosyllabic) 저해음 연쇄는 유무성이 일치해야 한다. 이 제약은 이미 6장에서 음절구조조건을 다루면서 언급하였다. 두음 /s/ 뒤에 유성 저해음이 나타날 수 없는 이유가 바로 이 제약 때문이다.

먼저 순행 유무성동화와 관련된 아래 예를 보자.

(6) a. 규칙 복수:
  [s]: cats, ropes, lakes, giraffes
  [z]: robes, roads, pigs, gloves
 b. 규칙 과거:
  [t]: stopped, walked, coughed
  [d]: robbed, dragged, shaved
 c. 3인칭 단수 현재:
  [s]: sleeps, waits, talks, laughs
  [z]: rubs, needs, brags, behaves
 d. 소유격 −'s:
  [s]: Hope's, Robert's, Dick's, Ralph's
  [z]: Bob's, Ted's, Greg's, Steve's

순행 유무성동화는 위 (6)에서 보듯이 규칙적인 굴절어미가 첨가될 때 발생한다. 이 경우 굴절어미의 유무성은 어간말 분절음의 유무성에 의해 결정된다. (6)의 유무성동화를 설명하기 위해, 영어의 규칙 복수, 3인칭 단수 현재 및 소유격을 나타내는 굴절어미의 기저형을 모두 /z/로 설정하고 규칙 과거의 굴절어미의 기저형을 /d/로 설정하면, 어말의 무성음 뒤에서 /z/와 /d/를 무성음으로 바꾸어주는 다음과 같은 **무성음화규칙**(devoicing rule)이 필요하다.

(7) $\begin{Bmatrix} z \\ d \end{Bmatrix} \rightarrow [-\text{voice}] \ / \ [-\text{voice}] \ \# \ \_\_\_\_$

(6)의 자료에서 중요한 점은 굴절어미의 유무성이 어간말 분절음의 유무성과 일치한다는 사실이다. 규칙 (7)은 무성음화규칙으로 [voice]의 일치를 나타내지 못하므로, 이 일치 관계를 나타내기 위해서라면 (7)을 다음과 같이 수정할 수 있을 것이다.

(8) $\begin{bmatrix} -\text{son} \\ +\text{ant} \\ +\text{cor} \\ -\text{distr} \end{bmatrix} \rightarrow [\alpha\text{voice}] \; / \; [\alpha\text{voice}] \; \# \; \_\_\_\_$

많은 언어에서 보다 일반적인 유무성동화는 역행동화이지만 (Lombardi 1996, 1999), 사실상 영어에서는 역행동화와 관련된 어휘의 수가 순행동화와 관련된 어휘의 수보다 훨씬 적다. 역행 유무성동화와 관련된 예는 다음과 같다.

(9) a. 불규칙 복수 /−z/:
leaf−leaves, thief−thieves, wolf−wolves
b. 불규칙 과거 /−t/:
cleave−cleft, leave−left, lose−lost
c. 어근 +−th /θ/:
five−fifth, (fifty, fifteen), hundred−hundredth[tθ], broad−breadth[tθ]
d. describe−description, descriptive
conceive−conception, conceptive
receive−reception, receptive
scribe−script

영어의 역행 유무성동화는 (9a, b)에서처럼 불규칙 굴절접미사가 첨가되거나, (9c, d)에서처럼 어근에 I종 접미사인 +th, +tion, +tive, +t가 붙을 때 발생한다.

영어에서 저해음의 연쇄가 위의 예들에서처럼 항상 유무성의 일치를 보이는 것은 아니다. 유무성동화를 보이지 않는 경우의 예를 제시하면 다음과 같다.

(10) a. 접미사 −ship, −ful, −dom:
flagship, hardship; dreadful, needful; bossdom, chiefdom
b. 접두사 dis−, sub−, mis−:
disgust, disgrace; subtend, subpart; misdeem, misgive
c. 합성어:
dogfight, fieldpost, deedpoll, frogkick, topdog, classday, addressbook

유무성동화는 (10a)에서처럼 #ship, #ful, #dom와 같은 II종 접미사(class II suffix)가 첨가되거나, (10b)에서처럼 dis+와 같은 I종 접두사 또는 sub#와 같은 II종 접두사가 첨가될 때, 혹은 (10c)와 같은 합성어(compound)에서는 일어나지 않는다.

위에서 제시한 유무성동화와 관련된 자료의 분석에서 알 수 있는 사실은, 접두사와 접미사는 비대칭성(asymmetry)을 보이며, I종 접미사와 II종 접미사가 차이를 보인다는 점이다. 접두사가 첨가될 경우 (10b)에서 보듯이 I종이든 II종이든 상관없이 항상 유무성동화가 일어나지 않는 반면, 접미사가 첨가될 경우 접미사의 종류에 따라 유무성동화가 일어날 수 있다는 점에서 접두사와 접미사는 비대칭적이다. 접미사의 경우, (9c, d)에서처럼 I종 접미사가 첨가될 때는 동화가 일어나지만, (10a)에서처럼 II종 접미사가 첨가될 때는 동화가 일어나지 않는다는 점에서 I종 접미사와 II종 접미사는 차이를 보인다.[3)]

지금까지는 유무성동화가 단어 내에서 일어나는 경우만을 살펴보았으나, 유무성동화는 아래 예에서 보듯이 단어와 단어 사이에서도 일어난다.

(11)	five past	[fayfpæst]
	love to go	[lʌf̲təgow]
	as well as can be	[əzwɛləs̲kənbɪ]
	has to go	[hæs̲təgow]
	loathe to go	[lowθ̲təgow]
	breathe slowly	[briθ̲slowli]

(11)은 어말의 유성 마찰음이 뒤에 오는 어두 무성음의 영향으로 무성음화된다는 것을 보여준다. 이 마찰음무성음화(fricative devoicing)를 규칙으로 나타내면 다음과 같다.

(12) $$\begin{bmatrix} -\text{son} \\ +\text{cont} \end{bmatrix} \rightarrow [-\text{voice}] \ / \ \underline{\quad\quad} \ \#\# \ [-\text{voice}]$$

끝으로, *SPE* (95, 228)가 제시하는 /s/의 유성음화(voicing)와 관련된 아래 예를 보자.

3) 역행 유무성동화가 일어나는 경우와 유무성동화가 일어나지 않는 경우를 규칙으로 나타내는 것은 본서에서 다루는 이론의 범위를 넘어서는 것이므로 편의상 생략하기로 한다.

(13) a. resume, reside, resident, design, resolute

b. music, rosary, miser, gymnasium, Cartesian, Asia, usual

(13)은 /s/가 모음과 모음 사이에서 유성음화되는 예들이다. (13a)를 설명하기 위해 *SPE* (95)는 다음과 같은 규칙을 설정한다.

(14) s → [+voice] / V = ____ V

이 규칙은 /s/가 모음 사이에 있더라도, re=나 de=와 같은 = 경계를 갖는 접두사가 첨가될 경우에만 적용되고, misogynist나 asylum에서처럼 아예 경계가 없거나 para+site나 philo+sophical에서처럼 = 경계가 아닌 다른 경계를 지니는 접두사가 첨가될 경우에는 적용되지 않는다.

SPE (228)는 (13b)를 다음과 같은 규칙에 의해 설명한다.

(15)

$$s \rightarrow [+\text{voice}] \ / \begin{bmatrix} \text{V} \\ +\text{tense} \end{bmatrix} \_\_\_\_ \ \text{V}$$

이 규칙은 (13b)에서처럼 /s/에 선행하는 모음이 긴장모음인 단어들에는 유성음화가 일어나지만, asylum, misogyny 등에서처럼 /s/ 앞에 오는 모음이 이완모음인 단어에는 유성음화가 일어나지 않는다는 사실을 나타낸다.[4)]

8.1.3 구개음화

영어의 **구개음화**(palatalization)는 /t/, /d/, /s/, /z/가 구개음 /y/와 비강세 모음의 연쇄 앞에서 각각 [ʧ], [ʤ], [ʃ], [ʒ]로 변하는 음운 과정을 말한다. 구개음화를 편의상 약식으로 형식화하여 나타내면 다음과 같다.

(16)

$$\begin{bmatrix} \text{t} \\ \text{d} \\ \text{s} \\ \text{z} \end{bmatrix} \rightarrow \begin{bmatrix} \text{ʧ} \\ \text{ʤ} \\ \text{ʃ} \\ \text{ʒ} \end{bmatrix} \Big/ \ \_\_\_\_ \ \text{y} \begin{bmatrix} \text{V} \\ -\text{stress} \end{bmatrix}$$

4) 그러나 basic, isolate, masonite, gruesome, awesome 등 이 규칙에 의해 설명할 수 없는 예외들이 많다.

(16)을 보면, 치경 저해음이 후속하는 경구개 전이음 /y/에 동화되어 경구개치경음으로 변한다는 것을 알 수 있다. 이런 점에서 구개음화를 역행 조음위치동화라고 볼 수 있다. 구개음화와 관련된 예를 제시하면 아래와 같다.

(17) a. [ʧ]: what you, got you, moisture, departure
  [ʤ]: would you, did you, procedure, supersedure
  [ʃ]: in case you, miss you, expression, spacial, accession
  [ʒ]: has your, supervision, confusion, vision
 b. s(<t)→ʃ: action, partial, prohibition, presidential
  z(<d)→ʒ: erosion (erode), division (divide), invasion (invade)
  s(<k)→ʃ: musician, logician, acoustician, politician
 c. miss it, got it, did it, primordial, remedial, medium, piteous
 d. fortúitous, endúre, ensúe, resúme, perpetúity

(17a, b)는 구개음화가 일어난 경우의 예로, 이 예들을 보면 구개음화가 비강세음절의 /y/ 앞에서 발생한다는 것을 알 수 있다. (17b)는 폐쇄음 /t/와 /d/를 각각 마찰음 [s]와 [z]로 바꾸어주는 마찰음화(spirantization) 규칙과 연구개음 /k/를 [s]로 바꾸어주는 연구개음연음화(velar softening) 규칙이 적용되어 도출된 [s]와 [z]가 각각 [ʃ]와 [ʒ]로 구개음화된다는 것을 보여주는 예들이다.[5] (17c)는 구개음화가 전설 고모음 /i/ 앞에서는 일어나지 않는다는 것을 보여주는 예들이고, (17d)는 /y/에 후속하는 모음에 강세가 놓일 경우에는 구개음화가 발생하지 않는다는 것을 보여주는 예들이다.

SPE (230)는 영어의 구개음화규칙을 다음과 같이 나타낸다.[6]

(18)
$$\begin{bmatrix}-\text{son}\\+\text{cor}\end{bmatrix} \rightarrow \begin{bmatrix}-\text{ant}\\+\text{strid}\end{bmatrix} \Big/ \underline{\quad\quad} \begin{bmatrix}-\text{back}\\-\text{syll}\\-\text{cons}\end{bmatrix} \begin{bmatrix}\text{V}\\-\text{stress}\end{bmatrix}$$

이 규칙의 화살표 오른쪽에 표시된 자질 [−ant]는, [+ant]인 치경 저해음이 [−ant]인

5) 마찰음화는 뒤 8.1.5에서 그리고 연구개음연음화는 9장에서 자세히 다룰 것이다. (17b)의 올바른 표면형을 도출시키기 위해서는 마찰음화나 연구개음연음화가 구개음화보다 먼저 적용되어야 한다.

6) 아래 규칙에서는 *SPE* (230)의 [−voc]과 [−cons]를 각각 [−syll]과 V로 수정하여 나타낸다.

/y/에 동화되어 [−ant]로 된다는 것을 나타낸다.

그러나 이 규칙은 문제점을 내포하고 있다. 이 규칙의 화살표 오른쪽에 [+strid]가 표시됨으로써, 이 규칙은 /s/와 /z/가 각각 [ʃ]와 [ʒ]로 구개음화된다는 것을 나타내지 못할 뿐만 아니라, /θ/와 /ð/가 각각 [ʃ]와 [ʒ]로 된다는 구개음화에 대한 잘못된 일반성을 나타낸다는 문제점을 지닌다. 규칙의 표기규약에 따르면, 어떤 자질의 변화가 화살표 오른쪽에 표시되면 그 자질의 반대 자질가는 화살표 왼쪽에 표시되지 않는다. 즉, 화살표 오른쪽에 명시된 [+F]의 반대 자질가 [−F]는 화살표 왼쪽에 표시하지 않아야 한다. 따라서 [+strid]가 화살표 오른쪽에 표시되어 있다는 것은 이 규칙의 입력형이 본래 [−strid]라는 자질을 갖는다는 것을 의미한다. 그러나 입력형 중 /t, d/는 [−strid]이지만 /s, z/는 [+strid]이므로, 이 규칙은 /t/와 /d/가 각각 [ʧ]와 [ʤ]로 된다는 것을 나타낼 뿐이고, /s/와 /z/가 각각 [ʃ]와 [ʒ]로 된다는 것을 나타내지는 못한다. 즉, /s/와 /z/는 이 규칙의 입력형이 되지 못하므로 이 규칙에 적용될 수 없게 되는 것이다. 또한 이 규칙의 입력형을 나타내는 자질명시 [−son, +cor, +ant, −strid]는 /t, d/뿐만 아니라 /θ, ð/를 나타내므로, 이 규칙은 /θ/와 /ð/에도 마땅히 적용되어야 할 것이다. 그러나 우리가 원하는 것은, 구개음화규칙의 입력형으로 /θ/와 /ð/를 배제하고 대신 /s/와 /z/를 포함시키는 것이다.

SPE (230)가 제시하는 구개음화규칙 (18)의 이러한 문제점을 해결할 수 있는 방법은 두 가지가 있을 것으로 보인다. 첫 번째 방법은, /t/와 /d/가 구개음화되는 것을 나타내는 하나의 규칙을 설정하고, 이와 별도로 /s/와 /z/가 구개음화되는 또 다른 규칙을 설정하는 것이다. 이 방식에 따라 서로 다른 두 개의 규칙을 나타내면 아래와 같다.

(19) a. $\begin{bmatrix} -\text{cont} \\ +\text{cor} \end{bmatrix} \rightarrow \begin{bmatrix} -\text{ant} \\ +\text{del rel} \end{bmatrix} \Big/ \_\_\_ \ \text{y} \ \begin{bmatrix} \text{V} \\ -\text{stress} \end{bmatrix}$

b. $\begin{bmatrix} +\text{cont} \\ +\text{strid} \\ +\text{cor} \end{bmatrix} \rightarrow [-\text{ant}] \ / \ \_\_\_ \ \text{y} \ \begin{bmatrix} \text{V} \\ -\text{stress} \end{bmatrix}$

(19a)는 /t/와 /d/가 각각 [ʧ]와 [ʤ]로 되는 것을 나타내고, (19b)는 /s/와 /z/가 각각 [ʃ]와 [ʒ]로 되는 것을 나타낸다. 위 두 규칙은 어떠한 표기규약에 의해서도 하나로 축약시킬 수 없기 때문에, 구개음화라는 하나의 동일한 음운 과정을 (19)처럼 두 개

의 서로 다른 규칙으로 나타낸다면, 간결성과 일반성을 포착하지 못하는 결과가 될 것이다.

두 번째 방식은 [distributed]라는 자질을 사용하여 다음과 같이 하나의 규칙에 의해 영어의 구개음화를 나타내는 것이다.

(20) $\begin{bmatrix} -\text{son} \\ +\text{cor} \end{bmatrix} \rightarrow \begin{bmatrix} -\text{ant} \\ +\text{distr} \end{bmatrix} / \underline{\quad\quad}\ \text{y} \begin{bmatrix} \text{V} \\ -\text{stress} \end{bmatrix}$

위 규칙의 입력형은 [−son, +ant, +cor, −distr]의 자질을 지닌 자연부류 /t, d, s, z/이며, [+distr]인 /θ, ð/는 여기에 포함되지 않는다. 이처럼 영어의 구개음화 현상을 [distributed]라는 자질을 사용하여 (20)처럼 하나의 규칙으로 나타내면, (19)처럼 두 개의 규칙으로 나타낼 때보다 훨씬 간결하며, *SPE*의 규칙 (18)이 지닌 문제점을 해결할 수 있다는 장점이 있다.

구개음화 현상은 [+ant]→[−ant]라는 조음 위치의 변화뿐만 아니라, [−high]→[+high]의 변화를 의미한다. 즉, [−high]인 치경음이 [+high]인 /y/에 동화되어 [+high]인 경구개치경음이 되는 것이다. 다만 잉여적이기 때문에 [+high]를 규칙 (20)의 화살표 오른쪽에 표시하지 않았을 뿐이다.

끝으로 구개음화에 관하여 언급해야 할 것은, 구개음화를 유발하는 전설 전이음 /y/가 탈락하여 표면형에서는 실현되지 않는다는 점이다. 이 y-탈락(y-deletion)규칙은 구개음화규칙 바로 다음에 적용된다는 점에서 규칙으로서의 독자성이 의심되기 때문에, 구개음화와 y-탈락을 두 개의 서로 다른 음운과정으로 보지 않고 하나의 과정인 융합으로 보는 경향이 있다. 이 융합에 관하여는 9장에서 다루기로 한다.

8.1.4 비음화

비음화(nasalization)란 구강음(oral sound)이 이웃에 있는 비음의 영향으로 비음이 되는 동화현상을 말한다. 비음화는 대부분 역행동화이며, 모음이 후속하는 비음의 영향으로 비강모음으로 되는 것이 일반적이다. 비음화와 관련된 예로 다음을 보자.

(21) a. bend [bɛ̃nd] (cf. bed [bɛd])
hunt [hʌ̃nt] (cf. hut [hʌt])
camp [kæ̃mp] (cf. cap [kæp])
bang [bæ̃ŋ] (cf. bag [bæg])

pink [pĩŋk] (cf. pick [pɪk])

b. good news [gu<u>n</u> nyuz]

Good morning [gu<u>m</u> mɔrnɪŋ]

Give me [gɪ<u>m</u>mi]

have mine [hæ<u>m</u> mayn]

topmost [tɑ<u>m</u>moust]

(21a)는 구강모음이 비음 앞에서 비강모음으로 되는 예이고, (21b)는 자음이 비음 앞에서 비음으로 되는 완전동화의 예이다.[7] (21)에서 보듯이 비음화는 보편적으로 역행동화이지만, individual [ìn<u>n</u>ivíʤuəl]에서처럼 간혹 순행동화의 예를 찾아볼 수도 있다.

일반적으로 비음화는 구강모음이 말음의 비음 앞에서 비강모음으로 되는 (21a)의 경우를 가리키므로, 이를 규칙으로 나타내면 다음과 같다.

(22)

$$V \rightarrow [+\text{nasal}] \ / \ \_\_\_ \begin{bmatrix} \text{C} \\ +\text{nasal} \end{bmatrix} C_0 \ \$$$

7장에서 언급했던 lean [lĩ], glean [glĩ], bum [bʌ̃], dim [dĩ]의 예에서처럼, 모음과 비음의 연쇄를 비강모음으로 발음하는 방언의 경우, (22)와 같은 비음화규칙 외에도 비강모음에 후속하는 비음을 탈락시키는 비음탈락규칙이 필요할 것이다. 그러나 이 규칙은 비음화규칙에 의존적이어서 규칙으로서의 독자성이 의심스럽기 때문에, 비음화와 비음탈락을 두 개의 서로 다른 음운 과정이 아닌 융합이라는 하나의 과정으로 볼 수 있다. 여기에 관하여는 9장에서 다시 언급하기로 한다.

8.1.5 마찰음화

마찰음화(spirantization)는 치경 폐쇄음 /t/와 /d/가 접미사 -ive, -y, -ion 앞에서 각각 마찰음 [s]와 [z]로 되는 음운 과정을 말한다. 마찰음화는 폐쇄음이 [+continuant, +strident]의 자질명시를 갖는 음운 과정이다. 영어의 마찰음화와 관련된 예들을 규칙과 함께 나타내면 다음과 같다.

---

7) 자음의 비음화는 격식을 차리지 않은 빠른 발화에서 이루어지며, 비음화가 지나치면 비표준발음이 될 수 있다.

(23) a. d → z / ___ +*ive*

corrode−corrosive, evade−evasive

b. t → s / ___ +y [−seg]

i) +i+al: part−partial, torrent−torrential, penitent−penitential

ii) +y: democrat−democracy, controvert−controversy, resident−residency

iii) +i+ate: different−differentiate, potent−potentiate

iv) +i+an: Egypt−Egyptian, Aleut−Aleutian, Mart−Martian

v) +i+ous: contradict−contradictious, infect−infectious

c. $\begin{bmatrix} t \\ d \end{bmatrix} \rightarrow \begin{bmatrix} s \\ z \end{bmatrix}$ / ____ +*ion*

contrite−contrition, exempt−exemption, delete−deletion, extend−extension, invade−invasion, deride−derision, divide−division, decide−decision

(23a)는 I종 접미사 +ive 앞에서 유성 치경 폐쇄음 /d/가 마찰음 [z]로 되는 규칙으로, inventive나 creative에서 보듯이 무성 치경 폐쇄음 /t/에는 적용되지 않는다. 이 규칙이 적용된 결과 도출된 [z]는 다시 다음과 같은 z-무성음화(z-devoicing)규칙에 의해 [s]가 되기 때문에, corrosive와 evasive의 밑줄 친 부분이 [s]로 발음된다.

(24) z → [−voice] / ____ +*ive* (*SPE*: 232)

(23b)는 무성 치경 폐쇄음 /t/가 "+y [−seg]" 앞에서 마찰음 /s/로 되는 규칙으로, /d/에는 적용되지 않는다. 이 규칙의 환경에 표시된 [−seg]는 경계를 나타낸다. 즉, 이 규칙이 적용되기 위해서는 전이음 /y/ 앞에는 형태소 경계 '+'가 있어야 하며, /y/ 뒤에는 경계가 있어야 한다. 이 규칙이 적용되는 경우의 예들을 보면, (23bii)를 제외하고 모두 어기와 I종 접미사 사이에 모음 /i/가 있음을 알 수 있다. 어간형성 첨가모음(stem−forming augment)이라고 불리는 이 모음은 마찰음화규칙이 적용되기 이전에 아래와 같은 규칙에 의해 전이음 [y]로 됨으로써 마찰음화규칙이 적용될 수 있는 환경을 만들어 준다.[8)]

8) 아래 규칙은 *SPE* (227)의 규칙을 약간 수정한 것이다.

$$\text{(25)}\quad i \rightarrow [-\text{syll}] \ / \begin{bmatrix} \text{C} \\ +\text{cor} \end{bmatrix} \ \underline{\quad\quad} \ \begin{bmatrix} \text{V} \\ -\text{stress} \end{bmatrix}$$

(23bii)는 /t/로 끝나는 어기에 명사형 접미사 +y가 첨가될 경우에 /t/가 /s/로 되는 경우의 예이다. (23bii)를 제외한 (23b)의 나머지 경우에, 마찰음화에 의해 도출된 [s]가 다시 구개음화규칙에 의해 [ʃ]로 되기 때문에 밑줄 친 부분이 [ʃ]로 발음되는 것이다.[9)]

(23c)는 어기의 마지막 분절음 /t/와 /d/가 I종 접미사 +ion이 첨가될 때 각각 [s]와 [z]로 되는 규칙이다. [s]와 [z]는 결국 구개음화규칙에 의해 각각 [ʃ]와 [ʒ]가 된다.[10)]

다음으로, 마찰음화가 일어나지 않는 경우의 예들을 제시하면 다음과 같다.

(26) a. specialty, novelty, loyalty, royalty
b. Canadian, invidious, gerundial, mondial, remedial
c. patio, piteous, Antioch, Pontiac
d. contracture, departure, procedure, supersedure
e. question, bastion, digestion, bestial

(26a)는 명사형 접미사 −ty를 지니는 예들로, 이 접미사의 /t/가 [s]로 마찰음화될 수 없는 이유는 /y/ 앞에 형태소 경계가 없기 때문이다. (26b)에 마찰음화규칙 (23b)가 적용될 수 없는 이유는, /t/가 아니고 /d/이기 때문이다. (26c)는 /t/ 뒤에 경계가 없기 때문에 마찰음화규칙의 적용대상이 될 수 없다. (26d)는 접미사 −ure가 첨가된 경우의 예이다. *SPE*에 따르면, 이 접미사에 전이음 [y]를 삽입하는 규칙이 적용되기 이전에 마찰음화가 적용되기 때문에, 결국 (26d)는 마찰음화규칙의 구조기술을 만족시키지 못하므로 마찰음화를 겪지 못하고 구개음화만 겪게 된다. (26e)는 접미사+ion,

9) (23b)에는 포함시키지 않았지만, /t/가 [s]로 마찰음화되는 또 다른 경우의 예로 resident−residence, confident−confidence 등을 들 수 있다. *SPE* (229)는 이 경우를 /t/가 어말의 모음 /ɛ/ 앞에서 [s]로 마찰음화된다고 설명한다. 어말의 철자 <e>를 기저형에서 /ɛ/로 표시하는 것은 이 모음이 어떠한 교체형이나 표면형에 나타나지 않는다는 점에서 추상적이다.

10) 영어의 마찰음화를 설명하기 위해, *SPE* (229)는 (23)의 세 규칙과 또 다른 하나의 규칙을 묶어 복잡한 하나의 식형으로 나타낸다. 또 다른 하나의 규칙이란 연구개음연음화규칙(Velar Softening Rule)에 의해 도출된 [c]를 마찰음 [s]로 바꾸는 규칙을 말한다. 이처럼 도출과정에서 영어에 존재하지 않는 분절음인 [c]를 인정해야 하는 분석은 논란의 여지가 있다.

+i+al이 첨가된 경우로, 마땅히 마찰음화가 적용되어야 할 것으로 보이지만, 사실상 (26e)에는 마찰음화가 적용되지 않는다. 그 이유는 /t/ 앞에 [s]가 있기 때문이다. *SPE*는 이 경우에 마찰음화가 적용되지 않도록 하기 위해서 규칙을 수정해야 할 것이라고 말하지만, 앞에 [s]가 있을 경우 /t/가 마찰음 [s]로 될 수 없는 것은 다른 일반적 원칙이 작용하기 때문이라는 것을 간과하고 있다.

사실상 (26e)에 마찰음화가 적용되지 않는 이유는 **필수굴곡원칙**(obligatory contour principle: OCP) 때문이다. McCarthy(1986: 208)는 필수굴곡원칙을 "At the melodic level, adjacent identical elements are prohibited."라고 정의한다. OCP는 원래 동일한 성조(tone)가 인접하는 경우를 막기 위해 Leben(1973)에 의해 제안되었지만, 이후에 분절음에까지 확대되어 동일한 분절음이 인접해 있는 것을 막아주는 출력조건(output condition)의 역할을 하는 것으로 밝혀졌다. OCP는 분절음배열제약의 역할뿐 아니라, 규칙의 적용을 막는 규칙저지(rule blocker)와 규칙의 적용을 유발하는 규칙촉발(rule trigger)의 역할을 하는 보편적인 원칙이다. (26e)에 마찰음화규칙이 적용되지 않는 것은 바로 OCP의 규칙저지 때문이다. 영어에서 *[ss], *[ʃs], *[ʒz], *[ʧs], *[ʤz] 등과 같은 표면형이 비적형인 이유는 두 개의 치찰음이 인접해 있어 OCP를 위반하기 때문이다.[11] 만일 (26e)의 예에서 /s/ 뒤에 있는 /t/가 마찰음화되면 OCP에 위반되는 출력형의 연쇄 *[ss]가 도출될 것이다. OCP에 위반되는 비적형 표면형 *[ss]가 도출되는 것을 막기 위해, OCP는 /t/가 /s/ 뒤에 있을 경우에는 마찰음화규칙이 적용되는 것을 저지하는 것이다. OCP가 규칙의 적용을 유발하는 예로는 치찰음 /s, z, ʃ, ʒ, ʧ, ʤ/로 끝나는 명사 뒤에 복수 접미사가 첨가될 때 모음 [ɪ]가 삽입되는 경우를 들 수 있다. 치찰음 뒤에 역시 치찰음인 복수 접미사 /z/가 첨가되면 OCP를 위반하는 치찰음의 연쇄가 만들어지므로, 이 연쇄를 막기 위해 치찰음과 복수 접미사 /z/ 사이에 모음 /ɪ/를 삽입시키는 규칙이 적용되도록 하는 것이다.[12]

마찰음화가 일어나는 경우의 예 (23)을 보면 알 수 있듯이, 마찰음화는 I종 접미사가 첨가될 경우에만 발생하고, II종 접미사가 첨가될 때는 발생하지 않는다. 예를 들어 art−arty, bit−bitty, boat−boaty, clot−clotty에서 보듯이 형용사를 만드는 II종 접미사 #y가 첨가될 경우에는 마찰음화가 일어나지 않는다.

---

11) '치찰음+치찰음'의 연쇄가 허용되지 않는 것은 6장 (42)로 언급한 조건 때문이다.

12) 대개의 경우 치찰음의 연쇄는 OCP를 위반지만, question에서처럼 /s/ 뒤에 있는 /t/가 구개음화 되어 도출된 치찰음의 연쇄 [sʧ]는 OCP에 위배되지 않는다. 그 이유는 [ʧ]가 음성적으로 [t]와 [ʃ]의 연쇄로 실현되기 때문이다. 즉, [sʧ]는 사실상 [s−t−ʃ]의 연쇄이므로 두 개의 치찰음이 인접해 있지 않아 OCP를 위반하지 않는 것으로 해석할 수 있다.

8.1.6 움라우트

후설 모음이 주로 전설 고모음의 영향으로 전설 모음으로 되는 **전설모음화**(fronting)를 일컬어 **움라우트**(umlaut) 또는 **모음변이**(mutation)라고 한다. 움라우트는, 조건음이 일반적으로 /i/이기 때문에, i-움라우트(i-umlaut) 또는 i-모음변이(i-mutation)라고 불린다. 현대영어 foot-feet, goose-geese, tooth-teeth, man-men, mouse-mice, louse-lice 등에서 볼 수 있는 불규칙 복수형은 역사적으로 움라우트 때문에 생긴 것이다.

예를 들어, 현대영어 foot에 해당하는 고대영어의 명사 격변화(declension)를 나타내면 다음과 같다.

(27)	(단수)	(복수)
주격-대격	fōt	fēt
소유격	fōtes	fōta
여격	fēt	fōtum

(27)을 보면, 다른 격변화형과 달리 여격(dative) 단수와 주격(nominative)-대격(accusative) 복수형의 어간 모음이 [o:]가 아니고 [e:]임을 알 수 있다. 이 [e:]는 바로 움라우트 때문에 발생한 것이다. 선사고대영어(prehistoric Old English) 시기에 이 단어의 여격 단수 형태는 *fōti였고, 주격-대격 복수 형태는 *fōtiz였다.[13] 어간의 후설 모음 [o:]가 굴절어미의 모음 [i]의 영향으로 움라우트를 겪게 되어 전설모음 [e:]가 된 것이다. 움라우트의 영향을 받지 않은 고대영어의 주격-대격 단수형 fōt는, 초기 현대영어시기에 있었던 영어의 발달과정에서 가장 중요한 음변화의 하나인 **대모음추이**(Great Vowel Shift)에 의해 [o:]가 후설 고모음 [ʊ]로 됨으로써, 현대영어에서 foot [fʊt]가 되었다. 움라우트를 겪은 주격-대격 복수형 fēt는, 대모음추이에 의해 [e:]가 [i:]로 되어, 현대영어 feet [fit]가 된 것이다. 마찬가지로 현대영어 mice의 모음 [ay]는 본래 [u:]였으나, 이 [u:]는 움라우트에 의해 전설모음 [i:]로 되고,[14] 다시 대모음

13) 여기서 "*"는 문헌에 기록되지 않은 재구성된(reconstructed) 형태라는 것을 나타낸다. 여격 단수와 주격-대격 복수를 나타내는 굴절어미 /-i/와 /-iz/가 사라져, 움라우트의 조건음이 상실됨으로써 어간 모음의 교체가 명사의 수를 나타내는 문법적 기능을 수행하게 되었다. 이처럼 어간 모음의 차이가 의해 명사의 수나 sing, sang, sung에서처럼 동사의 시제를 나타내는 등의 문법적 기능을 나타내는 것을 **모음전환**(gradation 또는 ablaut)이라고 한다.

14) 사실상 [u:]가 움라우트에 의해 [ü:]가 되고, 이 [ü:]는 다시 평순음화(derounding)에 의해 [i:] 되었으나, 편의상 평순음화 과정을 생략한 것이다. 모음 위에 표시한 분음 기호 (diaeresis) "¨"는

추이에 의해 [i:]가 [ay]로 된 것이다. 움라우트의 영향을 받지 않은 단수형 mouse는 모음 [u:]가 대모음추이에 의해 [aw]가 됨으로써 현재 [maws]로 발음되는 것이다.

움라우트는 strong−strength, old−elder, doom−deem에서와 같은 쌍에서 볼 수 있듯이 명사의 격변화에만 국한된 것이 아니다. 이 모든 쌍의 두 번째 단어는 모음 /i/ 또는 /ü/[15]를 지니고 있었으며, 이 모음으로 인해 어근 모음이 전설 모음으로 되었다.

움라우트 규칙은 이미 7장에서 소개하였으나, 이를 다시 쓰면 다음과 같다.

(28)

$$V \rightarrow [-\text{back}] \; / \; \_\_\_\_ \; C_0 \; \# \begin{bmatrix} \text{V} \\ +\text{high} \\ -\text{back} \end{bmatrix}$$

이 규칙은 어간 마지막 음절의 후설 모음이 /i/나 /ü/로 시작하는 굴절어미의 영향으로 전설 모음으로 동화된다는 것을 나타낸다. 여기서 C_0는 움라우트가 어간말 자음의 수와 상관없이 일어난다는 것을 의미한다. 이 규칙과 *fōtiz의 예에서 보듯이, 동화음과 조건음이 서로 인접해 있지 않다는 점에서, 움라우트는 **비근접 동화**(non-contiguous assimilation) 또는 **원거리 동화**(long-distance assimilation)라고 말할 수 있다.

8.2 탈락

탈락(deletion 또는 elision)은 본래 있던 자음이나 모음이 상실되는 것을 말한다. 자음의 탈락은 복잡한 자음군(consonant cluster)을 보다 간결하게 하거나, 음절구조조건(syllable structure condition: SSC)을 위반하지 않도록 하기 위해 주로 일어난다. 모음의 탈락은 주로 비강세 음절에서 일어나며, 탈락하는 모음의 위치에 따라 어중음탈락(syncope), 어말음탈락(apocope), 어두음탈락(aphesis)으로 구분된다.

그 모음이 움라우트에 의해 전설모음으로 되었음을 나타낸다.

15) 고대영어 철자 <y>는 전설 원순 고모음 [ü]로 발음되었다.

8.2.1 자음 탈락

먼저, **자음군단순화**(cluster simplification)를 위해 /t/가 탈락되는 경우의 예를 보면 아래와 같다.

(29) first three　　[fərs θri]
　　last night　　[læs nayt]
　　the fact that　　[ðə fæk ðət]
　　aspects　　[æspɛks]
　　most people　　[mows pipl̩]
　　best game　　[bɛs geym]

(29)에서 볼 수 있듯이, /t/는 다른 자음 사이에서 탈락한다. 이 환경에서는 /t/뿐만 아니라 아래에서 볼 수 있듯이 /d/도 탈락한다.

(30) wild card　　[wayl kɑrd]
　　sandwich　　[sænwɪʤ]
　　mildness　　[maylnɪs]
　　stand still　　[stæn stɪl]
　　sand paper　　[sæn peypər]
　　grand master　　[græn mæstər]

이처럼 치경 폐쇄음 /t/와 /d/는 자음과 자음 사이에 있을 때 탈락된다. 이 자음들은 west end [wɛst ɛnd]나 blind eye [blaynd ay]에서처럼 뒤에 자음이 없을 경우에는 탈락하지 않는다. **치경폐쇄음탈락**(alveolar stop deletion)을 규칙으로 나타내면 다음과 같다.

(31) $\left\{\begin{matrix} t \\ d \end{matrix}\right\} \rightarrow \text{Ø} \ / \ \text{C} \ \_\_\_ \ \text{C}$

자음탈락의 두 번째 경우로, 인접해 있는 동일한 두 자음의 연쇄인 겹자음에서 하나의 자음이 탈락하는 **겹자음단음화**(degemination)를 들 수 있다. 겹자음단음화도 일종의 자음군단순화로 볼 수 있다. 음성적으로, 겹자음은 단일 자음보다 길게 발음된다. 예를 들어 white tie의 겹자음 [t]가 white eye의 [t]보다 길게 발음되는 것이 사실이다. 그러나 음운론적 관점에서, 겹자음은 영어에서 허용되지 않는다.[16] 이러한 이유로 아래에서 보듯이 겹자음은 단음화된다.

(32) rat tail [ræteyl]
    milk crate [mɪlkreyt]
    house sale [haʊseyl]
    unknown [ʌnown]
    leanness [linəs]
    ill-looking [ɪlʊkɪŋ]
    solely [sowli]

겹자음은 동일한 형태소 내에서는 나타나지 않고 서로 다른 형태소 사이에 나타난다는 분포상의 제약이 있다. 위 예에서 보듯이 겹자음 사이에는 형태소 경계나 단어 경계가 놓인다. 겹자음은 주로 unknown, solely, leanness에서와 같은 파생어 형성 과정이나, illegal (/in+legal/), irregular (/in+regular/)에서와 같은 완전동화에 의해서 만들어진다. 이렇게 만들어진 겹자음은 겹자음단음화를 겪게 된다. *SPE* (148)는 겹자음단음화규칙을 다음과 같이 나타낸다.

(33) C → Ø / before an identical C

편의상 겹자음을 C_iC_i로 나타낸다면, (33)을 아래 (34a)처럼 나타낼 수 있을 것이다.

(34) a. $C_i \rightarrow Ø$ / ___ C_i
    b. $C_i \rightarrow Ø$ / C_i ___
    c. $C_iC_i \rightarrow C_i$
    d. $C_i \rightarrow Ø$ % C_i

(34a)는 겹자음의 앞 요소가 탈락한다는 것을 나타내고, (34b)는 겹자음의 뒤에 있는

16) 겹자음은 동일한 분절음의 연쇄를 허용하지 않는 OCP의 위반으로 볼 수 있다.

요소가 탈락한다는 것을 나타낸다. 겹자음 중 어떤 요소가 탈락하는지를 결정할 수 있는 명백한 근거가 없다면, (34c)나 경상규칙인 (34d)로 나타낼 수 있을 것이다. 아무튼, 겹자음단음화규칙을 (34) 중 어느 것으로 나타내더라도 결과는 동일하다.

SPE (222)는 완전동화에 의해 겹자음이 되고, 이 겹자음이 다시 (33)에 의해 단음화되는 경우의 예로 다음을 제시한다.

(35)			(동화)		(33)		
a. ad−:	/ad=test/	→	[æt=test]	→	[ætest]	(attest)	
	/ad=sist/	→	[æs=sist]	→	[æsist]	(assist)	
b. ab−:	/æb=pēr/	→	[æp=pēr]	→	[æpīyr]	(appear)	

다음으로, 자음군이 음절구조조건을 위반하는 경우 그 자음군을 구성하는 자음의 하나가 탈락하는 경우를 살펴보자. 영어에서 /gn/이나 /gm/은 어두나 어말 자음군으로 즉, 두음나 말음 자음군으로 허용되지 않는다. 폐쇄음과 비음의 연쇄는 공명도배열원칙(sonority sequencing principle: SSP)을 위반하지는 않지만, 영어에서 두음 자음군으로 허용되지 않는다. 또한 /gn/이나 /gm/이 말음 자음군으로 허용되지 않는 이유는 SSP를 위반하기 때문이다. 말음에서 공명도가 더 낮은 폐쇄음이 공명도가 더 높은 비음보다 핵음에 가까이 놓일 수 없다. 이처럼 /gn/이나 /gm/은 두음이나 말음에 허용되지 않는 자음군이어서, 이 자음군을 이루는 분절음 /g/가 탈락하게 된다. **g-탈락**(g-deletion)과 관련된 자료를 제시하면 다음과 같다.

(36) a. [g̸n]	[gn]
design	desig$nation
resign	resig$nation
repugn	repug$nant
malign	malig$nant
sign	sig$nature
b. [g̸m]	[gm]
paradigm	paradig$matic
phlegm	phleg$matic
diaphragm	diaphrag$matic

c. [g̸n] [gn]

gnostic	ag$nostic, prog$nostic
gnosis	ag$nosia
gnathic	prog$nathous

(36a)와 (36b)의 왼쪽 세로줄은 각각 어말 자음군 /gn/과 /gm/에서 /g/가 탈락하는 예이다. 오른쪽 세로줄의 예들은, 모음으로 시작되는 접미사가 첨가될 경우 폐쇄음과 비음이 각각 다른 음절에 속하므로 음절구조조건을 위배하지 않게 되어 /g/가 탈락하지 않는다는 것을 보여준다. (36c)의 왼쪽 세로줄은 어두 자음군 /gn/에서 /g/가 탈락하는 예이고, 오른쪽 세로줄은 모음으로 끝나는 접두사가 첨가될 때 /g/와 /n/이 서로 다른 음절에 속하게 됨으로써 /g/가 탈락하지 않는 예이다.

폐쇄음 /g/와 비음의 연쇄가 두음과 말음에서 허용되지 않기 때문에, /g/가 탈락한다는 사실을 설명하기 위해 g-탈락규칙을 다음과 같이 나타낼 수 있다.

(37)

$$g \rightarrow \emptyset / \left\{ \begin{array}{l} \_\_\_ \begin{bmatrix} C \\ +nasal \end{bmatrix} \$ \\ \$ \_\_\_ \begin{bmatrix} C \\ +nasal \end{bmatrix} \end{array} \right\}$$

영어의 발달과정에서 16세기 말까지는 어두의 자음군 /gn/과 /kn/에서 폐쇄음 /g/와 /k/가 발음되었다. 그러나 17세기 초에 gnarl, gnat, gnaw, knave, knead, knee 등의 단어에서 어두의 /g/와 /k/가 비음 앞에서 탈락하게 되었다.[17)]

음절구조조건을 위반하지 않기 위해 자음군을 구성하는 자음의 하나가 탈락하는 두 번째 경우의 예로, 말음 자음군으로 허용되지 않는 [−coronal] 비음과 유성폐쇄음의 연쇄인 /mb/와 /ŋg/에서 각각 /b/와 /g/가 탈락하는 것을 들 수 있다. 이와 관련된 예를 들면 다음과 같다.

(38) a. [mb̸] [mb]

bomb	bombard

17) 이로 인해 knack−neck, knight−night와 같은 셰익스피어의 동음이의어 익살(pun)을 볼 수 있다.

iamb	iambic
plumb	plumbous
b. [ŋg̸]	[ŋg]
monophthong	monophthongal
diphthong	diphthongize
prolong	prolongation

(38)의 왼쪽 세로줄은 말음의 유성 폐쇄음 /b/와 /g/가 각각 조음 위치가 동일한 (homorganic) 비음 /m/과 /ŋ/ 뒤에서 탈락하는 예이고, 오른쪽 세로줄은 모음으로 시작하는 I종 접미사가 첨가될 경우 유성 폐쇄음이 탈락하지 않는 예이다.18) 그러나 /mb/나 /ŋg/로 끝나는 어기 뒤에 bomb#ing, belong#ing, long#ish, strong#ish, crumb#y, string#y에서처럼 굴절접미사나 II종 접미사가 첨가될 경우에는 유성 폐쇄음이 탈락하게 된다. 어말의 유성 폐쇄음 /b, g/가 조음 위치가 동일한 비음 뒤에서 탈락한다는 **유성폐쇄음탈락**(voiced stop deletion)을 규칙으로 나타내면 다음과 같다.19)

(39) a. $b \rightarrow \emptyset \ / \ m$ ____ #

b. $g \rightarrow \emptyset \ / \ \eta$ ____ #

c. $$\begin{bmatrix} -\text{del rel} \\ -\text{cor} \\ +\text{voice} \\ \alpha\text{ant} \end{bmatrix} \rightarrow \emptyset \ \Big/ \ \begin{bmatrix} \text{C} \\ +\text{nasal} \\ -\text{cor} \\ \alpha\text{ant} \end{bmatrix} \ \_\_\_\_ \ \#$$

(39a)는 /m/에 후속하는 어말의 /b/를 탈락시키는 규칙이고, (39b)는 /ŋ/에 후속하는 어말의 /g/를 탈락시키는 규칙이다. (39c)는 자질을 사용하여 (39a)와 (39b)를 하나의 규칙으로 나타낸 것이다. (39)에서 환경에 '#'를 사용한 이유는, /b, g/의 탈락이 어말

18) 말음의 /mb/와 /ŋg/에서 각각 /b/와 /g/가 탈락하는 것과 달리, sand [sænd]에서 보듯이 말음의 /nd/에서는 왜 /d/가 탈락하지 않는지 의문을 제기할 수 있을 것이다. 아마도 그 이유는 [+coronal] 자음이 가지는 특성 때문으로 보이며, 음절말에 부가될 수 있는 자음이 [+coronal]인 치음이라는 사실과 무관하지 않은 듯하다. 설정성 자음은 다른 자음들과 달리 특별한 양상을 보인다. 여기에 관하여는 Paradis and Prunet eds.(1991)을 참조하라.

19) 이 음운 현상을 Halle and Mohanan(1985)는 **비설정음탈락**(noncoronal deletion)이라고 칭한다.

에서뿐만 아니라 /mb/나 /ŋg/로 끝나는 어기 뒤에 #ing, #ish, $\#y]_{Adj}$와 같은 II종 접미사가 첨가될 경우에도 일어난다는 것을 나타내기 위한 것이다. 어말의 /b/와 g/가 각각 /m/과 /ŋ/ 뒤에서 탈락하는 이유는 /mb/와 /ŋg/가 말음 자음군으로 허용되지 않기 때문이다. 그런데 문제는, 왜 /mb/나 /ŋg/로 끝나는 어기 뒤에 똑같이 모음으로 시작하는 접미사가 첨가되는데도 불구하고 I종 접미사가 첨가될 때는 탈락이 일어나지 않고 II종 접미사가 첨가될 때는 탈락이 일어나는가이다. 이 문제는 음절화 영역(domain of syllabification)과 관련이 있다. 음절화가 일어나는 영역은 # 경계로 표시되는 내부 단어(internal word)이다. 따라서 안에 내부 단어 경계가 없는 ##bomb+ard##와 ##monophthong+al##은 단어 전체가 음절화 영역이며 각각 [bɑm$bɑrd]와 [mɑ$nəf$θɔŋ#gəl]로 각각 음절화된다. 그러나 안에 내부 단어 경계가 있는 ##bomb#ing##과 ##long#ish##는 어기와 접미사가 서로 다른 음절화 영역이므로 [bɑmb] [$ɪŋ]과 [lɔŋg] [$ɪʃ]로 음절화된다.[20] 음절화된 결과를 보면, 모음으로 시작되는 I종 접미사가 첨가되면 /b/와 /g/는 뒤에 있는 음절의 두음이 되지만, II종 접미사가 첨가되면 /mb/와 /ŋg/는 말음 자음군으로 남게 된다. 이처럼 모음으로 시작되는 II종 접미사가 첨가되더라도 어말에서와 마찬가지로 /mb/와 /ŋg/는 허용되지 않는 말음 자음군으로 남아 있게 된다. 이 자음군이 음절구조조건을 위반하지 않도록 하기 위해 결국 유성 폐쇄음 /b/와 /g/가 탈락하는 것이다.[21] 여기서 탈락은 음절 구조와 밀접히 관련되어 있기 때문에, 규칙 (39)의 환경에 표시된 내부 단어 경계(#)를 음절 경계($)로 대치할 수도 있다.

음절구조조건을 위반하지 않기 위해 자음이 탈락하는 세 번째 경우의 예로, 어말 /mn/에서의 **n-탈락**(n-deletion)을 들 수 있다. 이와 관련된 예는 다음과 같다.

(40) [mn̸]	[mn]
hymn	hymnal
solemn	solemnity
damn	damnation
condemn	condemnation

20) 음절화 영역이 내부 단어이므로 내부 단어 경계 #는 음절 경계 $로 대치된다.

21) 두음에서는 공명도가 낮은 자음이 선호되는 반면 말음에서는 공명도가 높은 자음이 선호되기 때문에, 허용되지 않는 자음군이 있을 때 두음에서는 공명도가 높은 자음이 탈락하고 말음에서는 공명도가 낮은 자음이 탈락하는 것이 보통이다.

(40)의 왼쪽 세로줄에서 보듯이, 영어에서 /mn/은 말음 자음군으로 허용되지 않기 때문에, 어말의 자음 /n/이 탈락하게 된다. 반면 (40)의 오른쪽 세로줄에서 보듯이, 이 자음군으로 끝나는 어기에 모음으로 시작하는 I종 접미사가 첨가될 경우 /n/은 탈락하지 않는다. 그러나 dam[n̸]#ing, dam[n̸]#ed에서 보듯이, II종 접미사나 굴절 접사가 첨가될 경우에는 /n/이 탈락된다. /m/에 후속하는 어말의 /n/이 탈락하는 것을 규칙으로 나타내면 다음과 같다.

(41) n → Ø / m ___ #

자음탈락의 마지막 경우로, **h-탈락**(h-deletion)을 살펴보자.[22] 두음 /h/의 탈락은 위에서 살펴본 자음의 탈락과는 차이가 있다. 대부분의 자음 탈락은 자음군단순화를 위해 혹은 음절구조조건을 위반하지 않기 위해서 이루어지지만, /h/의 탈락은 그렇지 않다. 영어에서 /h/는 다른 자음과 달리 말음에는 나타날 수 없고 두음에만 나타날 수 있으며, 두음에 나타날 경우 다른 자음과 함께 나타나지 못하고 홀로 나타난다는 분포상의 제약이 있다. 음성적으로 /h/는 단순히 [−voice]라는 특성만을 지니고, 조음 위치나 조음 방법의 음성적 특성을 지니고 있지 않기 때문에, 다른 자음에 비해 불안정하다고 말할 수 있다. 주로 비강세 음절의 두음 위치에서 /h/가 탈락하는 것은 바로 이런 음성적 특성과 무관하지 않은 것으로 보인다. 현대영어에서의 h−탈락과 관련된 예를 제시하면 아래와 같다.

(42) a. 강세음절	b. 비강세 음절
hístory	[h̸]istórical
nihílity	ní[h̸]ilism
vehícular	vé[h̸]icle
prohíbit	pro[h̸]ibítion
behémoth	bé[h̸]emoth

---

22) 자음탈락의 또 하나의 경우의 예로 talk, walk, half, salve, calm, palm, folk, yolk, Holmes에서의 /l/의 탈락을 들 수 있다. 공시적으로 볼 때, /l/이 저모음과 비설정음(noncoronal) 사이에서 탈락하는 것으로 보인다. 그러나 통시적으로 볼 때, <al>과 <ol>의 /l/은 초기 현대영어 시기에 모음화(vocalization)되고 선행하는 모음과 융합되었다. 이로 인해 /l/이 더 이상 발음되지 않게 되자, 거꾸로 faul̲t(<ME faute)와 vaul̲t에서처럼 자음 /l/이 추가되는 현상이 나타나기도 하였다.

(42a)는 /h/가 강세 음절의 두음 위치에서 탈락하지 않는 예이고, (42b)는 /h/가 비강세 음절의 두음 위치에서 탈락하는 예이다. 비강세 음절의 두음 위치에서 /h/가 탈락하는 h−탈락을 규칙으로 나타내면 다음과 같다.

(43)

$$h \rightarrow \text{Ø} \; / \; \$ \; \_\_\_ \begin{bmatrix} \text{V} \\ -\text{stress} \end{bmatrix}$$

영어의 발달과정에서 볼 때, 비강세 음절의 음절초 위치에서 /h/가 탈락하는 현상은 이미 고대영어 시기에 규칙적으로 일어났다. 아래 고대영어의 h−탈락과 관련된 예를 보자.

(44) a. fēos < feoh 'cattle, property' + es 'sing. gen.'
pl̄ēos < pleoh 'danger' + es 'sing. gen.'
b. hēanis 'height' < hēah 'high' + −nis '−ness'
nēawist 'neighbourhood' < nēah 'near' + −wist 'being'
c. mēares < mearh 'horse' + −es 'sing. gen.'
sēoles < seolh 'seal' + −es 'sing. gen.'
d. furlang 'furlong' < furh 'furrow' + lang 'long'
earmrēad < *earmhrēad 'armlet'
e. behindan 'behind
behealdan 'to behold'
ġehelpan 'to help'
ġehātan 'to promise'
forehāliġ 'very holy'
āhēawan 'to hew off'

위 예에서 보듯이 고대영어에서는 /h/가 두음뿐만 아니라 말음에서도 허용된다. 고대영어에서 강세는 보통 어간의 첫음절에 놓인다. (44a−d)는 /h/가 비강세 음절의 두음 위치에서 탈락하는 경우의 예이고, (44e)는 /h/가 강세 음절의 두음 위치에 있기 때문에 탈락하지 않는 경우의 예이다. 비강세 음절의 /h/가 (44a)에서는 모음과 모음 사이에, (44b)에서는 모음과 공명음 사이에, (44c)는 공명음과 모음 사이에, (44d)는 공명음과 공명음 사이에 나타나는 예들이다.[23] (44e)에서 be−, ġe−, fore−, ā−는 접두사로, 강세가 이들 접두사에는 놓이지 않고 어간의 첫음절에 놓인다. (44e)에서는 /h/가 강세 음절의 두음 위치에 있기 때문에 탈락하지 않는다. 이처럼 고대영어의 h-탈락은 현대영어의 h-탈락과 마찬가지로 비강세 음절의 두음 위치에서 이루어지므로, 규칙 (43)에 의해 설명이 가능하다.

위 (44b)와 (44d)에서 /h/가 탈락하기 이전의 입력형은 /h/와 공명음으로 이루어진 두음 자음군 /hn, hl, hr/을 지닌다. 이 자음군이 비강세 음절에 나타날 경우에 (44b)와 (44d)에서 보듯이 /h/가 탈락하지만, 강세 음절에 나타날 경우에는 /h/가 탈락하지 않는다. 그러나 이 자음군이 중세영어 시기에는 더 이상 허용되지 않게 됨으로써, 강세와 상관없이 /h/가 탈락하게 되었다. 이와 관련된 예를 제시하면 다음과 같다.

(45) (고대영어)	(중세영어)	(현대영어)
hlāf	lof, loof	loaf ‘bread’
hlid	lid, led	lid
hlūd	loud	loud
hring	ring	ring
hrēod	reed	reed
hrīm	rime, ryme	rime ‘hoarfrost’
hnutu	nute, note	nut
hnǣgan	neʒan	neigh

중세영어에서는 음절초 자음군 /hn, hl, hr/이 더 이상 허용되지 않게 되자, 음절구조 조건을 위반하지 않기 위해 이 자음군의 첫 자음인 /h/가 탈락하게 된 것이다. 이처럼 중세영어 시기의 h-탈락은 현대영어와 고대영어에서의 h-탈락과 달리 음절구조조건을 만족시키기 위한 것으로 보인다.

8.2.2 모음 탈락

모음의 탈락은 강세와 밀접하게 관련되어 있다. 모음은 photograph [fówɾə̱græ̀f]와 photography [fə̱tágrə̱fi]에서 보듯이, 비강세 음절에서 [ə]로 약화(reduction)되는 것이

23) 이러한 환경을 고려하여, 고대영어에서 /h/가 [+sonorant]와 [+sonorant] 사이에서 탈락한다는 것이 일반적인 전통적 설명이지만, 강세를 고려하지 않은 이 전통적 설명은 예외가 많기 때문에 타당하지 않다.

보통이다. 이 약화 모음(reduced vowel)은 빠른 발화에서 아예 발음되지 않고 탈락되기도 한다.

먼저, /ə/가 단어의 중간에서 탈락하는 **어중음탈락**(syncope)과 관련된 아래 예를 보자 (Hammond 1997: 47). 아래에서 소괄호 "( )"는 그 속의 약화 모음이 발음되지 않음을 나타낸다.

(46)	(느린 발화)	(빠른 발화)
a.	paráde	p(a)ráde
	Torónto	T(o)rónto
	Canádian	C(a)nádian
b.	ópera	óp(e)ra
	géneral	gén(e)ral
	chócolate	chóc(o)late
c.	réspiratòry	résp(i)ratòry, réspir(a)tòry
	glòrificátion	glòr(i)ficátion, glòrif(i)cátion

위 예는 약화 모음이 느린 발화에서는 탈락하지 않지만, 빠른 발화에서는 탈락한다는 것을 보여준다. (46a)는 앞에서 두 번째 음절에 강세가 있을 때, 첫 번째 음절의 [ə]가 탈락하는 예이고, (46b)는 3음절어에서 첫음절에 강세가 있을 때, 두 번째 음절의 [ə]가 탈락하는 예이다. (46c)는 강세 음절 사이에 비강세 음절이 두 개 있을 때, 이 둘 중 하나에서 [ə]가 탈락하는 예이다.

어중음탈락을 단순히 비강세 음절의 모음탈락이라고 말한다면, (46b)에서 왜 어말의 비강세 음절의 모음이 탈락하지 않고 두 번째 음절의 모음이 탈락되는지를 설명할 수 없으며, 또한 아래 예에서처럼 왜 강세 음절 사이의 비강세 음절의 모음이 탈락하지 않는지를 설명하기 어려울 것이다.

(47)	òperátic	gènerálity
	glórifỳ	réspiràte

만일 (47)에서 강세 음절 사이의 모음이 탈락한다면, 강세 음절이 인접하게 되는 **강세 충돌**(stress clash)이 일어나게 될 것이다. 이미 2장에서 언급했듯이, 강세 박자 언

어(stress-timed language)인 영어에서는 강약의 리듬을 맞추기 위해 강세 충돌을 회피하는 경향이 있기 때문에, 강세충돌을 피하기 위해 (47)에서 강세 음절 사이의 모음이 탈락하지 않는다는 것이 일반적인 설명이다.

리듬은 **음보**(foot)의 운율 단위에 의해 파악되므로, 리듬과 관련된 어중음탈락은 음절이 아니고 음보라는 단위에 의해 설명되어야 할 것이다.[24] 어중음탈락을 음보에 의해 설명하기에 앞서, 음보의 개념을 간단히 언급할 필요가 있다. 영어의 음보는 하나의 강세 음절과 하나 혹은 그 이상의 비강세 음절로 구성된다. 음보를 형성하기 위해서는 하나의 강세 음절이 반드시 있어야 한다. 음보의 일반적 유형에는 강세 음절과 비강세 음절(όσ)로 구성된 **강약격음보**(trochee), 강세 음절과 두 개의 비강세 음절(όσσ)로 구성된 강약약격음보(dactyl), 그리고 비강세 음절과 강세 음절(σό)로 구성된 **약강격음보**(iamb)가 있다.[25] 또한 비강세 음절이 없이 하나의 강세음절로 된 음보를 불구음보(degenerate)라고 한다. 현대영어의 기본 음보는 강약격음보이다.

Hammond(1997)에 따르면, 어중음탈락은 모든 음절이 음보화(footing)되어야 한다는 제약과 관련이 있으며 음보화되지 않은 음절에서만 일어난다. 어중음탈락의 첫 번째 경우로, 먼저 (46a)를 보자. 두 번째 음절에 강세가 있는 paráde의 음보 구조는 pa[ráde]이므로,[26] 음보화되지 않은 첫 번째 음절의 모음이 탈락하게 된다. 첫음절의 모음이 탈락하게 되면 paráde의 음보 구조는 [práde]가 되며, 음보화되지 않은 음절이 없게 된다. 이처럼 어중음탈락이 이루어짐으로써, 모든 음절은 음보화되어야 한다는 제약을 위반하지 않게 되는 것이다.

두 번째 경우로, (46b)의 ópera는 세 개의 음절이어서, 만일 어떤 모음도 삭제되지 않으면 하나의 음절이 음보화되지 않은 상태로 남게 된다. 만일 두 번째 음절의 모음이 탈락하면, [ópra]가 되고 마지막 음절의 모음이 탈락하면 [óper]가 된다. 이때 어떤 모음이 소실되어야 하는지를 결정하도록 하는 것은 단어의 가장자리의 요소가 중

24) 강세나 리듬뿐만 아니라, 기음화, 연구개음화, **비속어 삽입**(expletive infixing) 등과 같은 음운 과정은 음보를 기반으로 할 때 더 간결하고 적절히 설명할 수 있다는 점이 음보의 필요성을 뒷받침하는 근거가 된다. 예컨대, 기음화는 무성 폐쇄음이 음보의 왼쪽 끝에 있을 때 일어나고, 미국의 많은 방언에서 [l]의 연구개음화는 [l]이 음보의 왼쪽 끝에 있지 않을 때 일어난다. 또한 fucking, bloody, blooming, goddamn 등의 비속어는 Mìnne－ fuckin－sóta (*Mì－fuckin－nnesóta, *Mìnnesó－fuckin－ta)에서 보듯이 음보와 음보 사이에만 삽입이 가능하다. 이처럼 음보는 여러 음운 규칙들의 영역이 된다는 것을 알 수 있다.

25) 이외에도 흔하지는 않지만 약약강격(anapaest), 약강약격(amphibrach), 강강격(spondee) 음보도 있다.

26) 여기서 대괄호(bracket) “[ ]”는 음보를 나타낸다.

간 요소보다 탈락하지 않으려는 경향이 강하다는 사실이다. 이러한 이유로 ópera와 géneral은 각각 어말 음절의 모음이 탈락하여 *[óper]와 *[génerl]이 되지 않고, 중간 음절의 모음이 탈락하여 [ópra]와 [génral]이 되는 것이다.

끝으로, 세 번째 경우의 어중음탈락인 (46c)의 réspiratòry를 보자. 5개의 음절로 구성된 이 단어에서 강세는 첫 번째 음절과 네 번째 음절에 있다. 네 번째 강세 음절과 다섯 번째 비강세 음절은 완전한 강약격음보 [tòry]를 이룬다. 문제는 첫 번째 강세 음절이 두 번째와 세 번째 비강세 음절 중 어느 것과 음보를 이루어야 하는가 즉, 어떤 비강세 음절의 모음이 소실되어야 하는가이다. 만일 두 번째 음절의 모음이 탈락하면 [réspra][tòry]가 되고, 세 번째 음절의 모음이 탈락하면 [réspir][tòry]가 된다. 결국 이 두 가지 경우 모두 완전한 음보를 이루므로, 어느 음절의 모음이 탈락하더라도 상관없다.

지금까지 살펴보았듯이, 어중음탈락은 음보화되지 않은 음절에서만 일어나고, 어중음탈락은 결과적으로 모든 음절이 음보화되도록 하는 결과를 가져온다는 것을 알 수 있다. 강세 음절 사이에 하나의 비강세 음절이 있는 (47)과 같은 경우에 이 비강세 음절의 모음이 탈락하지 않는 이유는, (47)의 [òpe][rátic]에서 볼 수 있듯이 음보화되지 않은 음절이 없이 완전한 음보 구조를 이루고 있기 때문이다. 만일 모음이 탈락하게 되면, operatic은 [òp][rátic]이 될 것이고, 그 결과 원래 완전한 강약격음보 [òpe]가 오히려 더 좋지 않은 불구음보 [ò]로 될 뿐만 아니라 강세 충돌이 일어난다는 문제가 발생한다. 따라서 어중음탈락은 단순히 비강세 음절의 모음탈락이 아니고 음보화되지 않은 음절의 모음탈락이라고 말할 수 있다.

어두의 약화모음이 탈락하는 **어두음탈락**(aphesis) 역시 어중음탈락과 같은 원리에 의해서 설명이 가능하다.27) 먼저 어두음탈락과 관련된 아래 예를 보자.

(48) (느린 발화)	(빠른 발화)
opóssum	póssum

27) 어두의 비강세 모음탈락인 어두음탈락(aphesis)은 **어두음절탈락**(aph(a)eresis)과 구별된다. 어두음절탈락은 비강세 모음뿐만 아니라 álmost→'most에서처럼 어두 강세 모음의 탈락도 포함하는 개념이라는 점에서 어두음탈락보다 더 포괄적이고 일반적이라고 볼 수 있다. 또한 어두음절탈락은 용어 자체에서 알 수 있듯이, 단순히 모음만 탈락하는 것이 아니고 어두의 음절이 통째로 탈락하는 것을 말한다. 어두음절탈락의 예로는 excuse→'scuse, because→'cause 등을 들 수 있다. 역사적으로 볼 때 어두음절탈락으로 인하여 두 개의 서로 다른 단어가 만들어지기도 하였다: defender−fender, defense−fence, disport−sport. 또한 raccoon의 어두음절탈락에 의해 생긴 coon은 raccoon의 변이형으로 사용된다.

abóut	bóut
aróund	róund
acúte	cúte
esquíre	squíre
alóne	lóne

어두음탈락의 예는 그리 많지 않다. 어두음이 쉽사리 탈락하지 않는 이유는, 어두음의 정보가 단어를 인식하는 데 가장 중요한 단서를 제공한다는 점과 무관하지 않은 것으로 보인다. 청자는 어떤 단어의 어두음을 듣지 못하면 그 단어를 인식하는데 상당한 어려움을 겪을 것이다. (48)을 보면, 강세가 앞에서 두 번째 음절에 있을 경우 어두의 비강세 음절 모음이 탈락한다는 것을 알 수 있다. 현대영어의 기본 음보는 강세 음절과 비강세 음절로 구성된 강약격음보(σ́ σ)이므로, 강세 음절 앞에 있는 어두의 비강세 음절은 음보화될 수 없다. 따라서 음보화되지 않은 어두의 모음이 탈락하게 되고, 결과적으로 모든 음절이 음보화되는 것이다. 예를 들어, o[póssum]의 어두음이 탈락하면 결과적으로 완전한 음보 [póssum]이 형성되는 것이다. 이런 이유로 opossum이라는 단어 앞에 때로 부정관사 a가 쓰이기도 한다.

어말의 약화모음이 탈락하는 **어말음탈락**(apocope)은 영어 발달과정에서 상당히 체계적으로 일어났다. 고대영어 시기 말엽부터 시작된 굴절어미의 **수평화**(leveling)로 인하여 초기 중세영어 시기에는 비강세 음절의 모음, 특히 굴절어미의 모음이 [ə]로 변하였다. 다음 예들을 보자.

(49) (고대영어)	(초기 중세영어)
lama̲ ‘lame’	lāme̲
fara̲n ‘to fare’	fāre̲n
stāna̲s ‘stones’	stōne̲s
sico̲r ‘sure’	sēke̲r
naco̲d ‘naked’	nāke̲d
lengðu̲ ‘length’	lengthe̲
medu̲ ‘liquor’	mēde̲

위에서 밑줄 친 부분의 초기 중세영어 철자 <e>는 약화모음 [ə]를 나타낸다. 수평화

로 인하여 약화된 모음 [ə]는 13세기부터 점차 소실되었다. 비록 철자 <e>는 그대로 남아 있었지만, 굴절어미의 모음 [ə]는 더 이상 발음되지 않게 되었다.

고대영어의 어말 모음이 초기 중세영어에서 수평화로 인하여 [ə]로 약화되고, 이 약화된 모음이 중세영어 시기에 탈락되는 것을 보여주는 예를 제시하면 아래와 같다.

(50) (고대영어)	(초기 중세영어)	(중세영어)	(현대영어)
hara	hare [hɑrə]	hāre [hār]	hare
nama	name	nāme	name
meolu	mele	mēle	meal 'flour'
wicu	wike	wēke	weak
duru	dure	dōre	door
wudu	wude	wōde	wood

(50)에서 특이한 점은, 중세영어 시기에 어말의 [ə]가 탈락하고 그 앞 음절의 모음이 장음화(lengthening)되었다는 점이다. 이 장음화 현상을 일컬어 **중세영어 개방음절 장음화**(Middle English Open Syllable Lengthening)라고 한다.[28)]

탈락과 관련하여 마지막으로 언급할 것은, 동일하거나 유사한 음절이 인접해 있을 때 그중 하나의 음절이 수의적으로 탈락되는 음운 현상인 **유음생략** 또는 **중음탈락**(haplology)이다. 이와 관련된 예는 다음과 같다.

(51) haplology	[hæplɑ́lədʒɪ]	[hǽplədʒɪ]
Mississippi	[mìsəsípɪ]	[mɪsípɪ]
Mrs. Smith	[misɪs smíθ]	[mis smíθ]
probably	[prɑ́bəblɪ]	[prɑ́blɪ]
particularly	[pərtíkyələrlɪ]	[pərtíkyəlɪ]
similarly	[símələrlɪ]	[símələɪ]
temporary	[tɛ́mpərèrɪ]	[tɛ́mprɪ]
papa	[pɑ́pə]	[pɑ́]
mama	[mɑ́mə]	[mɑ́]

28) 중세영어 개방음절 장음화에 관하여는 9장에서 모음 변화에 관한 음운 과정을 다루면서 다시 논의한다.

(51)에서 오른쪽 세로줄의 발음은 중음탈락이 이루어진 발음이고, 왼쪽 세로줄의 발음은 그렇지 않은 발음이다. 영어에서 형용사에 부사형 접미사 −ly를 첨가할 때, 이 접미사는 −ly로 끝나는 형용사에는 첨가될 수 없다는 제약이 있다. 예컨대 bodily, daily, friendly, lively, lovely 등에는 −ly가 첨가될 수 없다.[29] 이 제약은 중음탈락과 무관하지 않은 것으로 보인다.[30]

8.3 삽입

탈락이 빠른 발화나 일상적인 발화의 특징이긴 하지만, **삽입**(epenthesis 또는 insertion) 역시 세계의 여러 언어에서 보기 드문 현상은 아니다. 삽입은 음과 음 사이의 발음을 부드럽게 하기 위해, 발음하기 어려운 음 사이에 분절음을 끼워 넣는 음운 과정을 말한다. 가장 보편적인 유형의 삽입은, 발음하기 어려운 자음군을 분리하기 위해 모음이 삽입되거나, **모음연접**(hiatus)을 피하기 위해 두 모음 사이에 전이음이나 자음이 삽입되는 것이다.

삽입되는 음의 위치에 따라 삽입은 **어두음 삽입**(pro(s)thesis), **어중음 삽입**(epenthesis), **어말음 삽입**(paragoge 또는 epithesis)으로 구분할 수 있다. 어두음 삽입은 매우 드물게 일어나며, 영어 발달과정에서 볼 수 있는 예로는 ME queisen (<OE cwȳsan) > ModE s̲queeze에서의 /s/ 삽입을 들 수 있다.[31] 어말음 삽입의 예로는 ME soun > ModE sound를 들 수 있다. 앞으로 다루게 될 거의 대부분의 예들은 어중음 삽입과 관련되어 있다. 편의상 삽입을 모음 삽입, 전이음 삽입, 자음 삽입으로 구분하

---

29) 따라서 이 단어들은 형용사이면서 동시에 부사로도 사용된다.

30) 역사적으로 볼 때, England (OE Engla 'angel' + lond 'land')도 중음탈락을 겪은 것이다.

31) 현대영어의 nickname은 초기 중세영어시기에 ekename였으므로, 여기에 /n/이 삽입된 것으로 볼 수도 있을 것이다. 그러나 사실상 이 /n/은 부정관사 an의 /n/으로, 중세영어 시기에 an ekename을 a nekename으로 잘못 분석한 결과 현재의 nickname으로 발전된 것이다. 이러한 또 다른 예로는 ME an ewte > ModE a newt를 들 수 있다. 중세영어 시기에 이처럼 /n/이 부정관사에서 떨어져 나와 후속하는 단어에 붙는 현상과 반대로, /n/으로 시작하는 명사에서 /n/이 떨어져 나와 앞에 있는 부정관사 a에 붙는 경우도 있었다. 이러한 예로는 umpire (ME noumpere < OF non 'not'+per 'equal'), adder (ME nadder), apron (ME napron)을 들 수 있다. 이처럼 /n/을 잘못 분석하는 현상은, 중세영어 시기에 있었던 굴절어미의 어말 자음 n-탈락과 관련이 있다.

고, 이것들을 하나씩 차례로 살펴보자.

8.3.1 모음 삽입

모음 삽입(vowel epenthesis)은 허용되지 않는 자음군 사이에서 일어나는 것이 일반적이다. 대표적인 예로, 규칙적 복수 어미와 과거(분사) 시제 어미가 첨가될 때 일어나는 모음 [ɪ]의 삽입을 들 수 있다. 이미 앞에서 언급하였듯이, 치찰음 /s, z, ʃ, ʒ, ʧ, ʤ/으로 끝나는 명사 뒤에 규칙적 복수 어미 /z/가 첨가될 때 모음 [ɪ]가 삽입된다. 치찰음과 복수 어미 /z/ 사이에 모음 [ɪ]가 삽입되는 규칙은 이미 7장에서 언급하였지만, 편의상 다시 쓰면 다음과 같다.

(52)

$$\text{Ø} \rightarrow \text{ɪ} \ / \begin{bmatrix} +\text{cor} \\ +\text{strid} \end{bmatrix} \# \ \_\_\_ \ \underset{[\text{PLURAL}]}{\text{z}}$$

또한 wanted, landed에서처럼 치경 폐쇄음 /t, d/로 끝나는 동사 뒤에 규칙적 과거 시제 어미 /d/가 첨가될 때 그 사이에 역시 모음 [ɪ]가 삽입된다. 이를 규칙으로 나타내면 다음과 같다.

(53)

$$\text{Ø} \rightarrow \text{ɪ} \ / \begin{bmatrix} -\text{del rel} \\ +\text{cor} \end{bmatrix} \# \ \_\_\_ \ \underset{[\text{PAST}]}{\text{d}}$$

[ɪ]-삽입규칙 (52)와 (53)은 각각 OCP를 위반하는 자음군인 '치찰음 + 치찰음'의 연쇄와 '치경 폐쇄음 + 치경 폐쇄음'의 연쇄가 표면형으로 나타나는 것을 막아주는 역할을 한다.

모음 삽입의 또 다른 경우로, 방언에 따라 자음 사이에 [ə]가 삽입되는 것을 들 수 있다. 예를 들어, elm과 film에서 /l/과 /m/ 사이에, alarum [əlǽrəm]에서 /r/과 /m/ 사이에, arthritis에서 /θ/와 /r/ 사이에, athlete에서 /θ/와 /l/ 사이에 모음 [ə]가 삽입되기도 한다. 이러한 모음 삽입 현상을 **모음 감입**(母音嵌入, svarabhakti)이라고 칭하기도 한다.

8.3.2 전이음 삽입

영어의 많은 방언에서 모음 사이에 전이음이 삽입되는 **전이음 삽입**(glide insertion) 현상이 발견된다.[32] 이와 관련된 예는 아래와 같다.

(54) a. [y]−삽입

free a (prisoner)	[friyə]
freer (laws)	[friyər]
see if	[siyɪf]

b. [w]−삽입

few arrests	[fyuwərɛsts]
fewer rests	[fyuwərɛsts]
you eat	[yuwit]

위에서 보듯이 모음과 모음이 인접해 있는 모음연접을 피하기 위해 그 사이에 전이음이 삽입된다. 전이음 삽입은 앞에 있는 모음이 고모음일 경우에 일어난다. 이 모음이 전설 모음이면 (54a)에서처럼 전설 전이음 [y]가 삽입되고, 후설 모음이면 (54b)에서처럼 후설 전이음 [w]가 삽입된다. 전이음 삽입을 규칙으로 나타내면 다음과 같다.

(55)

$$\emptyset \rightarrow \begin{bmatrix} -\text{syll} \\ -\text{cons} \\ \alpha\text{back} \end{bmatrix} \Big/ \begin{bmatrix} \text{V} \\ +\text{high} \\ \alpha\text{back} \end{bmatrix} \_\_\_ \text{ V}$$

두 개의 모음이 인접해 있을 때, 앞에 있는 모음이 고모음이 아닐 경우에는 아래 예에서 보듯이 [r]이 삽입된다.[33] **r-삽입**(r-epenthesis)과 관련된 예는 다음과 같다.

(56)

law and order	[lɔrənɔrdər]
Russia and America	[rʌʃərənəmɛrɪkə]
America and Russia	[əmɛrɪkərənrʌʃə]
ma and pa	[mɑrənpɑ]
drawing	[drɔrɪŋ]
sawing	[sɔrɪŋ]
saw it	[sɔrɪt]

32) 이 전이음 삽입은 보수적인 발음에서는 그리 보편적이 아니다.

33) 본서에서는 [r]을 유음으로 분류하지만 학자에 따라 전이음으로 분류하기도 한다. 앞에 있는 모음이 고모음일 때는 전이음이 삽입되고 고모음이 아닐 때는 [r]이 삽입되는 삽입 분절음 사이의 상보적 관계를 설명하기 위해, 편의상 r-삽입을 전이음 삽입과 함께 다룬다. Ladefoged (2006: 228)에 따르면, /r/을 /ʌ/에 대응하는 비성절적(nonsyllabic) 전이음으로 볼 수 있다.

r-삽입을 규칙으로 나타내면 다음과 같다.

(57)

$$Ø \rightarrow r \;/\; \begin{bmatrix} V \\ -high \end{bmatrix} \;\_\_\_\; V$$

모음과 모음 사이에 삽입되는 [r]을 **삽입 r**(intrusive *r*)이라고 한다. 삽입 r은 [r]이 발음되지 않는 방언(r-less dialect)인 영국의 **용인 발음**(Received Pronunciation: **RP**), 뉴잉글랜드, 뉴욕 등의 방언에서 흔히 발견된다. 삽입 r은 **연결 r**(linking *r*)의 유추(analogy)에 의해 발생하는 것으로 알려져 있다. 따라서 삽입 r은 연결 r이 있는 방언에서만 나타난다고 말할 수 있다. 연결 r과 관련된 예를 제시하면 아래와 같다.

(58) a.		b.	
star	[stɑ]	starry	[stɑr̠ɪ]
hear	[hɪə]	hearing	[hɪər̠ɪŋ]
over	[ouvə]	over and out	[ouvər̠ənawt]
director	[dɪrɛktə]	director of	[dɪrɛktər̠əv]
fear	[fɪə]	fear of	[fɪər̠əv]
tar	[tɑ]	tar and feather	[tɑr̠ənfɛðə]

/r/이 발음되지 않는 방언에서는 (58a)에서 보듯이 말음의 /r/은 발음되지 않는다. 그러나 /r/이 (58b)에서처럼 두음일 경우에는 발음된다. 음절 말음의 r-탈락(r-deletion)을 규칙으로 나타내면 다음과 같다.

(59) $r \rightarrow Ø \;/\; \_\_\_\; C_0 \; \$$

이 규칙은 card, cart, burnt에서처럼 /r/ 뒤에 자음이 올 경우에도 적용된다. 말음의 /r/은 (58a)에서처럼 탈락되지만, (58b)에서처럼 /r/ 뒤에 모음이 오게 되면 /r/이 탈락하지 않고 발음된다. 왜냐하면 (58b)의 /r/은 말음이 아니고 두음이므로 규칙 (59)의 적용을 받지 않기 때문이다. 이처럼 기저형의 말음에 있던 /r/이, 뒤에 모음으로 시작하는 접미사나 단어가 올 경우, **재음절화**(resyllabification)에 의해 두음이 되므로 탈락하지 않고 후속하는 모음과 연결되어 발음된다.[34]

34) 예를 들어 starry는 최초 음절화(initial syllabification)에 의해 [stɑr$ɪ]가 되지만, 여기에 다시

지금까지 8.3.2에서는 두 모음의 연쇄 즉, 모음연접을 피하기 위해, 앞에 있는 모음이 전설 고모음일 경우에는 /y/가 후설 고모음일 경우에는 /w/가 각각 삽입되며, 앞에 있는 모음이 고모음이 아닐 경우에는 /r/이 삽입된다는 것을 말하였다. 다음으로, 자음 삽입을 살펴보자.

8.3.3 자음 삽입

영어에서 자음이 삽입되는 경우로, 비음과 저해음 사이에서 일어나는 잉여 폐쇄음 삽입(excrescent stop insertion), 초기 현대영어 시대에 있었던 비어원적 삽입(nonetymological insertion), 그리고 어원적 재철자(etymological respelling)로 인한 자음 삽입을 들 수 있다.

먼저, **잉여 폐쇄음 삽입**과 관련된 아래 예를 보자.

(60) a. Fromkin →Frompkin
　　　dreamt [drɛmpt]
　b. something [sʌ́mpθɪŋ]
　　　seamstress [símpstrɪs]
　　　youngster [yʌ́ŋkstər]
　　　length [lɛŋkθ]
　c. concerted *[kəntsʌ́rtɪd]

(60a)는 비음과 폐쇄음 사이에 무성 폐쇄음이 삽입되는 예이고, (60b)는 비음과 무성 마찰음 사이에 무성 폐쇄음이 삽입되는 예이다. (60c)는 무성 폐쇄음이 삽입되지 않는 예이다.

(60a)에서의 잉여음 삽입은 '비음+폐쇄음' 연쇄의 조음 위치가 동일해야 한다는 제약 때문에 일어난 것이다. 영어의 발달과정에서 나타난 이러한 경우의 예로는 OE ǣmtiǵ > ME empti 'empty'를 들 수 있다. 조음 위치가 서로 다른 비음과 폐쇄음의 연쇄 사이에, 비음과 조음점이 동일한 무성 폐쇄음이 삽입되는 현상을 규칙으로 나타내면 다음과 같다.

음절화가 적용되면 [stɑ$rɪ]가 된다. 이처럼 음절구조를 조정하기 위해 나중에 다시 음절화하는 것을 재음절화라고 한다.

(61)[35]

$$\emptyset \rightarrow \begin{bmatrix} -\text{del rel} \\ -\text{voice} \\ \alpha\,\text{place} \end{bmatrix} \Big/ \begin{bmatrix} \text{C} \\ +\text{nasal} \\ \alpha\,\text{place} \end{bmatrix} \_\_\_ \begin{bmatrix} -\text{del rel} \\ -\text{voice} \\ -\alpha\,\text{place} \end{bmatrix}$$

(60b)에서는 비음과 무성 마찰음 사이에 비음과 조음 위치가 동일한 무성 폐쇄음이 삽입된다. 이때 무성 마찰음 뒤에 있는 모음에 강세가 없어야 한다. 만일 강세가 있게 되면 (60c)에서 보듯이 무성 폐쇄음이 삽입되지 않는다. 이 경우의 무성 폐쇄음 삽입을 규칙으로 나타내면 다음과 같다.

(62)

$$\emptyset \rightarrow \begin{bmatrix} -\text{del rel} \\ -\text{voice} \\ \alpha\text{ant} \\ \beta\text{cor} \end{bmatrix} \Big/ \begin{bmatrix} \text{C} \\ +\text{nasal} \\ \alpha\text{ant} \\ \beta\text{cor} \end{bmatrix} \_\_\_ \begin{bmatrix} \text{C} \\ +\text{cont} \\ -\text{voice} \end{bmatrix} \begin{bmatrix} \text{V} \\ -\text{stress} \end{bmatrix}$$

이 규칙에 의해 /n/과 /s/ 사이에 /t/가 삽입됨으로써, prince [prɪnt̲s]와 prints, tense [tɛnt̲s]와 tents, sense [sɛnt̲s]와 cents는 동일하게 발음된다. 음성적으로 볼 때, 잉여적 무성 폐쇄음의 삽입은 실제로 무성 폐쇄음이 삽입되는 것이 아니고, 비음을 발음하기 위해 올린 연구개를 잠시 지체하여 내림으로써 완전한 폐쇄의 순간 즉, 폐쇄음이 나타나게 되는 것이다.

다음으로, 초기 현대영어 시기에 있었던 **비어원적 삽입**(nonetymological insertion)과 관련된 아래 예를 보자.[36]

(63) a. ME soun > ModE sound (OF son < L. sonus)
ME lenen > ModE lend (OE lænan)
ME boun > ModE bound 'ready to go'
b. OE, ME lim > ModE limb

앞에서 이미 언급하였듯이, 초기 현대영어 시기부터 어말 자음군 /mb/의 /b/가 발

35) 이 규칙에서는 편의상 [α ant, βcor]를 [α place]로 나타낸다.

36) 아래에서 ME, ModE, OF, L., OE는 각각 중세영어(Middle English), 현대영어(Modern English), 고대불어(Old French), 라틴어(Latin), 고대영어(Old English)를 나타낸다.

음되지 않았으며, 어말 자음군 /nd/의 /d/도 발음되지 않는 경향이 있었다. 이로 인해, 어말의 철자 <mb>와 <m>은 [m]으로, <nd>와 <n>이 [n]으로 동일하게 발음되자, (63)에서처럼 탈락과 정반대의 삽입 현상이 간혹 나타나게 되었다. (63a)는 어말의 /n/ 뒤에 /d/가 (63b)에서는 어말의 /m/ 뒤에 /b/가 각각 삽입된 예이다. 이 삽입되는 자음은 어원적으로 볼 때, 아무런 근거가 없는 음이다. 이러한 이유로 (63)과 같은 삽입을 **비어원적 삽입** 또는 **기생음**(parasitic sound 또는 parasite) **삽입**이라고 칭한다.

자음 삽입의 마지막 경우로, 초기 현대영어 시기에 있었던 **어원적 재철자**(etymological respelling) 또는 **르네상스 재철자**(Renaissance respelling)로 인해 자음이 삽입되는 경우를 들 수 있다. 이 경우에 해당되는 예는 그리 많지 않지만, 이와 관련된 예들을 제시하면 아래와 같다.[37]

(64) a. <h>-삽입
ME trone > ModE throne (OF trone <L. thronus)
ME auto(u)r > ModE author (OF autor < L. auctor)[38]
ME sedule, cedule > ModE schedule[39] (OF cedult < L. schida)
ME ryme, rime > ModE rhyme, rhythm (OF rime < Gk. rhythmos)
b. <b>-삽입
ME det > ModE debt (OF dete < L. debitum)
ME dout > ModE doubt (OF douter < L. dubitare)
ME soutel, soutil > ModE subtle (OF soutil < L. subtilis)

라틴어(Latin)와 그리스어(Greek)를 중시하던 르네상스 시기의 시대적 풍조에 따라, 초기 현대영어 시기에 영어의 철자를 가능하면 이들 언어의 철자에 가깝게 나타내려는 경향이 있었다. (64a)는 철자 <h>가 첨가됨으로써 현대영어에서 발음도 변하게 된 예들이다. (64b)는 철자 <b>가 삽입되었지만 발음에는 영향을 미치지 않는 예로, 엄밀히 말해 자음의 삽입이라고 볼 수 없다. 초기 현대영어 시기에 있었던 비어원적 기생음 삽입과 어원적 재철자는 체계적으로 이루어진 것이 아니고 소수의 예에서만 발견되므로, 이를 규칙으로 나타내기는 어렵다.

---

37) 아래에서 Gk는 그리스어(Greek)를 나타낸다.
38) 그리스어(Greek)에서 기원된 것으로 잘못 생각해서 철자 <h>가 삽입되었다.
39) L. scheda (> OF cedule > ME cedule, sedule)에서 유래된 schedule에 대한 영국영어의 발음 [ʃédyul]은 어원적 철자 <h>의 삽입에 근거를 두고 있다.

9

음운 과정(2)

9.1 모음 교체
9.2 연구개음연음화
9.3 이화와 중화
9.4 융합과 음위전환
9.5 예외

English Phonology

E n g l i s h   P h o n o l o g y

앞에서는 동화, 탈락, 삽입과 관련된 음운과정을 살펴보았으므로, 본장에서는 영어의 모음 교체와 관련된 음운 과정, 연구개음연음화(velar softening), 이화(dissimilation), 중화(neutralization), 융합(coalescence), 음위전환(metathesis) 등을 차례로 하나씩 살펴보자.

9.1 모음 교체

영어의 모음 교체 중에서 가장 중요한 것의 하나는 **대모음추이**(Great Vowel Shift)이다. 대모음추이는 14세기말부터 18세기까지 장기간에 걸쳐 일어난 장모음 (또는 긴장모음) 전반에 걸친 변화로, 중세영어와 현대영어의 획을 긋는 영어 역사상 가장 중요한 음변화이다. 9.1에서는 대모음추이를 비롯한 **이완모음화**(laxing), **긴장모음화**(tensing), **이중모음화**(diphthongization), **중세영어 개방음절 장음화**(Middle English Open Syllable Lengthening: MEOSL) 등의 모음 교체를 다룰 것이다. 먼저 이완모음화와 긴장모음화부터 살펴보자.

9.1.1 이완모음화와 긴장모음화

이완모음화란 긴장모음이 이완모음으로 되는 음운 과정을 말하며, 이와 관련된 예를 제시하면 아래와 같다.

		(긴장모음)	(이완모음)
(1)	a.	divine	divinity
		line	linear
		compete	competitive
		nation	national
		vacant	vacuous
		repute	reputation
		tyrant	tyrannize
		clean	clarify

reconcile　conciliate
profound　profundity
b. sleep　slept
heal　health
deduce　deduction
scribe　script
wise　wisdom
describe　description
five　fifth/fifteen/fifty
meet　met
c. cone　conic
satire　satiric
metre　metric
state　static
cycle　cyclic [sıklik]

(1a)는 I종 접미사가 첨가될 경우 긴장모음이 말미제3음절(antepenult)에서 이완모음으로 되는 예이다. 이처럼 뒤에서 세 번째 음절의 긴장모음이 이완모음화되는 현상을 일컬어 **말미제3음절이완모음화**(trisyllabic laxing) 또는 **말미제3음절단모음화**(trisyllabic shortening)라고 한다. 말미제3음절이완모음화는 (1a)에서처럼 I종 접미사가 첨가될 경우에 일어나며, II종 접미사가 첨가될 경우에는 이완모음화가 일어나지 않는다. 아래 예를 보자.

(2) [ay]: child　childlessness
might　mightily
pirate　pirating
[i]: heed　heedlessness
[ow]: stoic　stoicism
[ey]: pagan　paganism
brave　bravery

(2)에서 보듯이, II종 접미사가 첨가될 경우에는 말미제3음절의 모음이 어기와 동일한 긴장모음으로 발음된다.

또한 말미제3음절이완모음화가 일어나기 위해서는 말미제2음절(penult)에 강세가 없어야 한다. 아래 예에서 보듯이, I종 접미사가 첨가되더라도 말미제2음절에 강세가 있을 경우에는, 말미제3음절의 긴장모음이 이완모음으로 변하지 않는다.

(3) a. quotátion, flotátion, gyrátion, citátion, migrátion
b. cyánic, titánic, Románic, sa[sey]tánic

말미제3음절이완모음화를 규칙으로 나타내면 다음과 같다.[1]

(4)

$$V \rightarrow [-\text{tense}] \ / \ \underline{\quad\quad} \ C \ (C_1 +) \begin{bmatrix} V \\ -\text{stress} \end{bmatrix} C_0VC_0\#\#$$

중세영어 시기에 비강세 음절에 선행하는 말미제3음절의 모음이 단음화(shortening) 되는 현상이 규칙적으로 일어났으며, 규칙 (4)는 이러한 역사적 음변화를 반영하고 있다.

다음으로 (1b)는, 자음으로 시작되는 접미사가 첨가될 경우 긴장모음이 자음군 앞에서 이완모음으로 되는 예들이다.[2] 이 이완모음화를 일컬어 **자음군이완모음화**(cluster laxing) 또는 **자음군단모음화**(cluster shortening)라고 하며, 이를 규칙으로 나타내면 다음과 같다.

(5) $V \rightarrow [-\text{tense}] \ / \ \underline{\quad\quad} \ CC$

역사적으로 자음군 앞에서의 단모음화(vowel shortening)는 중세영어 시기에 일어났다. 아래 예에서 보듯이 중세영어 시기에 고대영어의 장모음이 자음군 앞에서 단모음으로 변하였다.[3]

1) 아래 규칙은 *SPE* (180)의 규칙 (19b)를 약간 수정한 것이다. 이 규칙의 예외에 속하는 것으로는 obesity, hibernate, isolate, probity, vacancy, regency, mountainous, countenance, counterfeit, bountiful 등이 있다 (*SPE* 181).

2) 과거 met의 기저형은 /mēt+t/이며, 이완모음화에 의해 /ē/가 [ɛ]로 되고 겹자음단음화에 의해 /tt/가 /t/로 된 것이다.

(6) (고대영어) (중세영어)

(고대영어)	(중세영어)
hȳdde	hidde 'hid'
cēpte	kepte 'kept'
fīftiġ	fifty
fīftȳne	fiftēne 'fifteen'
twēntiġ	twenty
wīsdōm	wisdom
sōfte	softe 'soft'

그러나 소위 장음화 자음부류(lengthening group)라고 불리는 자음군 /mb, nd, ld, rd, rð/ 앞에서는 단모음화가 일어나지 않았다. clīmben 'to climb', bīndan 'to bind', yēldan 'to pay, yield'에서 보듯이, 고대영어 말기에 이들 자음군 앞에서는 장모음화(vowel lengthening)가 일어났었다.

끝으로 (1c)는, 접미사 −ic이 첨가될 경우 그 앞 음절의 모음이 이완모음으로 되는 예이다. 이 경우의 **−ic 이완모음화**(−*ic* laxing)를 규칙으로 나타내면 다음과 같다.

(7) $V \rightarrow [-\text{tense}] \ / \ \_\_\_\_ \ C_1 + ic$

위 규칙의 예외에 속하는 예로는 scenic, basic, cyclic [sayklık]을 들 수 있다. *SPE* (180)는 pale−pallid, Spain−Spanish에서처럼 접미사 −id나 −ish가 첨가될 경우에도 그 앞 음절의 모음이 이완모음화된다는 이유로, 규칙 (7)의 환경에 −id와 −ish를 추가한다. 그러나 접미사 −id가 첨가되는 예가 극히 적으며, −ish가 첨가되는 경우 cleanish, brightish, foolish에서 보듯이 대개 이완모음화되지 않는다.[4]

다음으로, **긴장모음화**와 관련된 다음 자료를 보자.

(8)

(이완모음)	(긴장모음)
manager	managerial
harmony	harmonious

3) 그러나 현대영어의 예 Christ−fist, ghost−lost, least−breast에서 보듯이, 자음군 /st/ 앞에서의 모음의 음장은 유동적이었다.

4) *SPE* (181)는 rapid나 radish에서처럼 −id와 −ish가 접미사가 아닌 경우에도 그 앞 음절의 모음이 이완모음으로 발음된다고 말한다.

comedy	comedian
Canada	Canadian
college	collegian
custody	custodian
courage	courageous

위 (8)의 이완모음과 긴장모음의 교체는, 위에서 언급한 이완모음화규칙에 의해서는 설명할 수 없기 때문에, 이완모음을 기저 모음으로 설정하고 여기에 긴장모음화규칙이 적용되는 것으로 설명해야 한다. (8)의 자료를 보면, 긴장모음이 하나의 자음과 전설 고모음/전이음 그리고 또 다른 모음(/CiV/)으로 이루어진 연쇄 앞에 나타난다는 것을 알 수 있다. 이처럼 이완모음이 /CiV/ 앞에서 긴장모음으로 되는 규칙을 **CiV-긴장모음화**(CiV tensing)이라고 하며, 이를 규칙으로 나타내면 다음과 같다.[5)]

(9)

$$\begin{bmatrix} \text{V} \\ -\text{high} \end{bmatrix} \rightarrow [+\text{tense}] \ / \ \underline{\quad\quad} \ \text{C} \begin{bmatrix} -\text{cons} \\ +\text{high} \\ -\text{back} \\ -\text{stress} \end{bmatrix} \text{V}$$

위 규칙의 예외에 속하는 단어들은 다음과 같다.

(10) a. companion, confession, battalion, procession, medallion, discussion
b. Italian, centennial, rebellious, special, gaseous, precious, patio

규칙 (9)는 (10a)에서처럼 접미사 -ion이 첨가되는 경우에는 체계적으로 적용되지 않는다.

지금까지 9.1.1에서는 음질(quality)의 교체를 무시한 채 긴장모음과 이완모음의 교체에 관하여 언급하였다. 이제 다음으로 음질의 교체와 관련된 이중모음화와 모음추이를 살펴보자.

---

5) *SPE* (181)는 (9)의 CiV-긴장모음화규칙 외에도 country, window, vary에서와 같은 어말 모음이나 variety, piety에서와 같이 다른 모음에 선행하는 모음을 긴장모음으로 바꾸는 규칙을 추가로 설정한다.

9.1.2 이중모음화와 대모음추이

영어 모음의 음질 교체와 관련하여 이중모음화와 대모음추이를 살펴보기에 앞서, 영어의 모음체계를 잠시 언급할 필요가 있다. 이미 4.1.4에서 언급했듯이 *SPE*는 영어의 모음체계를 다음과 같이 나타낸다.

(11)

	전설 모음		후설 모음			
	평순 모음		평순 모음		원순 모음	
	긴장모음	이완모음	긴장모음	이완모음	긴장모음	이완모음
고모음	ī(i)	i(ɪ)	ɨ̄		ū(u)	u(ʊ)
중모음	ē(e)	e(ε)		ʌ	ō(o)	o
저모음	ǣ	æ	ā(a)		ɔ̄	ɔ

위에서 보듯이 *SPE*는 긴장모음을 모음 위에 장음부호(macron) " ¯ "를 사용하여 나타냄으로써 긴장모음과 이완모음을 구분한다. 위에서 ( ) 속에 나타낸 음성기호는 장음부호를 사용하지 않는 일반적인 모음표기 방식에 따른 것이다. 이후 영어의 모음교체를 기술하면서 편의상 *SPE*의 표기 방식을 따를 것임을 밝혀둔다. 따라서 예를 들어 u는 후설 이완 고모음을 나타므로 후설 긴장 고모음으로 착각하지 않도록 주의를 요한다.

이제, **이중모음화**에 관하여 살펴보자. 영어에서 긴장모음은 후전이음(off−glide)을 가짐으로써 이중모음이 된다. 전설 평순 긴장모음 뒤에는 전설 전이음 [y]가 후설 원순 긴장모음 뒤에는 후설 전이음 [w]가 각각 삽입됨으로써 이중모음화가 이루어진다. 즉, 이중모음화는 후설성(backness)과 원순성(rounding)이 일치하는 긴장모음 뒤에 후설성이 일치하는 전이음이 삽입되는 것을 말한다. 영어의 이중모음화를 규칙으로 나타내면 다음과 같다.

(12)

$$\text{Ø} \rightarrow \begin{bmatrix} -\text{syll} \\ -\text{cons} \\ \alpha\text{back} \end{bmatrix} \Big/ \begin{bmatrix} \text{V} \\ +\text{tense} \\ \alpha\text{back} \\ \alpha\text{round} \end{bmatrix} \underline{\quad\quad}$$

이 규칙은 후설성과 원순성이 일치하지 않는 긴장모음 ā에는 적용되지 않는다. 이 규칙에 의해 전설 긴장모음 ī, ē, ǣ는 각각 īy, ēy, ǣy가 되고, 후설 긴장모음 ū, ō, ɔ̄는 각각 ūw, ōw, ɔ̄w가 된다.[6)]

다음으로, **대모음추이**에 관하여 살펴보자. 대모음추이에 대한 공시적 분석을 제시하기에 앞서, 통시적 변화를 언급할 필요가 있다. 14세기 말부터 18세기까지 장기간에 걸쳐 영어의 장모음 내지 긴장모음 전반에 걸친 커다란 음변화가 있었다. 영어의 역사상 가장 중요한 의미를 지니는 이 음변화가 바로 대모음추이이다. 이 음변화는 중세영어와 현대영어의 획을 긋는 모음변화로, 그 규모가 방대하여 대모음추이라는 명칭을 얻게 된 것이다. 대모음추이로 인해 중세영어의 강세를 받는 장모음은 초기 현대영어에서 이중모음이 되거나 높이(height)가 한 단계씩 올라가 모음의 체계가 달라지게 되었다. 대모음추이가 일어난 단계와 원인에 대해서는 아직까지 정확히 알려진 것이 없다.[7)] 대모음추이를 요약하여 나타내면 다음과 같다 (Algeo and Pyles 2005: 160).

(13)	(후기 중세영어)		(초기 현대영어)		(후기 현대영어)
	[a:] name	→	[æ:] → [ɛ:]	→	[e] name
	[e:] feet	→	[i]	→	feet
	[ɛ:] greet	→	[e]	→	great
	[i:] ride	→	[əɪ]	→	[aɪ] ride
	[o:] boote	→	[u]	→	boot
	[ɔ:] boot	→	[o]	→	boat
	[u:] hous	→	[əʊ]	→	[aʊ] house

중세영어의 고모음 [ī]와 [ū]는 각각 이중모음화 및 중설모음화(centralization)되고 저모음으로 낮아져 각각 [ay]와 [aw]가 되었다. 중세영어 중모음 [ē]와 [ō]는 각각 한 단계씩 상승하여 고모음 [i]와 [u]가 되었으며, 저모음 [ɛ̄]와 [ɔ̄]도 각각 한 단계씩 상승하여 중모음 [e]와 [o]가 되었다.[8)] 중세영어의 저모음 [ā]는 [æ]로 전설모음화(fronting)된 뒤 중모음 [e]로 상승하였다.

---

6) 이중모음 [āy]와 [āw]는 각각 [ǣy]와 [ɔ̄w]가 변화된 것이다 (*SPE* 188, 215). 여기에 관하여는 뒤에서 언급된다.

7) 장모음체계 전반에 걸친 이 변화에 대한 전통적인 두 가지 설명은 밀기연쇄(push chain)와 당김연쇄(drag chain)이다.

8) [e]와 [o]는 이중모음 [ey]와 [ow]를 나타낸다.

초기 현대영어에서 모음의 음장(length)은 변별적 기능이 사라지고, 단지 장모음 [æ:]와 [ɛ:]만이 단모음과 구별되다가, 결국 후기 현대영어에서는 이 구별마저 사라지게 되었다. 중세영어 [ō]에서 변화된 초기 현대영어의 [u]는 book, foot, good, look, took 등과 같은 단어에서는 이완모음 [ʊ]로 되었으며, blood, flood 등과 같은 단어에서는 이완모음화되었을 뿐만 아니라 평순음화(derounding)되어 [ʌ]로 되었다. 결국 초기 현대영어 시기에 철자 <oo>는 [u], [ʊ], [ʌ]의 세 가지로 발음되었으며, 이들 발음은 고정되지 않은 채 상당히 유동적이었다.[9] roof, broom, room, root 등의 현재의 발음에서도 [u]와 [ʊ]가 유동적이라는 점은 이 사실을 반영하고 있다.

이제 대모음추이에 대한 *SPE*의 공시적 분석을 보자. *SPE* (182)는 (13)에서 볼 수 있는 대모음추이의 이중모음화, 중설모음화 및 전설모음화를 별도의 독자적인 규칙에 의해 다루고, 단순히 아래와 같은 긴장모음의 음질 변화만을 **모음추이**(vowel shift)라는 명칭 아래 분석한다.

(14)

ī	ū	ē	ō	ǣ	ɔ̄
↓	↓	↓	↓	↓	↓
ǣ	ɔ̄	ī	ū	ē	ō

(14)는 고모음 /ī/와 /ū/가 각각 저모음 /ǣ/와 /ɔ̄/로 되고, 중모음 /ē/와 /ō/가 각각 고모음 /ī/와 /ū/로 되며, 저모음 /ǣ/와 /ɔ̄/가 각각 중모음 /ē/와 /ō/로 된다는 것을 나타낸다. (14)를 보면, 모음추이를 겪는 입력형(input) 모음은 모두 긴장모음이고, 후설성과 원순성이 일치되는 모음이라는 것을 알 수 있다. 즉, /ī, ē, ǣ/는 [−back, −round]이고 /ū, ō, ɔ̄/는 [+back, +round]이므로, [αback, αround]의 자질을 갖는 모음이 모음추이를 겪을 수 있다. 반면, 모음 /ā/는 긴장모음이지만 [+back, −round]로 후설성과 원순성이 일치되지 않기 때문에 모음추이를 겪지 않는다. 또한 강세를 지니는 모음만이 모음추이를 겪을 수 있다. 요컨대 [+stress, +tense, αback, αround]의 조건을 충족시키는 모음만이 모음추이를 겪는다.

(14)를 편의상 알기 쉽게 나타내면 다음과 같다.

9) 셰익스피어의 압운(rhyme 또는 rime) food−good−flood, mood−blood, reprove−love를 보면, 이 세 가지 발음이 상당히 유동적이었음을 알 수 있다.

(15) 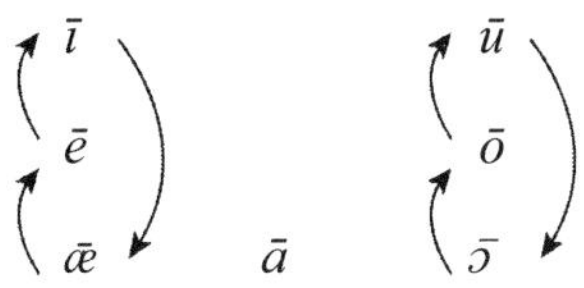

*SPE*는 모음추이를 두 개의 **교환규칙**(exchange rule 또는 switching rule)에 의해 기술한다.[10] 첫 번째 규칙은 [−low]인 고모음과 중모음에만 적용되어, 고모음을 중모음으로 그리고 중모음을 고모음으로 서로 바꾸는 규칙이다. 즉, 이 규칙은 [−low] 모음의 [αhigh]를 [−αhigh]로 변화시킨다. 두 번째 규칙은 [−high]인 중모음과 저모음에 적용되어, 중모음과 저모음을 서로 바꾸는 규칙으로, [αlow]를 [−αlow]로 변화시킨다. 이 두 규칙을 나타내면 다음과 같다.

(16) a. $$\begin{bmatrix} \text{V} \\ -\text{low} \\ \alpha\text{high} \\ +\text{tense} \\ +\text{stress} \\ \beta\text{back} \\ \beta\text{round} \end{bmatrix} \rightarrow [-\alpha\text{high}]$$

b. $$\begin{bmatrix} \text{V} \\ -\text{high} \\ \alpha\text{low} \\ +\text{tense} \\ +\text{stress} \\ \beta\text{back} \\ \beta\text{round} \end{bmatrix} \rightarrow [-\alpha\text{low}]$$

위 규칙의 화살표 왼쪽에 표시된 [+tense, +stress, βback, βround]는, 모음추이의 입력형이 될 수 있는 모음은 강세를 지닌 긴장모음이어야 하고 후설성과 원순성이 일치되어야 한다는 사실을 나타낸다. 이 두 규칙은 (16a)−(16b)의 순서로 적용된다. 이 규칙을 차례로 적용하여 (14)의 모음추이 과정을 나타내면 다음과 같다.

10) 교환규칙이란 [αF]→[−αF]의 형식을 갖는 것으로 [+F]를 [−F]로, [−F]를 [+F]로 자질가를 바꾸는 규칙을 말한다.

(17) Input:	/ī/	/ū/	/ē/	/ō/	/ǣ/	/ɔ̄/
(16a)	↓	↓	↓	↓		
	ē	ō	ī	ū		
(16b)	↓	↓			↓	↓
	ǣ	ɔ̄			ē	ō
Output:	[ǣ]	[ɔ̄]	[ī]	[ū]	[ē]	[ō]

먼저 첫 번째 단계에서 저모음을 제외한 고모음과 중모음에 [high]의 자질가를 교환하는 규칙 (16a)가 적용되면, 고모음 /ī/와 /ū/는 각각 중모음 /ē/와 /ō/가 되고 중모음 /ē/와 /ō/는 각각 고모음 /ī/와 /ū/가 된다. 즉, (16a)에 의해 전설모음 /ī/와 /ē/가 서로 바뀌고 후설모음 /ū/와 /ō/가 서로 바뀐다. 다음 두 번째 단계에서 고모음을 제외한 중모음과 저모음에 [low]의 자질가를 교환하는 (16b)가 적용되면, 원래 고모음이었으나 (16a)에 의해 중모음이 된 /ē/와 /ō/는 각각 /ǣ/와 /ɔ̄/가 되고 저모음 /ǣ/와 /ɔ̄/는 각각 /ē/와 /ō/가 된다. 다시 말해, (16b)에 의해 전설모음 /ē/와 /ǣ/가 서로 바뀌고 후설모음 /ō/와 /ɔ̄/가 서로 바뀌게 된다. 고모음 /ī/와 /ū/는 먼저 규칙 (16a)에 의해 각각 중모음 /ē/와 /ō/가 된 뒤, 다시 규칙 (16b)에 의해 각각 저모음 각각 /ǣ/와 /ɔ̄/가 된다.

지금까지 언급한 이완모음화, 긴장모음화, 이중모음화 및 모음추이에 의해 아래의 모음 교체 예들을 어떻게 설명할 수 있는지를 구체적으로 살펴보자. 아래에서 사선 “/ /” 속의 모음은 기저 모음을 나타내고, 대괄호 “[ ]” 속의 모음은 표면형의 모음을 나타낸다. 아래 (18a−c)는 기저 모음이 전설모음인 예이고, (18d−f)는 기저 모음이 후설모음인 예이다.

(18) a. /ī/: [āy]~[i]

divine	divinity
derive	derivative

b. /ē/: [īy]~[e]

serene	serenity
meter	metric

c. /ǣ/: [ēy]~[æ]

profane	profanity

sane sanity

d. /ū/: [āw]~[ʌ]

profound profundity

pronounce pronunciation

e. /ɔ̄/: [ōw]~[ā]

verbose verbosity

cone conic

f. /ɔ/: [ōw]~[ə]

harmonious harmony

custodian custody

*SPE*는 (18)의 모음 교체를 설명하기 위해 표면형에 나타나지 않는 추상적 기저 모음을 설정한다. 예컨대 divine, serene, profane, profound, verbose, harmony의 기저형을 각각 /divīn/, /serēn/, /profǣn/, /profūnd/, /verbɔ̄s/, /harmɔn+y/로 설정한다.

추상적 기저형을 설정하여 위 모음 교체를 어떻게 설명할 수 있는지를 보기 위해, 먼저 (18a−c)에서 이완모음을 지닌 divinity, serenity, profanity의 도출과정을 나타내면 아래와 같다.

(19) UF:	/divīn+iti/	/serēn+iti/	/profǣn+iti/
규칙 (4):	divin+iti	seren+iti	profæn+iti
모음약화:	dəvin+əti	səren+əti	prəfæn+əti
DF:[11]	[dəvinəti]	[sərenəti]	[prəfænəti]

위 도출과정에서 보듯이, 이완모음을 지닌 예들은 말미제3음절이완모음화규칙 (4)에 의해 간단히 설명할 수 있다. 만일 위 기저형에 이중모음화규칙이나 모음추이규칙이 이완모음화규칙보다 먼저 적용된다면 올바른 표면형을 도출시킬 수 없으므로,[12] 이완모음규칙은 이중모음화규칙이나 모음추이규칙보다 먼저 적용되어야 한다는 것을 알 수

11) 어말의 모음 [i]는 사실상 어말의 모음을 긴장모음이 되도록 하는 긴장모음화규칙에 의해 [ī]가 되어야 할 것이지만, 여기서는 편의상 이 규칙을 무시하기로 한다.

12) 가령 /divīn+iti/에 이중모음화규칙 (12), 모음추이규칙 (16), 이완모음화규칙 (4), 모음약화규칙을 차례로 적용시킨다면 /divīn+iti/ → divīyn+iti → divǣyn+iti → divæyn+iti → *[dəvæynəti]의 도출과정에서 보듯이 비적형(ill-formed) 표면형이 도출되게 된다.

있다.

다음으로, (18a－c)에서 이중모음으로 발음되는 divine, serene, profane의 도출과정을 나타내면 아래와 같다.

(20) UF:	/divīn/	/serēn/	/profǣn/
규칙 (12):	divīyn	serēyn	profǣyn
규칙 (16a):	divēyn	serīyn	_____
규칙 (16b):	divǣyn	_____	profēyn
기타 규칙:	dəvāyn	sərīyn	prəfēyn
DF:	[dəvāyn]	[sərīyn]	[prəfēyn]

접미사가 붙지 않은 위 기저형에는 이완모음화규칙이 적용되지 않으므로, 긴장모음에 이중모음화규칙 (12)와 모음추이규칙 (16)이 차례로 적용되고, 모음약화규칙과 후설성을 조정하는 규칙이 적용되면 올바른 표면형을 도출시킬 수 있게 된다. 기저형 /divīn/의 고모음 /ī/는 모음추이규칙 (16a)와 (16b)가 모두 적용되면 저모음 /ǣ/가 된다. 다시 이 /ǣ/는 다음과 같은 **후설성조정규칙**(backness adjustment rule)에 의해 /ā/가 됨으로써 결국 기저의 /ī/는 표면에서 [āy]가 된다.[13)]

(21) $\begin{bmatrix} \text{V} \\ \text{+low} \end{bmatrix} \rightarrow \text{[+back]} \; / \; \underline{\quad\quad} \begin{bmatrix} \text{−syll} \\ \text{−cons} \end{bmatrix}$

(21)은 전이음 앞에 있는 전설 저모음을 후설모음으로 바꾸어주는 규칙으로, 영어에서는 이중모음 *[ǣy]가 허용되지 않는 것은 이 규칙 때문이다.

이제 기저 모음이 후설모음인 (18d－f)의 모음교체를 살펴보자. 이 경우의 도출과정은 기저 모음이 전설모음인 (18a－c)의 경우에 비해 더 복잡하다.[14)] 표면에 이중모음으로 나타나는 예들의 도출과정을 나타내면 다음과 같다. 편의상 단어의 예를 들지 않고 모음만을 나타낸다.

---

13) 아래 규칙은 *SPE* (189, 215)의 규칙에 약간의 수정을 가한 것이다.

14) (18d－f)의 오른쪽 예들의 단모음(monophthong)에 대한 도출과정은 다소 복잡하므로 편의상 여기에 관하여는 더 이상 언급하지 않겠다.

(22) UF:	/ū/	/ɔ̄/	/ɔ/
규칙 (9):	__	__	ɔ̄
규칙 (12):	ūw	ɔ̄w	ɔ̄w
규칙 (16a):	ōw	__	__
규칙 (16b):	ɔ̄w	ōw	ōw
평순음화:	āw	__	__
DF:	[āw]	[ōw]	[ōw]

기저 모음 /ū/에 이중모음화규칙 (12)와 모음추이규칙 (16)이 차례로 적용된 후, 후설 저모음 [ɔ̄]와 [ɔ]를 각각 [ā]와 [a]로 바꾸어주는 평순음화규칙이 적용되면 [āw]가 도출된다.[15] /ɔ̄/→[ōw]의 도출과정은 이중모음화규칙과 모음추이규칙에 의해 쉽게 설명된다. 기저 모음이 이완모음인 /ɔ/는 CiV−긴장모음화규칙 (9)에 의해 긴장모음 [ɔ̄]가 됨으로써, 이후의 도출과정은 기저모음 /ɔ̄/의 도출과정과 동일하다. 결국 기저의 긴장모음 /ɔ̄/와 이완모음 /ɔ/는 표면에서 [ōw]로 동일하게 된다. (18)에서 기저 모음이 후설 중모음 /ō/인 예는 언급하지 않았지만, 긴장 이중모음 [ūw]의 발음을 갖는 pool과 같은 단어들의 모음은 기저에서 /ō/로 표시된다. /ō/→[ūw]의 도출과정은 /ɔ̄/→[ōw]의 도출과정과 비슷하다. 즉, /ō/에 이중모음화규칙과 모음추이규칙이 적용되면 [ūw]가 도출된다.

9.1.3 중세영어 개방음절 장음화

중세영어 개방음절 장음화(Middle English Open Syllable Lengthening: 이후 MEOSL로 약칭함)는 이미 8.2.2에서 모음탈락을 다루면서 잠시 언급하였다. MEOSL은 중세영어 시기에 발생한 중요한 모음 음량(quantity) 변화로, 용어 자체에서 알 수 있듯이 개방음절의 모음이 장음화되는 현상을 말한다. 우선 MEOSL과 관련된 아래 자료를 보자.

15) *SPE* (188)는 평순음화규칙을 다음과 같이 나타낸다.

$$\begin{bmatrix} \text{V} \\ \text{+back} \\ \text{+low} \end{bmatrix} \rightarrow [-\text{round}]$$

(23)

(고대영어)	(초기 중세영어)	(중세영어)	(현대영어)
meolu	mele	mēle	meal
hara	hare	hāre	hare
nama	name	nāme	name
duru	dure	dōre	door
wudu	wude	wōde	wood

고대영어의 어말 모음이나 굴절어미의 모음이 초기 중세영어시기에 수평화(leveling)로 인하여 [ə]로 약화되었다. 중세영어 시기에 이 약화된 모음이 탈락하고 그 앞의 개방음절의 모음이 장음화되었다. 이 장음화된 모음은 초기 현대영어시기에 대모음추이를 겪음으로써 현재 모습의 모음이 되었다. 예컨대, OE meolu는 어말 모음 u가 수평화에 의해 [ə]로 약화되어 eME mele[melə]가 되었고,[16] [ə]가 탈락하고 선행하는 개방음절의 모음이 장음화되어 ME mēle [mēl]이 되었으며, 대모음추이에 의해 결국 ModE meal [mīyl]이 되었다. 영어 발달 과정에서 수평화와 대모음추이는 각각 고대영어와 중세영어 사이 그리고 중세영어와 현대영어 사이의 획을 긋는 중요한 음변화이다.

MEOSL과 관련된 중요한 논점의 하나는 [ə]의 탈락과 MEOSL의 관련성이다. 역사적으로 볼 때, 개방음절의 장음화가 [ə]의 탈락보다 먼저 일어났다는 것이 통설이다. 그러나 공시적 분석은 통시적 음변화의 순서를 반드시 반영할 필요가 없으므로, 일부 공시적 분석에서는 [ə]의 탈락이 MEOSL의 직접적인 원인이라고 보고 있다.[17]

2음절어(disyllabic word)의 강세를 지닌 단모음이 개방음절에서 장음화된다는 것이 MEOSL에 대한 전통적 설명이다 (Brunner 1970, Jordan 1974, Mossé 1952). 즉, (23)의 예에서 보듯이, MEOSL이 발생하기 위해서는 장음화되는 모음이 2음절어의 개방음절에 있어야 하고 강세를 지녀야 한다는 것이다. 아래 예에서처럼 이러한 조건을 충족시키지 못할 경우 MEOSL은 발생하지 않는다 (Sohn 2005).

(24)

(고대영어)	(중세영어)
a. gebód 'command'	gebod [jebod]/ *[je:bod]

16) "eME"는 초기 중세영어(early Middle English)를 나타낸다.

17) Minkova(1982)와 Hayes(1989)는 MEOSL을 모음탈락에 의한 보상장음화(compensatory lengthening)로 분석한다.

b. fugelas 'fowls' fugeles [fugeləs]/ *[fu:geləs]

c. ælfa 'elf' alfe [alfə]/ *[a:lfə]

위에서 gebód의 ge는 비강세 음절이고, fugelas는 3음절어이며, alfa의 첫 음절 al은 폐쇄음절이기 때문에 MEOSL이 일어나지 않은 것이다. MEOSL을 규칙으로 나타내면 다음과 같다.[18)]

(25) $\begin{bmatrix} \text{V} \\ \text{+stress} \end{bmatrix} \rightarrow [\text{+long}] \; / \; \#\# \; C_0 \; \_\_\_\_ \; C \; ə \; \#\#$

지금까지 9.1에서는 긴장모음과 이완모음의 교체를 설명하는 이완모음화와 긴장모음화, 단모음(單母音, monophthong)과 이중모음의 교체를 설명하는 이중모음화, 모음체계 전반에 영향을 미친 모음추이, 중세영어 시기의 음량변화인 MEOSL에 관하여 살펴보았다. 다음으로 모음의 영향으로 자음이 교체하는 경우의 하나인 연구개음연음화(velar softening)에 관하여 살펴보자.

9.2 연구개음연음화

연구개음연음화는 /k/와 /g/가 전설 고모음 앞에서 각각 /s/와 /ʤ/로 되는 음운 과정을 말한다. 우선 연구개음연음화와 관련된 아래 자료를 보자.

(26) a.

[k]	[s]
electric/electrical	electricity
logic/logical	logicism
cynic/cynical	cynicism
romantic	romanticism/romanticist

18) 사실상 MEOSL의 모든 예들을 설명하기 위해서는 (25)에 수정을 가해야 한다. 또한 이 규칙은 MEOSL이 보상장음화라는 것을 나타내주지 못한다.

critic/critical	criticism/criticize
b. [g]	[ʤ]
analogue/analogous	analogy/analogize
dialogue	dialogist/dialogize/dialogic
regal	regicide
rigor	rigid

(26a)는 [k]와 [s]의 교체를 보이는 예이고, (26b)는 [g]와 [ʤ]의 교체를 보이는 예이다. 먼저 (26a)를 보면, /k/로 끝나는 어기에 모음 /i/나 /ī/로 시작하는 접미사인 −ity, −ism, −ist, −ize가 첨가될 경우에, /k/가 /s/로 된다는 것을 알 수 있다. electrician에서처럼 접미사 −ian이 첨가될 경우에는 /s/가 다시 구개음화되어 /ʃ/로 된다.[19] (26b)에서도 /g/가 모음 /i/나 /ī/ 앞에서 /ʤ/로 된다는 것을 알 수 있다. 이처럼 /k/와 /g/가 전설 고모음 앞에서 각각 /s/와 /ʤ/로 되는 음운 과정을 **연구개음연음화**라고 한다. 연구개음연음화를 규칙으로 나타내면 다음과 같다.[20]

---

19) /k/가 연구개음연음화에 의해 [s]로 되는 예들을 접미사에 따라 분류하여 추가로 나타내면 다음과 같다:

−ity: electricity, elasticity, plasticity, alcoholicity, analyticity, eccentricity, authenticity
−ism: cynicism, empiricism, stoicism, clericism, criticism, exoticism, fanaticism, romanticism
−ist: cynicist, empiricist, aerodynamicist, classicist, geneticist, physicist, publicist
−ize: fanaticize, romanticize, classicize, criticize, electronicize, fanaticize, phonemicize, politicize
−ian: musician, logician, acoustician, arithmetician, electrician, magician, politician, physician

20) *SPE* (219)는 reduction−reduce(/re=duke/), allegation−allege에서의 교체를 설명하기 위해, 연구개음연음화가 전설 고모음 앞에서뿐만 아니라 전설 중모음 /e/ 앞에서도 일어나며, /k, g/와 모음 /i, e/ 사이에 형태소 경계가 필요하지 않은 것으로 보고 연구개음연음화규칙을 아래와 같이 나타낸다.

$$\begin{Bmatrix} k \rightarrow s \\ g \rightarrow \text{ʤ} \end{Bmatrix} / \_\_\_ \begin{bmatrix} V \\ -\text{back} \\ -\text{low} \end{bmatrix}$$

연구개음연음화를 유발하는 reduce나 allege의 어말 /e/는 다음과 같은 e-삭제규칙(e-elision rule)에 의해 탈락한다 (*SPE* 147).

$$e \rightarrow \emptyset \; / \; \_\_\_ \; [-\text{seg}]$$

(27)

$$\begin{Bmatrix} k \rightarrow s \\ g \rightarrow \text{ʤ} \end{Bmatrix} / \;\_\_\_\_ + \begin{bmatrix} \text{V} \\ -\text{back} \\ +\text{high} \end{bmatrix}$$

연구개음연음화규칙 (27)은 kill, kitty, give, gild에서 보듯이 연구개 폐쇄음과 전설 고모음 사이에 형태소 경계가 없을 때는 적용되지 않는다. 또한 specific idiom에서처럼 단어 경계가 있을 경우에도 연구개음연음화는 발생하지 않는다. 전설 고모음으로 시작되는 접미사가 첨가될 경우에만 연구개음연음화가 적용된다는 것을 나타내기 위해 위 규칙의 환경에 형태소 경계를 표시하였다.[21] 일반적으로 어떤 규칙의 환경에 형태소 경계가 표시되면, 그 규칙은 형태소 경계가 없거나 다른 경계가 있을 경우에는 적용되지 못하고 단지 형태소 경계가 있을 경우에만 적용된다.

연구개음연음화와 관련하여 언급해야 할 것은, 연구개음연음화규칙 (27)이 모음약화규칙, 모음추이규칙, 구개음화규칙보다 먼저 적용되어야 한다는 점이다. 연구개음연음화규칙과 이들 규칙 사이의 적용순에 관하여 차례로 살펴보자.

먼저, 연구개음연음화규칙 (27)과 모음약화규칙의 적용순에 관하여 알아보자. 만일 모음약화규칙이 먼저 적용되면, [ə] 앞에서 /k/가 왜 electrical에서는 [k]로 발음되는 반면, electricity에서는 [s]로 발음되는지를 설명할 수 없게 될 것이다. 아래 도출과정을 보자.

(28)		
UF:	/elektrik + æl/	/elektrik + iti/
규칙 (27):	__________	elektris + iti
모음약화:	əlektrik + əl	əlektris + əti
DF:	[əlektrikəl]	[əlekt^{h}risəɾīy][22]

위 도출과정에서 보듯이, 연구개음연음화규칙이 모음약화규칙보다 먼저 적용되면 올바른 표면형이 도출된다. 그러나 아래에서 보듯이 모음약화규칙이 연구개음연음화규

21) 사실상 전설 고모음으로 시작되는 접미사가 첨가되는 모든 경우에 연구개음연음화가 적용되는 것은 아니다. 예컨대 blackish, bookish, freakish, monkish, biggish, doggish, longish, sluggish에서처럼 −ish가 첨가되거나 parking, smoking, baking, biking, booking, choking, abegging, bagging, begging, bugging, digging, jogging, nagging에서처럼 −ing이 첨가될 경우에는 연구개음연음화가 나타나지 않는다. 이러한 예외들에 관하여는 9.5에서 언급하겠다.

22) 이 표면형은 어말 모음의 긴장모음화와 이중모음화 그리고 설탄음화가 적용된 결과이다. 편의상 이 규칙들의 적용 과정은 생략한다.

칙보다 먼저 적용되면 옳지 않은 표면형이 도출되므로, 연구개음연음화가 모음약화규칙보다 먼저 적용되어야 한다는 것을 알 수 있다.

(29) UF:	/elektrik+æl/	/elektrik+iti/
모음약화:	əlektrik+əl	əlektrik+əti
규칙 (27):	______	______
DF:	[əlektrikəl]	*[əlektʰrikərīy]

위에서 /elektrik+iti/에 모음약화규칙이 적용되지 않으면 규칙 (27)이 적용될 수 있는데, 모음약화규칙이 적용됨으로써 연구개음연음화규칙이 적용될 수 있는 환경이 사라져, 결국 연구개음연음화규칙 (27)은 적용될 수 없게 된다.

두 번째로, 연구개음연음화규칙과 모음추이규칙의 적용순을 살펴보자. 예컨대 criticize에 연구개음연음화규칙을 모음추이규칙보다 먼저 적용시키는 도출과정을 나타내면 다음과 같다.

(30) UF:	/kritik+īz/
규칙 (27):	kritis+īz
모음추이:	kritis+āyz[23)]
기타 규칙:	kʰriris+āyz
DF:	[kʰririsāyz]

위 도출과정에서 보듯이, 연구개음연음화규칙이 모음추이규칙보다 먼저 적용되면 올바른 표면형이 도출된다. 그러나 모음추이규칙이 먼저 적용되면, 접미사 /īz/가 [āyz]가 되기 때문에 연구개음연음화규칙이 적용될 수 있는 환경이 파괴되어 *[kʰririkāyz]라는 비적형(ill-formed) 표면형이 도출될 것이다. 따라서 연구개음연음화규칙 (27)은 이중모음화규칙 (12) 및 모음추이규칙 (16)보다 먼저 적용되어야 한다.

세 번째로, 연구개음연음화규칙이 구개음화규칙보다 먼저 적용되어야 한다는 점은 이미 8.1.3에서 구개음화를 다루면서 언급하였다. /k/~/s/~/ʃ/의 교체를 나타내는 아래 예를 보자.

---

23) 사실상 이 형태는 이중모음화규칙 (12)−모음추이규칙 (16)−후설성조정규칙 (21)을 차례로 적용시킨 결과이지만, 편의상 이 과정을 생략한 것이다.

(31)

[k]	[s]	[ʃ]
electric	electricity	electrician
logical	logicism	logician
aesthetics	aestheticism	aesthetician
political	politicize	politician
physical	physicism	physician
technical	technicism	technician
cosmetic	cosmeticize	cosmetician
metrical	metricize	metrician

(31)에서 두 번째 세로줄은 연구개음연음화규칙에 의해 /k/가 /s/로 되는 예들이다. 세 번째 세로줄은 접미사 −ian이 첨가된 예들로, 연구개음연음화규칙이 적용된 결과 도출된 /s/에 구개음화규칙이 적용되어 [ʃ]가 된다는 것을 보여준다. 만일 구개음화규칙이 연구개음연음화규칙보다 먼저 적용되면 /k/가 [ʃ]로 될 수 없을 것이다. 아래 electrician/elektrik+i+æn/의 도출과정을 보자.[24)]

(32)

UF:	/elektrik+i+æn/
규칙 (27):	elektris+i+æn
전이음화:	elektris+y+æn
구개음화:	elektriʃ+y+æn
y−탈락 및 모음약화:	əlektriʃ+ən
DF:	[əlektriʃ+ən]

위 도출과정을 보면, 연구개음연음화규칙 (27)이 구개음화규칙보다 먼저 적용되면 올바른 표면형이 도출된다는 것을 알 수 있다. 만일 두 규칙의 적용 순서를 바꾸면 아래 도출과정에서 보듯이 비적형 표면형이 도출된다.

(33) UF: /elektrik+i+æn/

24) 아래 도출과정의 전이음화규칙은 아래와 같고 (*SPE* 227), y-탈락규칙은 경구개치경음 뒤에서 /y/를 탈락시키는 규칙을 말한다. 구개음화규칙에 관하여는 8장 (18)−(20)을 참조하라.

$$i \rightarrow [-\text{syll}] \; / \begin{bmatrix} \text{C} \\ +\text{cor} \end{bmatrix} + \_\_\_ \; \text{V}$$

전이음화:	elektrik + y + æn
구개음화:	____________
규칙 (27):	____________
모음약화:	əlektrik + y + ən
DF:	*[əlektrikyən]

위에서 보듯이, 연구개음연음화규칙에 의해 /k/가 /s/로 되지 않으면 구개음화규칙이 적용될 수 없기 때문에, 구개음화규칙이 연구개음연음화규칙 (27)보다 먼저 적용되면 비적형 표면형이 도출될 수밖에 없다. 위 도출과정에서 전이음화규칙이 연구개음연음화규칙 (27)보다 나중에 적용되더라도 비적형 *[əlektrisyən]이 도출될 것이다.

9.3 이화와 중화

이화(dissimilation)란 동화와 반대로, 이웃해 있는 같거나 유사한 두 개의 음이 어색하게 반복되는 것을 피하기 위해 이들 중 하나가 다른 음으로 변하거나 탈락하는 음운 과정을 말한다. 이화와 관련된 예를 제시하면 다음과 같다.

(34) a. pilgrim < L. peregrinus
turtle < L. turtur
purple < L. purpura
b. chimney [ʧɪmlɪ]
diphthong [dɪpθɔŋ]

(34)를 보면, 같거나 유사한 두 소리가 인접해 있거나 이웃하는 음절에 있을 때, 그 중 하나의 음이 다른 음으로 변한다는 것을 알 수 있다. (34a)는 /r/이 되풀이되어 발음되는 것을 피하기 위해 그중 하나의 /r/이 /l/로 변한 예이고, (34b)는 일부 방언에서 비음의 연쇄 /mn/과 마찰음의 연쇄 /fθ/가 각각 /ml/과 /pθ/로 발음되는 예이다.

이처럼 같거나 비슷한 음의 하나가 다른 음으로 변하는 경우뿐만 아니라, 아래 예에서처럼 완전히 탈락하는 경우도 이화에 속한다.

(35) a. surprise [səprayz]
southerner [sʌðənər]
caterpillar [kærəpɪlər]
Canterbury [kæntəbɛri]
reservoir [rɛzəvwar]
particular [pətikyulər]
governor [gʌvənər]
library [laybɛrɪ]
b. government [gʌvərmənt]
environment [ɪnvayrəmənt]

(35a)는 후속하는 음절에 /r/이 반복되어 나올 경우 /r/이 탈락하는 예이고, (35b)는 비음의 연쇄 /nm/에서 /n/이 탈락하는 예이다. 이처럼 동일하거나 유사한 음이 되풀이되어 나타날 경우, 그중 하나가 탈락하는 이화 현상은 일부 방언에 국한되며 동화에 비해 훨씬 드물게 나타난다. 다음으로 중화에 대하여 살펴보자.

중화(neutralization)란 둘 또는 그 이상의 변별적 분절음이 특정 환경에서 하나의 소리가 됨으로써 대립이 사라지는 것을 말한다. 영어에서 중화의 대표적인 예로는 설탄음화(flapping 또는 tapping)와 모음약화(vowel reduction)가 있다.

설탄음화란 치경 폐쇄음 /t, d/가 모음과 비강세 모음 사이에 있을 때, 혀끝이 치조돌기(alveolar ridge)를 빠르게 치면서 설탄음(tap 또는 flap) [ɾ]/[D]로 발음되는 현상을 말한다. 서로 대립되는 자음 /t/와 /d/가 모음과 비강세 모음 사이에서는 설탄음으로 중화되기 때문에 더 이상 대립되지 않게 된다. 설탄음화는 일반 미국영어, 일부 남부 영국영어, 호주 영어, 그리고 일부 아일랜드 어투에서 발견된다. 설탄음화가 일어나는 환경을 알아보기 위해 다음 자료를 보자.[25)]

(36) a. cíty, wríter, látter, átom
b. bódy, ríder, ádder, ládder, dáddy

25) 아래에서는 편의상 dinner, tanner, sinner, plenty, winter, panting에서처럼 /n/이나 /nt/가 설탄음화되는 경우에 관하여는 언급하지 않겠다.

c. atóne, atómic, adóre, idéa

d. divínity, cápital, capácity, cómedy

e. petrol, atlas, idly, hydro, adnate

f. party, dirty, sorting, hardy, birdy

(36a)와 (36b)는 각각 /t/와 /d/가 강세 모음과 비강세 모음 사이에서 설탄음 [ɾ]로 되는 예이고, (36c)는 강세 모음 앞에서는 설탄음화가 일어나지 않는다는 것을 보여주는 예이다. (36a−c)를 근거로 설탄음화가 강세 모음과 비강세 모음 사이에서 일어난다고 말할 수 있지만, (36d)를 보면 치경 폐쇄음 앞 음절에 강세가 없을 경우에도 설탄음화가 일어난다는 것을 알 수 있다. (36e)는 /t, d/ 바로 뒤에 모음이 오지 않고 자음이 올 경우에는 설탄음화가 일어나지 않는다는 것을 보여준다. (36f)에서처럼 /t, d/ 바로 앞에 /r/이 있을 때에도 설탄음화가 일어난다.26)

설탄음화를 규칙으로 나타내면 다음과 같다.

(37)

$$\left\{\begin{matrix} t \\ d \end{matrix}\right\} \rightarrow \text{D} \;/\; \text{V (r)} \;\_\_\_\_\; \left[\begin{matrix} \text{V} \\ -\text{stress} \end{matrix}\right]$$

규칙 (37)에 표시된 (r)은 (36f)에서 보듯이 r음화된 모음과 비강세 모음 사이에도 설탄음화가 일어난다는 것을 나타내기 위한 것이다. 위 규칙은 /t/와 /d/가 모음과 비강세 모음 사이에서 설탄음으로 중화되어 서로 대립되지 않는다는 것을 나타낸다.

설탄음화규칙 (37)은 단어 내에서만 적용되는 것이 아니고, 아래 (38a)에서처럼 단어 경계를 넘어서도 적용되며, 심지어 (38b)에서처럼 문장을 넘어서까지 적용된다 (Nespor and Vogel 1986: 225, 236).

(38) a. My brother bought a parrot last week.

A very dangerous wild cat escaped from the zoo.

Just the other night a racoon was spotted in our neighbourhood.

---

26) (36a, b, d)에서처럼 모음과 비강세 모음 사이에 있을 때 일어나는 설탄음화를 'tap', (36f)에서처럼 r음화된(rhotacized) 모음과 비강세 모음 사이에서 일어나는 설탄음화를 'flap'이라고 구분하여 부르기도 한다. 혀의 움직이는 방향에 따라, 혀끝이 위아래로 움직이는 것을 'tap', 권설음처럼 치경 뒤쪽에서 앞으로 움직이는 것을 'flap'이라고 한다 (Ladefoged 2006: 171).

Ichabod, our pet crane, usually hides when guests come.

b. Have a seat. I'll be right back.

중화의 두 번째 경우로 **모음약화**를 살펴보자. 일반적으로 비강세 모음이 [ə]로 약화되는 것을 모음약화라고 한다. 예를 들어, photograph [fówrəgræ̀f]와 photography [fət^{h}ɑ́grəfi]를 비교해보면, 강세 음절의 모음 [ów], [æ̀], [ɑ́]가 비강세 음절에서는 모두 [ə]가 된다는 것을 알 수 있다. 그러나 비강세 음절에서 모음약화가 일어나지 않는 예들이 많다. 모음약화의 체계적 예외로 보이는 다음 예를 보자.

(39) a. ánnual, rádiate, chaótic, creátion

b. fiásco, éffigy, híndu

비강세 모음이 (39a)에서처럼 다른 모음 앞에 있거나, (39b)에서처럼 어말에 있을 경우에는 모음약화가 일어나지 않는다. 그러나 어말의 비강세 모음이 algebra와 formula에서처럼 기저형에서 /æ/와 같은 저모음일 경우에는 모음약화가 일어난다. 다른 모음 앞에 있는 모음이나 어말의 비저모음(nonlow vowel)이 [ə]로 약화되지 않는 이유를 *SPE* (111)는 다음과 같은 긴장모음화규칙 때문이라고 말한다.

(40)
$$\begin{bmatrix} \text{V} \\ -\text{stress} \end{bmatrix} \rightarrow [+\text{tense}] \;/\; \left\{ \begin{array}{ll} \_\_\_\ \text{V} & \text{(a)} \\ \begin{bmatrix} \_\_\_ \\ -\text{low} \end{bmatrix}\# & \text{(b)} \end{array} \right\}$$

(40a)는 모음 앞에 선행하는 모음을 긴장모음으로 바꾸는 규칙이고, (40b)는 어말의 비저모음을 긴장모음으로 바꾸는 규칙이다. (40a)와 (40b)가 각각 (39a)와 (39b)에 적용되면 밑줄 친 모음이 긴장모음으로 된다. 이처럼 (40)에 의해 긴장모음이 된 모음은 약화되지 않으므로, 약화되는 모음은 비강세 이완모음이라고 말할 수 있다. 모음약화를 규칙으로 나타내면 다음과 같다.

(41)
$$\begin{bmatrix} \text{V} \\ -\text{stress} \\ -\text{tense} \end{bmatrix} \rightarrow \text{ə}$$

위 규칙은 모든 이완모음이 비강세 음절에서 [ə]로 중화되어 서로 대립되지 않음을 나타낸다. 그러나 사실상 이완모음이 te[ɛ]mpéstuous, fa[æ]ntástic, u[ʌ]mbrélla에서처럼 비강세 음절에 나타나더라도 [ə]로 약화되지 않는 예들이 상당수가 있으며, 또한 phó[ōw]togràph와 pho[ə]tógraphy에서 보듯이 긴장모음이 모음약화규칙을 겪기도 한다.

9.4 융합과 음위전환

융합(coalescence)은 서로 다른 두 개의 음이 합쳐져서 새로운 하나의 음이 되는 음운 과정을 말한다. 융합의 대표적인 예로 다음 두 가지 경우를 들 수 있다.27)

(42) a. t+y=ʧ: what you, got you, moisture, departure
　　d+y=ʤ: would you, did you, procedure, supersedure
　　s+y=ʃ: in case you, miss you, expression, spacial, accession
　　z+y=ʒ: has your, supervision, confusion, vision
b. V+N= Ṽ: lean [lĩ], glean [glĩ], bum [bʌ̃], dim [dĩ], bent[bɛ̃t], meant[mɛ̃t]

(42a)는 8.1.3에서 구개음화를 다루면서 언급한 예를 다시 쓴 것으로, 치경음 /t/, /d/, /s/, /z/가 비강세 모음에 선행하는 전이음 /y/와 합쳐져서 각각 경구개치경음 /ʧ/, /ʤ/, /ʃ/, /ʒ/로 융합된다는 것을 보여준다. (42b)는 8.1.4에서 비음화를 다루면서 언급한 예로, 일부 방언에서 구강모음과 비음이 합쳐져서 비강모음으로 융합된다는 것을 나타낸다.

먼저 (42a)에 관하여 살펴보자. *SPE*는 (42a)를 융합으로 보지 않고 구개음화규칙과 다음과 같은 **y-탈락**(y-deletion) 규칙이 차례로 적용된 결과로 분석한다.

(43)

$$y \rightarrow \emptyset \ / \begin{bmatrix} -\text{son} \\ -\text{ant} \\ +\text{cor} \end{bmatrix} \underline{\quad\quad}$$

27) 아래 (42b)에서 V, N, Ṽ는 각각 구강모음, 비음, 비강모음을 나타낸다.

위 규칙은 전이음 /y/가 경구개치경 저해음 뒤에서 탈락한다는 것을 나타낸다. 만일 /y/가 virulent [víryulənt]에서처럼 경구개치경 공명음 /r/ 뒤에 있을 경우에는 탈락하지 않는다.

*SPE*는 예를 들어 (42a)에 제시한 would you [wʊʤʊ]의 [ʤ]를 아래와 같이 구개음화규칙과 y-탈락규칙을 차례로 적용시켜 도출시킨다.

(44) UF: /wʊd##yʊ/
구개음화: wʊʤ##yʊ
규칙 (43): wʊʤ##ʊ
DF: [wʊʤʊ]

dy→ʤy→ʤ의 두 단계에 의한 이러한 분석은 중간단계의 필요성에 대한 의구심을 갖게 한다. 만일 (42a)를 융합으로 본다면, /dy/가 바로 [ʤ]로 되기 때문에 중간단계가 필요 없게 될 것이고, 문법은 그만큼 부담을 덜게 될 것이다. 중간단계가 필요한 것인가를 결정하는 문제는 y-탈락규칙의 독자성 문제와 관련이 있다. 만일 /y/를 탈락시키는 규칙 (43)이 규칙으로서의 독자성을 지니지 않고 전적으로 구개음화규칙에 의존적인 것이라면, (42a)를 융합으로 분석하는 것이 타당할 것이다. /y/는 경구개치경음 뒤에서 탈락하고, 이 경구개치경음은 구개음화규칙이 적용된 결과 도출되는 출력형이므로, /y/를 탈락시키는 규칙 (43)은 구개음화규칙이 적용된 직후의 출력형에 적용된다. 이런 점에서 볼 때, y-탈락규칙은 구개음화규칙에 의존적이며, 과연 규칙으로서의 독자성을 지니는지가 의심스럽다.

그러나 *SPE* (231−232)는 일부 방언에서 구개음화규칙이 적용되지 않는 환경에서도 /y/가 탈락한다고 말한다. 예를 들어 résidùe와 cónstitùte에서는 구개음화규칙이 적용되지 않더라도 /y/가 치경음 뒤에서도 탈락하며,[28] 이 경우의 y-탈락은 residual [rəzídʒuwəl]과 constitutive [kənstíʧũwtiv]에서처럼 구개음화규칙이 적용된 이후의 y-탈락과 대비된다는 것이다. 이처럼 강세 모음 앞에 있는 /y/가 경구개치경음 뒤에서뿐만 아니라 치경음 뒤에서 탈락하는 방언은 다음과 같은 y-탈락규칙을 필요로 한다 (*SPE* 232).

28) 이 경우 구개음화규칙이 적용될 수 없는 이유는 전이음 /y/ 뒤에 있는 모음에 강세가 있기 때문이다.

(45)

$$y \rightarrow \emptyset \; / \; \begin{bmatrix} +\text{cor} \\ +\text{cons} \end{bmatrix} \;\_\_\_\_\; [+\text{stress}]$$

규칙 (45)가 vírulent, ánnual, váluable 등에 적용되지 않는 이유는 전이음에 후속하는 모음에 강세가 없기 때문이다.

물론 y-탈락규칙 (45)는 구개음화규칙의 적용 여부와 상관없이 적용될 수 있으므로, 구개음화규칙에 의존적이 아니고 독자적인 규칙으로 인정되어야 할 것이다. 그러나 문제는 구개음화규칙이 적용된 이후에, 전이음 /y/가 탈락하는 것은 규칙 (45)에 의해서가 아니고 (43)에 의해서이며, 규칙 (43)은 구개음화규칙의 출력형에 적용되므로 규칙으로서의 독자성이 의심스럽다는 점이다. 구개음화규칙이 적용되는 환경을 보면, 구개음화규칙이 적용된 이후에 /y/가 규칙 (45)의 구조기술을 만족시키지 못하기 때문에 규칙 (45)가 아니고 규칙 (43)에 의해 탈락된다는 것을 알 수 있다. 즉, /y/ 뒤에 비강세 모음이 있기 때문에 (42a)의 /y/는 단지 (43)에 의해서 탈락되는 것이다. 따라서 y-탈락규칙 (43)은 (45)와 달리 구개음화규칙에 의존적이라고 볼 수 있다.

이런 이유 등을 들어, (42a)를 구개음화와 y-탈락의 두 단계 과정으로 분석하지 않고, 융합이라는 하나의 과정으로 분석할 수 있을 것이다. 7장에서 언급하였듯이, 융합은 하나의 분절음만이 영향을 받는 것이 아니고 두 개의 분절음이 동시에 영향을 받으므로 변형규칙형으로 기술되어야 한다. (42a)의 구개음화를 융합으로 보고 변형규칙형으로 기술하면 다음과 같다.

(46)

$$\underset{1}{\begin{bmatrix} -\text{son} \\ +\text{cor} \\ +\text{ant} \\ -\text{distr} \end{bmatrix}} \quad \underset{2}{y} \quad \underset{3}{\begin{bmatrix} \text{V} \\ -\text{stress} \end{bmatrix}} \rightarrow \begin{bmatrix} 1 \\ -\text{ant} \\ +\text{distr} \end{bmatrix} \quad \emptyset \quad 3$$

(42a)를 (46)에 의해 융합이라는 하나의 음운 과정으로 분석한다면, y-탈락을 위한 규칙 (43)을 별도로 설정할 필요가 없게 되며 중간단계의 도출과정도 사라질 것이다. 그렇게 되면 문법은 그만큼 부담을 덜게 되고 간결해질 것이다. 그러나 두 분석 중 어느 것이 더 타당한지를 단정적으로 말하기는 어렵다.

다음으로 융합의 두 번째 예인 (42b)를 보자. (42b)는 일부 미국영어 방언에서 구강모음과 비음의 연쇄가 비강모음으로 발음되는 예이다. 이 음운 현상을 분석하는 방식에는 두 가지가 있을 수 있다. 하나는 비음화(nasalization)와 비음탈락(nasal deletion)이라는 두 단계의 과정(VN →ṼN→Ṽ)에 의해 분석하는 것이고, 다른 하나는 융합이라는 하나의 과정(VN→Ṽ)에 의해 분석하는 것이다.

첫 번째 분석 방식은 다음과 같은 두 개의 규칙이 필요하다.[29)]

(47) a. $V \rightarrow [+nasal] \;/\; \underline{\quad\quad} \begin{bmatrix} C \\ +nasal \end{bmatrix}$

b. $\begin{bmatrix} C \\ +nasal \end{bmatrix} \rightarrow \text{Ø} \;/\; \begin{bmatrix} V \\ +nasal \end{bmatrix} \underline{\quad\quad} C_0 \; \$$

(47a)는 비음에 선행하는 구강모음을 비강모음으로 바꾸는 비음화규칙이고, (47b)는 비강모음에 후속하는 말음의 비음을 탈락시키는 비음탈락규칙이다. 규칙 (47b)의 환경에 표시된 비강모음은 규칙 (47a)에 의해서 도출되므로, (47b)는 (47a)가 적용된 후에만 적용될 수 있고 (47a)가 적용되지 않으면 (47b)는 적용될 수 없다. 즉, (47b)는 (47a)와 상관없이 독자적으로 적용되는 경우가 없다. 이처럼 (47b)는 (47a)에 완전히 의존적이므로 독자적인 규칙으로 인정하기 어렵다. (42b)를 비음화와 비음탈락이라는 두 단계의 과정(VN →ṼN→Ṽ)으로 분석한다면, 이처럼 독자성이 결여된 (47b)와 같은 규칙을 설정해야 한다는 문제가 발생할 것이다.

그러나 (42b)를 융합이라는 하나의 과정(VN→Ṽ)으로 분석하는 두 번째 분석 방식에서는 이러한 문제가 발생하지 않는다. 이 분석 방식에 따르면, (42b)를 다음과 같은 하나의 변형규칙형으로 설명할 수 있을 것이다.

(48)
$$\underset{1}{V} \; \underset{2}{\begin{bmatrix} C \\ +nasal \end{bmatrix}} \; \underset{3}{C_0} \; \underset{4}{\$} \rightarrow \begin{bmatrix} 1 \\ +nasal \end{bmatrix} \; \text{Ø} \;\; 3 \;\; 4$$

이 규칙은 구강모음과 말음의 비음이 합쳐져서 비강모음이 된다는 것을 나타낸다.

29) 아래 규칙은 이미 7장 (107)로 제시한 것을 편의상 다시 쓴 것이다. 두음의 비음은 beaner [bĩnɚ], leaner [lĩnɚ]에서처럼 탈락하지 않으므로, 말음의 비음이 탈락된다는 것을 나타내기 위해서는 규칙 (47b)의 환경에 음절 경계를 표시하여야 한다.

언뜻 보기에 (42b)를 (48)에 의해 융합이라는 하나의 음운 과정으로 만족스럽게 설명할 수 있는 것처럼 보인다. 그러나 두 번째 분석 방식에도 문제가 없는 것은 아니다. 규칙 (48)은 비음화와 비음탈락이 동시에 이루어지는 경우를 설명할 수 있지만, beaner [bĩnɚ], leaner [lĩnɚ]에서처럼 비음화만 일어나고 비음탈락이 일어나지 않는 경우는 설명할 수 없다. 이 예에서 비음은 말음이 아니고 두음에 있기 때문에 탈락하지 않는다. 이러한 경우를 설명하기 위해서는 비음화규칙 (47a)가 반드시 필요하다. 결국 (42b)를 (47)과 같은 두 개의 규칙에 의해 설명해야 하는지, 아니면 (48)과 같은 하나의 규칙에 의해 설명해야 하는지를 단정적으로 말하기는 쉽지 않다.

지금까지 융합에 관하여 살펴보았으므로, 이제 **음위전환**(metathesis)에 관하여 살펴보자. 음위전환이란 서로 다른 두 음의 위치가 서로 바뀌는 음운 과정을 말한다. 영어의 음위전환과 관련된 예는 이미 7장 (14)에서 제시하였으며, 편의상 이를 다시 쓰면 다음과 같다.

(49) a. animal → aminal
irrelevant → irrevelant
prescribe → perscribe
tragedy → tradegy
b. ME brid > ModE bird
OE þurh > ModE through
OE gærs ~ græs > ME gras 'grass'
OE ācsian ~ āscian > ME asken 'to ask'

영어에서 음위전환은 (49a)와 같은 **발화 실수**(slips of the tongue)나, (49b)와 같은 소수 단어의 통시적 음변화에서 찾아볼 수 있다. 역사적으로, 음위전환은 주로 모음과 /r/ 사이에서 일어난 것으로 보인다. 영어의 경우 음위전환을 체계적 음운 과정으로 보기 어렵기 때문에, 음위전환에 관하여는 위 예를 제시하는 것으로 그치고 더 이상 언급하지 않겠다.

9.5 예외

어떤 규칙의 구조기술을 만족시키는 형태는 그 규칙에 적용되어 변화를 겪는 것이 일반적이지만, 그렇지 않은 경우가 있다. 이처럼 규칙의 모든 조건을 충족시키지만 그 규칙에 적용되지 않는 형태를 **예외**(exception)라고 한다. 이 예외들이 어떤 규칙에 적용되지 않는지를 어휘목록에 표시해야 하는데, 어휘목록에 예외를 표시하는 일반적인 방식에는 세 가지가 있다. 첫 번째 방식은 **마이너스규칙자질**(minus rule feature)을 사용하는 것이고, 두 번째 방법은 **어휘잉여규칙**(lexical redundancy rule)으로 표시하는 것이며, 세 번째 방법은 **어휘범주화**(lexical categorization)로 나타내는 것이다.

먼저 처음 두 가지 방법으로 예외를 어떻게 처리하는지 보기 위해, 편의상 위에서 규칙 (4)와 (5)로 언급한 이완모음화규칙을 다시 쓰면 다음과 같다.

(50) a. 말미제3음절이완모음화

$$V \rightarrow [-\text{tense}] \;/\; \_\_\_\_ \; C \; (C_1+) \begin{bmatrix} V \\ -\text{stress} \end{bmatrix} C_0VC_0\#\#$$

b. 자음군이완모음화

$$V \rightarrow [-\text{tense}] \;/\; \_\_\_\_ \; CC$$

위 규칙에 예외에 속하는 형태들을 나열하면 아래와 같다. 아래 (51a)와 (51b)는 각각 규칙 (50a)와 (50b)의 예외에 속하는 것들이다.[30]

(51) a. obesity, hibernate, isolate, mountainous, countenance, counterfeit, credence, bountiful, probity, rotary, notary, rosary, decency, primary, papacy, vagary, vacancy, ivory, irony, regency

b. pint, count, plaint, hoist, toast, wild, field, bind

(51a)의 obesity는 말미제3음절이완모음화규칙에 의해 [ōwbesəti]로 될 것으로 기대되지만, 사실은 밑줄 친 부분의 모음이 이완모음으로 되지 않고 [ōwbīysəti]로 발음

30) (51a)의 많은 예들은 어말 /y/의 특이성과 관련이 있는 것으로 보인다.

된다. 이처럼 이 규칙에 적용되지 않는 (51a)과 같은 예외에 속하는 어휘항목에 대해 [−trisyllabic laxing rule]이라는 마이너스규칙자질을 어휘목록에 표시함으로써, 이 규칙자질을 지닌 형태소는 말미제3음절이완모음화규칙에 예외라는 것을 나타낼 수 있다. 말미제3음절이완모음화규칙이 일렬번호로 매겨진 규칙 순서에서 20번이라고 가정한다면, 형태소 obesity의 어휘내항에 [−Rule 20]이라고 명시할 수 있다. 이처럼 예외를 마이너스규칙자질을 사용하여 처리할 수 있다.

예외를 처리하는 두 번째 방식으로 어휘잉여규칙을 사용하는 경우를 살펴보자. 자음군이완모음화규칙 (50b)의 예외에 속하는 (51b)를 보면, 모음 뒤의 자음군이 모두 치음 자음군(dental cluster)이라는 것을 알 수 있다. 즉, (51b)가 규칙 (50b)에 적용되지 않는 이유는 개별적인 형태소의 특성이라기보다는 모음이 치음 자음군에 선행하기 때문이라고 말할 수 있다. 이처럼 예외들이 어떤 일반성을 보일 때 예외를 어휘잉여규칙으로 나타낼 수 있다. (51b)가 규칙 (50b)의 예외라는 것을 어휘잉여규칙으로 나타내면 다음과 같다.

(52)

$$V \rightarrow [-\text{Rule } 50b] \;/\; \_\_\_ \begin{bmatrix} +\text{cons} \\ +\text{ant} \\ +\text{cor} \end{bmatrix} \begin{bmatrix} -\text{son} \\ +\text{ant} \\ +\text{cor} \end{bmatrix}$$

위 (52)는 음운 규칙이 아니고 어휘목록에 있는 잉여규칙으로, 치음 자음군에 선행하는 모음은 자음군이완모음화규칙 (50b)에 적용되지 않는다는 것을 나타낸다. 이처럼 일반성을 보이는 예외들을 처리할 경우에는 어휘잉여규칙이 사용된다.

예외를 처리하는 세 번째 방식은 어휘를 범주화하여 나타내는 것이다. 이와 관련하여 위에서 (27)로 나타낸 연구개음연음화규칙을 편의상 다시 쓰면 다음과 같다.

(53)

$$\begin{Bmatrix} k \rightarrow s \\ g \rightarrow ʤ \end{Bmatrix} \;/\; \_\_\_ + \begin{bmatrix} \text{V} \\ -\text{back} \\ +\text{high} \end{bmatrix}$$

앞에서 연구개음연음화를 다루면서 언급하였듯이, /k/로 끝나는 어기에 라틴어계 접미사인 −ity, −ism, −ist, −ize, −ian이 첨가될 경우에는 연구개음연음화가 일어나지만, 영어 고유의 접미사인 −ish나 −ing이 첨가될 경우에는 연구개음연음화가 일어나지 않는다.[31] 이처럼 영어 고유의 형태소가 외래 형태소와 달리 행동하는 경우가 있다. *SPE* (224)는 연구개음연음화규칙을 겪는 라틴어계 어기와 그렇지 않는 어기를 구분하기 위해, 연구개음연음화규칙의 입력형에 [+deriv]라는 구별자질(diacritic feature)을 표시한다. 라틴어계 파생체계에 속하는 어기에는 [+deriv]로, 영어 고유의 파생체계에 속하는 어기는 [−deriv]로 어휘항목을 범주화함으로써, [+deriv]라는 구별자질을 지닌 어기만이 연구개음연음화규칙에 적용되도록 하는 것이다. 이처럼 구별자질을 사용하여 어휘항목들을 범주화함으로써 예외를 처리하는 경우가 있다.

끝으로, 마이너스규칙자질과 대조적인 **플러스규칙자질**(plus rule feature)을 사용하는 경우에 관하여 간단히 언급하고 9장을 마무리하겠다. 마이너스규칙자질은 어떤 규칙에 적용되지 않는 소수의 예외를 설명하기 위해서 어휘목록에 [−Rule *n*]의 형식으로 예외를 나타내는 데 사용되는 반면, 플러스규칙자질은 **소수규칙**(minor rule)을 겪는 어휘항목을 [+Rule *n*]의 형식으로 나타내는 데 사용된다. 소수규칙의 예로, 복수 어미 앞에서 무성 마찰음을 유성 마찰음으로 변화시키는 다음과 같은 **마찰음유성음화**(fricative voicing) 규칙을 들 수 있다.

(54)
$$\begin{bmatrix} \text{C} \\ \text{+cont} \end{bmatrix} \rightarrow [\text{+voice}] \;/\; \_\_\_\_ \;]_{\substack{\text{Noun} \\ [\text{+plural}]}}$$

이 규칙에 의해 wife, loaf, shelf, bath, mouth, path, house 등의 어말 마찰음은 복수어미가 첨가되는 경우 유성음으로 된다.[32] 그러나 cliff, proof, birth, death, kiss, glass 등 무성 마찰음으로 끝나는 많은 명사들의 경우, 복수어미가 첨가되더라도 마찰음유성음화규칙에 적용되지 않는다. 이처럼 규칙 (54)에 적용되지 않는 경우가 더 일반적이다. 즉, 어말 마찰음을 유성음으로 만드는 규칙 (54)는 대부분의 명사에는 적용되지 않고 소수의 명사에 적용되는 소수규칙이다. wife 등이 소수규칙 (54)에 적용된다는 것을 나타내기 위해 어휘목록에 플러스규칙자질을 사용하여 [+Rule 54] 또는 [+plural fricative voicing rule]로 명시한다.

---

31) 예를 들어 −ist, −ism, −ize는 각각 L. −ista (Gk. −istes), L. −isma (Gk. −isma), OF −iser (L. −izare, Gk. −izein)에서 유래되고, −ish와 −ing은 각각 고대영어 −isc와 −ung (또는 −ing)에서 유래되었다.

32) 규칙 (54)의 환경에 명시된 형태적 조건(morphological conditioning) [+plural]은 유성음화를 유발하는 요인이 음운적인 것이 아니고 "복수 명사"라는 형태적이라는 것을 나타낸다. 따라서 예를 들어 mouth [mawθ]의 [θ]가 복수어미가 첨가된 mouths [mawðz]에서는 유성음화되어 [ð]가 되지만, 소유격어미가 첨가된 mouth's [mawθs]에서는 유성음화되지 않는다.

참고문헌

강석근, 이희천. 2001. 한국어 음운현상이 영어 발음 습득에 미치는 영향에 관한 연구. 「언어」 26: 417−444.

김영석. 1998. 「영어형태론」. 한국문화사.

이용재. 1996. 「영어 음성학」. 고려대학교 출판부.

전상범. 1995. 「영어 음성학 개론」. 을유문화사.

전상범. 2004. 「음운론」. 서울대학교 출판부.

Abercrombie, D. 1967. *Elements of General Phonetics*. Edinburgh University Press.

Algeo, J. 1978. "What Consonant Clusters Are Possible?" *Word* 29: 206−224.

Algeo, J. and T. Pyles. 2005. *The Origins and Development of the English Language*. 5th ed. Wadsworth.

Anderson, J. M. and C. Jones. 1974. "Three Theses Concerning Phonological Representation." *Journal of Linguistics* 10: 1−26.

Anderson, S. R. 1971. "On Algorithms for Applying Phonological Rules." *Quarterly Progress Report* 103: 159−164. MIT Research Laboratory of Electronics.

Archangeli. D. 1984. *Underspecification in Yawelmani Phonology and Morphology*. Doctoral dissertation, MIT. Published by Garland Press, New York, 1988.

Archangeli, D. 1988. "Aspects of Underspecification Theory." *Phonology* 5: 183−207.

Avery, P. and K. Rice. 1988. "Underspecification Theory and the Coronal Node." *Toronto Working Papers in Linguistics* 9: 101−121.

Avery, P. and K. Rice. 1989. "Constraining Underspecification." *North Eastern Linguistics Society* 19: 1−15.

Bloch, B. 1941. "Phonemic Overlapping." *American Speech* 16: 278−284. In Makkai, 1972, 66−70.

Bloomfield. N. 1933. *Language*. New York: Henry Holts; reprinted, University of

Chicago Press, 1984.

Borowsky, T. 1986. *Topics in the Lexical Phonology of English*. Doctoral dissertation, University of Massachusetts, Amherst.

Borowsky, T. 1987. "Antigeminations in English Phonology." *Linguistic Inquiry* 18: 671−78.

Brame, M. K. 1972. *Contributions to Generative Phonology*. Austin: University of Texas Press.

Bruck, A., R. A. Fox and M. W. Lagaly, eds. 1974. *Papers from the Parasession on Natural Phonology*. Chicago Linguistic Society, University of Chicago, Chicago, Ill.

Brunner, K. 1970. *An Outline of Middle English Grammar*. Oxford: Basil Blackwell.

Casali, R. F. 1996. *Resolving Hiatus*. Doctoral dissertation, University of California, Los Angeles.

Chomsky, N. 1957. *Syntactic Structure*. The Hague: Mouton.

Chomsky, N. 1964. "Current Issues in Linguistics." In Foder, J. A. and J. J. Katz, 1964, 50−118.

Chomsky, N. and M. Halle. 1968. *Sound Pattern of English*. New York: Harper and Row.

Clements, G. N. 1988. "Towards a Substantive Theory of Feature Specifications." *Proceedings of NELS* 18: 79−93.

Clements, G. N. 1990. "The Role of the Sonority Cycle in Core Syllabification." In J. Kingston and M. Beckman, eds. *Papers in Laboratory Phonology I: Between the Grammar and Physics of Speech*, 283−333. Cambridge: Cambridge University Press.

Clements, G. N. and S. J. Keyser. 1983. *CV Phonology: A Generative Theory of the Syllable*. Cambridge, MA: MIT Press.

Fischer−Jørgensen, E. 1975. *Trends in Phonological Theory: A Historical Introduction*. Copenhagen: Akademisk Forlag.

Foder, J. A. and J. J. Katz. 1964. *The Structure of Language: Reading in the Philosophy of Language*. Englewood Cliffs, N.J.: Prentice−Hall.

Fromkin, V. A. 1971. "The Nonanomalous Nature of Anomalous Utterances." *Language* 47: 27−52.

Fudge, E. C. 1969. "Syllables." *Journal of Linguistics* 5: 193−320.

Fujimura. O. and D. Erickson. 1997. "Acoustic Phonetics." In Hardcastle, W. and J. Laver eds., *The handbook of Phonetic Sciences*, 65−115. Blackwell.

Gleason, H. A. 1955. *An Introduction to Descriptive Linguistics*. New York: Holt, Rinehart and Winston.

Goldsmith, J. A. 1990. *Autosegmental and Metrical Phonology*. Oxford: Basil Blackwell.

Halle, M. 1959. *The Sound Pattern of Russian*. The Hague: Mouton.

Halle, M. 1962/72. "Phonology in Generative Grammar." In Fodor and Katz, 1964, 334−352. Also in Makkai, 1972, 380−392.

Halle, M. and K. P. Mohanan. 1985. "Segmental Phonology of Modern English." *Linguistic Inquiry* 16: 57−116.

Hammond, M. 1997. "Optimality Theory." In Archangeli, D. and D. T. Langendoen, eds., *Optimality Theory: An Overview*, 33−58. Oxford: Blackwell.

Hammond, M. 1999. *The Phonology of English: A Prosodic Optimality-Theoretic Approach*. Oxford University Press.

Harms, R. T. 1973. "How Abstract is Nupe?" *Language* 49: 439−446.

Harris, Z. S. 1951. *Structural Linguistics*. Chicago: University of Chicago Press.

Haugen, E. 1956. "The Syllable in Linguistic Description." In M. Halle *et al*. eds., *For Roman Jakobson*, 213−221. The Hague: Mouton.

Hayes, B. 1981. *A Metrical Theory of Stress Rules*. Doctoral dissertation, MIT. Distributed by IULC. Published by Garland Press, New York, 1985.

Hayes, B. 1982. "Extrametricality and English Stress." *Linguistic Inquiry* 13: 227−276.

Hayes, B. 1989. "Compensatory Lengthening in Moraic Theory." *Linguistic Inquiry* 20: 253−306.

Hoard, J. B. 1971. "Aspiration, Tenseness, and Syllabification in English." *Language* 47: 133−45.

Hoard, J. B. 1972. "Naturalness Conditions in Phonology with Particular Reference to English Vowels." In Brame, 1972, 123–154.

Hockett, C. F. 1942/72. "A System of Descriptive Phonology." *Language* 18: 2–21. In Makkai, 1972, 99–112. Also in Joos, 1957, 97–108.

Hockett, C. F. 1955. *A Manual of Phonology*. Baltimore: Waverly Press. (Indiana University Publications in Anthropology and Linguistics, Memoirs II: Part 1 of International Journal of American Linguistics 24.4)

Hooper, J. B. 1972. "The Syllables in Phonological Theory." *Language* 48: 524–40.

Hooper, J. B. 1974. *Aspects of Natural Generative Phonology*. Doctoral dissertation, Indiana University.

Hooper, J. B. 1975. "The Archi-segment in Natural Generative Phonology." *Language* 51: 536–560.

Hooper, J. B. 1976. *An Introduction to Natural Generative Phonology*. New York: Academic Press.

Hyman, L. M. 1970. "How Concrete is Phonology?" *Language* 46: 58–76.

Hyman, L. M. 1973. "Nupe Three Years Later." *Language* 49: 447–452.

Hyman, L. M. 1975. *Phonology: Theory and Analysis*. New York: Holt, Rinehart and Winston.

Itô, J. 1986. *Syllable Theory in Prosodic Phonology*. Doctoral dissertation, University of Massachusetts, Amherst.

Jakobson, R. and M. Halle. 1956. *Fundamentals of Language*. The Hague: Mouton.

Jakobson, R., G. Fant and M. Halle. 1952. *Preliminaries to Speech Analysis*. Technical Report 13, MIT. Acoustics Laboratory. 5th printing, MIT Press, 1963.

Jensen, J. T. 1993. *English Phonology*. Amsterdam: John Benjamins.

Johnson, C. 1972. *Formal Aspects of Phonological Description*. The Hague: Mouton.

Jones, D. 1931. "On Phonemes." *Travaux du Cercle Linguistique de Prague* IV: 74–79.

Joos, M. 1957. *Readings in Linguistics* I. Chicago: University of Chicago Press.

Jordan, R. 1974. *Handbook of Middle English Grammar*. Translated and revised by E. J. Cook. The Hague: Mouton.

Kahn, D. 1976. *Syllable-Based Generalizations in English Phonology*. Doctoral dissertation, MIT. Distributed by Indiana University Linguistics Club.

Kenstowicz, M. 1994. *Phonology in Generative Grammar*. Cambridge, Massachusetts: Blackwell.

Kiparsky, P. 1968. "How Abstract is Phonology?" Indiana University Linguistics Club, Blommington.

Kiparsky, P. 1982. "Lexical Morphology and Phonology." In I.－S. Yang ed., *Linguistics in the Morning Calm*, 3－91. Seoul, Korea: Hanshin.

Kucera, H. 1961. *The Phonology of Czech*. The Hague: Mouton.

Ladefoged, P. 1982. *A Course in Phonetics*. 2nd ed. New York: Harcourt Brace Jovanovich.

Ladefoged, P. 2006. *A Course in Phonetics*. 5th ed. Boston: Thomson.

Leben, W. 1973. *Suprasegmental Phonology*, Doctoral dissertation. MIT, Cambridge, Massachusetts.

Liberman, M. and A. Prince. 1977. "On Stress and Linguistic Rhythm." *Linguistic Inquiry* 8: 249－336.

Lombardi, L. 1996. "Restrictions on Direction of Voicing Assimilation: an OT account." *University of Maryland Working Papers in Linguistics* 3: 88－102.

Lombardi, L. 1999. "Positional Faithfulness and Voicing Assimilation in Optimality Theory." *Natural Language and Linguistic Theory* 17: 267－302.

McCarthy, J. 1986. "OCP Effects: Gemination and Antigemination," *Linguistic Inquiry* 17: 207－263.

Makkai, V. B. ed., 1972. *Phonological Theory: Evolution and Current Practice*. New York: Holt, Rinehart and Winston.

Mester, R. A. and J. Itô. 1989. "Feature Predictability and Underspecification: Palatal Prosody in Japanese Mimetics." *Language* 65: 258－93.

Milner, J. C. 1967. "French Truncation Rule." *Quarterly Progress Report of the Research Laboratory of Electronics*, Massachusetts Institute of Technology, no. 86, 273−283.

Minkova, D. 1982. "The Environment for Open Syllable Lengthening in Middle English." *Folia Linguistica Historica* 3: 29−58.

Mohanan, K. 1982. *Lexical Phonology*. Doctoral dissertation, MIT. Distributed by IULC. Published by Reidel, Dordrecht, 1986.

Mossé, F. 1952. *A Handbook of Middle English*. Baltimore: Johns Hopkins University Press.

Nespor, M. and I. Vogel. 1986. *Prosodic Phonology*. Dordrecht: Forris.

Noske, R. 1982. "Syllabification and Syllable Changing Rules in French." In Hulst, H. and N. Smith, eds. *The Structure of Phonological Representations* (Part II), 257−310. Dordrecht: Foris.

Odden, D. 1986. "On the Role of the Obligatory Contour Principle in Phonological Theory." *Language* 62: 353−383.

Odden, D. 1988. "Anti Antigemination and the OCP." *Linguistic Inquiry* 19: 451−475.

Paradis, C. and J. F. Prunet, eds. 1991. *Phonetics and Phonology 2. The Special Status of Coronals: Internal and External Evidence*. San Diego: Academic Press.

Pike, K. L. 1943. *Phonetics*. Ann Arbor: University of Michigan Press.

Pike, K. L. 1947. *Phonemics: A Technique for Reducing Languages to Writing*. Ann Arbor: University of Michigan Press.

Pike K. L. and E. Pike. 1947. "Immediate Constituents of Mazateco Syllables." *International Journal of American Linguistics* 13: 78−91.

Postal, P. M. 1968. *Aspects of Phonological Theory*. New York: Harper and Row.

Pulgram, E. 1970. *Syllable, Word, Nexus, Cursus*. The Hague: Mouton.

Schachter, P. and V. Fromkin. 1968. *A Phonology of Akan: Akuapem, Asante, and Fante. Working Papers in Phonetics 9*. Los Angeles: University of California.

Schane, S. A. 1973. *Generative Phonology*. Englewood Cliffs, N.J.: Prentice−Hall.

Selkirk, E. O. 1982. "The Syllable." In H. vander Hulst and N. Smith, eds., *The Structure of Phonological Representations* (Part II), 337−383. Dordrecht: Foris.

Selkirk, E. O. 1984. "On the Major Class Features and Syllable Theory." In M.

Aronoff and R. Oehrle eds., *Language Sound Structure*, 107–136. Cambridge, Mass: MIT Press.

Shibatani, M. 1973. "The Role of Surface Phonetic Constraints in Generative Phonology." *Language* 49: 87–106.

Siegel, D. 1974/1979. *Topics in English Morphology*. Doctoral dissertation, MIT. Published by Garland Press, New York, 1979.

Sohn, C. Y. 2005. "An Optimality-Theoretic Account of Middle English Open Syllable Lengthening." *Korean Journal of English Language and Linguistics* 5: 79–93.

Sommerstein, A. H. 1974. "On Phonotactically Motivated Rules." *Journal of Linguistics* 10: 71–94.

Spencer, A. 1996. *Phonology*. Oxford: Blackwell.

Stanley, R. 1967. "Redundancy Rules in Phonology." *Language* 43: 393–436.

Steriade, D. 1987. "Redundant Values." *Proceedings of CLS* 23: 339–62.

Stetson (1951) *Motor Phonetics*. Amsterdam: North–Holland.

Trager, G. and H, Smith. 1951. *An Outline of English Structure*. (Studies in Linguistics: Occasional Papers 3.) Norman, Okla.: Battenburg Press.

Trubetzkoy, N. S. 1939. *Grundzüge der Phonologie*. Travaux du Cercle Linguistique de Prague 7. Reprinted 1958, Göttingen: Vandenhoeck & Ruprecht. Translated into French by J. Cantineau 1949 as *Principes de phonologie*. Paris: librairie Klincksieck. Translated into English by C. A. M. Baltaxe 1969 as *Principles of phonology*. Berkeley: University of California Press.

Vennemann, T. 1972. "On the Theory of Syllabic Phonology." *Linguistische Berichte* 18: 1–18.

Vennemann, T. 1974. "Phonological Concreteness in Natural Generative Grammar." In R. Shury and C. J. Baily, eds., *Toward Tomorrow's Linguistics*. Georgetown University Press, Washington, D. C.

Wolfram. W. and R. Johnson. 1982. *Phonological Analysis: Focus on American English*. Washington, DC: The Center for Applied Linguistics and Harcourt Brace Jovanovich.

Yavaş, M. 2016. *Applied English Phonology*. 3rd ed. Wiley Blackwell.

Yip, M. 1988. "The Obligatory Contour Principle and Phonological Rules: A Loss of Identity." *Linguistic Inquiry* 19: 65−100.

Yip, M. 1991. "Coronals, Consonant Clusters, and the Coda Condition," in Paradis C. and J. F. Prunet eds., *The Special Status of Coronals: Internal and External Evidence* (*Phonology and Phonetics 2*), 61−78. San Diego, California: Academic Press.

찾아보기

한(영)

ㄴ

ㄷ

ㄹ

ㅇ

ㅈ

ㅊ

ㅌ

ㅍ

ㅎ

기타

영(한)

A

B

C

D

E

F

G

H

I

J

L

O

P

Q

R

S

T

U

V

W

X

Y

Z

영어음운론

지은이　양선기
펴낸이　조경희
펴낸곳　경문사
펴낸날　2020년　7월 31일　개정판 1쇄
등　록　1979년 11월　9일　제 1979-000023호
주　소　04057, 서울특별시 마포구 와우산로 174
전　화　(02)332-2004　팩스 (02)336-5193
이메일　kyungmoon@kyungmoon.com
facebook　facebook.com/kyungmoonsa

값 19,000원

ISBN 979-11-6073-395-2